U1015105

西北大学应用经济学建设支持项目

CHINA'S FINANCIAL
REFORM AND DEVELOPMENT FORUM

中国金融
改革发展论坛

〔四〕

王满仓　吴振磊 ◎主编

中国经济出版社
CHINA ECONOMIC PUBLISHING HOUSE
北 京

图书在版编目（CIP）数据

中国金融改革发展论坛．四／王满仓，吴振磊主编
--北京：中国经济出版社，2022.6
ISBN 978-7-5136-6964-1

Ⅰ．①中…　Ⅱ．①王…　②吴…Ⅲ．①金融改革-中国-文集　Ⅳ．①F832.1-53

中国版本图书馆 CIP 数据核字（2022）第 102076 号

责任编辑　贺　静
责任印制　马小宾
封面设计　华子设计

出版发行　中国经济出版社
印 刷 者　北京力信诚印刷有限公司
经 销 者　各地新华书店
开　　本　710mm×1000mm　1/16
印　　张　26.25
字　　数　402 千字
版　　次　2022 年 6 月第 1 版
印　　次　2022 年 6 月第 1 次
定　　价　89.00 元
广告经营许可证　京西工商广字第 8179 号

中国经济出版社　**网址** www.economyph.com　**社址** 北京市东城区安定门外大街 58 号　**邮编** 100011
本版图书如存在印装质量问题，请与本社销售中心联系调换（联系电话：010-57512564）

版权所有　盗版必究（举报电话：010-57512600）
国家版权局反盗版举报中心（举报电话：12390）　　服务热线：010-57512564

《中国金融改革发展论坛四》
编委会

顾问： 郭立宏

主任： 王满仓　吴振磊

成员： 王满仓　赵守国　徐璋勇　惠　宁
孙万贵　刘慧侠　杨建飞　王　莉
王峰虎　韩锦绵　谢小平　石　阳
李林阳　董建卫　刘希章　张　莉
俞　颖　李　勇　张　蓉　左　菲
葛鹏飞

序　言

金融作为现代经济发展的核心，在推动一国经济发展中的作用日益凸显。2019年2月22日，习近平总书记在中共中央政治局举行第十三次集体学习时指出，“经济是肌体，金融是血脉，两者共生共荣”。在过去改革开放的40多年里，以市场化为导向的金融体制改革和金融发展实践，极大地冲破了发展中国家普遍面临的资金短缺瓶颈，刺激了企业生产积极性，在促进企业全要素生产率持续提高的同时，也加速了中国社会资本积累，为之后长期实行的高投资、高增长模式提供了有力支撑，成为中国经济增长奇迹的主要动力之一。与此同时，经济的起飞又反过来激发了更多金融需求，中国的金融业得到长足发展，如此便形成了金融与经济的互助互推、共生发展与共同繁荣。但需要注意的是，制度变迁中的中国仍面临着金融市场化程度较低、发展水平较差的典型事实。在国有银行为主导的金融市场结构和金融抑制的制度安排下，中国前期粗犷式增长阶段所隐含的结构性问题逐渐“浮出水面”。近些年来，宏观经济层面“流动性过剩”和微观企业“流动性紧张”共存。一方面，中国两个金融市场（正规金融市场和非正规金融市场）的利率水平居高不下，2013年一度出现结构性钱荒，宏观层面的广义货币量M2与名义GDP比值远超世界上主要发达国家，在2018年达到203%；另一方面，货币供给侧的增加并未按照经济学理论的预期，实现资金价格的下降，微观企业“融资难”“融资贵”问题依旧突出。中国经济的金融双轨制特征，在引致资金价格和数量管制双重扭曲的同时，也加剧了资本对边际产出的趋势性偏离，使得中国经济结构存在严重扭曲。此外，在实践中，现代金融业的不断自我发展、自我创新，亦存在偏离服务实体经济运行轨道的可能。因为现代金融在经济中的作用早已不再局限于便利交易、资源配置，金融业正在通过创新“眼花缭乱”的金融工具和金融业务以满足人们日益增长的财富管理等多元化金融需求，而金融本身并不创造财富。例如，中国互联网金融的“野蛮生长”和必要监管缺失，直接导致了2018年开始的互联网金融市场极端事件的频发和爆雷。因此，对中国金融业的发展问题进行关注和研究具有重大的理论与现实意义。“中国金融改革发展论坛”系列以现代经济学研究方法为主要工具，深入讨论当前金融发展和金融改革中的重点问题。本辑包含6个主题20篇文章，从不同角度分析金融业的发展问题。

《数字金融能否助力经济发展与生态环境耦合协调》一文基于中国城市面板数据，在测算经济发展与生态环境耦合协调度的基础上，探究了数字金融对经济发展与生态环境耦合协调的影响效应。文章认为，中国城市经济发展与生态环境耦合协调度整体呈缓慢上升趋势。数字金融的发展能够通过技术创新效应、产业升级效应和投资调整效应显著推动经济发展与生态环境耦合协调水平的提升。这一结论不仅拓展了数字金融的经济社会效应，也为促进区域经济与环境协调发展提供了决策参考。

《数字普惠金融对经济增长质量的影响研究》一文基于数字普惠金融相对于传统普惠金融成本低、金融资源配置效率高，能够更好发挥金融对实体经济服务效力的特征，分析了数字普惠金融对经济增长质量的影响。研究发现，数字普惠金融能够显著提升经济增长质量，但这一促进作用会因城镇化水平的不同而有所差异。高效发挥数字普惠金融对经济增长质量促进作用的关键在于推动数字普惠金融与技术创新作用及人力资本水平提升作用。

《陕西互联网金融生态系统构建研究》一文基于互联网金融迅猛发展的大背景，从生态学这一全新视角，结合具体案例，就陕西互联网金融生态系统的有机构成、现存问题等进行了不同层面的分析讨论，并从鼓励互联网金融创新、挖掘潜在客户群体、加强数字金融基础设施、完善互联网金融监管环境等七个方面提出相应对策和建议。该文章为促进陕西省互联网金融行业的健康发展提供了参考。

《非金融企业投资“脱实向虚”同群模仿行为研究》一文从社会网络及组织互动视角，对我国非金融类企业投资“脱实向虚”的同群行为特征、形成机制、同群对象选择及影响因素进行了理论分析与实证检验。文章认为，非金融类企业投资“脱实向虚”存在着显著的同群行为，而竞争性模仿和信息获取性模仿是其同群行为的主要形成机制。该文从微观层面对经济“脱实向虚”日趋严重的机制动因给出了解释，为有序引导企业投资“脱虚向实”、实现实体经济稳健发展提供了政策思路。

《基于小波降噪——LPPL股票市场泡沫预测研究》一文基于非线性理论，对我国股票市场的泡沫以及负泡沫状态选择对数周期幂律模型LPPL进行了拟合分析，并使用小波分析方法对上证综指收盘价进行非线性阈值降噪，以提前获得泡沫破裂的时间。文章为避免股市中巨型泡沫的形成、防范可能发生的泡沫崩盘风险、维护金融体系安全提供了重要启示。

《创业板注册制下IPO发行定价合理吗》一文采用创业板实行注册制一年以来的IPO数据，通过构建随机前沿模型及多元回归模型对一级市场定价的非合理性及二级市场的非理性因素进行了实证分析。结果表明，在新股发行定价中，不仅不存在新股发行定价对公司价值的低估，反而存在较大程度的高估。创业板IPO抑价的主要成因并非一级市场定价的非合理性。新股首日超额收益较大的原因在于二级市场的投机性。因此，产生创业板IPO抑价的主要原因可归结为二级市场的非理性因素。

《员工持股计划与人力资本投资效率：异质性与机制研究》一文基于企业对劳动力所有权缺失引发的不确定性是引发人力资本投资与最优发生偏离的思考，讨论了员工持股计划对人力资本投资效率的影响。研究发现，实施员工持股计划可以显著提高人力资本投资效率，改善企业人力资本投资不足，但在一定程度上会造成人力资本过度投资。员工持股计划能够通过提高企业组织管理效率、提高财务报告质量、促进企业创新等途径有效推动人力资本投资效率的提高。

《加杠杆能提升经济增长效率吗?》一文以2000—2018年的中国省级面板数据为样本，考察了杠杆率对经济增长效率的影响。研究发现，地区杠杆率对经济增长效率的影响呈倒“U”形。高储蓄率能够抑制杠杆率对经济增长效率的不利影响；技术创新则会通过提升经济增长效率而削弱高杠杆对经济增长效率的负向作用。在地区层面进一步实施结构性去杠杆，提高储蓄率、发挥技术创新的推动作用，是提高经济增长效率的重要动力。

《“一带一路”倡议对非沿线国家OFDI的影响研究》一文运用三重差分模型探究了“一带一路”倡议的投资促进作用对企业在非“一带一路”沿线国家OFDI的影响。结果表明，倡议在实施的前三年，表现出“存量转换”效应，即倡议的投资促进作用降低了企业向非沿线国家的OFDI；之后，倡议表现出“增量引致”效应，即倡议的投资促进作用提高了企业向非沿线国家的OFDI。“一带一路”的“增量引致”效应主要通过缓解企业融资约束、提升企业市场需求等实现。

《黄河流域经济发展、公共服务与生态环境协调发展评估》一文基于黄河流域经济、公共服务、生态协同的影响机理，构建了流域耦合协同综合评价指标体系；并运用熵值法、耦合协调度模型、空间自相关模型、灰色关联度模型探讨了黄河流域协同发展水平的时空差异及驱动因素，利用Holt－Winters时间序列预测模型对未来两年的趋势进行了预测。文章结论启示，加强流域内发展的联动性、加大财政扶持、优化产业结构、发挥城市群的聚集效应和“虹吸效应”，对促进黄河流域协调发展有重要作用。

《地方政府竞争、财政科技支出与区域技术创新》一文通过构建空间杜宾模型，探究了地方政府竞争、财政科技支出对区域技术创新的影响及作用机制。研究发现，地方政府竞争对区域技术创新具有明显的抑制作用，财政科技支出对区域技术创新具有显著正向作用。财政科技支出是调整地方政府竞争造成的财政支出偏向、促进区域技术创新的重要途径。

《非金融企业杠杆率对企业创新的影响研究》一文基于固定效应模型对非金融企业杠杆率与企业创新之间的关系进行了实证分析。结果表明，非金融企业杠杆率对企业创新投入的影响具有倒“U”形特征，对企业创新产出则具有抑制作用。杠杆率对企业创新投入增加的正向效应存在着企业异质性差异。该结论在创新驱动战略的背景下，为企业层面去杠杆政策的实施提供了一定的微观证据。

《“减税降费”政策下我国上市企业税负对创新产出的影响研究》一

文以2008—2019年中国A股上市企业为样本，考察了“减税降费”政策下企业税负对创新产出的影响效应。研究发现，“减税降费”政策下企业税负下降对创新产出具有激励作用。但是，这一激励效果只明显增加了策略性创新产出，对实质性创新产出并无影响；只对非国有企业和高技术企业的创新产出具有促进作用，对国有企业和非高技术企业则无影响。企业税负下降通过缓解企业融资约束，提高了企业创新产出。

《社会保险是否影响了科技创新》一文利用2008—2013年中国30个省份的面板数据，使用双重差分法对《中华人民共和国社会保险法》的颁布实施与规模以上工业企业R&D投入强度之间的关系进行实证分析。研究结果表明，社会保险基金收入与规模以上工业企业R&D投入强度之间正相关，这一结果在中部地区显著，在东部地区和西部地区不显著，表明了地区创新差异。将被解释变量替换为规模以上工业企业R&D投入后，结果依然显著。这表明，2011年《中华人民共和国社会保险法》的颁布实施对规模以上工业企业R&D投入行为产生了激励作用。基于上述研究提供的证据有助于理解《中华人民共和国社会保险法》的颁布实施对科技创新的影响。

《中国相对贫困的区域差异与影响因素识别》一文基于2018年中国家庭追踪调查数据，采用A-F方法计算了各省相对贫困指数，运用泰尔指数对相对贫困的区域差异进行测算分解，并基于以上研究回归分析了影响我国相对贫困区域差异性的外部因素。结果表明，虽然各区域内部的相对贫困状况存在不同程度的差异，但区域间的差异是我国相对贫困区域差异形成的主要原因，中西部地区的相对贫困指数明显高于东部地区。区位竞争优势、人力资本水平、基础设施建设的差异等是造成上述区域差异的主要原因。

《数字普惠金融发展与贫困减缓》一文从绝对贫困和相对贫困两个视角出发，实证检验了数字普惠金融的减贫效应。文章认为，数字普惠金融发展对绝对贫困水平和相对贫困水平都有着明显的缓解作用，经济发展水平越高、受教育程度越高，其效果越好。我国应加快和完善数字普惠金融体系建设，重视经济包容性增长，着力提升农村居民的受教育程度和金融素养，打造多层级、多样化的数字普惠金融产品和服务，以满足不同区域和不同人群的金融需求，持续提高数字普惠金融的服务水平和质量。

《中国乡村老年人生活幸福感的影响因素研究》一文利用中国健康与养老追踪调查，对农村老年群体的幸福感影响因素进行了研究。该文发现，身体健康状况是影响农村银发群体幸福感的核心因素；经济状况、社交及体育锻炼等也是影响其幸福感获得的主要因素；在异质性检验中发现，对于经济水平高于均值的群体而言，身体状况的改善对其幸福感的提升更为明显，社交和体育锻炼对其幸福感的促进作用较为显著，但其促进效果弱于经济水平较低的群体。

《财政环境保护支出对生态环保的影响》一文在加快生态文明建设、加强生态文明保护的大背景下研究了财政环境保护支出对生态环保的影响。该文指出，财政环境保护支出和生态环境改善呈正相关，且对不同污染物的治理强度不同，在废水、二氧化硫以及固体污染物的排放中，财政支出对二氧化硫排放的控制最为有效。此外，不同区域的财政生态环保支出的实际效力也有明显差异，东部地区财政环保支出的效力最高，中部地区次之。

《我国人口流动对地方公共服务支出的影响研究》一文指出，目前我国大多数地区的财政资金以户籍人口来配置，使得多数人口流出地存在公共服供给过剩、财政资金配置效率低下等问题。多数地方政府并未充分考虑随人口流动的变化而对当地财政支出规模进行相应调整，这就势必造成人口流入地存在较大的财政压力，使得部分外来人口无法平等地享有基本公共服务。

《2018 年个税改革的消费效应研究》一文利用 2015—2019 年中国省际面板数据，对 2018 年个税改革与居民消费的关系进行了经验研究。结果表明，本次个税改革提高了居民边际消费倾向，改革成效显著。其中，东部和中部地区边际消费倾向受到显著正向影响，西部地区的边际消费倾向较改革前降低。结论启示，在实施个人所得税减税政策的基础上，进一步动态调节收入分配差距，提高低收入者补贴标准、增加家庭合并征税模式等，是提升低收入者消费水平、提高整体消费水平的重要途径。

《中国金融改革发展论坛》秉持严谨、宽松、包容的学术传统，与学界同人探讨中国金融改革与发展中的问题，以期能进一步交流学习。

目　录

第一篇　数字金融研究

第二篇　资本市场研究

第三篇　金融与经济增长

第四篇　金融与技术创新

第五篇　金融与贫困治理

第六篇　金融与财税研究

第一篇

数字金融研究

数字金融能否助力经济发展与生态环境耦合协调

刘　潭　徐璋勇[①]

摘　要： 本文基于中国285个城市面板数据，探究了数字金融对经济发展与生态环境耦合协调的影响效应。结果表明：数字金融对经济发展与生态环境的耦合协调具有显著推动作用，且对较高等级城市和东部地区城市样本影响效果更加明显。数字金融影响二者耦合协调度的路径主要体现为技术创新效应、产业升级效应和投资调整效应，其中技术创新效应的贡献最大。研究结论拓展了数字金融的经济社会效应，也为促进区域经济与环境协调发展提供了决策参考。

关键词： 数字金融；经济发展；生态环境；耦合协调

一、引言

经济发展与生态环境的协调统一对于实现中国经济绿色转型、构建生态文明社会具有重要价值。党的十九大报告中明确指出，“中国经济已由高速增长阶段转向高质量发展阶段；生态文明建设是中华民族永续发展的千年大计”。牺牲资源环境促进经济增长无异于竭泽而渔，舍弃经济发展强调环境保

① 作者简介：刘潭（1993—），吉林松原人，西北大学经济管理学院博士研究生；徐璋勇（1964—），陕西西安人，西北大学经济管理学院教授、博士生导师。

护无异于缘木求鱼，两种发展方式都不利于国民经济的健康发展。金融作为服务实体经济发展的重要力量，在促进经济发展的同时，也会影响环境治污水平，进而改变经济发展与生态环境的互动关系。随着数字化时代的到来，大数据、云计算、区块链等数字技术与金融行业的结合催生出了数字金融，使得数字金融成为经济发展和社会进步的“助推器”。得益于覆盖广、成本低、效率高等优势，数字金融在引发传统金融行业系统性变革后，开始重塑商业生产格局及居民经济决策，进一步为社会发展赋能。那么，数字金融对经济与环境的协调发展是否存在影响？其影响机制如何？厘清这些问题，将有助于更好地揭示数字金融在经济社会活动中发挥的经济效应和环境效应，为构建经济发展与生态环境“双赢”格局提供理论依据，具有重要的研究意义。

二、文献综述

有关经济发展与生态环境的探讨一直是学术界的研究热点，当前国内外学者对经济与环境协调发展的研究主要集中在理论关系、演变规律及影响因素分析等方面。关于经济与环境的理论关系研究，较为经典的理论是环境库兹涅茨曲线理论，认为经济增长的过程中会伴随着环境质量先恶化后改善的“U”形态势。通过变换模型中的变量和研究对象，环境库兹涅茨曲线的形态及适用性在中国（王勇等，2016）、东盟国家（Anwar et al.，2021）和欧佩克国家（Moutinho et al.，2020）等国家得到证实。

对于经济发展与生态环境耦合协调规律，当前研究主要从不同层面展开。在国家或省域层面，经济发展与生态环境的耦合协调度总体上呈明显上升态势，但在空间分布格局上存在着显著的“东高、中西低”差异（周雪娇等，2018）；随着中国城市群经济的兴起，经济发展与生态环境的耦合协调特征在中国三大城市群、黄河流域城市群及其他城市群的研究热度逐年增强（张国俊等，2020）。此外，还有一些学者针对个别国家和地区探讨了经济发展与生态环境耦合协调度的影响因素，认为技术研发、产业结构、外商投资及经济全球化等因素能促进经济发展与生态环境的耦合协调（李强等，2020）。

关于金融发展的经济效应和环境效应，Samuel 等（2018）认为金融发展通过降低企业融资借贷成本，支持企业进行科技研发，不仅有助于经济增长，而且有利于环境质量改善。但也有学者指出金融发展对经济增长和环境污染的影响存在不确定性和门槛特征（严成樑等，2016）。随着科技的发展，金融与数字技术的融合催生出了各种数字金融产品与服务，进一步扩大了传统金融的服务范围与功能，学术界围绕数字金融展开的研究也日渐丰富。一方面，关于数字金融与经济发展的研究，学者们普遍认为数字金融能够有效提升地区和企业的技术创新水平（聂秀华等，2021），并通过提高资源配置效率（田杰等，2021）、促进地区创业就业（谢绚丽等，2018），进一步推动经济增长与高质量发展（蒋长流等，2020）。另一方面，学者研究认为，数字金融有助于改善区域环境质量（贺茂斌等，2021）、提高区域绿色创新效率（尹飞霄，2020）。

现有文献对经济与环境的协调发展进行了丰富的理论与实证研究，也有大量文章证实了数字金融对经济活动或环境污染的影响，为推动社会发展提供了参考依据。但仍存在一定的局限性：一是鲜有文章考察城市尺度上经济发展与生态环境的耦合协调关系，多将研究视角局限在省级层面或者部分城市群层面；二是当前文献多将经济发展与生态环境割裂开来分别考察数字金融对各自的影响，忽略了经济发展与生态环境之间本身存在的交互作用。因此，本文利用 2011—2018 年 285 个城市面板数据，通过机理分析和实证检验评估了数字金融对经济发展与生态环境耦合协调度的影响。主要的边际贡献有：①基于经济发展与生态环境的协调互动机制，利用熵权法和耦合协调模型，科学评估了城市尺度经济发展与生态环境的耦合协调度，并对其时空特征进行深入分析。②突破现有研究视角的局限性，考察了数字金融对经济发展与生态环境耦合协调度的影响效应，并分析城市等级特征和地理区位特征对实证结果产生的异质性影响。③关注了数字金融对经济发展与生态环境耦合协调度影响的作用机理，对不同机制的作用效果进行实证检验，为数字金融的进一步发展与普及提供了理论指导与经验依据。

三、理论分析

（一）经济发展与生态环境的协调互动机制

两个或多个系统之间通过信息与能量的转移与交换，最终实现协同运动的现象，可以用物理学中的耦合理论来解释（马丽等，2012），其中耦合度即各子系统间相互依赖、相互影响的动态关联程度，耦合协调度反映的则是各关联系统间协同发展的互动情况。作为要素组成复杂的经济发展系统和生态环境系统，前者是人类社会结构持续高级化的前进动力，后者为人类生存和经济发展提供物质资源，二者的协调一致关系着人类社会的持续健康发展。图 1 展示了两系统之间的互动关系机制，既包含了经济发展对生态环境的影响，也包含了生态环境对经济发展的反馈。

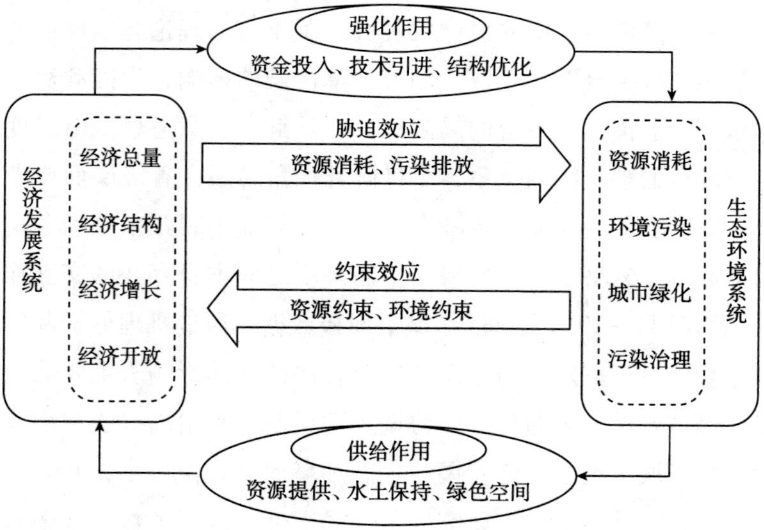

图 1　经济发展与生态环境互动关系

1. 经济发展对生态环境的影响机制

经济发展对生态环境的影响具有双重效应。一方面，经济在生产和消费环节中离不开自然资源的使用与物质能量的转换，粗放式的经济生产模式会使得生产资料难以有效利用，由此产生的大量废弃物若未经有效处理，污染物的排放会对生态环境带来严重威胁。此外，完全自由的经济开放政策会吸引污染密集型产业迁移至环境标准相对较低的地区，使得“污染天堂假说”得到应验，从而造成环境污染、资源枯竭。另一方面，经济发展也可以对生态环境的改善起到强化作用。首先，经济的快速增长能够为清洁能源研发和污染废物治理提供更多的资金支持；其次，经济结构转型能引导第一、第二产业向第三产业升级，减少“高污染、高耗能”企业的占比；最后，经济开放能引进更加先进的环保工艺和技术设备，从而在一定程度上减轻生产和消费过程中给环境带来的负外部性。因此，经济发展水平的高低决定了生态环境的可持续性。

2. 生态环境对经济发展的反馈机制

生态环境系统会对经济发展做出直接或间接的反馈，经济发展的最终目标必须与生态环境限制相适应（Ginevičius et al.，2017）。生态环境系统中自然资源的供给直接影响经济的生产规模，而经济发展程度又受制于经济生产规模的大小。也就是说，只有通过与生态环境系统进行物质交换、能量转化和信息交流，经济系统才能正常运作与循环。在环境约束的条件下，经济增长的动力只能依靠人力资本投资和技术研发创新（彭水军等，2006），资源耗竭和环境破坏将会导致经济的持续快速发展面临瓶颈。反之，健全的生态环境系统能为经济生产提供丰富的物质资源，促进经济良性循环，进而保障经济健康持续发展。因此，有必要将生态环境安全理念深入贯彻到经济发展进程中，实现经济发展与生态环境之间的高度耦合协调。

（二）数字金融对经济发展与生态环境协调关系的影响机理

1. 直接影响机制

根据前文分析可知，经济发展通过经济生产、贸易开放等对生态环境产生影响，而生态环境也会由于资源耗竭、废物污染等制约经济的发展。只有实现经济发展与生态环境的良性互动，把握二者的耦合协调关系及其客观发展规律，才能最终实现经济社会高效、公平和持续发展（Bretschger et al.，2020）。金融作为现代经济的核心，对经济发展的影响至关重要，同时作为一种污染防治手段，金融对生态环境的影响也举足轻重（胡宗义等，2019）。数字金融在传统金融的基础上，注入了一系列互联网元素和信息技术，变革了传统金融业的支付路径和借贷渠道，不仅有助于提高金融市场的运作效率，而且能够扩大金融服务的业务范围，是实现经济与环境“双赢”目标的重要手段。具体表现在：一方面，在大数据和云计算等科技的赋能下，数字金融能够精准识别借贷主体信息，对借贷风险进行审慎评估，从而缓解经济系统中金融资源的“流动性分层”问题，促使金融资本向效率更高、更加环保的企业部门流动，为实体经济发展增添新动力的同时也助力于生态环境效益的提升。另一方面，便捷的移动支付功能降低了居民对金融机构营业网点的依赖程度，减少了原有的交易成本和可能的资源消耗，以“蚂蚁花呗”“京东白条”为代表的新型信用消费贷款，更是进一步刺激了居民的消费需求，网购的兴起为经济发展开辟了新业态；同时依托数字金融发展搭建的各种环保服务平台和二手交易平台，不仅能够提升居民环保参与度，而且能够提升居民绿色消费理念，从而减少环境污染并提高资源利用效率，使得数字金融成为经济系统与环境系统协调发展的助推剂。基于以上分析，提出如下假设：

H1：数字金融能够有效促进经济发展与生态环境的耦合协调。

2. 间接作用路径

（1）技术创新效应

技术创新作为经济绿色发展的第一驱动力，能够实现经济系统和环境系统良性互动，是数字金融影响二者协调发展的重要途径。新经济增长理论表明，有效的科技投入能够引发规模效应和溢出效应，有助于生产率的提高和经济的可持续发展，在金融因素的助推作用下，科技成果将得到更好的应用与转化。对于金融发展历程来说，数字金融本身就是一种技术创新，不仅推动了金融业的向前发展，而且提高了其他行业的技术创新水平，在为经济发展提供原动力的同时也为环境质量改善带来新契机，从而实现了两系统的协调发展。该作用路径主要体现在两方面：一是数字金融的发展有利于地区创新人才的吸引与培养，并通过“干中学”和知识外溢作用发挥“滚雪球”效应，进一步增加本地的创新主体数量，为经济发展注入新鲜血液。另外，在创新要素的集聚效应和溢出效应下，企业间通过沟通交流与学习模仿，有助于生产工艺改良，从源头控制环境污染，进而促进经济系统与环境系统的良性循环。二是数字金融降低了中小型科技企业的融资成本，缓解了初创型企业资金短缺问题，从而孵化出众多新兴科技企业，其中一部分企业致力于开发清洁能源和清洁产品，不仅能够减缓经济生产对资源环境的高消耗和重污染，而且开拓了生态环境系统为经济发展提供物质生产资料的新途径，从而促进了经济发展与生态环境的耦合协调。

（2）产业升级效应

产业升级的结构效应，也是实现经济发展与生态环境耦合协调的重要因素。数字金融通过优化产业间的信贷资金配置促使产业结构升级，进而影响经济系统与环境系统的互动效应。具体而言，第一，制造业作为推动经济高质量发展的关键，数字金融有助于实体制造业各产业链与金融的深度融合，通过核心企业为制造业上下游中小企业提供融资服务，缓解中小企业“融资难”“融资贵”问题，从而加快实体经济转型和制造业产业链再升级；第二，数字金融为尚处于成长初期、未来发展潜力巨大的战略性新兴产业提供了资金支持，这些产业不仅引领着经济社会的长远发展，而且具有科技含量高、低污染、低能耗等特点，能够带动经济转型并增进环保效益，在实现经济发展与生态环境的耦合协调过程中发挥着重大作用；第三，数字金融有助于环保信息平台的搭建，通过对企业环保信息的背景调查，能够利用融资约束促使传统产业加快绿色转型，同时对高污染、高消耗、高排放的产业进行停业整改，减缓经济生产环节对环境造成的污染问题，防止经济发展系统与生态环境系统陷入恶性循环。

（3）投资调整效应

投资作为经济发展的三大引擎之一，与地区环境污染治理水平的关系十分密切。数字金融的发展能够实现企业投资调整，通过作用于企业的投资规模、投资效率和投资结构，促进经济发展与生态环境耦合协调。首先，在调整投资规模方面，数字金融吸引了大量民间资本和社会资本进入金融市场，有效降低了企业的债务融资成本，增加了企业的现金持有量，从而缓解了企业投资不足问题。其次，在数字技术的支持下，企业信息更加公开透明，数字金融有助于企业实现“去杠杆”、稳定财务风险，从而抑制企业投资过度，提高企业投资效率（王娟等，2020）。这两方面的投资调整能够支持企业进行厂房设备更新和技术升级改造，为社会再生产注入新的生产要素和新的投资需求，从而推动地区经济增长。最后，数字金融有利于投资结构优化。数字金融的消费升级效应激发了第三产业的投资需求，使投资结构不断向绿色、安全、用户体验升级等高端投资转化，具体包括对教育、卫生等服务领域的投资以及对治污设备、交通工具等基础设施的投资，从而驱动经济绿色发展，促进经济与环境的协调性与整体性。

基于以上分析，提出如下假设：

H2：数字金融能够通过技术创新效应、产业升级效应和投资调整效应三条作用路径促进经济发展与生态环境的耦合协调。

数字金融对经济发展与生态环境耦合协调关系的作用路径如图 2 所示。

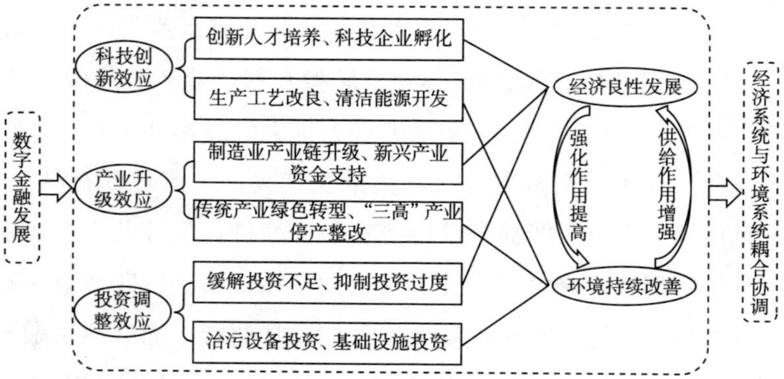

图 2　数字金融对经济发展与生态环境耦合协调关系的作用路径

四、研究设计

（一）经济发展与生态环境耦合协调度的测算

1. 评价指标体系构建

在测算经济发展与生态环境耦合协调度之前，应构建两系统的评价指标体系。参考现有研究成果，本文构建了经济发展指标体系和生态环境指标体系，如表 1 所示。主要从经济总量、经济结构、经济增长和经济开放 4 个维度来反映经济发展水平的高低，从资源消耗、环境污染、城市绿化和污染治理 4 个维度来反映城市生态环境状况。

表1　经济发展与生态环境综合评价指标体系

系统层	准则层	指标层	单位	指标属性
经济发展系统	经济总量	人均地区生产总值（a1）	元	+
		人均社会消费品零售额（a2）	元	+
		地方财政收入（a3）	万元	+
	经济结构	第一产业占 GDP 比重（a4）/%		−
		第三产业占 GDP 比重（a5）/%		+
		财政支出占 GDP 比重（a6）/%		+
	经济增长	GDP 年均增长率（a7）/%		+
		工业产值年均增长率（a8）/%		+
	经济开放	进出口贸易总额（a9）	万美元	+
		实际利用外资金额（a10）	万美元	+
生态环境系统	资源消耗	人均家庭生活用水量（b1）	吨	−
		居民人均生活用电量（b2）	千瓦小时	−
	环境污染	人均工业废水排放量（b3）	吨	−
		人均工业二氧化硫排放量（b4）	吨/万人	−
		人均工业烟（粉）尘排放量（b5）	吨/万人	−
	城市绿化	公园绿地面积（b6）	公顷	+
		人均绿地面积（b7）	平方米	+
		建成区绿化覆盖率（b8）/%		+
	污染治理	工业固废综合利用率（b9）/%		+
		生活污水处理率（b10）/%		+
		生活垃圾无害化处理率（b11）/%		+

注："+"表示正向指标，"−"表示逆向指标。

2. 耦合协调模型设定

（1）数据标准化与指标赋权

在确定评价指标体系时，指标选取的客观因素差异会给权重带来不可忽略的影响，故需要先对数据进行标准化处理。标准化公式为：

$$
\begin{aligned}
X_{pj} &= [x_{pj} - \min(x_{pj})]/[\max(x_{pj}) - \min(x_{pj})] \quad \text{正向指标} \\
X_{pj} &= [\max(x_{pj}) - x_{pj}]/[\max(x_{pj}) - \min(x_{pj})] \quad \text{负向指标}
\end{aligned}
\tag{1}
$$

其中，X_{pj} 为各系统第 j 个指标进行标准化后的取值，当 p 取 a 时，表示经济发展系统，当 p 取 b 时，表示生态环境系统，x_{pj} 表示各系统的原始取值，$\max(x_{pj})$ 与 $\min(x_{pj})$ 分别表示各系统第 j 个指标的最大值和最小值。

关于指标权重的确定，参考 Shi（2020）等利用的熵权法，对经济发展与生态环境水平进行综合评价，见式（2）：

$$\begin{cases} \mu_{pj} = \dfrac{1 + X_{pj}}{\sum_{i=1}^{n}(1 + X_{pj})} & \text{计算第} j \text{个指标比重} \\ e_j = -\dfrac{1}{\ln(n)}\sum_{i=1}^{n}\mu_{pj} \times \ln(\mu_{pj}) & \text{计算指标信息熵} \\ g_j = 1 - e_j & \text{计算信息熵冗余度} \\ W_j = \dfrac{g_j}{\sum_{j=1}^{m} g_j} & \text{计算各指标权重} \\ \lambda_{a,b} = \sum_{j=1}^{m} W_j \times X_{pj} & \text{计算各个系统综合得分} \end{cases} \tag{2}$$

其中，m 表示各系统指标的个数，n 表示样本 i 的总量，λ_a，λ_b 分别表示经济发展系统和生态环境系统的综合评价指数。

（2）计算耦合度和耦合协调度

两个系统间的耦合度模型如下：

$$C_{it} = 2 \times \left[\frac{\lambda_a \times \lambda_b}{(\lambda_a + \lambda_b)^2}\right]^{1/2} \tag{3}$$

其中，C_{it} 表示 i 城市在 t 时期经济发展系统与生态环境系统的耦合度值，取值范围为 0 ~ 1。

然而，为避免低水平高耦合现象给问题分析带来的弊端，需要进一步构建耦合协调度模型来更好地反映系统之间协同效应的强弱：

$$\begin{cases} D_{it} = (C_{it} \times T_{it})^{1/2} \\ T_{it} = \alpha\lambda_a + \beta\lambda_b \end{cases} \tag{4}$$

其中，D_{it} 为耦合协调度，且 $D_{it} \in [0,1]$，D_{it} 值越大，表明经济发展与生态环境的耦合协调度越好；反之则反是。

（二）实证模型设定

在前文理论分析的基础上，为检验数字金融对经济发展与生态环境耦合协调度的影响效应，本文首先构建如下基准回归模型：

$$D_{it} = \beta_0 + \beta_1 Index_{it} + \lambda_i Controls + u_i + \nu_t + \varepsilon_{it} \tag{5}$$

其中，D_{it}为被解释变量，表示城市 i 在 t 年时经济发展与生态环境的耦合协调度；$Index_{it}$为核心解释变量，表示城市 i 在 t 年的数字金融发展指数。*Controls* 为控制变量；u_i 为个体固定效应；ν_t 为时间固定效应；ε_{it} 为扰动项。

（三）变量说明与数据来源

1. 变量说明

（1）被解释变量：经济发展与生态环境的耦合协调度（*D*），利用前文的耦合协调模型测算得到，该指标的取值范围在［0，1］，数值越大，说明经济发展与生态环境的耦合协调水平越高；反之则反是。

（2）核心解释变量：数字金融发展水平（*Index*），采用数字普惠金融发展指数来衡量，该指数由北京大学数字金融研究中心编制而成，能够有效体现数字科技对金融发展的影响效应和趋势变化。另外，为解决各变量数据间存在量纲不统一的问题，本文对数字金融的原始数据除以 100 进行处理。

（3）控制变量。①人口密度（*Density*），采用每平方公里人口数的对数来衡量。②金融相关率（*Fin*），利用地区年末存贷款余额之和与 GDP 的比值来衡量。③信息化水平（*Infor*），采用年末移动电话用户数量的对数来衡量。④政府行为（*Gov*），利用政府公共财政支出占地区 GDP 的比值作为代理变量。⑤教育投资（*Edu*），利用教育支出占 GDP 的比值来衡量。⑥城镇化水平（*Urban*），利用全社会住宅建设投资占 GDP 的比值来衡量。

（4）中介变量。①技术创新（*Tech*），相对于实用新型和外观设计专利授权而言，发明专利授权更能体现地区创新产出的实质性突破，因此，采用各地区每万人平均发明专利授权量进行衡量。②产业升级（*Str*），用第三产业产值与第二产业产值的比重来衡量，该指数越大，表明产业结构越趋于高级化。③投资调整（*Inv*），用全社会固定资产投资额占 GDP 的比重来衡量，该指数的大小反映了投资效率的高低。

2. 数据来源与描述性统计

本文所用到的数据来源于历年《中国城市统计年鉴》《中国区域经济统计年鉴》及各省（区）与相关地级市统计局网站，其中地级市的进出口贸易总额数据根据历年各省市统计年鉴整理得到，并依据当年中间汇率平均值进行单位换算；发明专利数据来自 CNRDS 数据库；数字普惠金融指数来自《北京大学数字普惠金融指数（2011—2018 年）》。对于部分存在缺失的指标，基于相邻年份的数据，采用插值法进行补齐，最终得到 2011—2018 年 285 个城市的平衡面板数据。

五、实证结果与分析

（一）经济发展与生态环境耦合协调度的时空特征

基于经济发展和生态环境系统的指标体系，利用熵权法和耦合协调模型测算得到二者的耦合协调度，图 3 展示了全国整体以及东中西部地区的耦合协调度随时间变化的趋势。从全国来看，耦合协调水平总体呈上升趋势，从 2011 年的 0. 6394 增加到 2017 年的 0. 6776，但增长速率较缓慢，年均增长率仅为 0. 54%。从东中西部地区来看，耦合协调水平因地理区位差异梯次分布。东部地区耦合协调度普遍较高，2017 年其耦合协调度均值接近 0. 70，而在中西部地区，二者的耦合协调度的平均值始终低于全国水平，基本处于 0. 6239 ~ 0. 6728。可能因为东部地区城市多地处沿海地带，具有良好的气候条件和资源优势，对外贸易往来频繁，生产工艺相对先进，故其经济发展水平自然更加领先，加之东部地区更早实施了环境管制措施，其生产生活过程中更加注重环境保护，因此经济发展与生态环境之间的关系更加协调；相比之下，中西部地区多为内陆城市，人才、资金、技术等资源获取能力有限，经济活动多以粗放式工业生产为主，经济发展相对滞后，并且其生态环境基础更加脆弱，使得经济发展受制于生态环境，迫使二者实现协调发展难度增加。总而言之，虽然近些年经济发展与生态环境的耦合协调水平有所提高，但提升速率相对较慢，存在较大提升空间，并且在不同地区之间存在着较大的空间差异，在实现高质量发展过程中仍需要得到各界的关注与重视。

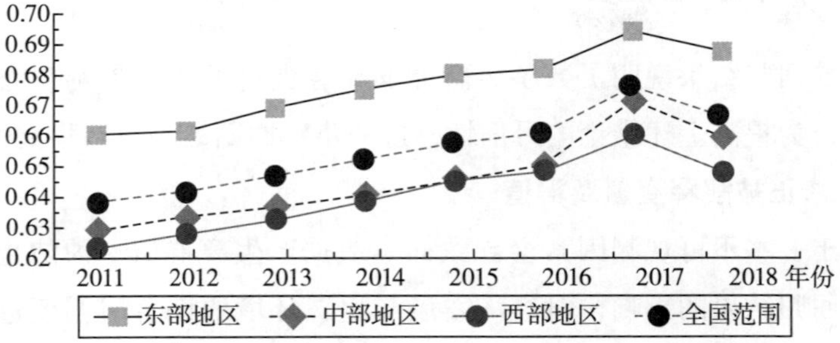

图3 经济发展与生态环境耦合协调度的时空特征

（二）基准回归结果分析

对基准回归模型进行 Hausman 检验，检验的统计量结果显示在 1% 的水平上显著，因此拒绝随机效应模型，选择固定效应模型。表 2 报告了基准模型的回归结果，其中列（1）未加入控制变量，列（2）加入了控制变量，两列均控制了个体固定效应和时间固定效应。从回归结果来看，在仅控制个体和时间效应的情况下，核心解释变量 *Index* 的回归系数均在 5% 的显著性水平上显著为正，系数值为 0. 0138；在加入一系列其他控制变量的情况下，*Index* 的回归系数依旧显著为正，且系数值变化不大，为 0. 0150，说明回归结果相对稳定，数字金融能够有效促进经济发展与生态环境的耦合协调度，H1 得到验证。

表2 基准回归

变量	(1)	(2)
Index	0. 0138 ** (2. 09)	0. 0150 ** (2. 29)
控制变量	No	Yes
城市固定效应	Yes	Yes
年份固定效应	Yes	Yes
N	2280	2280
R^2	0. 4378	0. 4725

注：①＊＊＊、＊＊、＊分别表示统计值在 1%、5%、10% 的显著性水平上显著，括号内为 t 统计量，下同。②本文所有回归均控制了城市固定效应与年份固定效应，下文回归结果表格不再赘述。

（三）稳健性检验

基准回归结果说明了数字金融能够显著促进经济发展与生态环境的耦合协调度，为提高上述结论的可信性，进一步对回归结果进行稳健性检验。

1. 修正被解释变量离群值

由于一些不可观测因素会导致样本数据产生离群值，为防止个别离群值对基准回归结果的影响，对经济发展与生态环境的耦合协调度进行离群值修正，将其最大与最小的1%样本进行缩尾处理后，再重新对基准回归模型进行估计，见表3的列（1）和列（2）。

2. 子样本回归

考虑到地处行政中心的城市得益于在全国范围内的政治、经济、资源的优势地位，往往具备更强的经济综合实力和环境规制力度，与本文关心的被解释变量具有系统性关联。因此，本文根据直辖市、经济特区、副省级城市等分类标准，将部分中心城市予以剔除，继而再对剩余样本进行回归估计，具体回归结果见表3列（3）和列（4）。

3. 控制省份和时间趋势

在基准回归模型中，城市个体固定效应与时间固定效应均得到控制，但不排除在省级层面仍存在一些随时间变化的不可观测因素的影响。因此，基于基准模型，进一步控制省份个体时间趋势，重新对基准模型进行回归分析，回归结果见表3列（5）和列（6）。

4. 替换核心解释变量

选取数字金融指数的对数（ln_ *Index*）作为衡量数字金融发展程度的代理变量，对模型重新进行回归，见表3列（7）和列（8）。

可以看到，无论何种稳健性检验，数字金融的系数依然显著为正，证明基准回归结果的稳健性。

表3 稳健性检验估计结果

变量	(1)	(2)	(3)	(4)	(5)	(6)	(7)	(8)
Index	0.0124* (1.90)	0.0136** (2.10)	0.0124* (1.75)	0.0126* (1.81)	0.0142* (1.76)	0.0152* (1.91)		

续表

变量	(1)	(2)	(3)	(4)	(5)	(6)	(7)	(8)
ln_ *Index*							0. 0165 *** (4. 19)	0. 0102 *** (2. 59)
控制变量	No	Yes	No	Yes	No	Yes	No	Yes
N	2280	2280	2120	2120	2280	2280	2280	2280
R^2	0. 4402	0. 4750	0. 4340	0. 4673	0. 5425	0. 5642	0. 4415	0. 4729

六、异质性分析与作用机制检验

(一) 异质性分析

中国城市类型多样且区域分布甚广，若将各具特色的城市进行笼统的全样本分析，容易忽略不同地区之间数字金融对二者耦合协调度的影响差异。因此，本文从城市等级差异和城市地理区位差异两个方面对全样本进行分类回归，检验数字金融对经济与环境协调发展的异质性影响。

1. 城市等级差异

鉴于中国城市种类繁多，不同城市人口数量、经济水平及资源禀赋等方面差异较大，从而针对不同等级的城市，数字金融对经济发展和生态环境耦合协调度的影响效果可能存在异质性。因此，本文按照城市等级划分标准，将样本城市划分为两组进行对比分析，其中一组为等级较高的城市，包括一线城市、新一线城市、二线城市和三线城市，共计 118 个；其余为较低等级城市，由四线和五线城市构成，共计 167 个。表 4 列（1）和列（2）分别展示了较高等级城市和较低等级城市的回归结果。对比两组样本的回归结果可知，对于较高等级城市而言，其 *Index* 的回归系数在 1% 的显著性水平上显著为正，且系数值高于基准回归结果，而较低等级城市 *Index* 的回归系数显著性较差，这说明数字金融能够显著促进较高等级城市的经济发展与生态环境实现耦合协调，但对四线及五线城市的影响效果显著性不强。主要的原因可能在于：较高等级的城市在经济规模、基础设施、人口素质和产业结构等方面均要领先于其他城市，并且具备更强的环境管制要求，因此在经济社会活动过程中更加注重绿色生产和绿色消费。数字金融的发展有助于进一步提高资源利用效率，优化资源配置结构，缓解企业融资约束，促进居民创业就业，进而催生出环境友好型的新产品、新产业和新技术，能够在促进经济发展的同时兼顾环境效益，从而实现经济与环境的协调共生。然而，对于四线和五线城市而言，其本身存在着金融体系不完善、创新资源稀缺、交通可达性较差等问题，使其经济发展水平难以与大城市相比，并且占比较高的传统产业会为生态环境带来不小的压力，数字金融难以在短时间内改变原有的产业结构和生产水平，加之这些城市在环境规制和环保政策落实等环节存在短板，仅依靠数字金融的渗透来实现经济与环境的双向推动难度较大，因此，数字金融的影响效果在较低等级城市样本中并不明显。

2. 地理区位差异

根据前文对经济发展与生态环境耦合协调度空间特征的分析可知，处于不同地理位置的城市，经济发展与生态环境耦合协调水平差异较大，东部地区的城市普遍高于中西部地区。不难理解，在中国辽阔的疆域上，各个城市的资源要素禀赋、生产工艺水平及生态环境承载力等方面会因城市地理区位的差异存在异质性。因此，为进一步识别城市样本的地区差异，本文将样本按照地理区位划分为东部地区城市和中西部地区城市，比较数字金融对两组样本的差异性影响。表4列（3）和列（4）分别展示了东部城市和中西部城市的回归结果。结果显示，虽然 *Index* 的回归系数在两组样本中的显著性相同，但其系数值在东部地区的城市中更大一些，说明数字金融对经济发展与生态环境耦合协调度的影响存在空间差异，东部地区效果更加明显，而中西部地区的影响效果相对偏低。造成这一特征的原因可能在于：东部地区本身的经济发展与生态环境的耦合协调水平较高，并且金融体系相对完善，科技创新能力较强，数字金融的发展为东部地区城市提供了更多的金融资本支持和科技创新动力，促使产业结构不断优化，从而对经济发展和生态环境的耦合协调起到“锦上添花”的作用；而对于中西部地区来说，虽然经济发展条件和生态环境水平相对落后，但数字金融的出现为这些地区带来了前所未有的新机遇：一方面，数字金融通过促进电商发展，使得中西部偏远地区的线上购物与销售成为可能，提升地区就业创业水平，促进地区产业结构升级，从而拉动地区经济增长；另一方面，数字金融搭建的环保服务平台也促使全民更加关注中西部地区生态环境的脆弱性，并凭借便捷的线上平台（例如“蚂蚁森林”）促使人们纷纷加入保护中西部地区生态环境的行列，加速了中西部地区生态环境的改善。因此，数字金融对中西部地区经济发展与生态环境耦合协调度的影响可谓起到了“雪中送炭”的作用。

表4　异质性分析估计结果

变量	(1)	(2)	(3)	(4)
Index	0.0286*** (3.08)	0.0107 (1.14)	0.0190* (1.91)	0.0143* (1.65)
控制变量	Yes	Yes	Yes	Yes
N	944	1336	808	1472
R^2	0.5623	0.4398	0.5407	0.4549

（二）作用机制检验

结合前文理论分析部分的讨论，数字金融可能通过促进技术创新、产业升级及投资调整三条路径影响经济发展方向和环保管控能力，从而影响二者的耦合协调水平。因此，本文利用中介效应模型，采用逐步检验回归系数法对这三种作用机制进行检验，并利用Bootstrap方法进行作用机制稳健性检验。

表5分别报告了三种作用机制的中介效应结果。首先，表5中的列（1）和列（2）为技术创新作为中介变量的估计结果，列（1）的回归结果表明，*Index*的估计系数在1%的显著性水平上显著为正，说明数字金融有利于促进技术创新；列（2）的结果显示*Index*的估计系数依然显著为正，只是系数值比基准回归结果偏小（0.0123<0.0150），并且技术创新（*Tech*）估计系数也显著为正，说明数字金融通过提升技术创新水平，促进了经济发展与生态环境的耦合协调，即中介效应存在。此外，Sobel检验和Bootstrap检验的系数均在至少10%的显著性水平上为正，证明技术创新中介效应具有稳健性，并且其中介效应为0.0027，占总效应的17.72%。其次，表5中的列（3）和列（4）是产业升级作为中介变量的估计结果，其中列（3）为数字金融对产业升级的影响，回归系数在1%的显著性水平上为正，说明数字金融可以促进产业结构

升级；列（4）报告了数字金融、产业升级对经济发展与生态环境耦合协调度的影响，*Index* 的估计系数同样显著为正，表明数字金融也能通过产业升级这一中介机制促进经济与环境的协调发展。同样，Sobel 检验和 Bootstrap 检验的系数均达到了 1% 的显著水平，其中介效应为 0.0020，占总效应比例为 14.04%，说明产业升级中介效应具有稳健性。最后，表 5 中的列（5）和列（6）报告了投资调整效应的检验结果，结果显示数字金融（*Index*）的估计系数和投资调整（*Inv*）的估计系数均显著为正，表明数字金融对经济发展与生态环境耦合协调度的影响也受到投资调整的部分中介作用；并且该中介效应通过了稳健性检验，其中介效应为 0.0004，占总效应的 2.68%。由此，本文的 H2 得到验证。通过对比三种作用机制中介效应的大小，可以发现上述中介变量的效应发挥存在异质性，其中技术创新效应最大，产业升级效应居中，而投资调整效应占比最低，表明数字金融发挥的技术创新效应最能有效促进经济与环境的协调发展。

表 5　作用机制检验结果

变量	技术创新		产业升级		投资调整	
	(1)	(2)	(3)	(4)	(5)	(6)
Index	4.5739 *** (8.48)	0.0123 * (1.85)	0.2003 *** (16.76)	0.0125 *** (14.42)	0.1199 *** (11.76)	0.0141 *** (16.69)
Tech		0.0006 ** (2.13)				
Str				0.0102 *** (6.69)		
Inv						0.0033 * (1.80)
N	2280	2280	2280	2280	2280	2280
R^2	0.2506	0.4737	0.5304	0.4720	0.2362	0.4609
Sobel 检验	0.0027 (*z* = 2.07，p = 0.0385)		0.0020 (*z* = 6.22，p = 0.0000)		0.0004 (*z* = 1.78，p = 0.0747)	
Bootstrap 检验（直接效应）	0.0123 (*z* = 1.73，p = 0.0830)		0.0125 (*z* = 8.99，p = 0.0000)		0.0141 (*z* = 11.35，p = 0.0000)	

续表

变量	技术创新		产业升级		投资调整	
	(1)	(2)	(3)	(4)	(5)	(6)
Bootstrap 检验（间接效应）	0.0027（$z=1.91$，p=0.0560）		0.0020（$z=3.10$，p=0.0020）		0.0004（$z=1.45$，p= 0.1470）	
间接效应占比	17.72%		14.04%		2.68%	

七、研究结论与政策建议

（一）研究结论

本文首先从理论方面分析了经济发展与生态环境两大系统的协调互动关系，并论证了数字金融对经济发展与生态环境耦合协调关系的直接影响和作用路径；其次在实证方面，利用2011—2018年全国285个城市面板数据，科学测算了经济发展与生态环境耦合协调度，并对数字金融的影响效果和作用机制进行了实证检验，得到如下研究结论：①整体而言，中国城市尺度上经济发展与生态环境的耦合协调度呈稳步上升趋势，但上升速率较慢且存在空间不均衡性，东部地区城市的耦合协调水平明显高于中西部地区城市。②数字金融能够显著提升地区经济发展与生态环境的耦合协调度，但影响效果因城市特征不同存在异质性：在城市等级差异方面，数字金融能够促进较高等级城市经济与环境的协调发展，但对较低等级城市的影响并不显著；在城市地理区位差异方面，数字金融对东部城市具有“锦上添花”的作用，同时对中西部城市也具有“雪中送炭”的作用，但对前者的作用效果更加明显。③机制研究表明：数字金融在技术创新效应、产业升级效应及投资调整效应三条路径的作用下，促进了城市经济发展与生态环境的耦合协调，其中技术创新效应的作用最强，产业升级效应居中，投资调整的中介作用贡献最小。

（二）政策建议

为加快金融数字化转型、进一步推动经济发展与生态环境的耦合协调，根据上述研究结论，本文提出如下政策建议：

第一，继续加强金融科技赋能，提升数字金融服务质效。

当前，实现经济发展与生态环境的耦合协调仍然任重道远，鉴于数字金融能够有效促进二者协调发展，故应充分发挥数字金融的“协调引导”效应，丰富数字金融支持手段，提高资源利用效率，促进经济与环境协调发展。具体包括：①加强金融市场与环保产业的联动机制，利用数字金融的资金筹集和分配作用缓解环保企业发展的资金短缺问题，同时搭建更加多元化的数字金融环保平台，倡导居民践行绿色消费理念，推动经济与环境绿色化发展。②政府部门应支持金融机构加快数字化转型，推动数字金融基础设施建设，提高移动支付和信贷渠道的便捷性，扩大数字金融服务范围，进一步发挥数字金融的经济效益与环境效益。③金融监管部门应利用云计算、人工智能等科技手段，建立健全金融监管体系，有效防护个人数据安全，降低金融业务交叉风险，为数字金融释放经济增长动能和发挥污染防控作用提供保障。

第二，发挥数字金融的技术创新、产业升级及投资调整效应，引导资金流向，打造绿色经济体系。

数字金融可以显著提升地区技术创新水平，并带动产业升级和投资调整，因此，应充分考虑三种作用机制对经济发展与生态环境耦合协调的影响，并制定相关的发展策略。具体包括：①借助数字技术实现信用贷款审批自动化和智能化，深挖数据信息要素价值，促进中小企业融资服务增量扩面，加快企业创新人才引进和科技成果转化，进而发挥技术创新的经济支撑作用和节能减排作用，为实现经济发展与生态环境耦合协调开辟新路径。②利用数字金融赋能实体经济，通过拓展新产业、新业态的应用场景，转变传统产业生产方式等途径促进产业结构优化，引导金融资源流向高效节能技术领域，带动地区产业绿色发展。③重视投资对经济增长的拉动和污染治理的影响，通过数字金融激发全社会投资活力，提高企业投资效率、优化产业投资结构，进而引导民间投资和社会投资方向，加快新旧动能转换，促使制造业和服务业高质量发展。

参考文献

[1] 王勇,俞海,张永亮,杨超,张燕．中国环境质量拐点:基于EKC的实证判断[J]．中国人口·资源与环境,2016(10):1-7.

[2] ANWAR A., MUHAMMAD S., ARSHIAN S. The Moderating Role of Renewable and Non-renewable Energy in Environment-income Nexus for ASEAN Countries: Evidence from Method of Moments Quantile Regression[J]. Renewable Energy, 2021(3):164-175.

[3] MOUTINHO V., MADALENO M., ELHEDDAD M. Determinants of the Environmental Kuznets Curve Considering Economic Activity Sector Diversification in the OPEC Countries[J]. Journal of Cleaner Production, 2020(2):271-282.

[4] 周雪娇,杨琳．基于创新驱动的区域经济与生态环境协调发展的研究[J]．经济问题探索,2018(7): 174-183.

[5] 张国俊,王珏晗,吴坤津,许志桦．中国三大城市群经济与环境协调度时空特征及影响因素[J]．地理研究,2020(2): 272-288.

[6] 李强,韦薇．长江经济带经济增长质量与生态环境优化耦合协调度研究[J]．软科学,2019, 33(5): 117-122.

[7] SAMUEL A., KWAME E. Financial Development and Environmental Degradation: Does Political Regime Matter? [J]. Journal of Cleaner Production, 2018(197): 1472-1479.

[8] 严成樑,李涛,兰伟．金融发展、创新与二氧化碳排放[J]．金融研究,2016(1): 14-30.

[9] 聂秀华,江萍,郑晓佳,吴青．数字金融与区域技术创新水平研究[J]．金融研究,2021(3): 132-150.

[10] 田杰,谭秋云,靳景玉．数字金融能否改善资源错配? [J]．财经论丛,2021(4):49-60.

[11] 谢绚丽,沈艳,张皓星,郭峰．数字金融能促进创业吗? ——来自中国的证据[J]．经济学(季刊), 2018(4): 1557-1580.

[12] 蒋长流,江成涛．数字普惠金融能否促进地区经济高质量发展? ——基于

258 个城市的经验证据[J]. 湖南科技大学学报(社会科学版),2020(3): 75 -84.

[13] 贺茂斌,杨晓维. 数字普惠金融、碳排放与全要素生产率[J]. 金融论坛,2021(2): 18 -25.

[14] 尹飞霄. 数字金融对区域绿色创新效率影响的空间计量分析[J]. 技术经济与管理研究,2020(11): 74 -79.

[15] 许钊,高煜,霍治方. 数字金融的污染减排效应[J]. 财经科学,2021(4): 28 -39.

[16] 马丽,金凤君,刘毅. 中国经济与环境污染耦合度格局及工业结构解析[J]. 地理学报, 2012(10): 1299 -1307.

[17] Ginevičius R., Gedvilaitė D., Stasiukynas A. Assessment of the Interrelations Between Economic and Ecological Development in Regions of Lithuania[J]. Procedia Engineering,2017(182):213 -221.

[18] 彭水军,包群. 环境污染、内生增长与经济可持续发展[J]. 数量经济技术经济研究, 2006(9):114 -126.

[19] BRETSCJGER L., PITTEL K. Twenty Key Challenges in Environmental and Resource Economics[J]. Environmental and Resource Economics,2020(77):725 -750.

[20] 胡宗义,李毅. 金融发展对环境污染的双重效应与门槛特征[J]. 中国软科学,2019(7): 68 -80.

[21] 王娟,朱卫未. 数字金融发展能否校正企业非效率投资[J]. 财经科学,2020(3):14 -25.

[22] SHI T., YANG S. Y., ZHANG W., QIAN Z. Coupling Coordination Degree Measurement and Spatiotemporal Heterogeneity Between Economic Development and Ecological Environment—Empirical Evidence From Tropical and Subtropical Regions of China[J]. Journal of Cleaner Production,2020(244):739 -742.

[23] 郭峰,王靖一,王芳,孔涛,张勋,程志云. 测度中国数字普惠金融发展:指数编制与空间特征[J]. 经济学(季刊),2020(4):1401 -1418.

数字普惠金融对经济增长质量的影响研究

董晨露　俞　颖[①]

摘　要：本文在理论分析数字普惠金融对经济增长质量影响的基础上，构建面板回归模型，研究发现数字普惠金融可显著促进经济增长质量，且在中国不同区域表现出差异性。门槛检验结果表明，数字普惠金融对经济增长质量的促进作用受城镇化水平的门槛约束。多重中介效应检验说明，数字普惠金融能够通过促进技术创新和提高人力资本水平提升经济增长质量。高效发挥数字普惠金融对经济增长质量促进作用的关键在于推动数字普惠金融基础设施建设、深化数字普惠金融制度改革、加快城镇化进程、促进数字普惠金融与技术创新和人力资本的融合。

关键词：数字普惠金融；经济增长质量；门槛效应；多重中介效应

① 作者简介：董晨露（1997—），甘肃白银人，西北大学经济管理学院 2019 级金融学专业硕士研究生；俞颖（1977—），江苏扬州人，西北大学经济管理学院副教授。

基金项目：陕西省社会科学基金项目“陕西三大区域普惠金融的空间非均衡与协调发展机制研究”（批准号 2020D037）。

一、引言

早在2005年，联合国就提出了普惠金融的概念，强调为社会各阶层提供及时高效的金融服务，从而缓解对弱势群体的金融排斥。然而，传统金融机构在提供金融服务时要设立物理网点，这便增加了其服务成本，与其盈利目相悖，因而产生了金融机构对低收入群体、小微企业等的排斥现象，金融为实体经济的服务也因此存在阻碍。

近年来，随着互联网技术的更新迭代，传统普惠金融迎来了新的发展机遇，其与互联网技术、云计算、社交媒体、人工智能和大数据分析相结合产生了基于数字技术的数字普惠金融，凭借创新的技术、灵活的组织和数据驱动的解决方案，在经济活动中得到了广泛的应用。2016年国务院正式出台了《推进普惠金融发展规划（2016—2020年）》，同年数字普惠金融的概念在G20峰会上被正式提出。《G20普惠金融高级原则》指出，数字普惠金融泛指利用数字金融服务推进普惠金融，它包括通过数字手段以客户负担得起和提供者可持续的成本为经济排斥和服务不足的人群提供一系列适合他们需要的正式金融服务。

相比传统普惠金融，数字普惠金融服务成本低、覆盖面积广、服务多样化，可以快速高效地实现地域覆盖，满足金融服务主体的多样化需求，缓解传统普惠金融提供金融服务的高成本、低效率等问题，在减缓贫困、提高收入、增强消费、提升创新创业水平、促进产业结构优化等方面发挥着重要作用。探讨数字普惠金融发展影响经济增长质量问题具有重要的理论和实践意义。

二、文献综述

数字金融对经济增长具有促进作用，并且对城镇化率较低、物质资本较高地区的促进作用更强（钱海章等，2020）。数字金融能够通过为个人和中小企业提供各种各样的金融产品以及信贷服务的便利渠道促进经济增长（Ozili，

2018）。数字金融会促进本地经济增长，但对邻近地区的经济增长则表现出负向空间溢出效应（褚翠翠等，2021）。从经济高质量发展的“五大发展理念”来看，数字普惠金融能够通过促进创新、协调、开放、共享四方面促进经济高质量发展（滕磊、马德功，2020）。

此外，数字普惠金融可以通过发挥其金融本质服务实体经济发展，推动经济增长质量提升。在农村地区，数字普惠金融可以通过缓解贫困发生率来缩小城乡收入差距（胡中立、王书华，2021），且较高的数字普惠金融发展水平对农民收入的增长效应更高（王永仓，2021）。数字普惠金融可以通过缩小城乡收入差距、提高资本配置效率来提升经济增长质量（宇超逸等，2020）。在非农业部门，数字普惠金融通过提供更多的就业机会和增加收入，刺激城市化进程（Zhang et al.，2020）。

数字金融能够显著促进家庭消费（张勋等，2020），特别是能够促进经常性项目和资产较少、收入较低、金融素养较低，以及生活在三四线城市的家庭的消费。数字金融对居民消费的影响主要表现在缓解流动性约束、促进支付和交易、拓宽投资渠道和增加收入、增强安全性等方面（Li et al.，2020）。同时，数字金融以其低成本、高效率的优势，在企业融资、资本配置以及产业结构升级方面扮演越来越重要的角色。利用大数据可更有效地克服信息不对称，更直接地匹配储户和投资者（Demertzis et al.，2018），以较低的成本向更多的客户提供金融中介服务；数字技术使发展中国家能够通过无缝的数字金融系统超越实体银行分支机构，使低收入群体和中小企业拥有账户并获得所需金融服务（Arner et al.，2020）。

以上文献对数字普惠金融影响实体经济进行了卓有成效的探讨，本文将在此基础上系统研究数字普惠金融对经济增长质量的影响及其门槛效应和作用渠道，包括理论分析和实证检验。

三、理论分析与研究假设

（一）数字普惠金融促进经济增长质量的提升

数字普惠金融促进经济增长质量的提升体现在对于经济增长的效率、结构优化、稳定性、绿色生态、民生发展五方面的促进作用。

数字普惠金融可促进经济增长效率提高。在传统的市场融资中处于劣势地位的中小企业获取资金的渠道固化，融资成本高昂，因而企业资金不充裕，难以对自身进行投资与升级改造，导致要素生产率低下。数字普惠金融以其信息化、智能化特征，快速高效地为资本供需双方实现动态匹配，通过减缓信息不对称提高资本市场的运行效率。随着数字科技与普惠金融的结合，传统金融机构随之升级服务及产品，大量互联网融资平台涌现，拓宽了中小企业的融资渠道，为其提供了成本低廉、高效便捷的资金获取方式，大量闲置资金得以有效利用于企业生产创造活动中，提高其生产经营活力，促进了要素生产率的提高。

数字普惠金融通过高效的资源配置作用大大优化了经济结构。数字普惠金融通过利用信息化的技术从而通过网络进行金融服务，首先，可以避免较高的营运资本成本和网点建设成本，从而实现快速且高效的地域覆盖。其次，数字普惠金融可以通过其资源配置功能为传统产业提供资金，从而显著提升其创新能力，衍生出一些生产效率高的朝阳企业，在此过程中也可以引导资金流向创新能力强、发展前景好的高新技术产业，因而促进产业结构优化升级。

数字普惠金融有助于经济稳定增长。数字普惠金融可通过大数据风险控制系统减少信息不对称以及由此带来的道德风险和逆向选择问题，提升了企业的风险控制能力，互联网金融平台通过专门的风险控制系统，运用数据挖掘和处理，把控资金流通中的风险。此外，云计算、大数据等技术可以通过对客户的需求分析，捕捉市场可能发生的变化，预测经济活动中的波动（张腾等，2021），从而制定针对性的规避方法，维持经济增长过程中的稳定性。

数字普惠金融可促进绿色生态发展。在实现资金融通的过程中减少了资源浪费，同时衍生出了一些节能环保技术，以提高社会资源整合、环境监测能力，为绿色生产生活提供了技术保障（许宪春等，2019）。同时，蚂蚁金服等金融平台，将绿色金融产品渗透于日常的消费、出行中，促进了绿色低碳行为，提高了部分地区的森林覆盖率，有利于绿色经济的发展（陆岷峰、杨亮，2017）。

数字普惠金融发展可改善民生。中小企业在我国占比大，是吸收就业的重要载体，数字普惠金融为中小企业融通资金，催生出大批的就业机会，提高了居民收入，推动社会劳动力市场平稳发展，促进了消费与经济增长。基于数字普惠金融的可得性，社会大众也可以低成本参与其中，进行资产管理，有助于个体提升应对风险的能力。同时，数字普惠金融推动的金融创新，使得金融服务与产品更加多样化，能够满足不同层次人群及机构的金融服务及产品需求，以提高社会福利水平，加大经济成果共享。综合上述分析，提出如下假设：

H1：数字普惠金融能够有效提升经济增长质量。

（二）数字普惠金融影响经济增长质量的门槛效应

近年来，在我国经济发展和社会变迁的过程中，城镇化进程也持续推进，资本、劳动力等要素向城镇大量聚集，城乡之间在经济增长、收入分配、资源环境结构等方面有所差别。在城镇化的初级阶段，人力资本的流动带动了金融资源向城镇地区的聚集，推动了城镇金融的发展（江源、谢家智，2015），为数字普惠金融促进经济增长质量提升提供了基础条件。同时，当城镇化水平发展到一定程度时，地区基础设施覆盖较广、发展水平较高，互联网、大数据等数字普惠金融所需的数字技术发展较成熟，有利于数字普惠金融更好地发挥作用。综合以上分析，提出如下假设：

H2：数字普惠金融对经济增长质量的影响存在因城镇化水平而异的门槛效应。

（三）数字普惠金融影响经济增长质量的作用渠道分析

创新是推进经济增长的重要动力，企业技术创新提高了生产要素的利用率，促进了经济增长效率提高，同时技术创新催生了大量高技术产业，推动了产业结构优化升级，助推经济增长质量发展。高新技术企业信息不对称程度高，面临较大风险，数字普惠金融有别于传统金融利用实体网点提供金融服务及产品的特点，通过技术设施的便捷性快速匹配资金供求双方，缓解了信息不对称。同时以较低的成本实现金融服务的大范围覆盖，大大降低了客户准入门槛，推动了银行等传统金融机构转型升级，为高新技术企业实现资金融通拓宽了渠道，降低了其融资风险，为企业生产经营、研发创新提供了资金保障。

我国正处在向高质量发展转变的过程中，人力资本对经济增长的推动正由“劳动数量型”向“劳动质量型”转变，人力资本的积累能显著提高劳动效率，从而促进经济增长质量的提升。数字技术与传统金融的结合增加了对创新型金融人才的需求，使金融机构加大了培育高水平人力资本的投入。数字普惠金融可提供丰富的金融产品及多样化金融服务，打破了时空限制，提高了原本被排斥的群体进行知识技能培训的可能性，促进了人力资本的积累。综合以上分析，提出如下假设：

H3：数字普惠金融能够通过提高技术创新与人力资本水平提高经济增长质量。

四、研究设计

（一）模型设定

1. 普通面板回归模型

为了检验数字普惠金融对各地区经济增长质量水平的影响，本文构建如下回归模型：

$$quality_{it} = \alpha + \beta difi_{it} + \theta X_{it} + \mu_{it} + \varepsilon_{it} \tag{1}$$

其中，*quality* 为经济增长质量综合指数，*i* 表示地区，*t* 表示年份；*difi* 表示数字普惠金融指数；X_{it}为控制变量的集合；μ_{it} 表示地区固定效应，用来固定各个省份不随时间变动的因素；ε_{it} 为随机误差项。

2. 面板门槛模型

引入面板门槛模型，以城镇化水平（*urban*）作为门槛变量构建面板门槛模型如下：

$$\begin{aligned} quality_{it} = {} & \alpha + \beta_1 difi_{it}(urban_{it} \leqslant \gamma_1) + \beta_2 difi_{it}(\gamma_1 \leqslant urban_{it} \leqslant \gamma_2) + \cdots + \\ & \beta_n difi_{it}(\gamma_{n-1} \leqslant urban_{it} \leqslant \gamma_n) + \theta X_{it} + \mu_{it} + \varepsilon_{it} \end{aligned} \tag{2}$$

在上述门槛面板模型中，门槛变量为 *urban*，γ_n为待估计的门槛值，β_n为不同门槛区间下解释变量的回归系数。

3. 多重中介效应模型

为进一步验证数字普惠金融通过何种渠道影响经济质量增长，本文在式（1）的框架下，借鉴温忠麟和叶宝娟（2016）的研究构建多重中介效应模型，从技术创新（*innov*）和人力资本水平（*edu*）的角度，剖析数字普惠金融影响经济增长质量的渠道。

（二）变量与数据

（1）被解释变量：经济增长质量（*quality*）。经济增长质量是对经济发展状况的综合评价，是经济增长的数量达到一定水平时对质量的更高层次追求。狭义上的经济增长质量通常被定义为经济增长的效率，且大多用全要素生产率来测度（黄志基、贺灿飞，2013）。广义上的经济增长质量从内涵界定开始，通过构建一系列指标体系从不同维度系统化地衡量包括经济增长、社会发展、生态可持续等各个方面，也是目前主流的观点。本文参考郭卫军等（2021）的研究构建了包含经济增长效率、经济结构优化、经济增长稳定性、绿色生态和民生发展五个一级指标的经济增长质量综合指标体系。相应二级指标构建主要参考了宇超逸和王雪标（2021）、江三良和侯缓缓（2021）、宫汝娜和张涛（2021）、何兴邦（2019）以及魏婕和任保平（2012）的研究（见表1）。

表1　经济增长质量指标体系

一级指标	二级指标	指标度量	单位	属性
经济增长效率	资本生产率	GDP/全社会固定资产投资完成总额	%	+
	劳动生产率	GDP/全社会从业人员数	元/人	+
经济结构优化	三产产值占比	第三产业增加值/GDP（%）		+
	产业结构高级化指数	第三产业增加值/第二产业增加值（%）		+
经济增长稳定性	价格波动	居民消费价格指数/%		-
	就业波动	城镇登记失业率/%		-
绿色生态	建成区绿化覆盖率	建成区绿化覆盖率/%		+
	森林覆盖率	森林覆盖率/%		+
	生活垃圾处理	生活垃圾无害化处理率/%		+

续表

一级指标	二级指标	指标度量	单位	属性
民生发展	城镇居民收入	城镇居民人均可支配收入	元	+
	农村居民收入	农村居民人均纯收入	元	+
	医疗卫生	每万人医疗卫生机构人员数	人	+
	文化水平	人均公共图书馆藏书	册	+

注：“+”表示正向指标，“-”表示逆向指标。

在指标权重的确定上，本文采用熵值法。熵值法是一种客观的赋权法，按照每个指标所提供的信息量的多少来决定指标权重的大小，指标的变异程度越大，所涵盖的信息就越多，信息熵值越低，从而权重越大，消除了主观赋权法人为因素的影响，使指标权重更加合理和客观（陈明星等，2009）。

（2）解释变量：数字普惠金融指数（*difi*）。采用北京大学数字金融研究中心发布的历年中国各省份数字普惠金融指数（除以 100）进行衡量，该指数包含数字金融服务的覆盖广度（*difi_ cov*）、使用深度（*difi_ use*）和数字化程度（*difi_ dig*）三个维度。

（3）控制变量：①人力资本水平（*edu*），用各省人均受教育年限予以衡量。以各阶段受教育人数占 6 岁以上人口的比重为权重乘以各教育阶段年数，其中小学、初中、高中、大专及以上受教育年数分别为 6、9、12、16。②技术创新（*innov*），从创新产出的角度，采用各省人均专利申请数，即专利申请授权数与地区总人口的比值衡量。③城镇化水平（*urban*），用城镇化率表示，即城镇人口除以地区总人口。④对外开放程度（*trade*），各地区的进出口贸易总额与 GDP 之比，用于控制贸易开放水平对经济增长质量的影响。⑤政府干预程度（*gov*），以地区的财政支出占 GDP 的比率来衡量。⑥交通运输水平（*traffic*），各地区公路里程与地区总面积之比，即每平方公里的公路里程。⑦互联网发展水平（*inter*），用互联网上网人数占比来衡量，即互联网上网人数除以地区总人口的比值。

（4）数据说明。基于数据可得性，本文选用了全国 31 个省份 2011—2018 年的面板数据。数字普惠金融指数数据来自北京大学数字金融研究中心的《数字普惠金融指数》，其他数据均来源于《中国统计年鉴》、31 个省份历年统计年鉴、国家统计局网站及 Wind 数据库。

五、实证分析

（一）基准回归分析

表2是基准回归结果，列（1）至列（4）分别为全国、东部地区、中部地区、西部地区的回归结果。结果表明，整体上，数字普惠金融对经济增长质量有显著的正向促进作用。在全样本范围内，系数显著为0.0994，说明数字普惠金融能显著提升经济增长质量水平，假设1得到了验证。分区域来看，东部地区 *difi* 对 *quality* 的促进作用最大，中部地区次之，西部地区最小，表明数字普惠金融促进经济增长质量的效应存在着地区差异，东部地区的促进效应明显高于中西部地区。资源发达且集中的东部地区具有先天的资源禀赋结构，因此有更加高度化的金融发展水平、完善的通信设备基础、前沿的数字技术等，数字普惠金融借此发挥多种能效激发社会经济系统的活力，对提高创业与家庭收入、缩减城乡收入差距、改善经济协调发展的效果更好，从而提高了要素配置的效率，促进了东部地区经济增长的质量与效益。

表2　基准回归结果

变量	(1)	(2)	(3)	(4)
	全国	东部地区	中部地区	西部地区
difi	0.0994***	0.1315***	0.0753***	0.0288**
	(0.01)	(0.02)	(0.02)	(0.01)
N	248	88	64	96
R^2	0.9334	0.9362	0.9476	0.9627

注：①***、**、*分别表示在1%、5%和10%的置信水平上显著，括号内为t统计量，下同。②所有回归均包含控制变量，并使用固定效应。

（二）门槛效应分析

相比于传统金融服务，数字金融服务可覆盖的范围更广、服务成本更低，能够提高那些被传统金融机构排斥在外的弱势群体金融服务的可得性。城镇化率较低地区意味着农业化程度较高，中国农村地区企业和居民的金融服务可得性较差，可以通过数字金融享受到现代金融体系的服务。数字金融发展能够更多地缓解城镇化水平较低地区的流动性约束和融资约束，提高劳动及资本收益率，带动收入增长，从而更好地发挥其普惠性，促进经济增长质量水平提高。因此，本文选取城镇化水平（*urban*）作为门槛变量，进行门槛效应检验，探索在不同城镇化水平下数字普惠金融对经济增长质量的促进作用。

采用 Hansen（2000）的 bootstrap 法依次检验模型的门槛数，若存在单门槛进而可以进行双门槛检验，设定的自检抽样次数为 300 次，结果如表 3 所示。检验结果表明，以 *urban* 作为门槛变量时，数字普惠金融对经济增长质量存在双重门槛效应。

表 3　门槛效应检验结果

检验类型	F 统计量	P 值	临界值 10%	临界值 5%	临界值 1%
单一门槛	119.83	0.0000	19.8939	24.4887	29.9903
双重门槛	18.96	0.0733	17.0617	20.9921	37.1303
三重门槛	13.34	0.6133	38.9508	86.0650	173.6936

表 4 报告了数字普惠金融影响经济增长质量的门槛变量的估计值与 95% 置信区间，可以得到两个门槛值分别为 0.5500 和 0.8618，置信区间分别为（0.5460，0.5502）和（0.8291，0.8629）。

表 4　门槛估计值及置信区间

门槛类型	估计值	95%置信区间
单一门槛	0.5500	（0.5460，0.5502）
双重门槛	0.8618	（0.8291，0.8629）

表 5 给出了以城镇化水平作为门槛变量时，双重门槛模型的估计结果。可以看出，无论在门槛值以上还是门槛值以下，数字普惠金融对经济增长质量的估计系数均显著为正。当城镇化水平小于 0.5500 时，*difi* 对 *quality* 的回归系数显著为 0.0769，即数字普惠金融发展可正向促进经济增长质量水平；当城镇化水平介于 0.5500 与 0.8618 之间时，*difi* 的回归系数同样显著为正，且增加到了 0.0855，*difi* 对 *quality* 的促进作用持续增加；当城镇化水平大于 0.8618 时，回归系数显著增加为 0.1523，数字普惠金融的经济质量增长作用有较大幅度的提升。显然在不同区间数字普惠金融发展对经济增长质量的作用强度明显不同，表现出门槛效应特征，从而验证了假设 2。*urban* 由较低水

平向较高水平的发展过程中，*difi* 对 *quality* 有正向影响，且随着城镇化水平的提升，数字金融对经济增长质量的促进效应会逐渐增强。可能的原因是城镇化水平较高的地区，其基础设施及生产效率均具有较高水平、产业结构更为优化，为数字普惠金融促进经济增长质量提供了良好的先决条件。

表5　门槛模型估计结果

变量	回归系数	标准误差	T 统计量	P 值
0. _ cat#c. difi	0. 0769 ***	0. 01	8. 36	0. 000
1. _ cat#c. difi	0. 0855 ***	0. 01	8. 82	0. 000
2. _ cat#c. difi	0. 1523 ***	0. 02	9. 14	0. 000
F 值	290. 76			
P 值	0. 000			
N	248			
R^2	0. 9566			

（三）作用渠道分析

为进一步探究数字普惠金融水平促进经济增长质量的作用机制，本文通过技术创新与人力资本两个渠道进行多重中介模型识别，中介变量分别为技术创新（*innov*）和人力资本水平（*edu*），结果见表6。

表6 的回归结果显示，*difi* 对 *quality* 促进作用的总效应，影响系数为 0. 0994，且在1%的统计水平上显著，即数字普惠金融的发展能够显著提升经济增长质量水平。列（2）中 *difi* 对中介变量 *innov* 的影响系数显著为 3. 6323，表明 *difi* 的发展对技术创新有显著的促进作用，这是因为数字普惠金融通过数字技术降低了企业融资成本，缓解了企业融资约束，从而为企业研发活动提供了资金保证，促进了企业的创新产出水平。列（3）中 *difi* 对中介变量 *edu* 的影响系数为 0. 1361，说明 *difi* 的发展显著提升了人力资本水平，这可能与数字普惠金融发挥普惠金融本质、增加居民收入因而提升人力资本投入有关。列（4）在研究数字普惠金融促进经济增长质量的基础上，将中介变量技术创新与人力资本水平纳入控制后，技术创新对经济增长质量的影响系数为 0. 0029，人力资本对经济增长质量的影响系数为 0. 0155，且均在1%的统计水

平上显著，说明技术创新和人力资本在数字普惠金融的发展促进经济增长质量水平的过程中起到了部分中介作用。

从两个中介变量的相对贡献来看，数字普惠金融通过提升技术创新产出促进经济增长质量的中介效应大小为0.0106，通过提升人力资本水平促进经济增长质量的中介效应大小为0.0022，通过*innov*和*edu*这两个中介变量促进经济增长质量的多重中介效应强度为12.87%，假设3得以验证。在数字普惠金融对经济增长质量的影响中，技术创新中介占其影响总效应的10.66%，在多重中介效应中的相对贡献为83.31%，人力资本中介占总效应的2.21%，相对贡献为16.69%。相对于人力资本水平，技术创新更是数字普惠金融促进经济增长质量的重要渠道。因为数字普惠金融促进经济增长质量提升更依赖于高端人才，数字普惠金融促进经济增长质量的人力资本渠道相对于技术创新渠道而言是一个更为长期的持续性过程。

表6　数字普惠金融影响经济增长质量的中介渠道

变量	(1)	(2)	(3)	(4)
difi	0.0994 *** (0.01)	3.6323 *** (0.92)	0.1361 * (0.07)	0.0866 *** (0.01)
innov				0.0029 *** (0.00)
edu				0.0155 *** (0.01)
N	248	248	248	248
R^2	0.9334	0.5844	0.1806	0.9413

（四）稳健性检验

数字普惠金融指数由覆盖广度、使用深度与数字支持服务程度的3个子指标合成，为确保研究结论的稳健性，本文分别使用数字金融服务的覆盖广度（*difi_ cov*）、使用深度（*difi_ use*）和数字化程度（*difi_ dig*）三个维度替换解释变量*difi*进行回归，进一步分析*difi*子维度对经济增长质量的影响，结果如表7所示。

表7中列（1）显示，*difi_ cov*的回归系数显著为0.1018，表明覆盖广度

对经济增长质量具有显著的正向促进作用。数字金融的覆盖广度强调数字金融服务的普惠程度，覆盖广度越广，享受金融服务的个体及企业越多，越有利于经济增长质量水平的提高，即数字金融服务的供给对地区经济增长质量具有积极作用。

列（2）的回归系数显著为 0.0534，表明使用深度可以积极促进经济增长质量水平的提高。*difi_ use* 的内涵是数字金融服务的有效需求，代表着数字金融的业务种类和使用频率，使用深度越深，则意味着数字金融的业务种类越丰富和各类业务的使用频率越高，用户能享受到更高质量的金融服务，这表明丰富的金融工具和产品有效满足了相应需求，显著促进了地区经济增长质量。

列（3）的影响系数显著为 0.0152，说明数字化程度的深化可以显著提高经济增长质量水平。数字化程度强调的是金融服务的便利性和低成本，其在金融中的广泛应用可以缓解经济活动中的信息不对称问题，降低经济个体面临的风险，达到更有效的资源配置。这些优势有效促进了经济增长过程中的效率、结构优化与稳定性，从而提升了经济增长质量水平。

difi 的降维指标对经济增长质量的回归显示出其三个子维度对经济增长质量的显著促进作用，验证了本文核心结论的稳健性。其中，覆盖广度的系数远高于使用深度和数字化程度的系数，可以看出，数字普惠金融的覆盖广度对中国经济增长质量的提升作用最大。

表 7　数字普惠金融对经济增长质量影响的稳健性检验结果

变量	(1)	(2)	(3)
difi_ cov	0.1018 *** (0.01)		
difi_ use		0.0534 *** (0.01)	
difi_ dig			0.0152 *** (0.00)
N	248	248	248
R^2	0.9289	0.9144	0.8962

六、结论与政策建议

本文利用中国省级面板数据实证分析了数字普惠金融发展对经济增长质量的影响效应，得到以下结论：①数字普惠金融发展显著促进了经济增长质量，且存在地区差异性，东部最强，中部次之，西部较弱。②数字普惠金融对经济增长质量的促进作用以城镇化水平为门槛存在着显著的双重门槛效应，随着城镇化水平跨越较高的门槛，促进作用逐渐增强。③数字普惠金融能够通过提升人力资本水平和促进技术创新提高经济增长质量，且技术创新的中介效应较强。

本文结论为发展数字金融可促进经济增长质量，政策启示如下：

第一，加强数字普惠金融基础设施建设，加大投资力度，促进数字金融技术研发，为数字金融的发展提供必要的硬件设施与技术支持。同时完善数字普惠金融制度，深化传统金融机构的数字化改革，在促进机构适应技术发展、提供更广泛金融服务的同时，依赖数字技术提升其抵御风险的能力。

第二，重点提升中西部地区数字金融发展水平，加大对区域间数字普惠金融平衡发展的关注。在全国范围内扩大数字金融的覆盖面积，加大金融服务的供给，对于覆盖率较高的地区增强数字普惠金融服务与产品的多样性，满足不同群体的金融需求，同时注重提升数字化水平，利用数字技术的便利性优化资源配置。

第三，提高城镇化水平，引导城镇化建设，根据城镇化水平差异实施差异化政策，对欠发达城镇地区与农村地区的群体在合理范围内提供数字普惠金融服务补贴，例如放宽信贷规模与期限限制、给予互联网技术资费补贴等。

第四，加强数字普惠金融知识技能宣传，提高国民金融素养，同时发挥数字金融的便利性与普惠性优势，重点加大教育投资，培养高水平人力资本。通过加强数字普惠金融与技术创新、人力资本的融合力度，提升其对经济增长质量的促进作用。

参考文献

[1] 钱海章，陶云清，曹松威，曹雨阳．中国数字金融发展与经济增长的理论与实证[J]．数量经济技术经济研究，2020，37(6)：26－46.

[2] OZILI P K. Impact of digital finance on financial inclusion and stability[J]. Borsa Istanbul Review,2018(4):329－340.

[3] 褚翠翠，佟孟华，李洋，费威．中国数字普惠金融与省域经济增长——基于空间计量模型的实证研究[J]．经济问题探索，2021(6).

[4] 滕磊，马德功．数字金融能够促进高质量发展吗？[J]．统计研究，2020，37(11)：80－92.

[5] 胡中立，王书华．数字普惠金融发展能否缓解城乡收入差距——基于省级面板数据的检验[J]．统计学报，2021，2(3)：1－13.

[6] 王永仓．数字普惠金融影响农民收入增长的门槛效应研究[J]．金融理论与实践，2021(6)：94－109.

[7] 宇超逸，王雪标，孙光林．数字金融与中国经济增长质量:内在机制与经验证据[J]．经济问题探索，2020(7)：1－14.

[8] ZHANG X, Y TAN, Z HU. The trickle－down effect of fintech development: From the perspective of urbanization[J]. China & World Economy, 2020(1): 23－40.

[9] 张勋，杨桐，汪晨，万广华．数字金融发展与居民消费增长：理论与中国实践[J]．管理世界，2020，36(11)：48－63.

[10] LI J, WU Y, XIAO J. The impact of digital finance on household consumption: Evidence from China[J]. Economic Modelling, 2020(86):317－326.

[11] DEMERTZIS M, S MERLER, B WOLFF G. Capital markets union and the fintech opportunity[J]. Journal of Financial Regulation, 2018, 4(1): 157－165.

[12] ARNER D W, R P BUCKLEY, D A ZETZSCHE. Sustainability, fintech and financial inclusion[J]. European Business Organization Law Review, 2020(1): 7－35.

[13] 张腾，蒋伏心，韦朕韬．数字经济能否成为促进我国经济高质量发展的新动能？[J]．经济问题探索，2021(1)：25－39.

[14] 许宪春，任雪，常子豪．大数据与绿色发展[J]．中国工业经济，2019

(10):97 – 110.

[15] 陆岷峰，杨亮．绿色互联网金融的发展现状及成长前景探析——基于对“绿色金融”内涵的重新审视[J]．农村金融研究,2017(7)：37 – 42.

[16] 江源，谢家智．城乡金融非均衡发展的门槛效应分析——基于二元经济转型的城乡金融互动视角[J]．中央财经大学学报，2015(6):37 – 45.

[17] 温忠麟，叶宝娟．中介效应分析:方法和模型发展[J]．心理科学进展，2014，22(5)：731 – 745.

[18] 黄志基，贺灿飞．制造业创新投入与中国城市经济增长质量研究[J]．中国软科学，2013(3)：89 – 100.

[19] 郭卫军，黄繁华．高技术产业集聚对经济增长质量的影响——基于中国省级面板数据的实证研究[J]．经济问题探索，2021(3)：150 – 164.

[20] 宇超逸,王雪标．金融创新对经济高质量发展的实证检验[J]．统计与决策，2021,37(9)：88 – 92.

[21] 江三良,侯缓缓．人力资本结构优化与地区经济高质量增长[J]．南京审计大学学报，2021,18(1)：90 – 100.

[22] 宫汝娜,张涛．区域高质量发展的内涵与测度研究——九大国家中心城市的实证分析[J]．技术经济与管理研究，2021(1)：105 – 110.

[23] 何兴邦．城镇化对中国经济增长质量的影响——基于省级面板数据的分析[J]．城市问题，2019(1)：4 – 13.

[24] 魏婕,任保平．中国各地区经济增长质量指数的测度及其排序[J]．经济学动态，2012(4)：27 – 33.

[25] 陈明星，陆大道，张华．中国城市化水平的综合测度及其动力因子分析[J]．地理学报，2009，64(4)：387 – 398.

[26] HANSEN B E. Sample splitting and threshold estimation [J]. Econometrica, 2000(3)：575 – 603.

陕西互联网金融生态系统构建研究

李　雪　窦　玲[①]

摘　要：互联网金融生态系统已经形成了一个有机的整体系统，而互联网金融生态系统理论也将成为未来互联网金融发展过程中的基本原理。互联网金融的快速发展对陕西经济的增长起到了重要作用，为了抓住机遇促进陕西省互联网金融的健康发展，构建陕西互联网金融生态系统的需求日益凸显。本文对陕西互联网金融生态系统的构建进行分析，明确陕西互联网金融生态环境的现状。通过讨论陕西互联网金融行业爆雷的案例，总结出陕西互联网金融生态系统中存在的七大问题，并提出了相对应的建议。

关键词：互联网金融；生态系统；案例分析

---

①　作者简介：李雪（1997—），陕西西安人，西北大学经济管理学院 2019 级国民经济学专业硕士研究生；窦玲（1962—），陕西西安人，西北大学经济管理学院教授。

基金项目：陕西省教育厅哲学社会科学重点研究基地项目“一带一路”陕西互联网金融生态制度体系构建研究成果（18JZ058）。

一、引言

当今世界，各国都在加快推进信息化进程，推动产业升级，提高国家在世界范围内的竞争力。与传统金融相比，我国由于拥有较为完善的互联网基础设施以及庞大的用户基数，在互联网金融发展领域具备一定的优势。近年来，随着大数据、区块链等新一代信息技术的迅猛发展，互联网金融取得了前所未有的突破，也给传统金融机构带来了较大压力。传统金融机构为了应对互联网金融所带来的挑战，积极运用互联网技术对业务模式进行创新。互联网金融的出现不仅扩大了金融服务的范围，还提高了金融服务的效率，推动了普惠金融市场的发展。

互联网金融的本质依旧是金融，由于与新一代信息技术相结合，具备跨界融合特征，呈现出多元化和进化性特征，对经济发展具有系统性影响（陈麟、谭杨靖，2016）。相较于传统金融，互联网金融存在着更多的不确定性，蕴藏着大量风险。在互联网金融发展初期，由于社会各界对互联网金融了解不够充分，频频出现互联网金融爆雷事件，危害到了金融市场的健康发展。

互联网金融生态理论是金融生态理论的创新与发展，也是未来互联网金融发展过程中的基本原理。互联网金融生态系统是金融生态系统的一个子系统，是随着互联网金融参与主体的逐渐增多以及行业环境的逐步完善而形成的一个有机的整体系统。互联网金融生态系统强调的是生态主体与非生物环境的协调发展，互联网金融主体会通过其自身的发展和运营对整体互联网金融环境产生一定的影响；而整体环境的变化又会反作用于互联网金融主体，倒逼互联网金融不断创新，在互动关系中不断平衡升级，实现行业的健康成长。

自 2013 年国家提出“一带一路”倡议以来，我国西部地区的开放程度不断提高。陕西省作为古代丝绸之路的起点，也成为“一带一路”倡议的重要节点。在充分享受到“一带一路”经济区开放后，陕西金融业也实现了快速发展，实现了陕西经济总量的迅速增长。为了充分发掘陕西经济增长潜力，更好地把握战略优势，构建功能完善的陕西互联网金融生态系统，促进陕西互联网金融的健康发展就显得尤为重要。

本文将整合国内对金融生态以及互联网金融生态问题的研究，构建陕西互联网金融生态系统，并且通过探讨分析陕西省互联网金融行业发展过程出现的案例，总结陕西互联网金融发展存在的问题，对陕西互联网金融建设提出相应的建议。

二、陕西互联网金融生态系统构建理论

（一）互联网金融生态系统概念

生态学对生态系统的定义，是指由生态主体与非生物环境共同组成的一个不断进行物质循环和能量流动的自调节系统（曹凑贵，2002）。互联网金融生态系统概念与国内外学者提出的金融生态系统概念有着一定的相似性。根据生态学对生态系统概念的解释，可以合理定义互联网金融生态系统概念。互联网金融生态系统是指互联网金融生态主体与互联网金融环境之间相互作用、不断调节以最终达到动态平衡的一个自调节系统（夏政，2015）。由于引入了生态学概念，可以从崭新的视角解决互联网金融发展过程中存在的问题，为互联网金融发展提供指导。互联网金融生态系统的形成不再将互联网金融企业当作单独个体进行研究，而是站在系统的角度上，分析整个互联网金融与其外部环境之间的联系，推动整个互联网金融生态系统的演变。

（二）陕西互联网金融生态系统构建内容

陕西互联网金融生态系统就是互联网金融生态系统的一个子系统，必然与互联网金融生态系统有着较高的相似度。要想构建一个结构完整、功能健全的生态系统，陕西互联网金融生态系统需要包括以下两个部分：一是生态主体；二是非生物环境。

陕西互联网金融生态系统构建的生态主体可以按照功能将其分为生产者、消费者以及分解者（陆岷峰、葛和平，2018）。一个生态系统中，最为基础的组成部分就是生产者，被誉为能量发动机，是一个生态系统能量流动的起点。在陕西省互联网金融生态系统中，主要由各类从事互联网金融业务的企业来充当这类角色，如 P2P 网贷平台、第三方支付平台以及互联网众筹企业等，

这些企业能够做到用极低的成本将社会上的闲散资金汇聚到一起，然后利用自身的业务手段将其转化为其他生态主体所需的互联网金融产品。

消费者又被称为生态系统中的催化剂，其能够促进整个系统的物质循环和能量流动。在陕西互联网金融生态系统中，消费者主要指的就是那些消费互联网金融产品的用户，包括居民、企业以及政府。这些用户能够利用互联网金融企业提供的金融产品去获取利润，消费者的存在能够提高整个互联网金融生态系统的运作效率。分解者能够将生态系统中的有害产物转化为重新利用的材料。陕西互联网金融生态系统中的分解者主要就是指一些金融中介机构（李敏，2015），这些中介机构能将陕西互联网金融生态系统中的一些不良资产重新转化为有用的金融资产供互联网金融企业再次利用。

陕西互联网金融生态系统的非生物环境被细分为内部环境和外部环境（何剑锋，2016）。内部环境主要包括云计算平台、业务系统、支付系统、信用系统和风险预警系统。云计算平台和业务系统都是保证互联网金融业务顺利开展所必需的基础设施；安全快捷的支付系统能够将所有的支付记录保存下来，最大限度地保障互联网金融企业业务的安全；完善的信用系统对于降低互联网金融业务的运行成本以及防范信用风险都有着重要作用；风险预警系统则能有针对性地对互联网金融行业可能产生的风险进行预测和防范，这些内部环境都对互联网金融业务的平稳运行起到了不可或缺的作用。外部环境则主要包括数字经济发展水平以及一些制度环境。良好的非生物环境对陕西互联网金融生态系统的良好发展起到了非常关键的作用，能够在鼓励互联网金融行业进行创新的同时，规避互联网金融行业蕴含的巨大风险，保证陕西互联网金融的平稳运行。

（三）陕西互联网金融生态系统特征

互联网金融没有改变金融本质，只是应用了云计算、大数据等互联网技术。在这些互联网技术的驱动下，逐渐形成了互联网金融业务（谢平等，2014）。陕西互联网金融生态系统具有以下三个特征：多样性、进化性和自调节性。

在生态学中，生物多样性对于整个生态系统的良好健康发展是至关重要的。陕西互联网金融行业积极借助云计算平台以及大数据等互联网技术进行充分创新，而这些创新又极大地丰富了陕西互联网金融生态系统的生态主体。一方面，陕西互联网金融生态系统参与主体较为广泛，不仅包含了许多传统的互联网金融行业巨头，也包含了许多逐渐将互联网技术应用于自身业务的银行、证券以及保险机构，还包含了许多新兴的互联网金融企业。另一方面，陕西互联网金融生态系统的多样性还体现在类似第三方支付以及众筹等业务模式上。

进化性是生态系统特有的现象，是生态主体和其环境之间相互作用所产生的必然结果。一方面，新兴技术的发展会加速生态主体的进化；另一方面，互联网金融的产品和服务也在进化，早期互联网金融仅是将传统金融产品线上化，随后则发展出 P2P、众筹等新商业模式。

（四）陕西互联网金融生态系统运行机制

互联网金融生态系统的生态主体与非生物环境之间存在着极强的动态联系，互联网金融生态系统的运行机制主要分为生态主体之间的作用机制以及生态主体和环境之间的作用机制（刘曦子等，2017）。陕西互联网金融生态系统中生态主体之间的作用机制主要有以下几种：种间竞争、互利共生和偏利共生（任静、朱方明，2016）。种间竞争主要是指生态学中的优胜劣汰机制，由于陕西互联网金融行业发展迅速，互联网金融企业之间的竞争十分激烈，互联网金融企业之间需要通过不断兼并重组等形式对不规范的主体进行淘汰，这样不仅可以避免陕西互联网金融爆发式增长，而且对陕西互联网金融以及互联网金融平台的发展都具有一定的促进作用，能够提高陕西互联网金融生态系统的整体运转效率。互利共生是生态系统中最为重要的一种种间关系，是指两者彼此有利，陕西互联网金融企业内部的第三方监管机构和陕西网络借贷平台互为运营基础就是互利共生。偏利共生关系则是指一方对另一方有利。在陕西互联网金融生态系统中，金融中介能提供咨询、评估等服务，对于陕西互联网金融发展以及风险防范都有重要作用。

（五）陕西互联网金融生态系统的演变趋势

互联网金融的出现使得目前金融市场交易的成本大幅降低，大数据、区块链等互联网技术的兴起使得金融模式不断创新，这有利于陕西普惠金融的实现。陕西互联网金融生态系统一直处于一个寻求均衡状态的动态过程。首先，互联网金融相较于传统金融，其参与主体更多，业务模式也具有明显的多样性特征，涵盖了多种商业模式，例如众筹、第三方支付等。主要是由于互联网金融相较于传统金融投资门槛更低，给传统金融机构带来了很大压力，所以很多传统金融机构也开始利用大数据、互联网技术对其业务进行创新，未来这些信息技术仍将继续发展，互联网金融的业务模式也会不断根据技术的发展而进行创新（张正等，2017）。其次，陕西互联网金融发展将逐渐呈现出专业化特征，陕西互联网金融将会通过个性化的定制服务，为客户提供更多他们所需要的服务，体现互联网金融的专业性。最后，政府监管机构对整个互联网金融的监管变得越来越严格。

三、陕西互联网金融生态系统环境分析

（一）陕西互联网金融生态系统数字经济发展水平分析

根据《中国城市数字经济指数蓝皮书（2021）》报告，2020 年新冠肺炎疫情的暴发使得在线教育、数字医疗、线上办公等新兴行业得到了迅速发展，加之中央对“新基建”的规划布局，各地纷纷开始出台数字经济发展规划，形成了全国城市数字经济发展的新浪潮。

2019 年，根据信通院的测算，全国数字经济规模达到了 35.8 万亿元，占 GDP 比重达 36.2%。其中，数字经济发展领先的一线城市，数字经济平均规模达到了 1.4 万亿元，数字经济占 GDP 比重达到了 52%，新一线城市的数字经济平均规模为 3718 亿元，占 GDP 比重达到 46%。根据 2020 年《中国数字经济发展指数》报告，2019 年陕西省数字经济发展指数在全国排第 16 名，较 2018 年的排名前进了 3 名，而 2019 年陕西省 GDP 总量在全国排第 14 名，较 2018 年的排名前进了 1 名。2020 年西安的数字经济规模已经达到了 4545 亿元，排在全国第 24 名，数字经济指数评分为 71.8 分，但一线城市数字经济指数平均为 90.3 分，西安距离数字经济一线城市的差距还略大。

（二）陕西互联网金融生态系统法律环境分析

为了促进陕西互联网金融的健康发展，充分发挥互联网金融的创新能力，丰富金融服务体系，推动实现普惠金融，陕西于 2016 年 1 月发布了《陕西省人民政府办公厅关于促进互联网金融产业健康发展的意见》。明确要求陕西互联网金融必须服务于实体经济，确定了要塑造互联网金融产业聚集区，打造位居全国前列的互联网金融标杆企业的发展目标。2016 年 10 月，陕西省政府办公厅发布了《陕西省互联网金融风险专项整治工作实施方案》，该方案严格禁止 P2P 网贷平台、股权众筹平台、互联网保险等从业机构自行设立资金池，要求这些企业必须选择符合条件的银行业金融机构作为资金存管机构。这说明监管部门对陕西互联网金融所存在的风险已经有了警惕，为陕西金融风险防范提供了对策。

（三）陕西互联网金融生态系统监管环境分析

2018 年 8 月，陕西进一步提高了互联网金融企业的市场准入标准，严禁非金融机构在注册企业名称时、填写经营范围时出现“交易所”“交易中心”“金融”“资产管理”“理财”“基金”“互联网保险”“支付”等字样，对于不能够提交完整材料的企业一律不予登记，严格保障生产经营主体的资格合法有效。此外，陕西互金办也表明，面对一些地区和领域非法案件的频发，特别是互联网担保经济犯罪涉案金额大、涉案人数多，引发的社会群体事件影响严重，相关部门一定会引起高度重视，加大对于非法互联网金融活动的整治力度，加强责任落实，有效预防此类事件的发生，对于典型案件也一定会予以曝光。2016 年，陕西 22 家互联网金融企业自发成立了陕西互联网金融行业自律联盟，开启了陕西互联网金融监管的新篇章。

（四）陕西互联网金融生态系统信用环境分析

在互联网金融的发展过程中，信用环境完善程度的重要性不言而喻，互联网金融正是利用大数据带来的信息便利，才能够降低其搜集信息的成本，减少信息不对称所带来的风险，才能够发展得如此迅速（粟芳、方蕾，

2016)。如果互联网金融通过大数据获取到大量个人信息，那么如何防止个人信息经过互联网金融遭到泄露，成为陕西省监管部门必须关注和解决的问题。2016年2月，西安市通过《显示促进互联网金融产业健康发展的意见》，指出西安政府将积极促进互联网金融企业介入人民银行的征信系统。

四、陕西互联网金融生态系统构建存在的问题

（一）案例分析

1. 案例一

自2005年起，我国第三方支付行业的规模呈现出爆发式增长，基本上每年都能保持50%以上的增长率，在如此高的增长率下，金融支付手段的发展速度飞快，为违法犯罪行为的滋生提供了非常好的环境。目前许多第三方支付平台都出现过不同程度的违规案件，据聚投诉平台统计，仅2019年一年，消费者在聚投诉平台上对于现存第三方支付机构的有效投诉案件数量就已经高达55833件，可见第三方支付平台的违规情况还是较为严重的，我国目前对于第三方支付机构的监管情况仍然不容乐观。

通联支付是我国一个非常典型的大型综合性第三方支付企业。据聚投诉平台统计，仅在2019年，通联支付的有效投诉案件就高达1627件，而通联支付对这些投诉案件却并未引起重视，全年投诉案件的解决率只有13.4%，远低于第三方支付行业的平均投诉案件解决率（58.4%）。其陕西分公司也在2019年3月遭到了行政处罚，原因主要是通联支付的陕西分公司对其自身的客户风险评级机制明显存在着落实不到位的问题，并且对于其代付业务客户的资金用途等未进行全面了解，导致出现了客户代付业务与其经营业务不符的情况。

2. 案例二

自互联网金融蓬勃发展以来，P2P网贷平台这种新型金融业态就凭借其审批流程的方便快捷备受中小企业及个人青睐，P2P网贷平台在提供更多的投资机会的同时也为金融市场带来了更多的考验。频频出现的平台跑路、非法集资等恶性案件，给金融行业带来了严重风险，危害到了金融行业的健康

发展。近些年随着国家对互联网金融行业风险问题的重视程度不断增加，国家开始加强了对互联网金融行业的监管，自此之后，一些违规 P2P 平台在城市有所收敛，把目标转向了小城镇和农村，由于农村的金融环境整体较为闭塞和落后，居民对于互联网金融的了解也不够，所以这些 P2P 平台的“庞氏骗局”才能够屡屡得手。

2014 年 11 月，陕西世合投资有限公司出现兑付危机，其法人代表在公司发生危机之后立即跑路，仅在西安被骗人数就已高达 1300 人，被骗金额高达 2.2 亿元。据了解，该公司在最初吸引投资者时，不仅向投资者做出了年收益将会达到 12%的承诺，并且还声称自己有多项“优质资产”可以作为担保。出事之后，经警方调查，世合投资的实际担保金额与其宣称的担保金额不符。此次事件中的受害者多数是世合投资业务员的亲朋好友，还有咸阳市郊区农村因征地获得了补偿款的 18 位失地农民。2016 年 10 月，陕西省吴堡县三星典当有限责任公司也出现跑路事件，这起案件涉案人数高达 1500 人，非法集资金额达到 1.5 亿元以上。这类案件往往由于涉案人数众多、涉案金额巨大，资金兑付比例低而导致难以处置。

3. 案例三

互联网众筹开始的时间其实比第三方支付和 P2P 网贷都要晚得多，所以它在群众中的普及程度并没有第三方支付平台以及 P2P 平台高，但是近两年随着互联网金融的发展程度逐渐加深，众筹逐渐被大众所了解，也因为其具有认筹金额不固定，可以根据投资者自身的经济实力以及风险承受能力进行自主选择的优势受到了群众的热烈追捧。其实，众筹的风险一点也不亚于以上两种互联网金融企业。而且现阶段我国众筹平台依旧处于高速发展阶段，这就造成我国对于众筹平台存在一定的监管滞后情况。目前我国的众筹平台基本处于零准入门槛的状态，只要发布内容不涉及明显的违法行为，一般都不会予以禁止，但对于项目的可行性以及后续的资金使用情况缺少明显的监管。

2018 年 11 月，宝鸡 81 位市民在“君泽影业”APP 上投资“众筹”电影被骗。据统计，此次受害者的总投资金额高达 156 万余元，多数人都是通过朋友了解到这个 APP，然后在高额收益的诱惑下落入骗局。无独有偶，2021

年5月，陕西东唐影视传媒有限公司也再次爆出众筹黑幕，受害者在起初稍有盈利后，投入巨额资金，随后就与客服失去联系了。这类影视众筹往往一开始都会给予投资者一些较高的回报，吸引投资者投入更多的资金，在投资者增加投资之后，卷款而逃。

4. 案例四

2018年4月，西安警方破获了一起特大网络传销案件，而这件传销案就是起源于近两年热门的话题“区块链”，犯罪人员借用热门的“区块链”概念，利用群众对其了解程度尚浅的特点，建立了一个名为“消费时代”的网络平台，在该平台上销售虚拟货币，并且暗中对虚拟货币进行价格操控，短短18天的时间，就以“高科技跨国企业”的外衣为掩护，发展注册会员1.3万余人。

（二）存在的问题

基于以上对陕西互联网金融生态系统非生物环境的分析以及针对陕西第三方支付、P2P网贷平台、众筹以及区块链的案例的分析，可以发现陕西互联网金融生态系统仍然存在大量问题。

第一，陕西互联网金融仍然存在创新程度不高的问题。互联网金融企业是整个陕西互联网金融生态系统的核心，只有保证了陕西互联网金融企业的发展，才能促进整个陕西互联网金融的发展。创新推动发展，陕西要想借由互联网金融的发展去推动整个陕西的经济发展，就必须利用互联网金融的优势，做好互联网金融的创新。

第二，陕西市民及企业对于互联网金融的参与程度较低。互联网金融具有门槛更低、支付更加便捷、流动性更强等优势，这些优势决定了互联网金融发展对于个人消费者更加有利，而且互联网金融还能够很好地解决中小企业客户的融资难问题，这最终取决于陕西市民及企业对互联网金融的认可程度以及参与程度。

第三，陕西市民对于互联网金融知识了解还有待加强，风险防范意识较弱。目前，陕西市民对于互联网金融的认知仍然相对匮乏，对互联网金融的一知半解导致了市民在享受和参与互联网金融平台提供的服务时，不能及时对存在的风险进行防范，阻碍了陕西互联网金融生态系统的构建。

第四，陕西互联网金融企业存在严重的内部监管漏洞。许多第三方支付平台为了一己私利，放松了对于接入平台的审核，对于其提供代付业务的平台的资金用途并不进行核查，许多第三方支付平台甚至为赌博以及色情平台提供支付结算服务。如果陕西互联网金融企业自身不加强内部监管，此类问题依然会继续危害群众的利益，危害到陕西互联网金融的健康发展。

第五，陕西数字经济发展水平较为落后。陕西数字经济发展水平依然较为落后，仅位于全国第三梯队，与数字经济一线城市的发展情况依然有较大差距。应该加强传统数字基础设施和新型基础设施的建设，为软件和信息技术服务业提供更好的支持。只有陕西数字经济发展得好，才能够促进陕西互联网金融的快速发展。

第六，陕西在互联网金融方面的法律法规和监管制度还不够健全，对互联网金融行业的监管约束力仍然有待提高。互联网金融相较于传统金融存在更大的风险，由于法律法规以及监管制度的相对落后，导致陕西互联网金融频频爆雷。

第七，陕西互联网金融面临着严重的用户信息泄露风险。陕西一直未出台有关互联网金融企业保护用户信息安全方面的政策，使得互联网金融企业没有保护用户信息安全的义务，极易导致用户在使用过程中其个人信息数据通过网络被泄露，甚至出现盗用等行为。

五、陕西互联网金融生态系统构建建议

（一）鼓励陕西省互联网金融创新

提高陕西互联网金融行业的创新能力，能够促进陕西互联网金融企业之间的良性竞争，通过陕西互联网金融企业之间的优胜劣汰，提高陕西互联网金融生态系统的运作效率。应当积极利用大数据、云计算等先进信息技术，促进陕西互联网金融行业进行不断创新，充分发挥互联网金融强融合性这一特征，根据客户的需求采取定制化的服务，简化传统金融模式的复杂流程，更好地带动区域经济的发展，与此同时，也必须要对互联网金融企业的创新加强监管，防止风险隐患。

（二）挖掘陕西省互联网金融潜在客户群体

应该加强完善农村基础设施建设，突破时间和空间的限制，提高金融服务的覆盖率。充分发挥创新优势，设计出更符合农村用户的互联网金融产品，为农业电商平台提供更方便有效的融资平台，提供农户小额贷款，改善农村的物流体系等。除了农村用户以外，陕西高校资源较为丰富，应当注重构建一个科学合理的大学生消费信贷体系，严格把控信贷额度，不能让学生养成过度消费的习惯，这样不仅能够有效防止非法校园贷所带来的恶劣影响，还能够使得大学生也参与到互联网金融中，成为陕西省互联网金融的潜在客户群体。

（三）加强陕西省互联网金融风险宣传知识教育

监管部门应当构建健全的监管机制，政府也应当积极对市民进行警示教育，并且定期向人民群众普及目前的互联网金融政策，强化群众对于互联网金融的风险防范意识，只有这样才能从根本上减少违规互联网金融企业利用群众对互联网金融知识了解的匮乏，对人民群众的财产进行欺骗所造成的严重后果，降低违法违规案件发生的频次。

（四）督促陕西省互联网金融企业严格实施内部监管

规范陕西互联网金融企业的行为，仅依靠政府监管是不够的。陕西互联网金融企业存在严重的内部监管漏洞，要督促企业完善自身的内部监管制度，建立起完善风险预警机制。陕西互联网金融企业要结合自身发展情况，完善企业内部的监管流程，对监管人员定期进行考核，确保制度的严格实施，避免出现监管人员玩忽职守的情况。进一步规范互联网金融企业的内部监管，还需要建立陕西互联网金融行业自律协会。自律协会的形成代表了陕西互联网金融企业自身对于规范运行的渴望，能够从互联网金融企业的内部出发，有效规避互联网金融企业存在的风险，还能够从互联网金融企业内部的角度，与监管部门就互联网金融业务模式的创新进行讨论，更加便于监管部门制定有针对性的监管政策。

（五）加强陕西省传统数字基础设施和新型数字基础设施建设

陕西数字经济发展水平依然较为落后。我国数字经济发展情况呈现出非常明显的“东强西弱”的特征，借助“一带一路”倡议的优势，也许能够帮助西部地区进行反超。如果陕西想要利用“一带一路”倡议所带来的开放金融环境优势促进本省的经济发展，就必须抓住时机，挖掘陕西在数字经济发展方面的潜力，加强传统数字基础设施和新型数字基础设施的建设。数字经济基础设施一直处于落后状态，对软件和信息技术服务业的发展将产生不利影响，只有加强陕西传统数字基础设施和新型数字基础设施的建设，才能够为陕西互联网金融行业的进一步发展提供更充分的支持，也有利于构建陕西互联网金融生态系统。

（六）优化陕西省互联网金融法律监管环境

应当持续开展互联网金融专项整治活动，完善立法结构，推动互联网金融专项立法，积极制定互联网金融相关法律法规，填补互联网金融法律上的空缺，使得监管依据更加充分；严格平台准入审核，对各类非法互联网金融交易坚决进行打击，积极引导互联网金融行业健康发展。同时，也要对互联网金融的服务进行规范，不能扼杀互联网金融行业的创新能力，还要对互联网金融平台进行监管，保证客户的权益不受侵害。

（七）构建完善的用户信息保护体系

陕西互联网金融行业面临着严重的用户信息泄露风险。互联网金融在陕西最主要的应用还是在第三方支付方面，而第三方支付的主要形式就是移动支付，那么在用户进行移动支付时，如果互联网金融企业没有做好风险防范，就会使得用户信息直接暴露在复杂的互联网金融环境中，面临严重的信息安全问题。而互联网金融行业相对于传统金融行业来说，又掌握着更多的用户信息，目前陕西并没有一个完善的用户信息保护体系，这就导致用户的信息极有可能通过互联网金融企业泄露出去。那么，为了保证陕西互联网金融行业的稳健发展，要有针对性地构建一个完善的用户信息保护体系，加强互联网金融平台对用户信息盗用的检测，严禁互联网金融企业泄露用户信息，并由政府出台相应的政策，对泄露用户信息的企业加大惩治力度，以此来更好地保障用户的信息安全。

参考文献

[1]陈麟,谭杨靖. 互联网金融生态系统发展趋势及监管对策[J]. 财经科学,2016(3):49-57.

[2]曹凑贵. 生态学概论[M]. 北京:高等教育出版社,2002:205-206.

[3]夏政. 基于系统论的互联网金融生态建设[J]. 财经科学,2015(1):1-10.

[4]陆岷峰,葛和平. 中国互联网金融生态足迹、承载力及效率的测算与评价研究[J]. 管理学刊,2018,31(1):22-32.

[5]李敏. 互联网金融对金融生态体系的影响与对策研究[J]. 上海金融,2015(12):48-51.

[6]何剑锋. 论我国互联网金融监管的法律路径[J]. 暨南学报(哲学社会科学版),2016,38(1):58-65.

[7]谢平,邹传伟,刘海二. 互联网金融监管的必要性与核心原则[J]. 国际金融研究,2014(8):3-9.

[8]刘曦子,陈进,王彦博. 互联网金融生态圈构建研究——基于商业生态系统视角[J]. 现代经济探讨,2017(4):53-57.

[9]任静,朱方明. 生态系统视角下中美互联网金融竞争力的比较研究[J]. 四川大学学报(哲学社会科学版),2016(6):60-66.

[10]张正,王孚瑶,张玉明. 云创新与互联网金融生态系统构建——以阿里金融云为例[J]. 经济与管理研究,2017,38(3):53-60.

[11]粟芳,方蕾. 中国农村金融排斥的区域差异:供给不足还是需求不足?——银行、保险和互联网金融的比较分析[J]. 管理世界,2016(9):70-83.

第二篇

资本市场研究

非金融企业投资“脱实向虚”同群模仿行为研究

徐璋勇　朱　睿①

摘　要：从社会网络及组织互动研究视角，本文运用中国A股上市公司数据，对非金融类企业投资“脱实向虚”的同群行为特征、形成机制、同群对象选择及影响因素进行理论分析与实证检验。研究发现，非金融类企业投资“脱实向虚”存在着显著的同群行为；竞争性模仿和信息获取性模仿是其同群行为的主要形成机制；同行业中金融投资收益高、行业领先及特征相近企业往往是同群模仿的目标对象；企业投资“脱实向虚”的同群行为会因企业技术密集度、机构投资者持股数量及高管是否具有金融从业背景等因素而呈现出差异性。结论从微观层面对经济“脱实向虚”日趋严重的机制动因给出了解释，为有序引导企业投资“脱虚向实”、实现实体经济稳健发展提供政策思路。

关键词：非金融企业；脱实向虚；同群行为

一、引言

2008年全球金融危机后，伴随着实体经济中市场需求的进一步缩减及产能

① 作者简介：徐璋勇（1964—），陕西西安人，西北大学经济管理学院教授、博士生导师；朱睿（1995—），女，辽宁沈阳人，西北大学经济管理学院金融学硕士研究生。

基金项目：国家社科基金重点项目《我国金融资源“脱实向虚”的形成机理、资源错配效应及其治理研究》（19AJL010）。

过剩的日益严峻，实体部门投资收益率出现了明显下降，而金融资产和金融部门的规模不断扩张，行业利润率也远超其他行业，实体部门和虚拟部门发展出现了“结构性失衡”（黄群慧，2017），经济“脱实向虚”趋势愈加明显。具体表现为：一方面，经济体系中金融部门快速膨胀，大量资金并未流入实体部门而在金融体系内部“空转”；另一方面，越来越多的非金融企业将资金投入回报率更高的泛金融行业而偏离了主业经营的轨道，造成“实体部门空心化”。

从经济运行来看，实体企业是经济系统运行的基础单元，其持续壮大是现代化经济体系稳健发展的关键。然而，近年来实体企业投资的金融化意愿日益高涨，部分优质企业淡化主业经营转而将金融投资和房地产投资作为获取利润的主要来源。2018 年我国非金融类上市公司中，参与购买各种理财产品等金融产品的公司数量多达 1300 余家，占全部非金融类上市企业的 40%；购买的理财产品规模达 1.79 万亿元，获利占公司利润约 20%。部分国有控股上市企业更是利用资金优势从事影子银行活动和金融投资活动，扮演了“实体中介”角色。尽管从短期来看，非金融企业投资的“脱实向虚”行为能带来其盈利水平的提升，但从长远角度来看，企业的这种行为会“挤出”实体投资，削弱企业主业发展的动力。更有甚者，部分企业还通过会计操作来隐藏主业经营不善这一重要信息，对资本市场健康发展形成巨大隐患。

针对企业投资“脱实向虚”这一问题，我国政府给予了高度重视和密切关注。2017 年《政府工作报告》强调“实体经济从来都是我国发展的根基”。党的十九大报告中指出，要“深化金融体制改革，增强金融服务于实体经济的能力，完善金融监管体系，守住不发生系统性风险的底线”。因此，探讨企业投资“脱实向虚”的行为特征及动因，对于引导企业投资回归本源、实现宏观经济的稳健运行与发展具有重要的理论及现实意义。

对于企业投资“脱实向虚”的行为动机，理论界主要围绕外部经济环境和企业自身因素两方面展开研究。而社会心理学研究认为，行为主体会受到群体内其他行为主体的影响，其行为决策存在“同群效应”（Peer Effects）。近年来我国非金融企业参与金融投资的热情越来越高，参与的企业数量持续快速增加。据数据统计，2010 年仅有 7 家上市公司发布了购买理财产品的公告，到 2011 年则增加了 87 家；个别企业还在主业亏损的情况下，通过购买理财产品而实现公司总体上的扭亏为盈；持有金融机构股份的上市公司数从2005年的179家增加到2014年的564家，占上市公司数量的比例从13.45%提升到了22.30%，许多原先主业经营突出的知名企业，都在不同程度上参股金融机构。金融投资先行者的经验激发了其他企业投资“脱实向虚”的热情，企业投资“脱实向虚”的同群模仿行为逐步显现。

本文拟从企业社会关系网络及组织互动角度对非金融企业投资“脱实向虚”的同群行为特征、产生机制、同群对象选择及影响因素等问题进行理论分析和实证研究，扩展企业投资金融化问题的研究内容，期望从一个新的研究视角，对经济“脱实向虚”问题的日益严重给出解释，并为引导企业投资回归实体经济以实现实体经济稳健发展提供政策思路。

二、文献综述

（一）企业投资“脱实向虚”的成因

实体经济低迷和虚拟经济与实体经济投资回报率存在较大差异被认为是导致企业投资“脱实向虚”的最主要动因，概括为“投资替代”和“蓄水池”两类。“投资替代”是指金融资产与实业投资之间存在的可替代关系，即传统制造行业利润率的下降使企业将目光转移到收益更高、回报更快的金融投资上，导致了企业投资的金融化倾向（Orhangazi，2008）。在商品生产和流通的过程中，商品向货币的转换步骤可能存在转换周期长甚至无法转换的风险，这一转换过程被马克思称为“惊险的一跃”，而金融投资不存在“生产—留存—收益”的这一等待过程，因而当金融投资和实业投资收益水平接近时，企业可能会舍弃主业而转向金融投资。在传统制造业利润低迷的内在因素和金融全球化趋势的外在因素共同影响下，逐步出现实体企业投资的金融化现象，并在一定程度上抑制了企业的长期发展（杜勇等，2017）。“蓄水池”是指企业在面临经济环境不确定性和存在充裕的闲置资金时，进行变现成本低、变现能力强的短期金融投资，盘活闲置资金，规避流动性风险以对冲因主业经营困难可能带来的不利影响。融资约束较强的企业为了避免经济政策波动性对其流动性的影响，很可能会采取持币观望的态度，或持有一定比例的金融资产，这对于企业缓解融资约束和促进未来固定资产投资具有积极作用（Theurillat et al.，2010）。对于中国实体经济“脱实向虚”现象背后微观企业的真正动机，现有研究观点未得到统一。部分研究者认为国内企业持有金融资产是由于“投资替代”，而并非出于“预防性储蓄”的目的，通过出售金融资产追求高收益是非金融企业投资“脱实向虚”行为的主要动机（胡奕明等，2017；彭俞超等，2018）。还有学者认为企业进行金融投资的主要动机在于其“资金储备”需求（杨筝等，2017）。

另外，银行主导的金融体系下产生的融资歧视问题也是形成企业投资“脱实向虚”行为的原因之一。由于企业在规模、发展水平、管理体系等方面的异质性，经营风险也具有差异，银行在进行信贷评估时，认定大型企业和国有企业风险较低，更愿意为这些企业提供贷款（高海红等，2014）。处于劣势的中小型企业无法直接从银行获得生产经营需要的资金，会促使中小型企业将目光投向影子银行市场，直接推升了影子银行市场的投资报酬率，诱使资金储备充足的大型企业进入影子银行体系，充当资金供给方，从而成为“实体中介”（王永钦等，2015）。

（二）企业经营决策中的同群行为

“同群行为”这一概念在企业行为研究中主要用于对同群行为是否存在和产生机制进行分析，研究对象覆盖到企业投资、筹资以及利润分配三个主要决策领域。要证明“同群行为”是否存在的基础在于对同群企业的界定和识别，而同群企业的划分依据可以概括为“业缘、地缘、人缘”三种关系模式，即选择同行业企业、同地区或邻近地区企业、同一社会关系网络中的企业等作为证明同群行为是否存在的参照组。其中，行业同群方面，Grennan（2018）发现频繁发放股利会造成行业竞争对手资金流紧张，原因在于竞争压力引发的股利发放趋同，同群行为存在且竞争性模仿是其行为形成的主要机制。万良勇等（2016）证实了行业内企业并购存在同群行为，同时认为并购绩效对该行为有正向促进效果，竞争性模仿和信息获取性模仿均是其主要影响机制。地区同群方面，石桂峰（2015）发现企业投资决策存在明显区域同群现象。陆蓉和常维（2018）发现同群行为在同地区上市企业的违规决策中也存在。社会关系网络“同群行为”是指企业高管在其教育经历和工作经历中形成的社会关系对企业决策一致性的影响（Fracassi，2011）。Shue（2013）考察了具有哈佛 MBA 背景的高管关系网络对企业活动的影响，得出企业高管具有哈佛 MBA 背景的企业在并购和投资行为上存在趋同性。

基于现有研究，有关企业投资同群行为机制的研究主要集中在两个方面：偏好互动机制和期望互动机制。其中，在偏好互动机制方面，同群企业的投资行为会直接影响其他单个企业的行为偏好和效用排序，进而对其行为产生影响，企业依据自身状况、竞争对手行为和外界环境变动情况对竞争策略进行动态调整，形成同群企业间竞争行为的互相影响，如经理人为保证声誉而对其他经理人的行为进行学习。在期望互动机制方面，为应对时常存在的信息不完全和不对称问题，企业会选择观察先行或相似企业的行为，从中提取有效信息，从而达到节约决策成本、提高决策有效性的目的（Smallwood and Conlisk，1979）。

综上所述，我们发现过往研究通常从企业自身特质和外界环境的角度解读企业投资“脱实向虚”行为，而忽略了企业行为之间存在互相影响这一重要现象。对个体同群行为的引入扩展了企业行为影响因素研究的广延边际，研究对象涵盖了企业经营的投资、融资、分配行为，其影响机制可归纳为偏好互动机制下的竞争性模仿和期望互动机制下的信息获取性模仿，然而对于企业投资“脱实向虚”的同群行为尚缺乏针对性的研究。基于此，本文运用动态竞争理论、社会学习理论及社会网络理论，对非金融企业投资“脱实向虚”同群行为的存在性和内在机制展开分析，并就同群行为中的模仿对象和影响因素进行探讨，从微观层面上对经济“脱实向虚”现象日益加剧的原因予以解释。

三、非金融企业投资“脱实向虚”同群行为的理论分析

（一）非金融企业投资“脱实向虚”同群行为的存在性分析

近年来，我国在世界经济体系中的地位日趋重要，各经济体间的联结与互动越发紧密，大量国际资本流入国内市场进而对资产价格产生了显著影响；

对外贸易开放的不断深入也激发了企业的生产动力和避险需求，企业对更多外源融资的需求促进了国内金融体系的发展及金融工具的创新，成为现今企业投资“脱实向虚”趋势的外在动因（张成思等，2015）。随着科技进步带来的企业生产效率的提高，快速的财富积累使得企业产生了较多剩余资金，为企业投资“脱实向虚”行为的产生提供了条件。经济下行导致传统企业实体投资回报率下降，使企业面临较大的竞争压力，较高的税收负担和破解盈利困境的愿望成为非金融企业更多配置金融资产的另一个重要因素。

获利能力危机是企业投资“脱实向虚”行为产生的内在动因。由于产能过剩和投资利润率下滑，为摆脱经营困局，企业将目光集中到投资报酬率较高的金融市场，形成企业投资的金融化现象。同时，金融体系的发展改变了公司管理的基本理念，股东对股价与短期获利更加关注，公司管理者倾向于迎合股东的价值偏好，而投资于金融资产成为管理者弥补实业投资获利不足和快速取得收益的重要途径。

无论是20世纪70年代的发达国家，还是在当今的中国，金融部门的不断膨胀和企业管理理念的转变都造成了企业投资“脱实向虚”的现象。但是，金融市场普遍存在信息不对称和信息不完全现象，部分金融资产具有高风险、高回报的特点，使得企业投资“脱实向虚”决策的不确定性也就较大。出于对信息获取程度和质量的担忧，企业会借鉴和模仿其他企业的投资行为来降低不确定性和决策风险。由于同行业内企业的信息获取更为便利，决策环境也更为相近，同行业其他企业就更可能成为企业学习模仿的对象（Li and Yao，2010）。一方面，面对有限的市场需求，为获得行业市场地位及竞争优势，企业在制定投资决策时就会不可避免地将同行业其他企业的投资行为纳入参考范围；另一方面，管理者为了提高企业利润来迎合股东价值最大化的需求，提升个人业绩以求超过其他管理者来获得个人声誉，对他人的决策情况也会进行关注和学习；当同行其他企业通过投资金融领域获取可观利润时，管理者很可能会对其投资行为进行模仿。因此，企业投资“脱实向虚”行为会存在相互模仿和学习的情况，即企业投资行为趋同。基于上述分析，本文提出如下假设：

H1：非金融企业投资“脱实向虚”存在同群模仿行为，且金融投资水平会受到同群其他企业的影响。

（二）非金融企业投资“脱实向虚”同群行为的发生机制

动态竞争理论认为，获取利润是企业设立的主要目标，受有限市场需求和自身资源的限制，超越竞争对手，争夺市场份额，竭尽所能地获得最大利润成为企业最核心的目标之一。Manski 的偏好互动机制指出，个体企业往往会注意同行业其他企业的竞争性行为以获取行业竞争优势，被观察到的竞争行为会直接作用于个体企业的行为偏好，并对其最终决策产生影响。企业配置金融资产能在一定程度上弥补主营业务获利能力的不足，改善利润低迷的经营现状。因此，企业投资的“脱实向虚”行为符合竞争性行为的特点；企业可能会将同行其他企业的投资行为看作一项竞争策略，通过对其行为的观察和分析，并结合自身情况给出最优应对策略，导致同行企业投资决策行为的一致性，即产生同群行为。除此之外，为维护自身声誉，管理者要向委托人负责，证明其能力不逊于其他管理者，通过积极观察和分析其他管理者的行为能够适当地提高决策有效性。同时，如果管理者能力尚有欠缺或无法保证足量和优质的信息来源时，为降低真实管理水平暴露的风险，管理者可能会有意识地学习他人的决策行为（Scharfstein and Stein，1990）。

社会学习理论则认为，企业作为一种组织，其行为除了会受到过去经验等先验信息和外部环境等独立信息的影响，还会受到同群企业行为信息的影响。Manski 的期望互动机制认为，同群行为的本质是信息获取，焦点企业通过对决策可能的后果进行预测，并从同群企业决策中抽取偏好信息，加工生成契合焦点企业条件的成本收益分析结果，在这一过程中其认知会发生变化，进而形成焦点企业行为向同群企业行为靠拢或远离的现象。制定有效的企业投资决策对企业收集及分析内外部环境和信息的能力有着较高的要求，当企业面临不稳定的外界环境时，抑或难以取得有效信息时，对同群企业决策的模仿意愿会更为强烈（Bikhchandani et al.，1998）。此外，我国资本市场还很不完善，非对称和非完全信息问题的普遍存在提高了企业合理决策的复杂度。鉴于同行业企业在外部市场环境和内在现状方面有着较强的相似度，同行业企业行为的借鉴价值也较高，因而不具备信息优势的焦点企业在进行投资决策时很可能会参考同行业企业的投资决策，产生信息获取性模仿。基于上述分析，本文提出如下假设：

H2：非金融企业投资“脱实向虚”的同群行为部分源自竞争性模仿机制，部分源自信息获取性模仿机制。

（三）非金融企业投资“脱实向虚”同群模仿对象的选择

现有研究认为，以下三类企业往往成为企业投资决策时的模仿对象：一是决策或行为被广泛模仿和应用的企业；二是决策或行为取得巨大成功的企业；三是与企业自身具有更多相似特征的企业（Haunschild and Miner, 1997）。这三类情形分别对应了法国社会学家塔尔德提出的“组织模仿三定律”中的“几何级数律”“逻辑模仿律”和“先内后外律”。其中“几何级数律”描述了模仿行为产生的频次，即已经发生的组织间模仿行为会带动其他组织的模仿，形成一种呈几何级数快速蔓延的趋势，典型的情形就是企业商业模式的复制。“逻辑模仿律”是指企业会以行业中那些处于领先地位、盈利能力强或成长性好的企业作为模仿对象。“先内后外律”是指企业往往以与自身特征相似或相近的企业作为模仿对象，而企业特征可以表现在多个方面，如企业规模、行业背景、生产的产品等。显然，在激烈竞争的市场环境中，企业以上述三类企业作为跟踪模仿对象，可以有效降低投资决策失误的概率及市场风险。基于此分析，本文提出如下研究假设：

H3－1：同行业中金融投资收益较高的企业会成为其他企业投资行为的同群模仿对象。

H3－2：同行业中的领先企业会成为其他企业投资行为的同群模仿对象。

H3－3：同行业中特征相近的企业会成为其他企业投资行为的同群模仿对象。

（四）非金融企业投资“脱实向虚”同群行为的影响因素

在上文有关同群行为产生机制的分析中提到，信息获取动机是形成企业投资“脱实向虚”同群行为的可能机制之一。与资本密集型企业以规模效应为其核心竞争力不同，以科技为核心竞争力的技术密集型企业更加重视研发投入与技术创新，通常使用高精尖设备生产技术含量较高的产品（尹美群等，2018）。技术研发的投资周期较长，研发结果具有较大的不确定性，这使得技术密集型企业在做出投资决策时，对行业前景和企业发展前景的把握更难，因而技术密集型企业对行业内其他企业的投资模仿意愿会更为强烈。

依据社会网络理论，企业所处的网络中心度和联结关系的多寡直接决定了企业能够从社会网络中获得的信息数量和质量，从而对企业组织间的模仿行为产生影响（Lieberman and Asaba，2006）。部分研究表明，机构投资者的投资行为存在羊群效应，越具有较高网络中心度和丰富联结关系的投资者越具有更好的投资绩效（许年行等，2013）。机构投资者之间有着一种隐形的“信息流通桥”，基于信息桥的频繁交流和互动构成了机构投资者之间的强联结关系。一方面，机构投资者偏好短期利益，在股东至上的理念下，机构投资者会十分关注其他企业的投资行为并进行模仿；另一方面，机构投资者之间的强联结关系能够为企业投资决策带来更多同质性的外部信息，因而更容易形成一致的投资观念和行为。

有关高管网络的研究认为，高管群体所形成的社会网络提供了信息跨企业传播的渠道（Kilduff and Tsai，2003），而具有金融从业经历的高管在网络关系上存在优势，更容易获得与投资、融资和潜在风险有关的信息。因此，具有金融从业经历的高管在做出投资决策时不仅具备更强的信息收集能力，而且过往的从业经历使其在做出投资决策时更具有“脱实向虚”的偏好。因此，本文提出如下假设：

H4－1：技术密集型企业投资“脱实向虚”的同群模仿行为更加显著。

H4－2：机构投资者持股会对非金融企业投资“脱实向虚”的同群模仿行为产生正向激励作用。

H4－3：高管金融从业背景会强化非金融企业投资“脱实向虚”的同群模仿行为。

四、实证分析

（一）样本选择与数据来源

本文选择2009—2017年A股上市公司为研究对象，行业分类采用2012年证监会制定的行业分类索引，其中制造业按二级细分门类进行分类，其余行业则按一级门类进行划分，并且依照如下原则筛选：①剔除ST、PT企业；②剔除金融、房地产行业企业；③剔除企业数量少于5家的行业。本文在计算企业经营不确定性指标时，使用扣除金融资产收益的总资产收益率衡量企业主营业绩，并且使用t期、$t-1$期和$t-2$期数据计算三期滚算标准差来得到该指标。最终本文实际使用的样本区间为2007—2017年共11个年度，涉及45个行业的2605家企业。数据来源于国泰安CSMAR数据库，宏观经济数据来源于国家统计局。为避免极端值的影响，对所有连续变量在1%的水平上进行缩尾处理。

（二）模型设计

1. 非金融企业投资“脱实向虚”是否存在同群模仿行为的检验模型

为识别非金融企业投资“脱实向虚”同群模仿行为是否存在，根据万良勇等（2016）的研究，构建以下基准模型：

$$\begin{aligned} FAR_{i,p,t} = {} & \alpha + \beta_0 FARPEER_{-i,p,t} + \beta_1 Size_{i,p,t-1} + \beta_2 Cap_{i,p,t-1} + \beta_3 Ocf_{i,p,t-1} + \\ & \beta_4 Lev_{i,p,t-1} + \beta_5 Roa_{i,p,t-1} + \beta_6 Salesgrowth_{i,p,t-1} + \beta_7 Tobinq_{i,p,t-1} + \\ & \beta_8 Age_{i,p,t} + \beta_9 Soe_{i,p,t} + \beta_{10} Msh_{i,p,t} + \beta_{11} Top_{i,t,p} + \beta_{12} Gdpgrowth_{i,p,t} + \\ & Industry_p + Year_t + \varepsilon_{i,t} \end{aligned} \tag{1}$$

模型（1）中，i代表企业，p代表行业，t代表年度，*Industry*代表行业固定效应，*Year*代表年度固定效应，$\varepsilon_{i,t}$代表随机扰动项。当系数β_0显著为正时，说明同行业其他企业的金融化水平能够对焦点企业的金融化水平产生显著正向影响，即非金融企业投资“脱实向虚”的同群模仿行为存在。*FAR*为被解释变量，即企业金融化水平，用“企业非货币金融资产”占企业总资产的比重衡量，“企业非货币金融资产”包括交易性金融资产、可供出售金融资产、持有至到期投资、发放贷款及垫款、衍生金融资产、长期股权投资和投资性房地产七项内容。*FARPEER* 为核心解释变量，表示同一行业内所有非金融、非房地产行业上市公司（除去本公司）某一年企业金融化水平的平均值。控制变量包括公司财务特征、公司治理、宏观经济三个方面。各变量的具体计算方法如表 1 所示。

表 1　变量说明

变量类型	变量符号	变量名称	变量计算方法
被解释变量	*FAR*	金融化水平	企业非货币金融资产总额/总资产
解释变量	*FARPEER*	同群企业金融化水平	*p* 行业内上市公司（除去 *i* 公司）金融资产占比的平均值
	Com	市场竞争	$Com = 1 - HHI = 1 - \sum_{n=1}^{n} (x_i/X)^2$ *x* 为销售额
	Uncertain	企业经营环境不确定性	主业业绩三期滚算标准差
控制变量	*Size*	企业规模	总资产的自然对数
	Cap	资本密集度	固定资产净额/总资产
	Ocf	现金流量与资产比率	企业经营活动现金流/总资产
	Lev	杠杆率	总负债/总资产
	Roa	资产收益率	净利润/企业总资产
	Salesgrowth	营业收入增长率	（本期营业收入 - 上期营业收入）/上期营业收入
	Tobinq	托宾 Q	市值/总资产
	Age	企业年龄	企业成立的年数
	Soe	产权性质	国有产权 =1，非国有产权 =0
	Msh	管理层持股	当管理层持股时，取 1，否则取 0
	Top	股权集中度	第一大股东持股数/总股数
	Gdpgrowth	GDP 增长率	（本期 GDP - 上期 GDP）/上期 GDP
	Industry	行业虚拟变量	企业所属行业 =1，其他行业 =0
	Year	年度虚拟变量	当前年度 =1，其他年度 =0

2. 非金融企业投资“脱实向虚”同群行为形成机制的检验模型

为了验证非金融企业投资“脱实向虚”同群行为的形成机制，在基准回归模型的基础上分别加入两种机制解释变量，并分别将其与核心解释变量

FARPEER 构建交互项。检验模型如下：

$$FAR_{i,p,t} = \alpha + \beta_0 FARPEER_{-i,p,t} + \beta_1 Com_{i,p,t} + \beta_2 Farpeer_{-i,p,t} \times Com_{i,p,t} + \beta Controls + Industry_p + Year_t + \varepsilon_{i,t} \quad (2)$$

$$FAR_{i,p,t} = \alpha + \beta_0 FARPEER_{-i,p,t} + \beta_1 Uncertain_{i,p,t} + \beta_2 Farpeer_{-i,p,t} \times Uncertain_{i,p,t} + \beta Controls + Industry_p + Year_t + \varepsilon_{i,t} \quad (3)$$

模型（2）中，*Com* 表示市场竞争程度，以行业内企业的数量和规模来衡量，参考张春鹏和徐璋勇（2019）的研究，由赫芬达尔指数计算得到；如果交互项系数 β_2 显著为正，表示行业竞争程度能够激发企业投资的金融化行为，说明企业投资“脱实向虚”的同群行为部分地源于竞争性模仿机制。模型（3）中，*Uncertain* 表示企业经营不确定性，以企业主营业绩的三个年度的滚算标准差作为衡量企业经营不确定性的指标，指标越大代表企业面临的外部环境不确定性越高。如果交互项的系数 β_2 显著为正，表示经营环境不确定性对企业投资“脱实向虚”的同群行为具有激励作用，即企业投资“脱实向虚”的同群行为部分源于信息获取性模仿机制。

3. 非金融企业投资“脱实向虚”同群模仿行为对象选择的检验模型

为了检验假设 3－1、假设 3－2、假设 3－3，本文构建了模型（4）～（7）。每个模型分别引入了同行业中两类企业的金融化水平变量。其中，模型（4）引入了同行业中拥有高金融投资超额收益企业的金融化水平（*Peer－ArHigh*）和同行业中拥有低金融投资超额收益企业的金融化水平（*Peer－ArLow*），金融投资超额收益采用企业金融投资收益与其主营收益之差来度量；模型（5）中引入同行业中强盈利能力企业的金融化水平（*Peer－Strong*）和同行业中弱盈利能力企业的金融化水平（*Peer－Weak*）；模型（6）中引入同行业中高成长性企业的金融化水平（*Peer－PgrHigh*）和同行业中低成长性企业的金融化水平（*Peer－PgrLow*）；模型（7）中引入同行业中大规模企业的金融化水平（*Peer－Big*）和同行业中小规模企业的金融化水平（*Peer－Small*）。各类企业的划分及界定标准见表 2。每类企业的金融化水平以该类企业金融化水平的平均值衡量，且每类企业分组中均不包含 *i* 企业本身。

表 2　企业分组及其界定标准

分组	企业类别	界定标准	备注
金融投资超额收益分组	高金融投资超额收益企业	同行业中金融投资超额收益前 30% 的企业	模型 4：检验假设 3-1
	低金融投资超额收益企业	同行业中金融投资超额收益后 30% 的企业	
盈利能力分组	强盈利能力企业	同行业中资产回报率前 30% 的企业	模型 5、模型 6：检验假设 3-2
	弱盈利能力企业	同行业中资产回报率后 30% 的企业	
成长性分组	高成长性企业	同行业中营业利润增长率前 30% 的企业	
	低成长性企业	同行业中营业利润增长率后 30% 的企业	
企业规模分组	大规模企业	同行业中总资产规模前 30% 的企业	模型 7：检验假设 3-3
	小规模企业	同行业中总资产规模后 30% 的企业	

$$FAR_{i,p,t} = \alpha + \beta_0 Peer - ArLow_{-i,p,t} + \beta_1 Peer - ArHigh_{-i,p,t} + \beta Controls + Industry_p + Year_t + \varepsilon_{i,t} \tag{4}$$

$$FAR_{i,p,t} = \alpha + \beta_0 Peer - Weak_{-i,p,t} + \beta_1 Peer - Strong_{-i,p,t} + \beta Controls + Industry_p + Year_t + \varepsilon_{i,t} \tag{5}$$

$$FAR_{i,p,t} = \alpha + \beta_0 Peer - PgrLow_{-i,p,t} + \beta_1 Peer - PgrHigh_{-i,p,t} + \beta Controls + Industry_p + Year_t + \varepsilon_{i,t} \tag{6}$$

$$FAR_{i,p,t} = \alpha + \beta_0 Peer - Small_{-i,p,t} + \beta_1 Peer - Big_{-i,p,t} + \beta Controls + Industry_p + Year_t + \varepsilon_{i,t} \tag{7}$$

4. 非金融企业投资“脱实向虚”同群模仿行为影响因素的检验模型

为了检验企业投资“脱实向虚”同群行为的影响因素，本文在模型（1）的基础上将因素变量与同群行为变量作为交互项构建模型（8）。*Factor* 包括 *Labor*、*Capital*、*Tech*、*Ins*、*Finback*，分别代表劳动密集型行业、资本密集型行业、技术密集型行业、机构投资者和高管金融从业背景。

$$FAR_{i,p,t} = \alpha + \beta_0 FARPEER_{-i,p,t} + \beta_1 Factor_{i,p,t} + \beta_2 FARPEER_{-i,P,t} \times Factor_{i,p,t} + \beta Controls + Industry_p + Year_t + \varepsilon_{i,t} \tag{8}$$

（三）基准回归

表 3 是根据模型（1）对假设 1 进行检验的回归结果。其中第（1）列为

未加入控制变量的回归结果，第（2）列为加入控制变量后的回归结果，第（3）列为包含了核心解释变量和全部控制变量的回归结果。可以发现，无论是否在模型中加入控制变量，焦点企业金融化水平与同行其他企业金融化水平的回归系数均在1%的水平下显著为正，说明企业金融化水平会受到同行业其他企业金融化水平的显著正向影响。该结果证明了假设1成立，即行业内非金融企业投资“脱实向虚”同群模仿行为显著存在。

表3 基准回归结果

变量	(1)	(2)	(3)
FARPEER	0.1929 *** (5.00)	0.1721 *** (4.23)	0.1622 *** (3.90)
Year FE	Yes	Yes	Yes
Industry FE	Yes	Yes	Yes
R^2	0.0506	0.0609	0.0619
N	18222	16121	16121

注：*、**、***分别代表 $p<0.1$、$p<0.05$、$p<0.01$，括号内为t统计量。下同。

五、进一步检验

（一）企业投资“脱实向虚”同群行为机制的检验

表4中第（1）列是依据模型（2）计算出的竞争性模仿机制的回归检验结果，第（2）列是依据模型（3）计算出的信息获取性模仿机制的回归检验结果。其中，交互项 *FARPEER* × *Com* 的系数为0.8336，在1%的显著性水平下通过检验，说明竞争性模仿是企业投资“脱实向虚”同群模仿行为的主要机制之一。交互项 *FARPEER* × *Uncertain* 的系数为1.3127，并且在10%的显著性水平下显著，表明企业面临的不确定性越大时，为获取最大信息而进行同群模仿行为的动机存在，即信息获取动机能够部分地解释企业投资“脱实向虚”的同群行为。以上两点结论证明了假设2成立。

表 4 企业投资“脱实向虚”同群行为机制的回归结果

变量	(1)	(2)
FARPEER	−0.6237** (−2.43)	0.1308*** (2.88)
Com	0.0354* (1.82)	
FARPEER × *Com*	0.8336*** (2.81)	
Uncertain		−0.0240 (−0.51)
FARPEER × *Uncertain*		1.3127* (1.80)
Controls	Yes	Yes
Year FE	Yes	Yes
Industry FE	Yes	Yes
R^2	0.0655	0.0626
N	16121	16121

(二) 企业投资“脱实向虚”同群模仿对象选择的检验

表5的列（1）和列（2）是基于金融投资超额收益分组的结果。可以看到，金融投资超额收益低的企业在做出金融化投资决策时，对金融投资高超额收益和低超额收益的企业都存在模仿行为，但对高超额收益企业的模仿行为更强；而金融投资超额收益高的企业对其他高超额收益及低超额收益企业的同群模仿行为均不明显，其原因在于其自身就具有成功的金融投资经验，更倾向于参考自身经验做出金融投资决策，而不必模仿他人，假设3－1成立。表5的列（3）和列（4）是基于企业盈利能力分组的回归结果。结果表明盈利能力较弱的企业的金融投资决策会受同行业盈利能力较强企业的影响，而盈利能力较强的企业的同群模仿对象主要是同样具备较高盈利水平的企业。

表 5　企业投资金融化同群模仿对象选择：基于金融投资超额收益分组的回归结果

变量	(1)	(2)	(3)	(4)
	低超额收益本组	高超额收益本组	弱盈利能力组	强盈利能力组
Peer－ArLow	0.0785* (1.93)	0.0163 (0.14)		
Peer－ArHigh	0.0662*** (3.21)	－0.0186 (－0.35)		
Peer－Weak			－0.0220 (－0.48)	0.0913* (1.73)
Peer－Strong			0.1522*** (3.68)	0.1063** (2.48)
Peer－PgrLow				
Peer－PgrHigh				
Controls	Yes	Yes	Yes	Yes
Year FE	Yes	Yes	Yes	Yes
Industry FE	Yes	Yes	Yes	Yes
R^2	0.0820	0.0942	0.0589	0.0889
N	9531	3494	6564	6312

表 6 的列（1）和列（2）是基于企业成长性的回归结果，无论是低成长性企业还是高成长性企业，在其进行金融投资决策时都表现出对行业内高成长性企业的模仿，其中低成长性企业对行业内高成长性企业的同群模仿系数在 1% 的显著性水平下达到 0.1454，高成长企业对行业内其他高成长性企业的同群模仿系数在 1% 的显著性水平下达到 0.1358。因此，行业内的领先企业（包括盈利能力领先和成长性领先）是企业投资“脱实向虚”的同群模仿对象，假设 3－2 得以证实。

表 6 的列（3）和列（4）是基于企业规模特征的分组结果。可以看到，小规模企业在金融投资决策时更多地在模仿与自己规模特征类似的行业内其他小规模企业，而同行业大规模企业的金融投资行为对小规模企业金融投资起到了一定的抑制作用；大规模企业的金融投资决策会选择行业内大规模企业作为同群模仿对象，但也会考虑作为竞争对手的小规模企业的金融投资行为。表明企业在进行金融投资决策时，会将同行业内与自己规模类似的企业

作为主要的同群模仿对象，具有相近特征的企业之间的同群模仿行为比特征差距较大的企业之间的同群模仿更显著，假设3－3成立。

表6　企业投资金融化同群对象选择：基于企业规模特征分组的回归结果

变量	(1)	(2)	(3)	(4)
	低成长性组	高成长性组	小规模样本组	大规模样本组
Peer－PgrLow	－0.0030 (－0.06)	0.0892 (1.53)		
Peer－PgrHigh	0.1454*** (3.80)	0.1358*** (3.03)		
Peer－Small			0.2255*** (4.96)	0.0512* (1.67)
Peer－Big			－0.1157* (－1.93)	0.1776*** (4.96)
Controls	Yes	Yes	Yes	Yes
Year FE	Yes	Yes	Yes	Yes
Industry FE	Yes	Yes	Yes	Yes
R^2	0.0721	0.1125	0.0848	0.0685
N	6581	6491	7057	7770

（三）企业投资“脱实向虚”同群模仿行为影响因素的检验

为了探寻哪些因素会对企业投资“脱实向虚”同群行为产生影响，本文构建了行业特征虚拟变量与同群效应变量的交互项并使用模型（8）进行估计，计算结果见表7。列（1）是以技术密集型企业为调节变量的回归结果，如果企业属于技术密集型行业则 *Tech* 取1，反之取0。表7中 *FARPEER*×*Tech* 的系数显著为正，说明技术密集型行业特征对企业投资“脱实向虚”同群行为有正向调节作用，假设4－1成立。列（2）是将机构投资者持股比例（*Ins*）引入模型的回归检验结果，机构投资者持股占比采用第二至第十大股东持股比例来衡量。*FARPEER*×*Ins* 的系数为0.4532，且在1%的显著性水平下通过检验，表明机构投资者持股比例对企业投资“脱实向虚”同群模仿行为具有显著影响，假设4－2成立。列（3）是将公司高管是否具有金融从业背景（*Finback*）引入模型的回归检验结果，高管金融从业背景依据企业 CEO 是否曾在金融机构任职来衡量。结果显示高管具有金融从业背景的企业在做出金融投资决策时具有更为强烈的同群模仿行为，假设 4－3 成立。

表 7　企业投资金融化同群行为影响因素的回归结果

变量	(1)	(2)	(3)
FARPEER	0.0949** (2.01)	0.0594 (1.13)	0.1272*** (2.64)
Tech	−0.0395*** (−4.53)		
FARPEER × *Tech*	0.1971*** (2.60)		
Ins		−0.1179*** (−9.69)	
FARPEER × *Ins*		0.4532*** (2.80)	
Finback			−0.0351*** (−2.59)
FARPEER × *Finback*			0.3732*** (2.62)
Controls	YES	YES	YES
Year FE	YES	YES	YES
Industry FE	YES	YES	YES
R^2	0.0633	0.0752	0.0735
N	16121	16121	16121

六、结论和政策启示

本文以社会网络及组织互动为研究视角，基于中国非金融类上市公司数据，研究了非金融企业投资“脱实向虚”同群模仿行为、形成机制、同群模仿对象选择及其行为影响因素。结果发现：非金融企业投资“脱实向虚”存在着显著的同群模仿行为，竞争性模仿和信息获取性模仿是其同群模仿行为发生的主要机制，具有较高金融投资超额收益的企业、行业内的领先企业和特征相似企业是企业投资“脱实向虚”的同群模仿对象，行业技术特征、企业股权的机构持有及高管的金融从业背景等因素对企业投资“脱实向虚”的同群模仿行为具有显著影响。基于以上研究结论，得到如下政策启示：

第一，提高实体经济投资回报率是遏制企业投资“脱实向虚”及保障实体经济稳健发展的关键。一是要继续深化供给侧结构性改革，通过加大对僵尸企业及低效率企业的清退治理力度，并实施重点明确且具有针对性的产业政策，为潜力企业释放充足的资源和市场空间；二是要落实和深化税收改革，制定更为优惠的税收政策，降低实体企业运营成本，提高企业运营效率；三是要针对实体企业面临的融资困境，要加快建设多层次资本市场，进一步拓宽企业的资金来源，纠正银行主导下的金融资源错配问题，有效降低实体企业融资成本。

第二，要建立对行业领先企业及龙头企业投资行为进行重点监督、监测的制度。企业投资“脱实向虚”同群模仿行为的存在，会产生投资的“蝴蝶效应”。这要求政府在制定相关政策时，需要充分考虑企业间同群模仿行为对政策效果的放大作用，并给出尽可能客观准确的效果评估，以提高政府政策的预见性及有效性；应建立对行业领先企业及龙头企业投资行为重点监督制度，随时掌握其投资“脱实向虚”的规模、方向等新动向，并分析其投资动因，为及时遏制企业投资“脱实向虚”的进一步发展及引导其回归实体经济政策的制定提供决策依据。

第三，企业在模仿同群企业投资决策时应该保持足够的清醒。一是尽管企业投资“脱实向虚”对于缓解短期竞争压力具有一定的作用，但由于企业资源的有限性，实体企业过度依赖金融投资势必会造成主业经营的空虚，使企业失去长期竞争优势。二是处于信息获取劣势的企业通过观察和模仿其他企业的投资决策，虽然能够降低决策成本，但企业之间由于资源禀赋、市场地位、管理能力、社会网络及企业文化等方面的差异而使得这种同群模仿并非一定有效。因此，企业在模仿时要结合自身资源、财务现状及长期战略方针等，对自身风险承受能力进行科学评价，避免盲目模仿的低质量决策。三是实体经济永远是经济系统有序运行的基础，企业适当地参与金融市场活动和“产融结合”能够提高经营效率，但企业投资的过度金融化必然推升整个经济体系的风险，侵蚀经济运行的稳健性，甚至诱发金融危机。因此，个体企业在模仿同群企业的金融投资行为时，一定要进行科学的资产组合，并做好风险应对预案，谨防投资失败及资金链断裂对企业运营可能带来的灭顶之灾。

参考文献

[1]黄群慧．论新时期中国实体经济的发展[J]．中国工业经济,2017(9):5－24.

[2] ORHANGAZI O. Financialization and Capital Accumulation in the Non－Financial Corporate Sector: A Theoretical and Empirical Investigation on the US Economy[J]. Cambridge Journal of Economics,2008(11):863－886.

[3]杜勇,张欢,陈建英．金融化对实体企业未来主业发展的影响:促进还是抑制[J]．中国工业经济,2017(12):113－131.

[4] THEURILLAT T., CORPATAUX J., CREVOISIER O. Property Sector Financialization: The Case of Swiss Pension Funds(1992—2005)[J]. European Planning Studies,2010(2):189－212.

[5]胡奕明,王雪婷,张瑾．金融资产配置动机:“蓄水池”或“替代”？——来自中国上市公司的证据[J]．经济研究,2017(1):181－194.

[6]彭俞超,韩珣,李建军．经济政策不确定性与企业金融化[J]．中国工业经济,2018(1):137－155.

[7]杨筝,刘放,王红建．企业交易性金融资产配置:资金储备还是投机行为？[J]．管理评论,2017(2): 13－25.

[8]高海红,高蓓．中国影子银行与金融改革:以银信合作为例[J]．国际经济评论,2014(2):118－132.

[9]王永钦,刘紫寒,李嫦,杜巨澜．识别中国非金融企业的影子银行活动——来自合并资产负债表的证据[J]．管理世界,2015(12):24－40.

[10] GRAHAM J., HARVEY R., PURY M. Managerial Attitudes and Corporate Actions[J]. Journal of Financial Economics,2013(1):103－121.

[11]万良勇,梁婵娟,饶静．上市公司并购决策的行业同群效应研究[J]．南开

管理评论,2016(3): 40 – 50.

[12]石桂峰. 地方政府干预与企业投资的同伴效应[J]. 财经研究,2015(12):84 –94.

[13]陆蓉,常维. 近墨者黑:上市公司违规行为的"同群效应"[J]. 金融研究,2018(8):172 – 189.

[14]FRACASSI C. Corporate Finance Policies and Social Networks[C]. AFA 2011 Denver Meet, 2011.

[15] SHUE K. Executive Networks and Firm Policies: Evidence from the Random Assignment of MBA Peers[J]. Review of Financial Studies, 2013(6):1401 – 1442.

[16]SMALLWOOD D., CONLISK S. Product Quality in Markets Where Consumers are Imperfectly Informed [J]. The Quarterly Journal of Economics, 1979(1):1 –23.

[17]张成思,张步昙. 再论金融与实体经济:经济金融化视角[J]. 经济学动态,2015(6):56 –66.

[18] LI J., YAO F. The Role of Reference Groups in International Investment Decisions by Firms from Emerging Economies[J]. Journal of International Management, 2010(2):143 – 153.

[19]SCHARFSTEIN and STEIN. Herd Behavior and Investment[J]. The American Economic Review, 1990(3):465 –479.

[20] BIKHCHANDANI S., HIRSHLEIFER D., WELCH I. Learning from the Behavior of Others: Conformity, Fads, and Informational Cascades[J]. Journal of Economic Perspectives, 1998(3):151 – 170.

[21] HAUNSCHILD P., MINER A. Modes of Interorganizational Imitation: The Effects of Outcome Salience and Uncertainty[J]. Administrative Science Quarterly,1997(3):472 –500.

[22]尹美群,盛磊,李文博. 高管激励、创新投入与公司绩效——基于内生性视角的分行业实证研究[J]. 南开管理评论,2018(1):109 – 117.

[23] LIEBERMAN M., ASABA S. Why do Firms Imitate Each Other? [J]. Academy of Management Review,2006(2):366 –385.

[24]许年行,于上尧,伊志宏. 机构投资者羊群行为与股价崩盘风险[J]. 管理世界,2013(7):31 –43.

[25] KILDUFF M. , WENPIN TSAI. Social Networks and Organizations [M]. Published by SAGE Publications Ltd,2003.

[26]张春鹏,徐璋勇. 市场竞争助推中国经济“脱实向虚”了吗[J]. 财贸研究,2019(4):1 - 13.

基于小波降噪
——LPPL股票市场泡沫预测研究

顾　悦[①]

摘　要：为了避免金融泡沫汇聚和崩盘，维持市场长期平稳运行，提升投资者的信心，需要对泡沫的变化做出及时判断。基于非线性理论，本文对我国股票市场的泡沫以及负泡沫状态选择对数周期幂律模型LPPL进行拟合分析，并使用小波分析方法对上证综指收盘价进行非线性阈值降噪，以提前获得泡沫破裂的时间。结果表明，将小波降噪方法与LPPL模型结合后，通过图像与指标证明得到更稳健的拟合效果，以及对于泡沫破裂时间的预测也更加准确。

关键词：金融泡沫；LPPL；小波降噪；非线性理论

一、引言

金融泡沫是指某种商品的价格在发生大幅度涨价后，呈现出商品价格与其实际价值严重偏离的现象。具体来说，商品价格符合幂律规则且超指数增长的现象称为泡沫，超指数下跌的现象称为负泡沫。金融泡沫虽然常常为投机者创造财富，但泡沫破裂后，却会对投资者甚至整个经济体系造成巨大的

---

① 作者简介：顾悦（1997—），陕西西安人，西北大学经济管理学院2019级金融学专业硕士研究生。

损失，同时泡沫具有难以发现和预测的特点。在市场初期，经济快速发展需要催生泡沫，泡沫带来的价格膨胀也为金融市场带来了非理性的快速扩张，短期内推动经济向兴盛的景象发展；但随着泡沫的积累，资本市场的稳定性也在经受着挑战，当泡沫过大失控时，破裂没有任何征兆，往往会给经济带来巨大的冲击，市场价格产生巨大的偏离，造成巨大损失。2015 年年初，我国股票市场散户的投资热情伴随着大盘指数持续不休的攀升而上涨，一直到 6 月，上证综合指数突破了 5178 的峰值。但是到了年中，市场突然发生了变化。一轮暴跌袭来，A 股高开低走，出现了“千股跌停”的历史性局面。随着经济全球化的迅速发展，股市崩盘的影响力变得更广、传播速度更快、破坏能力更强，往往能迅速传导到世界上的另一个角落，甚至引发全球性金融危机，例如，1987 年美国爆发“Black Monday”事件，恐慌的情绪在市场蔓延，香港恒生指数也受到影响，出现了暴跌，亚太地区各股市也受到港股暴跌的影响进而全线崩盘，最终传导回纽约，道琼斯指数单日跌幅达到了 22.6%。因而，探究金融泡沫产生的缘由，对泡沫崩盘的关键时刻进行分析和抓取，进而采取措施降低泡沫破裂的危害就显得十分重要。

人们对泡沫发生的起因开始了探究。有效市场假说无法解释市场中的泡沫系统，非理性的投资者常跟随短期趋势进行投资，并且相互模仿，导致了价格快速上涨，但理性投资者为了避免更大的损失，也会跟随投资，一致性、协同性加大，导致泡沫持续扩大。这种正反馈机制和非理性的羊群行为带来了价格的超指数增长，最终引起了泡沫崩盘。另外，结合宏观政策背景，当前股票市场发展十分不健全，监管体系亦不完善，存在较多漏洞；且我国投资者多为散户，取得信息的通道单一，市场透明度低，容易发生羊群行为。这些因素都使我国无法及时判断股票市场泡沫变化，无法维护资本市场的稳定性。因此，科学测度股市极端风险，精准分析泡沫崩盘的关键时刻，对泡沫和负泡沫状态做到识别和跟踪，不仅有助于从根本上避免金融危机的爆发，也对市场投资决策提供了支持和参考。

很久以来，金融泡沫在市场都是难以辨别和分析的，Sornette 教授提出将物理学领域的对数周期幂律模型 LPPL 应用到经济学领域来研究金融泡沫，该模型能够对金融泡沫的市场崩盘起到较好的预测、量度效果。LPPL 模型认为金融泡沫来自噪声投资者的羊群行为，这种相互作用通过正反馈机制加大泡沫积聚力量，且泡沫处于崩盘临界点时，价格会呈现对数幂律加速和一系列周期振荡加速的现象。

因而，本文结合非线性理论，证明我国股票市场是非线性系统，且具备分形的特点，从而为股票市场的对数周期性提供了基本证据，运用LPPL模型对上证综指的泡沫和负泡沫状态进行了分析和预测。实证结果表明，LPPL模型能有效拟合2007—2008年、2014—2015年上证综指的两段泡沫，以及2015—2016年、2018—2019年的两段负泡沫状态。为了对模型参数进行更准确的估计，本文对模型参数采取了遗传算法进行拟合，但模型中非线性待估参数较多，结果容易不稳定。因而，本文对原有模型进行了变形，将7个参数降低为4个，从而提高模型的计算速度，降低计算误差。由于股价变动往往是非平稳、非高斯白噪声的时间序列，传统方法难以进行降噪和处理，为了获得更好的泡沫及负泡沫预测效果，在消除随机性干扰的基础上，本文对上证综指收盘价数据进行了小波非线性阈值消噪，结果表明，基于小波降噪的LPPL模型是研究泡沫行为最有潜力的工具，对资产配置具有重要的指导意义。

二、文献综述

研究泡沫的成因以及相关度量模型之前，应对泡沫的定义进行研究。目前，国内外专家对股市泡沫以及负泡沫的定义仍存在争议。Romansco（1979）认为股票价格在波动期间突然发生急速上涨，为股票投资者带来持续上升的期望就是泡沫，Romansco从泡沫的表现形式上对泡沫进行了定义。而Garber（1990）则从产生原因方面对泡沫进行分析，他认为股票的泡沫源于价值或基本面无法对价格进行解释的部分。De long（1990）则认为是市场噪声导致了泡沫的产生，他认为市场中存在的非理性投资行为产生了大量噪声交易，而投机者为了达到风险规避的目的，也会进行大量噪声交易，进而导致泡沫的产生。随着金融学与其他学科的交叉融合发展，许多数理模型被引入对泡沫的理论解释中，Sornette（1996）将地震、材料断裂等物理现象与金融泡沫的破裂进行对比，认为泡沫也是一种复杂的自组织临界现象；在之后的研究中 Sornette 引入了负泡沫的概念，认为泡沫崩盘结束后股票价格呈现对数周期震荡的幂律衰减。卢艺艺（2012）运用状态空间模型和卡尔曼滤波法对 2008 年股市泡沫进行了量度，并预测股市泡沫的发展趋向。李斯嘉（2017）剖析了我国股票市场泡沫的性质，并通过动力学模型，解释了股票市场泡沫崩盘的前后变化。潘娜（2019）分析了泡沫微观层面构造的 N 维变量，对泡沫的变化状态进行了动态检测。叶双照（2019）从市场的内在机制出发，研究股市的长期记忆性，认为泡沫是基于此特定条件下呈现出的特定的演化模式。

在以往常用的研究理论中，一些如波浪分析、切线分析等股票方法在某种程度上虽能识别市场走势，但主观性太强，无法反映股市的客观规律，并且有人为制造波浪形态的可能，并不适合于千变万化的股票市场。在一系列金融泡沫的识别技术和量度方法中，基于对数周期幂律理论的模型得到了成功的实践和运用。LPPL 模型能够估量未来某个时刻泡沫的崩盘概率，进而指导交易者远离风险、避让风险、分散风险，减少极端事件带来的利益损失，甚至获得收益。目前许多学者已经通过 LPPL 模型对金融泡沫进行拟合。Zhou 和 Sornette（2006）通过 LPPL 模型对道琼斯工业指数和恒生指数进行了拟合，证明了 LPPL 模型在发达股票市场的有效性。之后，吉翔、高英（2012）在 LPPL 模型应用于我国上证综指和深圳成指，并获得了较好的预测效果，证明了 LPPL 模型在我国市场上的适用性。田挚坤（2016）在 LPPL 模型预测泡沫破裂中加入了波动因素的考虑，结论表明预测破裂时刻与实际破裂时刻相差不大，且模型稳定。李斯嘉（2017）结合 G－R 定律和 Omori 定律对股市崩盘特性进行了描述，并结合 LPPL 模型对泡沫事件进行了预测。陈卫华、蔡文靖（2018）将 LPPL 模型与 Lomb 谱分析结合，并使用 O－U 过程验证了上证指数和创业板指数的暴跌预测结果的准确性。赵磊、刘庆（2020）基于资产泡沫理论，用 PEC 系数作为度量泡沫大小的指标，结合 LPPL 模型对比特币价格泡沫风险进行了描述与研究。实践证明，相较于其他模型和指标，LPPL 模型在识别和量度金融泡沫的趋势、预测泡沫的崩盘点方面有显著优势。

金融市场中有各式各样不定因素的存在，使得金融时间序列中隐藏了众多噪声，对金融时间序列进行建模时，为了得到更佳、更有效的预测结果，需要对序列进行降噪处理。小波分析是一种十分有效的降噪方法，最早是用于处理石油信号，直到1989年Mallat才确定了小波分析可以应用于投资学领域，并提出了时间序列噪声处于不同的频率并可以进行处理，实现了非平稳时间序列的降噪。James Hamilton（1995）编著的《时间序列分析》一书中系统归纳了当时投资学中对金融时间序列数据进行平稳处理的多种方法，并对小波分析的原理与逻辑进行了介绍。目前，小波分析常用于图像或语音信号的降噪，王智文（2014）给出一种基于多元统计分析的分形小波变换方法，大幅度提高了对实时图像进行自适应去噪处理的速度。小波分析理论也可用于对金融时间序列进行处理，国外关于小波分析理论在股市中的研究运用较为领先，研究内容也较为广泛。Ramsey（1995）首次将小波分析与金融市场结合起来，将小波分析应用到标普500指数，证明了其存在自相似性、逆周期性等特点。Struzikw（2001）则利用小波分析观测金融时间序列的突变时刻，试图用小波分析研究多重分形谱。近年来，许多国内学者也致力于研究金融市场中的非线性系统，使用小波分析对K线降噪、金融时间序列预测、股价奇异点检验等方面进行研究。王峰虎（2018）针对传统均线策略买卖信号滞后性不足的情况，提出了一种基于小波低频分量的量化择时策略，取得了更好的投资表现。谭政勋（2018）改进了小波领袖法，生动刻画了我国股票市场的波动性，研究和发现了股市长期走势产生变化的转折点。

综合国内外已有的研究文献可以看出，国外对于股市泡沫崩盘临界时间和长期趋势预测研究已经较为全面，包括对于股市泡沫的微观层面和宏观层面的研究，并解释了LPPL模型原理。国内则在此方面研究内容较少，实证研究匮乏，更鲜有人在对原始数据进行降噪处理的基础上再进行泡沫拟合。因此，本文参考历史文献，结合市场非线性理论，在证明股市具有分形特征的基础上，将小波降噪与LPPL模型进行结合，对我国股市上证综合指数进行研究，有效地拟合了泡沫与负泡沫现象，并预测了泡沫破裂和负泡沫反转的临界时间。

三、理论介绍

（一）非线性相关理论

传统的金融泡沫理论，是将有效市场假说作为理论基础，假定投资者风险中性，具备相同预期，认为理性泡沫是理性行为和理性预期支持的价格对价值的偏离，认为泡沫以指数速度进行膨胀。然而，金融市场上有众多非理性投资者进行噪声交易，存在跟风、模仿的羊群行为。随着全球化程度的进一步加深、经济活动的日益频繁，经济系统表现出愈加复杂、多层次的演化特征，金融泡沫逐渐成为微观主体的非线性交互产生的自组织行为，股价呈现出超指数增长的动力学特征。随着几次与有效市场矛盾的股市波动的发生，尤金法玛提出的有效市场理论逐步受到人们的质疑，因此，基于传统的泡沫理论不能将资产价格泡沫的形成机理描述出来。

随着非线性动力学的兴起，混沌理论、分形理论、自组织临界理论为人们研究复杂的股市泡沫现象提供了支持，揭示了金融市场价格行为的混沌动力学机制，有效解决了有效市场假说存在的缺陷。

混沌的概念最开始由 Poincare 提出，基础含义是一种无序、混沌的状态，而 Li 和 Yorke 则首次在数学上定义了“混沌”概念，并用在了非线性系统动力学的研讨中。混沌是现实主义社会形成的一种貌似紊乱、没有秩序的复杂运动构造，类似于统计学中的随机过程。混沌理论认为，资本市场是一个典型的，具有非平稳、噪声、不可预测的特点的混沌市场。

分形市场假说是这方面有重大突破的理论之一，最初由 Mandelbrot 提出，并由 Peter 推广到了资本市场研究中。该假说认为，资本市场是一个存在正反馈机制的、非均衡的混沌系统，并且由于资本市场存在众多投资者，投资者之间的投资偏好、投资水平、投资经验均不相同，在投资偏好的影响下对信息的评价存在偏差，从而使偏好不同的投资者的投资模式也存在不同。在分形市场假说中，其对信息的反应方式呈现出非线性因果关系，收益率序列存在噪声和长记忆性，其收益分布服从尖峰厚尾的幂律分布，可以更加准确地刻画市场。

自组织临界理论最初源自沙堆模型，即沙堆随着沙粒的不断落下越垒越高，最终会因为一粒沙而使原本稳定的沙堆崩溃坍塌，这一临界状态被Bak等在1987年进行了定义，即“自组织临界现象”，沙堆坍塌的模式和频率在临界状态服从幂律分布函数。研究表明，金融泡沫具备自组织临界的特征，当泡沫不断聚集，最终金融市场内的微小变化可能都会引起系统内部泡沫的崩盘，并且泡沫崩盘的模式和时间服从幂律分布函数。

（二）对数周期幂律泡沫理论

结合上述理论，Sornette和Johansen基于非有效市场中的噪声交易以及非线性价格变化，提出对数周期幂律泡沫理论。股票等资产价格在形成泡沫的过程中，呈现出超指数增长和对数周期震荡的特征，价格的快速上升会抵消理性投资者的顾虑而跟进投资，随着投资者羊群行为的正反馈机制，股票价格会更进一步上升，且越靠近临界点，投资者情绪波动越大。当趋势到达某一状态时，投资者手里往往没有合适的头寸进行维持，于是引发一致性抛售，市场崩溃，泡沫崩盘。

Sornette教授分别从宏观与微观角度对其进行了钻研，认为泡沫价格是按对数周期幂律呈现增长趋势，并给出了LPPL模型的公式定义：

$$\ln[p(t)] = A + B \times (t_c - t)^{\beta}\{1 + C \times \cos[\omega \ln(t_c - t) + \varphi]\} \tag{1}$$

式（1）中，$A=\ln[p(t_c)]$ 代表泡沫发生崩盘时商品的价格的对数；$\beta>0$是指资产价格的非奇异性，代表了资产价格的加速度，β越小，价格上涨的速度越快，泡沫则越容易发生崩盘；C不等于0代表泡沫资产的价格围绕其指数增长趋势上下震荡，频率为ω，相位为φ。

在泡沫状态下，$B<0$，$t<t_c$，在崩盘的临界时间前，商品价格是呈现飞速上涨的趋向；t_c是泡沫崩盘的时刻，即破裂最可能爆发的时刻。在负泡沫状态下，$B>0$，$t<t_c$，商品价格呈现出下跌的趋向，t_c表示负泡沫市场即将发生反转的关键临界点。

在上述模型中，共涉及7个参数（A，B，C，t_c，β，ω，φ），其中前3个为线性参数，后4个为非线性参数。由于拟合太多参数十分困难，并且会产生很大的误差，因而将模型简化为：

$$\min R\ (A,\ B,\ C,\ t_c,\ \beta,\ \omega,\ \varphi) = \sum_{t=1}^{T} (\ln p(t) - \ln p(t))^2 \qquad (2)$$

将式（2）使用最小二乘法以获得最优解，将模型简化为 4 个非线性参数。

接下来对这 4 个非线性参数进行估计，本文在此运用了遗传算法（Genetic Algorithm，GA），根据进化规则，GA 在当前的种群中随机选择个体进行交叉、变异操作，然后选择优秀个体淘汰劣势个体得到新一代群体，为求解非线性、多模型等复杂问题提供了一种有效的计算方式。

（三）小波分析

金融市场情况复杂，存在很多不确定要素，使金融时间序列存在许多噪声，使得模型后续的分析和处理变得异常困难，因而往往需要对数据信息进行降噪处理。传统的降噪办法包括中值滤波、低通滤波、傅立叶变换、聚类、回归等，但是这些技术在对数据去噪的过程中也滤掉了一定的价值信号。

小波分析是时空频率的微观解析，通过小波运算可以将信号及时间进行多维细化，达到高频率和低频率信号段的划分，再分别对不同频率的信号进行分析。在投资市场中，金融时间序列也具有高频与低频的信号区别，因此将小波分析应用于时间序列的处理中，具有显著的现实意义。小波分析作为一种新型降噪法，具备强大的自适应的特质，尤其在对于非平稳、非线性信号的处理上往往起到非常好的效果。

给出小波分析的定义：

$$(T^{wav}f)(a,b) = |a|^{-t/2}\int dt f(t)\psi(\frac{t-b}{2}) \qquad (3)$$

式（3）中，$\psi^{a,b}$ 被称为小波，将 ψ 称为母小波。假设 $\int dt f(t) = 0$，$\psi^{a,b}(s) = |a|^{-1/2}\psi(\frac{s-b}{a})$。

一个完整的小波分析通常分为三步：小波分解、小波降噪、小波重构。通常在时间序列中，噪声存在于高频率段，通过小波分解后，可以得到 n 条高频序列以及一条低频序列。使用阈值过滤法，对分解的小波系数进行权重处理，进而保留相对低频的序列，弃掉高频的噪声序列，达到降低金融时间序列噪声的效果。

四、基于LPPL模型的股市泡沫及负泡沫分析

（一）数据选取

在对股票市场的泡沫趋势和负泡沫趋势的研究中，需要基于周期的角度进行数据的选择，因此选择一段泡沫后的一段周期内的最低点作为下一段泡沫开始的起点，并选择一段趋势的最高点作为泡沫崩盘的临界点，并进行适当的前后调节。

本文选择我国A股市场的上证综合指数作为研究对象，选择的研究时间起点为2008年10月28日，研究终点为2020年12月31日。为了使时间序列数据达到平稳的状态，并且消除模型存在的共线性、异方差性等特征，经济学中往往会对原始数据取对数并且进行进一步处理。本文对上证综指历史收盘价的时间序列采用对数差分法消除短期依赖，得到上证综指的对数收益率序列。

（二）分形特征检验

1. 统计性分析

对上证综指2008—2020年的数据进行统计分析，得到如表1所示结论。

表1　上证综指收益率统计分析

指数	样本容量	均值	标准差	偏度	峰度	J－B检验	K－S检验
上证综合指数收益率	3244	－0.0001	0.0159	－0.5740	4.8396	3344.01***	0.0993***

注：＊＊＊表示统计值在1%的显著性水平上显著。

由表1统计结果可知，选择2008—2020年底的数据，共3244个上证综指的数据样本，其中收益率均值和标准差不服从正态分布，偏度为负值，存在左偏的情况，而峰度则大于正态分布的3，说明相比正态分布而言，分布曲线更为陡峭、尖度更高。且J－B检验的统计量为3344.01，远远超于1%、5%显著性水平下自由度为2的卡方分布，K－S检验统计量为0.0993，P－value近似等于0，说明原假设H_0被拒绝，初步认为数据分布不服从正态分布。

通过观察上证综指的收益率分布直方图（见图1），我国股市呈现出“尖

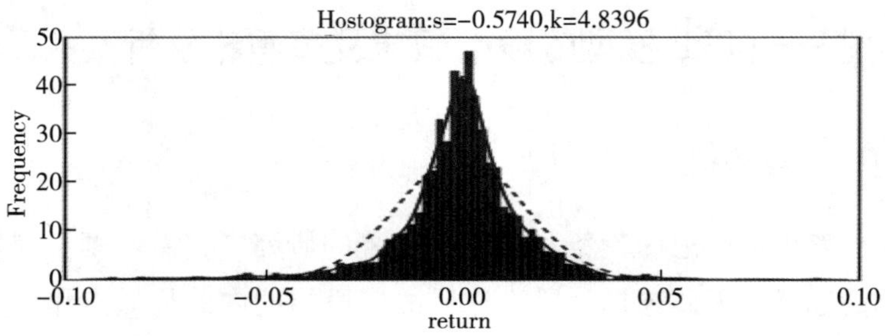

图 1　上证综指收益率频率分布直方图

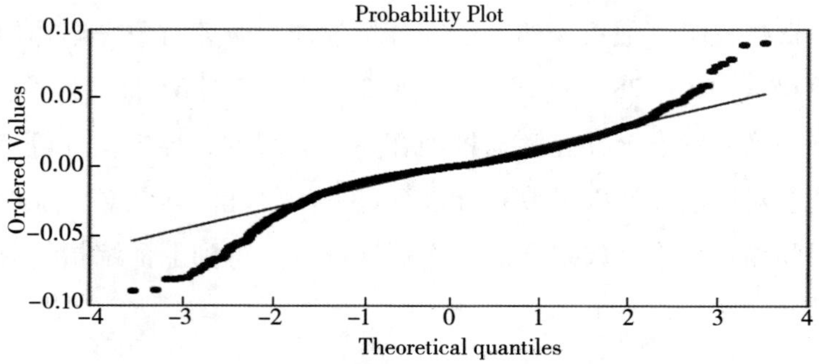

图 2　上证综指 QQ 图

峰”“厚尾”的分布特点，其中收益率主要分布在中心均值，也有部分落在尾部。因而与传统的正态分布对比，可以观察到上证综指的收益率分布图存在显著的分形特征。本文还绘制了上证综指的 QQ 图（quantile – quantile plot）（见图 2），与正态分布未处在同一条直线上，进一步说明了我国股票市场的收益率不服从正态分布。

对分形结构的原因进行解释：①市场价格无法完全反馈出所有信息；②投资者对市场信息的反应程度不同；③非理性的市场投资者遍布市场；④价格行为是非线性的、非独立的。

2. R/S 检验

在分形理论中，非常重要的一个指标是 Hurst 指数，而重标极差法为人们计算 Hurst 指数提供了一种非参数分析方法，不必假定潜在的分布是高斯分布。R/S 法分析的基本思想是：

选择上证综指股票市场作为研究对象，通过 Python 编程实现了重标极差

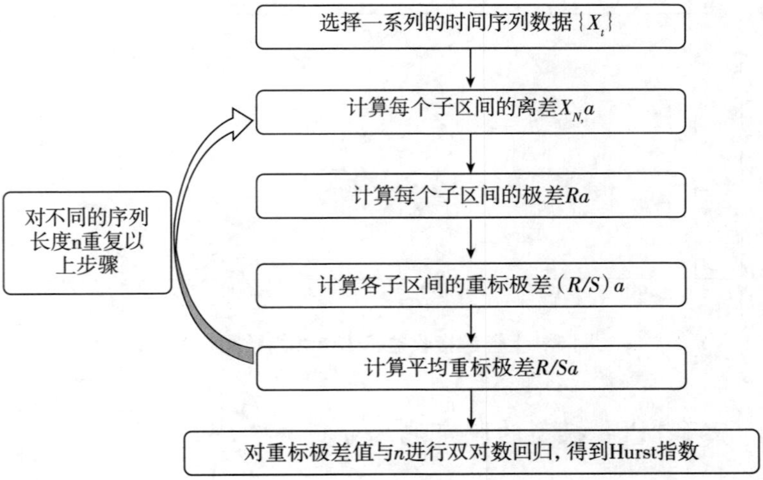

图 3　R/S 法计算 Hurst 指数流程图

法的计算（见图 3）。通过寻找 V 统计量的极大值来判断目前的平均循环周期，由图 4 可知，V 统计量在 239 天时出现最大值，因此可以认为上证综指有一个平均循环周期，长度为 239 个交易日。

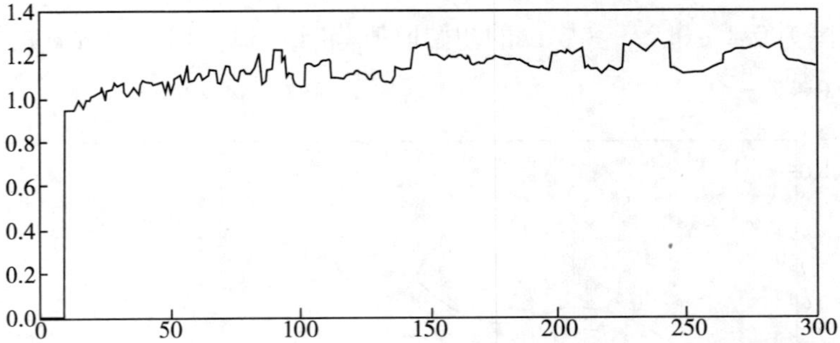

图 4　上证综指收益率 V 统计量图

从第 239 个交易日开始，运用重标极差法，在每个交易日都计算出一个 Hurst 指数的值，最后得到 Hurst 指数的平均值为 0. 5300，说明上证综指价格序列统计上存在显著的分形特征，说明我国股市并不是完全有效的，而是更加符合分形市场理论，具有标度不变性、自相似性等特征。上证综指收益率 Hurst 指数图如图 5 所示。

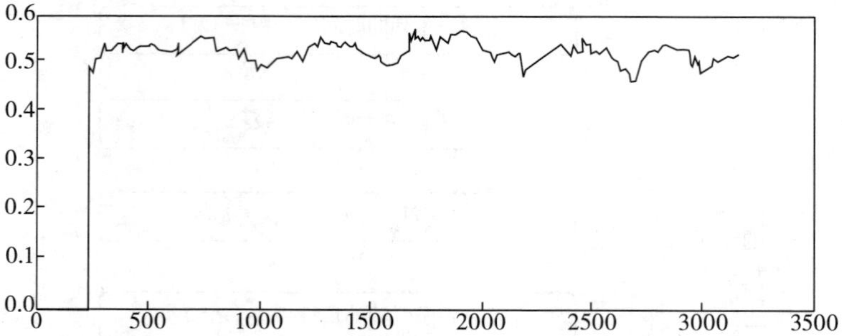

图 5　上证综指收益率 Hurst 指数图

（三）基于 LPPL 模型的股市泡沫分析

本文选择了两段历史上典型的股市泡沫进行分析。

第一次泡沫拟合中，选取的时间段为 2008 年 10 月 28 日至 2009 年 7 月 1 日，共 166 个数据，运用 LPPL 模型对其进行拟合（见图 6）。其中参数 A 的初始取值范围为 7.4 ~7.6，参数 B 的初始取值范围为 −0.05 ~ −0.1，参数 C 的初始取值范围为 −1 ~1，参数 t_c 的初始取值范围为 166 ~200，参数 β 的初始取值范围为 0.1 ~0.9，参数 ω 的初始取值范围为 12 ~18，参数 φ 的初始取值范围为 0 ~2 π。

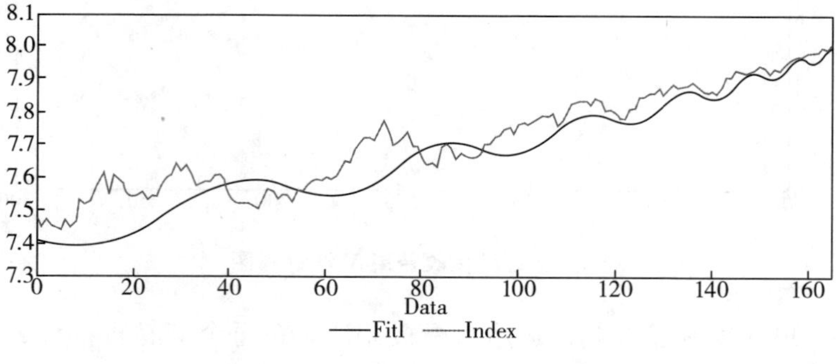

图 6　2008—2009 年拟合情况

第二次泡沫拟合中，选取的时间段为 2014 年 1 月 1 日至 2015 年 6 月 12 日，共 353 个数据，运用 LPPL 模型对其进行拟合（见图 7）。其中参数 A 的初始取值范围为 7.3 ~7.9，参数 B 的初始取值范围为 −0.05 ~ −0.1，参数 C 的初始取值范围为 −1 ~1，参数 t_c 的初始取值范围为 350 ~400，参数 β 的初始

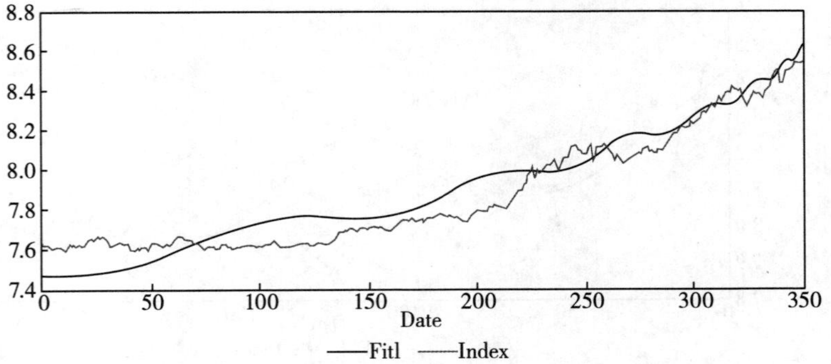

图 7 2014—2015 年拟合情况

取值范围为 0.1 ~ 0.9，参数 ω 的初始取值范围为 12 ~ 18，参数 φ 的初始取值范围为 0 ~ 2 π。表 2 为 LPPL 模型对上证综指泡沫拟合结果。

表 2 LPPL 模型对上证综指泡沫拟合结果

次数	A	B	C	t_c	β	ω	φ	MAE	MSE	EV	R^2
1	8.122	−0.024	−0.093	179.967	0.652	17.059	3.842	0.060	0.006	0.847	0.754
2	9.123	−0.175	0.040	374.786	0.377	13.146	1.841	0.085	0.001	0.888	0.878

从拟合结果可以看到，B 的估计值均为负值，符合正泡沫概念中资产价格是呈现急剧上涨的趋势。参数 A、C、β、ω、φ 的取值范围由经验所得，且无结构性含义，故不对此进行分析。另外，在表格中，平均绝对误差可以避免误差抵消的问题，因而可以准确反映实际预测的大小。均方误差可以衡量平均误差，描述实验数据有很好的精度。这几个值均没有超过 0.1，且两段拟合的拟合优度的值均大于 75%，说明 LPPL 模型可以很好地拟合价格指数。

（四）基于 LPPL 模型的股市负泡沫分析

本文选择了两段历史上典型的股市负泡沫进行分析。第三次负泡沫拟合中，选取的时间段为 2015 年 6 月 12 日至 2016 年 5 月 31 日，共 237 个数据，运用 LPPL 模型对其进行拟合（见图 8）。其中参数 A 的初始取值范围为 8.4 ~ 8.6，参数 B 的初始取值范围为 0 ~ 0.1，参数 C 的初始取值范围为 −1 ~ 1，参数 t_c 的初始取值范围为 237 ~ 250，参数 β 的初始取值范围为 0.1 ~ 0.9，参数 ω 的初始取值范围为4 ~ 10，参数 φ 的初始取值范围为 0 ~ 2 π。

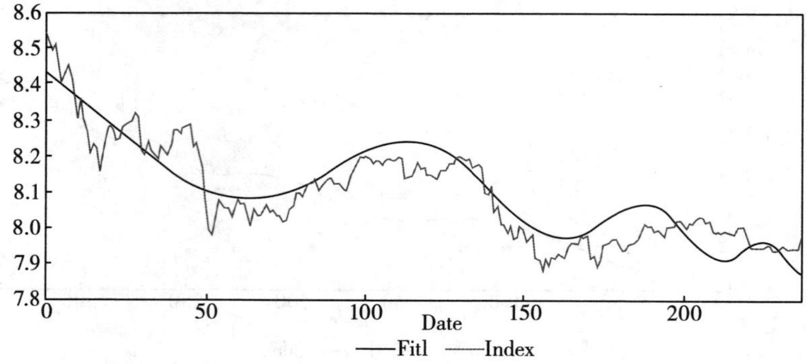

图 8　2015—2016 年拟合情况

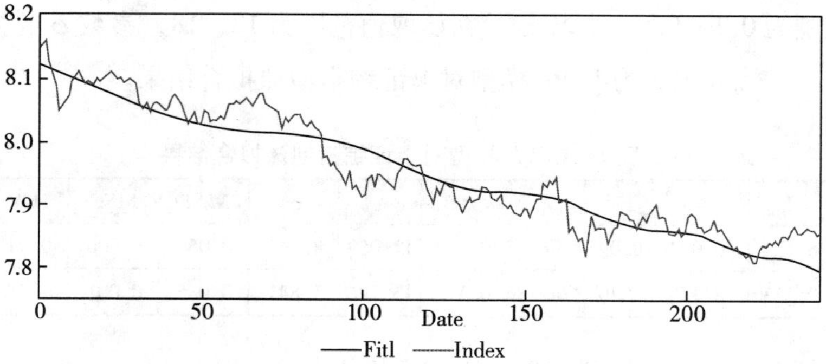

图 9　2018—2019 年拟合情况

第四次负泡沫拟合中，选取的时间段为 2018 年 2 月 1 日至 2019 年 1 月 31 日，共 243 个数据，运用 LPPL 模型对其进行拟合（见图 9）。其中参数 A 的初始取值范围为 8～8.3，参数 B 的初始取值范围为 0～0.1，参数 C 的初始取值范围为 -1～1，参数 t_c 的初始取值范围为 242～300，参数 β 的初始取值范围为 0.1～0.9，参数 ω 的初始取值范围为 12～18，参数 φ 的初始取值范围为 0～2 π。表 3 为 LPPL 模型对上证综指负泡沫拟合结果。

表 3　LPPL 模型对上证综指负泡沫拟合结果

次数	A	B	C	t_c	β	ω	φ	MAE	MSE	EV	R^2
3	7.827	-0.006	-0.351	262.036	0.794	9.170	1.559	0.052	0.004	0.807	0.795
4	7.729	0.002	0.049	293.069	0.377	15.494	5.884	0.025	0.001	0.893	0.892

从拟合结果可以看到，第四段拟合参数 B 的估计值为正值，符合资产价

格出现下跌趋势，但第三段参数 B 值拟合存在问题，有较大的误差。另外，在表格中，MAE、MSE 的几个值均没有超过 0.1，且拟合优度的值基本大于 80%，说明 LPPL 模型可以很好地拟合价格指数。综上所述，基于 LPPL 模型对上证综指进行了四次拟合，得到的各参数值结果如表 4 所示。

表 4　LPPL 模型拟合参数值

次数	A	B	C	t_c	β	ω	φ
1	8.122	-0.024	-0.093	179.967	0.652	17.059	3.842
2	9.123	-0.175	0.040	374.786	0.377	13.146	1.841
3	7.827	-0.006	-0.351	262.036	0.794	9.170	1.559
4	7.729	0.002	0.049	293.069	0.377	15.494	5.884

五、基于小波降噪——LPPL 模型的股市泡沫及负泡沫分析

尽管 LPPL 模型可以较好地拟合股市泡沫，但对于崩盘时刻和反转时刻的把控并不是很精准，包括拟合程度只在 75%～90% 的范围区间。为了更好地对股市泡沫和负泡沫趋势进行拟合，提高预测精度，及时对可能发生的泡沫破裂甚至崩盘情况进行防范，本文引入小波分析对数据进行降噪处理，且初始参数范围并不进行改变。

（一）基于小波降噪——LPPL 模型的股市泡沫分析

图 10、图 11 是对原时间段的两段泡沫趋势进行小波降噪——LPPL 模型拟合，第一段选取的时间段为 2008 年 10 月 28 日至 2009 年 7 月 1 日，拟合效果如图 10 所示。第二段选取的时间段为 2014 年 1 月 1 日至 2015 年 6 月 12 日，拟合效果如图 11 所示。

小波降噪——LPPL 模型对上证综指泡沫的拟合结果见表 5。从拟合结果可以看到，各参数值的范围大致都在初始区间内，B 值仍为负值，符合正泡沫价格呈急速上涨的趋势，并且 t_c 是指崩盘点和起始点的交易日相差天数，可以看出经过了小波降噪后，预测的崩盘点更加贴近实际崩盘点时间，相差的日数均未超过 10 天。因此，可以认为经过了小波降噪的 LPPL 模型更加准

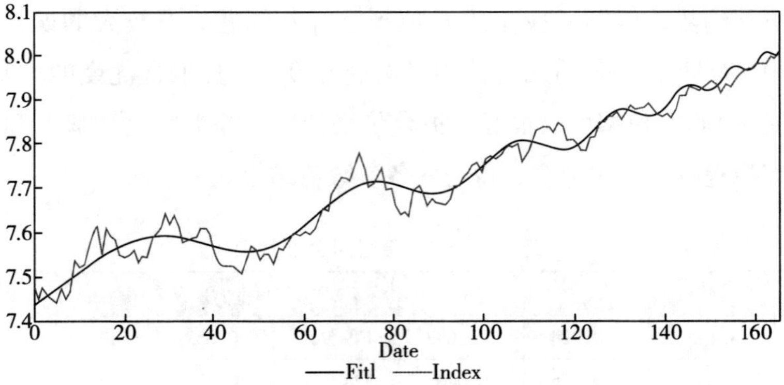

图 10　2008—2009 年拟合情况

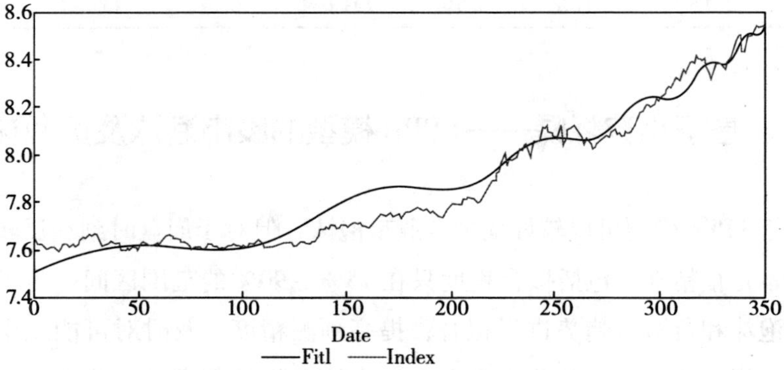

图 11　2014—2015 年拟合情况

确地预测了上证指数在 2008 年、2015 年股灾发生时的崩盘时间。

表 5　小波降噪——LPPL 模型对上证综指泡沫拟合参数值

次数	A	B	C	t_c	β	ω	φ
1	8. 117	-0. 02	-0. 088	176. 649	0. 674	16. 175	0. 349
2	8. 968	-0. 126	-0. 043	360. 634	0. 417	12. 403	0. 327

将小波降噪与 LPPL 结合后，MAE、MSE 的值均有显著减小，说明加入小波降噪后，模型对泡沫拟合的误差都在减小；另外，可解释方差、R^2 都有显著的提高，都达到了 95% 以上，这说明基于小波降噪的 LPPL 模型对于泡沫趋势具有非常可靠的拟合效果，几乎能与上证综指的波动轨迹较好地重合（见表 6）。

表 6　小波降噪——LPPL 模型对上证综指泡沫拟合结果对比

次数	平均绝对误差 MAE	均方误差 MSE	可解释方差 EV	可决系数R^2
1（小波 + LPPL）	0.022	0.001	0.967	0.967
1（LPPL）	0.060	0.006	0.847	0.754
2（小波 + LPPL）	0.045	0.004	0.954	0.951
2（LPPL）	0.085	0.010	0.888	0.878

（二）基于小波降噪——LPPL 模型的股市负泡沫分析

图 12、图 13 是对原时间段的两段负泡沫趋势进行小波降噪——LPPL 模型拟合。

第三段选取的时间段为 2015 年 6 月 12 日至 2016 年 5 月 31 日，拟合效果如图 12 所示。第四段选取的时间段为 2018 年 2 月 1 日至 2019 年 1 月 31 日，拟合效果如图 13 所示。

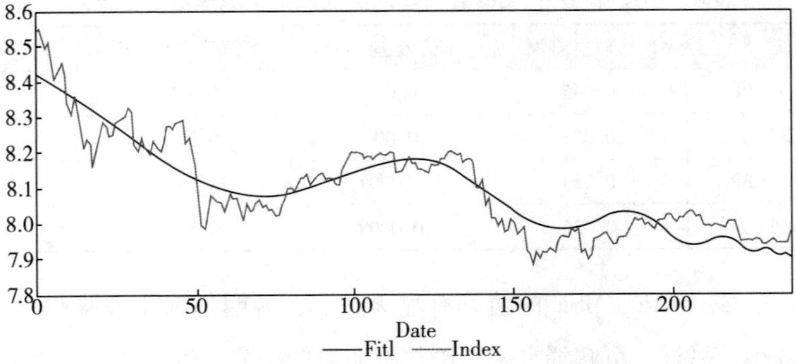

图 12　2015—2016 年拟合情况

表 7 为小波降噪——LPPL 模型对上证综指负泡沫的拟合结果。表 8 为小波降噪——LPPL 模型对上证综指负泡沫拟合结果对比。可以看到，各参数值的范围大致都在初始区间内，并且第三段和第四段 *B* 值仍为正值，符合负泡沫价格呈急速下跌的趋势，并且经过小波降噪后，预测的反转点更加贴近实际时间点，相差的日数未超过 10 天。因此我们可以认为经过了小波降噪的 LPPL 模型更加准确地预测了上证指数在 2015 年股灾发生后资产下跌、2018 年资产下跌的反转点。

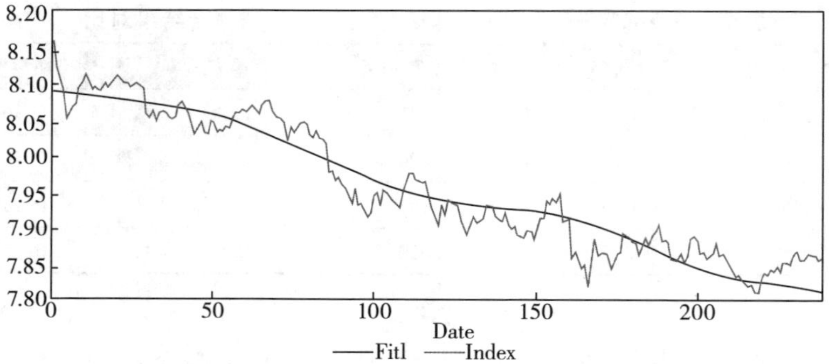

图 13　2018—2019 年拟合情况

表 7　小波降噪——LPPL 模型对上证综指负泡沫拟合参数值

次数	A	B	C	t_c	β	ω	φ
3	7. 899	0. 002	0. 379	239. 903	0. 951	7. 796	0. 671
4	7. 596	0. 002	－0. 038	253. 234	0. 956	115. 802	4. 945

表 8　小波降噪——LPPL 模型对上证综指负泡沫拟合结果对比

次数	平均绝对误差 MAE	均方误差 MSE	可解释方差 EV	可决系数 R^2
3（小波＋LPPL）	0. 045	0. 003	0. 839	0. 839
3（LPPL）	0. 052	0. 004	0. 806	0. 795
4（小波＋LPPL）	0. 023	0. 0007	0. 912	0. 912
4（LPPL）	0. 024	0. 0009	0. 893	0. 892

对比表 2，MAE、MSE 的值均有显著减小，说明加入小波降噪后，预测误差也在减小；另外，可解释方差、R^2 都有明显的提高，说明基于小波降噪的 LPPL 模型对于负泡沫趋势具有较好的拟合效果，拟合精度也在提高（见表 8）。

综上所述，基于小波降噪——LPPL 模型对上证综指进行了四次拟合，得到的各参数值结果如表 9 所示。

表 9　小波降噪——LPPL 模型拟合参数值

次数	A	B	C	t_c	β	ω	φ
1	8. 117	－0. 02	－0. 088	176. 649	0. 674	16. 175	0. 349
2	8. 968	－0. 126	－0. 043	360. 634	0. 417	12. 403	0. 327
3	7. 899	0. 002	0. 379	239. 903	0. 951	7. 796	0. 671
4	7. 596	0. 002	－0. 038	253. 234	0. 956	115. 802	4. 945

综合上述几段历史泡沫时间的拟合，基于小波降噪的 LPPL 模型拟合得出泡沫趋势都较为准确，似乎成功预测了历史几段上证综指在泡沫和负泡沫阶段的走势，是研究金融泡沫走势最佳的工具，特别是对崩盘点的偏左预测的判断，能为投资者进行资产配置、买进卖出提供重要的指导意见。

六、结论

本文基于非线性动力学中的混沌理论、分形理论以及自相关临界理论，以及在此基础上产生的对数周期幂律模型，对上证综指股票市场的泡沫和负泡沫进行拟合。结果表明，我国上证综指股票指数的价格波动呈现超指数增长和对数周期性振荡，运用小波降噪——LPPL 模型可以更好地拟合股价的实际波动，且预测准确度较高。

对分形结构的原因进行解释，市场价格不能完全反映所有信息，并且市场中存在非理性投资者，其在交易过程中会跟风模仿、产生羊群行为，基于价格的正反馈机制，加速了泡沫的集聚和膨胀，加快价格涨至高点，在泡沫即将走向破裂时价格会呈现对数幂律的增长趋势。

因此，本文选择使用对数周期幂律模型对泡沫进行研究，运用最小二乘法将 7 个待估参数减少到 4 个待估参数，并采用遗传算法对模型中的非线性参数进行估计，与传统参数估计方法相比降低了参数估计的难度，提高了拟合精度，节约了自由度。同时，本文在传统 LPPL 模型的基础上，创造性地引入了小波降噪对数据进行处理，优化和改进了模型，并利用 R^2、均方误差 MSE 等指标对模型效果进行测度与评价。事实证明，基于小波降噪——LPPL 模型估计出的拟合优度 R^2 相比较原模型有了明显的提高，均方误差 MSE 也有了明显的降低，说明模型较好地拟合了上证综指的泡沫和负泡沫形态，对投资者进行资产配置具有一定的警示意义，也对维护金融市场稳定良好发展具有重要作用。

参考文献

[1]ROMANSCO A. U. Review of Manias, Panics and Crashes: A History of Financial Cries[J]. The American History Review, 1979(2):416 - 217.

[2]Garbe Peter M. Famous First Bubbles[J]. The Journal of Economic Perspectives, 1990(2): 35 - 54.

[3]DE LONG, BRADFORD J., SHLEIFER A. Noise Trader Risk in Financial Markets[J]. Journal of Political Economy, 1990(4):2 - 12.

[4]SORNETTE D., JOHANSEN A., BOUCHAUD J - P. Stock Market Crashes, Precursors and Replicas[J]. The European Physical Journal B, 1996(1):23 - 29.

[5]卢艺艺．对中国股市泡沫的检验与度量——基于状态空间模型和 Kalman 滤波方法[J]．现代商贸工艺,2012(5):109 - 110.

[6]李斯嘉,李冬昕,王粟旸．股市崩盘动力学分析和预测[J]．上海经济研究,2017(7):44 - 50.

[7]潘娜,王子剑,周勇．资产价格泡沫何时发生崩溃？——基于 LPPL 模型的在中国金融市场上的有效性检验[J]．中国管理科学,2018(12):23 - 33.

[8]叶双照．股票市场的长记忆性和系统动力机制研究[D]．南京理工大学,2019.

[9]ZHOU W. X., SORNETTE D. Fundamental Factors Versus Herding in the 2000 - 2005 US Stock Market and Prediction[J]. Physica A: Statistical Mechanics and its Applications, 2006(2):459 - 482.

[10]吉翔,高英．中国股市的泡沫与反泡沫——基于对数周期性幂律模型的实证研究[J]．山西财经大学学报,2012(12):27 - 38.

[11]田挚坤．基于物理泡沫破裂模型的股市风险预测[J]．数学理论与应用,2016(3):66 - 76.

[12]陈卫华,蔡文靖．基于 LPPL 模型的股市暴跌风险预警[J]．财经纵横,2018(5):143 - 146.

[13]赵磊,刘庆．基于 LPPL 模型的比特币价格泡沫风险识别[J]．财经纵横,2020(18):128 - 131.

[14] MALLAT S. G. A Theory For Multiresolution Signal Decomposition: The Wavelet Representation[J]. IEEE Transactions on Pattern Analysis and Machine Intelligence, 1989(11): 674 – 693.

[15] JAMES HAMILTON. Time Series Analysis [M]. Princeton University Press, 1994.

[16]王智文,李绍滋．基于多元统计模型的分形小波自适应图像去噪[J]．计算机学报,2014(6):1380 – 1389.

[17]RAMSEY J. B., ZASLAVSKY G., USIKOV D. An Analysis of US Stock Price Behavior Using Wavelets[J]. Fractals, 1995(2):377 – 389.

[18] STRUZIKW Z. R. Wavelet Methods in Financial Time – series Processing [J]. Physica A, 2001(296):307 – 319.

[19]王峰虎,齐祥会,贺毅岳．对于小波低频分量的量化择时策略及仿真模拟[J]．统计与决策,2018(4): 143 – 147.

[20]谭政勋,黄锦东,叶诚．中国股票市场主要转折点的识别:基于改进的小波领袖法与逼近技术的贝叶斯法[J]．中国管理科学,2018(12):12 – 24.

创业板注册制下IPO发行定价合理吗

王浩源　孙万贵①

摘　要： 本文构建随机前沿模型及多元回归模型对创业板一级市场定价的非合理性和二级市场的非理性因素进行实证研究。结果发现，在新股发行定价中，不但不存在新股发行定价对公司价值的低估，反而存在较大程度的高估。据此得出创业板IPO抑价的主要成因并非一级市场定价的非合理性。通过进一步对新股首日超额收益的成因进行检验，发现造成新股首日超额收益较大的原因为二级市场的投机性因素。产生创业板IPO抑价的主要原因可归结为二级市场的非理性因素。

关键词： 注册制；IPO抑价；新股定价；随机前沿模型

一、引言

新股发行的定价效率作为企业进入股票市场融资的关键环节，对于提高整个股票市场的运行效率具有重要作用。因此，如何在我国股票市场中引入市场化的定价机制，提高新股发行的定价效率，就成为当下促进我国股票市场合理有效运行的关键问题。我国股票市场的准入制度大致经历了以下几个

① 作者简介：王浩源（1995—），山西临汾人，西北大学经济管理学院2019级金融学专业研究生；孙万贵（1963—），陕西渭南人，西北大学经济管理学院教授。

阶段：额度管理制（1993—1995 年）、指标管理制（1996—2000 年）、通道制（2001—2004 年）和保荐制（2004 年至今）。其中，前两种制度实质上为审批制，后两种制度实质上为核准制。从这一制度变迁中可以看出，监管当局致力于逐渐放松对股票市场准入的行政管制，提升股票市场运行的市场化程度，从而提高资本市场的运行效率。

IPO 价格又称新股发行价格，是指获准发行股票上市的公司与其承销商共同确定的将股票公开发售给特定或非特定投资者的价格。新股发行价格的合理性决定着新股发行的成功与否，也关系到各参与主体的根本利益。从我国金融市场发展的现实来看，我国股票发行定价的过程中长期面临着两大问题：一是在强监管条件下，股票发行价格在很大程度上由监管机构决定，而非由市场机制决定，这就使得股票发行价格与股票内在价值之间存在偏离（刘煜辉、沈可挺，2011）；二是由于我国股票市场中的投资者行为易受非理性因素影响，股票发行价格与二级市场报价之间存在较大偏离（邵新建等，2013）。

我国股票市场的 IPO 发行定价问题已成为诸多学者所关注的焦点。此外，目前我国 IPO 发行定价效率缺失，使得新股发行炒作行为高涨，新股上市后接踵而来的“一字连板”已经成为我国 IPO 市场上一道亮丽的“风景线”。在这种炒作氛围浓厚的情况下，“打新”甚至已经成为一种稳赚不赔的投资策略。究其根源，出现这一现象的根本原因是我国股票市场缺乏市场化的股票发行制度，未能发挥市场制度本身对股票市场应有的价格调节作用，从而助长了新股发行过程中的投机趋向。

2020 年 4 月 27 日，备受市场期待的创业板改革并试点注册制方案出炉，我国资本市场深刻变革的征程再次迎来关键节点。虽然在科创板及创业板试点注册制是我国股票市场迈向市场化的关键一步，但从股票市场的实际运行情况来看，实行注册制对我国股票市场运行效率的影响还需要进一步的研究。从 2020 年 8 月 24 日锋尚文化等 18 家公司在创业板注册上市至 2021 年 7 月 9 日，共有 155 家公司在创业板完成上市。从发行数据中看，由于在注册制下取消了固定发行市盈率限制，这 155 家 IPO 公司的发行市盈率均值达到了 29.60 倍，其中 2020 年 12 月 23 日上市的中伟股份，其发行市盈率达到了 115.56 倍。此外，由于在注册制下放开了新股股价涨跌幅限制，这 155 家创业板 IPO 公司首日平均涨幅达到了250.15%。其中，2020 年 8 月 24 日上市的康泰医学首日涨幅更达到了惊人的1061.42%。创业板 IPO 公司上市首日的此种价格表现，引发了人们对于创业板新股首发定价是否合理的忧虑。

在以往的研究中，学者将新股发行价格低于上市首日收盘价的这一现象称作 IPO 抑价（唐齐鸣等，2018），以此来说明 IPO 定价过低而导致新股上市所获得的超额收益。然而，这一理论成立的前提是二级市场必须为有效市场，即二级市场价格能够反映股票的内在价值。由于我国股票市场发展时间相较于国外成熟市场而言较短，尚未达到弱势有效（吴振翔、陈敏，2007），在二级市场定价的过程中，会受到非理性因素的影响。因此，在研究新股发行定价的合理性问题时，本文将造成我国 IPO 抑价的原因分为一级市场定价的实质性偏差及二级市场定价的非理性成分两部分，通过研究创业板新股首发价格是否合理这一问题并讨论影响新股首发价格合理性的因素，来探究我国 IPO 抑价的成因。

本文的边际贡献主要有以下几点：①创业板实行注册制后，目前鲜有学者研究创业板的 IPO 定价合理性问题。②本文使用随机前沿模型对创业板 IPO 定价的合理性进行了双边检验，发现创业板并不存在成熟市场上存在的一级市场定价低于股票内在价值的问题，反而存在一级市场定价高于股票内在价值的现象。③通过对二级市场定价的检验，发现目前导致创业板新股发行存在 IPO 抑价的原因主要来自二级市场；并通过构建多元回归模型，发现造成新股上市获得高额首日超额收益的原因可以归结为二级市场的非理性因素。基于本文所做出的边际贡献，本文为研究注册制这一全新发行制度的实施对我国股票市场效率的提高提供了有效借鉴。

二、文献回顾

（一）一级市场抑价理论的文献综述

Rock（1986）首次从信息不对称角度来分析新股 IPO 抑价问题，并提出“赢者诅咒”假说。其论点是在新股发行市场同时存在着信息优势投资者和信息劣势投资者，信息优势投资者会在发行好公司股票时排挤其他人，并在发行差公司股票时退出市场，因此发行公司只有通过折价发行股票，才能保证信息劣势投资者购买该股票。与“赢者诅咒”假说不同，信号理论从发行人与投资者之间的信息不对称角度入手来研究一级市场中的抑价问题。Welch（1989）提出了一种信号模型（分离均衡模型）以解释 IPO 抑价现象，他认为发行股票的公司之间存在异质性。且优质公司可通过后续高价增发股票来弥补一级市场低价发行股票损失，因此优质公司会主动压低股价来向投资者传递公司为高质量公司的信号。Welch（1992）提出的瀑布假说认为，投资者之间存在“示范效应”，即一部分投资者购买某公司股票时，会吸引另一部分投资者购买该股票，因此 IPO 公司倾向于压低发行价格来吸引最初的潜在投资者认购股票。瀑布假说这一理论不仅从信息不对称角度出发解释了一级市场抑价现象，还与行为金融学所持的观点有所契合。在我国的股票市场中，投资者的交易活动易受行情、热点等因素的影响，“羊群效应”明显，因此瀑布假说对于我国的股票市场有一定的适用性。

（二）二级市场溢价理论的文献综述

在现代金融学理论中，股票所包含的内在价值不是决定股票价格的唯一因素，参与市场交易的投资者情绪也会在相当程度上影响到股票的价格。De-Long 等（1990）最早提出了“噪声交易者”这一概念，他们认为由于噪声交易的存在，股票价格也可能偏离其内在价值。Ljungqvist 等（2006）对情绪投资者的存在进行建模，发现正是由于投资者乐观情绪的存在，推动形成了新股上市首日获得的高额收益。江洪波（2007）通过对我国股票市场上 IPO 抑价问题的研究，最终得出二级市场投资者乐观程度及对新股的追捧程度是决定我国 IPO 抑价的主要原因。

（三）我国 IPO 抑价问题研究的文献综述

针对我国股票市场的 IPO 定价问题，我国学者也进行了相关研究。由于我国的股票市场相较于西方发达国家的股票市场存在着一定特殊性，因此，我国学者对于我国股票市场 IPO 抑价现象的成因分析不单独局限于对一级市场或二级市场异象的研究，而是将一级市场与二级市场联系起来，从 IPO 新股发行到上市交易的全程来对我国股票市场IPO抑价的成因进行分析。

白仲光和张维（2003）检验了我国新股市场发行定价与新股上市后的市场定价是否存在偏离，研究发现我国新股发行定价高于公司内在价值；同时还发现二级市场定价被进一步高估。郭海星和万迪昉（2011）对创业板上市公司的IPO定价合理性进行检验，实证结果表明，创业板市场IPO发行定价存在“IPO抑价”，且产生IPO抑价的主要原因是二级市场的投机行为。唐齐鸣等（2018）将“IPO抑价”的成因进行分解，并发现二级市场的异常需求是我国“IPO抑价”形成的主要因素。董秀良等（2020）发现科创板公司首发价格相对于公司内在价值存在明显高估，且新股首发高回报的成因为二级市场的投机行为。

从上文讨论中可以发现，有关我国股票市场IPO抑价的相关研究，大都表明我国股票市场与西方股票市场相比，存在诸多不同。一方面，除针对破发新股数据的研究外，我国新股首发价格相对于公司内在价值均存在一定的高估；另一方面，我国IPO抑价产生的原因主要来源于二级市场。

三、研究假设

（一）一级市场定价与股票内在价值

传统上，西方学者认为参与新股IPO的各利益主体出于维护自身利益的动机，愿意将新股IPO发行定价设定在低于公司股票内在价值的基础上，从而产生IPO抑价问题。Rock（1986）根据投资者之间的信息不对称提出了“赢者诅咒”假说，这一理论认为在新股发行市场不同投资者之间的信息地位存在差异，信息优势者会利用自己的信息优势地位，在好公司发行股票时排挤其他投资者进入市场，并在差公司发行股票时退出市场。在这种情况下，发行公司只有通过折价发行股票，才能保证信息劣势投资者购买该股票。Welch（1989）根据发行人与投资者之间的信息不对称提出了信号假说，他认为新股发行人可分为优质公司和劣质公司。对于优质公司而言，抑价发行新股所产生的损失可由后续高价增发来弥补，新股抑价发行实质上是优质发行人向投资者传递的公司高质量信号。因此，IPO公司为了向市场传递公司高质量信息，会倾向于抑价发行新股。Baron（1982）从委托—代理角度提出了承销商假说，在新股发行过程中，发行人委托承销商办理 IPO 相关事宜。对于发行人而言，在合理范围内制定更高的新股 IPO 发行价格，有利于最大化其发行收益。但承销商出于减少自身的承销压力及维护自身发行收入的动机，会利用其自身所具有的信息优势地位压低发行价格，从而形成 IPO 抑价。而在国内研究中，多数学者认为，在我国股票市场中 IPO 发行定价高于公司股票的内在价值，不但不存在一级市场抑价发行的现象，反而存在一定的溢价（白仲光、张维，2003；郭海星、万迪昉，2011；罗琦、伍敬侗，2017）。但需要注意的是，以上研究结果均建立在新股发行注册制实行之前。因此，上述实证结果能否适用于注册制下的股票市场还需进一步验证。考虑到我国创业板新股发行注册制实行时间还未满一年，政策效果可能有限。因此，本文提出以下假设：

H1：在创业板实行注册制后，新股 IPO 定价仍将高于公司股票的内在价值。

（二）二级市场投机性与 IPO 抑价

相对于发达国家成熟的股票市场而言，我国股票市场起步较晚，所以我国股票市场长期以来面临着非理性因素影响大、投资者结构不合理以及监管制度不完善等问题（董秀良等，2020）。在这些因素的交互影响下，我国股票市场拥有了强烈的投机性色彩。此外，为了维护股票市场的稳定运行，我国长期以来实行严格的市场准入监管，使得市场调节机制在新股发行市场失效，造成了我国新股发行市场上严重的供需不匹配矛盾。在这种情况下，市场上巨额的“打新”资金在一级市场堆积，对新股巨大的市场需求进一步塑造了“新股不败”的神话，这进一步加剧了我国股票市场的投机性。致使在新股发行过程中“抢筹”事件频频发生，进一步推高股票在二级市场的价格，形成 IPO 抑价。针对我国股票市场的 IPO 抑价现象，郭海星和万迪昉（2011）采用 2009—2011 年的创业板数据并通过构建随机前沿模型来解释我国 IPO 抑价的成因，其研究结果显示，我国股票市场同国外市场 IPO 发行时存在的故意抑价不同，造成我国 IPO 抑价的主要原因是二级市场的投机行为。

在创业板实行注册制后，新股发行准入门槛有所降低，在一定程度上缓解了新股发行市场上的供需矛盾（张蓓，2021）。但相较于国外成熟市场，我国新股发行市场上的供需矛盾仍然尖锐，因此，长期以来存在于我国股票市场中的投机性动机仍然较强，故本文提出以下假设：

H2：二级市场中存在的投机性与创业板 IPO 抑价之间存在正相关关系。

（三）投资者情绪与 IPO 抑价

发达国家的股票市场一般被认为是有效市场，在有效市场上，股价可以反映股票的内在价值。但对于我国而言，我国股票市场尚未达到传统意义上的弱势有效（吴振翔、陈敏，2007），因而股价并不能完全反映股票的真实价值。在这种情况下，二级市场在对新股进行定价时，难免会受到投资者非理性因素的影响。有研究证明，新股发行首日收益率过高的一大成因为二级市场中的噪声交易者对新股估计存在过度反应，噪声交易者的这种过度反应会使得新股价格在短期内被炒高，形成价格泡沫。Derrien（2005）通过构建有关 IPO 首日收盘价与投资者情绪的信息模型，探讨了投资者情绪对 IPO 抑价的影响，在对来自巴黎交易所 1999—2001 年的 IPO 数据进行实证检验后，发现当大量个人投资者需求旺盛时会导致较高的 IPO 抑价。

在我国的股票市场上，个人投资者占比较高。且从总体来看，我国个人投资者具有投资专业知识相对匮乏、投资行为具有随意性和短期性、投资灵活性强的特点，这就使得我国股票市场上存在大量的噪声交易。在投资者情绪上升的周期中，利好信息往往会得到强化，利空情绪被弱化，这种高亢的情绪还会进一步传播，并感染到场外的投资者，吸引新投资者和新资金进入市场，促进市场行情进一步高涨；而在投资者情绪下降的周期，利空信息会得到强化，利好消息会被弱化，并由此引发链式反应使得市场行情快速衰退。这一因素的影响进一步加剧了我国股票市场的波动性。韩立岩和伍燕然（2007）通过研究新股短期收益与投资者情绪之间存在的相互影响，从而证明了投资者情绪与 IPO 抑价之间的正相关关系。汪宜霞和夏新平（2007）利用构建数学模型来分析 IPO 市场中的噪声交易者对新股首日交易价格的影响。他们将噪声交易者进一步细分为狂热投资者和正向反馈交易者。根据模型推导得出，狂热投资者受乐观预期的影响，愿意为 IPO 新股支付高价。因此，会不断推高新股的首日交易价格。在新股价格节节攀升的刺激下，正向反馈交易者会加入市场交易中，并推动新股首日价格进一步上涨，从而使得 IPO 上市首日收盘价偏离了股票的内在价值，产生 IPO 抑价现象。基于上述理论及研究成果，提出以下假设：

H3：二级市场中的投资者情绪与创业板 IPO 抑价之间存在正相关关系。

四、研究设计

本文的研究一是为了判断注册制下创业板一级市场 IPO 定价是否合理；二是旨在检验导致创业板 IPO 抑价的二级市场定价的非理性成分。IPO 抑价这一概念提出之初，学者们将二级市场有效作为 IPO 抑价理论的前提条件，即二级市场价格需要能够反映股票的内在价值。大量实证研究结果表明，在成熟的股票市场上，IPO 抑价这一说法对于新股发行定价低于上市首日收盘价这一问题具有一定的解释能力。然而，我国股票二级市场作为新兴的股票市场，还尚未达到基本的弱势有效。基于这一情况，本文选取了随机前沿模型来对我国一级市场的定价效率问题进行研究。该方法最初由 Aigner 等（1977）提出，主要应用于生产领域，并用于描述生产过程中的投入要素与产出及投入要素与成本之间的关系，通过将模型产生的随机前沿面同被研究对象的比较，对被研究对象的有效性进行评价。随机前沿生产模型用来表示在一定投入要素条件下可能达到的最大前沿产出，随机前沿成本模型则用来表示在一定投入要素条件下可能达到的最小成本投入。Hunt 等（1996）通过将新股定价过程同生产过程进行类比，首次把随机前沿模型用于研究新股定价效率问题，从而避免了运用后市数据对模型进行拟合，他们通过对美国 1975—1984 年 1035 家 IPO 公司的研究发现，不论在牛市还是熊市，美国市场上一直存在着 IPO 抑价问题。针对二级市场定价的非理性成分导致我国股票市场 IPO 抑价这一问题，本文通过构建多元回归模型，引入二级市场的投机性以及投资者情绪指标，由此来考察二级市场投资者的非理性因素对 IPO 抑价的影响。

（一）研究方法

本文为检验创业板新股一级市场定价的合理性，参考白仲光和张维（2003）、郭海星和万迪昉（2011）的做法，采用双边随机前沿模型探讨一级市场中IPO定价是否存在被高估或低估现象，并对其偏离程度进行估计。随机前沿模型可分为随机上前沿模型和随机下前沿模型。其中，随机上前沿模型可以用来说明IPO定价是否存在被低估的现象，随机下前沿模型可以用来说明IPO定价是否存在被高估的现象。

在对IPO定价合理性进行检验的实证部分，本文首先利用随机上前沿模型研究在注册制下创业板IPO公司新股发行定价是否存在显著的上边界现象，即是否存在IPO首发定价低于公司内在价值现象；然后运用随机下前沿模型检验新股发行定价是否存在显著的下边界现象，即是否存在IPO首发定价高于公司内在价值现象。

本文在检验导致创业板IPO抑价的二级市场定价的非理性成分时，构建多元回归模型对可能影响新股上市首日获得超额收益的因素进行检验。将二级市场投机性及投资者情绪指标作为解释变量，并将影响IPO定价的因素作为控制变量，从而分析二级市场定价的非理性成分对新股首日超额收益的影响。

（二）主要变量选择与度量

1. 主要变量及释义

（1）新股发行价格。在IPO定价合理性的检验模型中，本文选取新股发行价格 P_i 作为被解释变量。其意义是指获准发行股票上市的公司 i 与其承销商共同确定的将股票公开发售给特定或非特定投资者的价格。

（2）新股上市首日收益率。在二级市场定价的非理性成分检验模型中，本文采用没有经过市场调整的IPO首日超额收益率来衡量新股上市首日所获得的收益。

（3）上市首日换手率。在二级市场定价的非理性成分检验模型中，本文采用上市首日换手率作为解释变量来度量二级市场的投机性。

（4）新股中签率。在二级市场定价的非理性成分检验模型中，本文采用新股中签率作为度量投资者情绪的指标。

2. 控制变量

本文选取发行规模 *IS*、行业市盈率 *INPE* 以及发行日市场指数 *INDEX* 作为控制变量，用来控制发行因素及市场因素的影响。

（三）模型构建

本文采用双边随机前沿模型对 IPO 首发定价的合理性进行检验，具体模型如下：

$$P_i = \alpha_0 + \alpha_1 TA_i + \alpha_2 DTA_i + \alpha_3 NAPS_i + \alpha_4 EPS_i + \alpha_5 GRO_i + \alpha_6 AGE_i + \alpha_7 IS_i + \alpha_8 INPE_i + \alpha_9 INDEX_i + v_i + u_i \quad (1)$$

其中，P_i 为被解释变量，代表 IPO 公司的首发价格。对于解释变量，本文将从公司因素、发行因素、市场因素三个层面进行设定：TA_i 为总资产，采用公司上市前一年年报数据；DTA_i 为公司上年资产负债率；$NAPS_i$ 为公司上年每股净资产；GRO_i 为营收复合增长率，采用公司近三年营收复合增长率；IS_i 为发行规模，采用公司新股发行数量来衡量；$INPE_i$ 为行业市盈率，根据招股说明书中所披露的可比行业市盈率获得；v_i 及 u_i 为误差项，v_i 衡量随机误差，u_i 衡量系统性误差。其余变量解释如表 1 所示。有关二级市场定价的非理性成分检验模型与式（1）相类似。

表 1　变量解释

<table>
<tr><th>模型</th><th>变量类型</th><th>变量</th><th colspan="2">解释说明</th></tr>
<tr><td rowspan="10">IPO 定价合理性检验模型</td><td>被解释变量</td><td>P</td><td colspan="2">IPO 首发价格</td></tr>
<tr><td rowspan="6">解释变量</td><td>TA</td><td>总资产</td><td rowspan="6">公司因素</td></tr>
<tr><td>DTA</td><td>资产负债率</td></tr>
<tr><td>NAPS</td><td>每股净资产</td></tr>
<tr><td>EPS</td><td>每股收益</td></tr>
<tr><td>GRO</td><td>营收复合增长率</td></tr>
<tr><td>AGE</td><td>公司年龄</td></tr>
<tr><td rowspan="3">控制变量</td><td>IS</td><td>发行规模</td><td>发行因素</td></tr>
<tr><td>INPE</td><td>行业市盈率</td><td rowspan="2">市场因素</td></tr>
<tr><td>INDEX</td><td>发行日市场指数</td></tr>
</table>

续表

模型	变量类型	变量	解释说明	
二级市场定价非理性成分检验模型	被解释变量	*EI*	发行首日超额收益	
	解释变量	*TR*	上市首日换手率	二级市场投机性
		LWR	新股中签率	投资者情绪

五、实证结果与分析

（一）样本数据及描述性统计

本文所采用的创业板股票发行数据及财务数据均来自 Wind 数据库及国泰安 CSMAR 数据库。由于创业板实行注册制的时间较短，截至 2021 年 7 月 9 日，共有 155 家公司在创业板 IPO 上市。剔除其中存在数据缺失的 1 家公司，最终纳入本次研究的样本公司共有 154 家。从统计结果看，IPO 首发价格 *P* 之间差异较大，最大值为 168 元/股，最小值仅为 3.37 元/股。IPO 首发市盈率 PE 总体处于较高水平，且不同股票首发市盈率之间差异也较大。新股首日收益率 *EI* 均值为 250.15%，最大值为 1061.42%，最小值为 7.67%，说明创业板 IPO 抑价程度较高，且不同公司新股首日收益率差异较大。换手率 *TR* 均值为 66.39%，新股发行首日换手率处于较高水平。中签率 *LWR* 均值为 0.02%，打新中签概率仍位于较低水平。资产负债率均值为 22.77%，创业板 IPO 上市公司资产负债结构较为良好。营业收入复合增长率均值为 102.27%，说明在创业板上市的公司成长性总体处于较高的水平。发行规模 *IS* 的标准差为 12.4256，说明创业板上市公司 IPO 的融资规模之间存在较大差异。

（二）创业板 IPO 定价合理性检验

1. 实证结果分析

表 2 的回归结果显示，随机上前沿模型的 γ 值为 0.0000，显著不异于零，说明在随机上前沿模型中，随机扰动项 e_i 中仅包含衡量随机误差的扰动项 u_i，从而其近似地服从于标准正态分布，模型退化为 OLS 模型。因此，IPO 新股发行定价不存在上边界。随机下前沿模型的 γ 值为 0.925，t 值为 21.06，显

著拒绝 $\gamma=0$ 的原假设。说明 IPO 新股发行定价受到单边误差的影响，存在下边界，即 IPO 新股发行定价高于公司的内在价值，创业板在新股定价过程中存在一定程度的“溢价”，支持了 H1。据此可以认为在注册制下，创业板 IPO 新股发行定价与内在价值相比定价过高，一级市场 IPO 定价不是造成 IPO 抑价的原因。

从表 2 中的随机下前沿模型回归结果还可看出：①总资产的回归系数为 -0.7810,且在 1% 的显著性水平上拒绝原假设，说明公司总资产对 IPO 新股发行定价存在负向影响，公司规模越小，则新股发行价格偏离有效前沿边界的程度越大，这一证据反映了 IPO 新股发行市场存在小盘股发行溢价高的特点。②资产负债率的回归系数为 0.3920，且在 1% 的显著性水平上显著，说明公司上年资产负债率对新股发行定价有正向影响，债务融资规模较大的公司可以获得较高的发行定价。根据修正的 MM 理论，在考虑所得税的情况下，由于利息为免税支出，通过债务融资可降低公司的综合资本成本，增加公司的价值，实证结果符合这一理论。③每股净资产 *NAPS* 的回归系数为 0.8100 且在 1% 的显著性水平上拒绝原假设，说明拥有较高每股净资产的企业在新股发行时可以获得较高的定价水平。④发行规模 *IS* 回归系数为 1.0600，在 1% 的显著性水平上拒绝原假设，即在创业板内发行规模同发行定价之间存在正相关关系。⑤公司的盈利能力 *EPS*、成长性 *GRO* 与公司年龄 *AGE*，未通过显著性检验，即在创业板中 IPO 公司的盈利能力、成长性与公司年龄对新股发行定价不存在显著影响。⑥发行日市场指数对新股发行价格的影响虽然未通过显著性检验，但其系数为正，说明发行日市场活跃水平对新股发行价格可能存在正向影响。⑦衡量新股首发定价偏离有效前沿边界的 *INEFF* 值为 0.277，说明我国创业板公司在 IPO 定价时，并不存在抑价现象，反而存在较大幅度的高估，高估程度为 27.70%。

表 2　创业板 IPO 发行价随机前沿检验结果

变量	上前沿 MLE 估计	下前沿 MLE 估计	OLS 估计
ln*TA*	-0.6580 (17.72)***	-0.7810 (-16.42)***	-0.6580 (-17.20)***
ln*DTA*	0.2950 (6.76)***	0.3920 (8.07)***	0.2950 (6.65)***
ln*NAPS*	0.6270 (10.19)***	0.8100 (13.94)***	0.6270 (9.93)***

续表

变量	上前沿 MLE 估计	下前沿 MLE 估计	OLS 估计
ln*EPS*	0.0911（1.55）	0.0185（0.45）	0.0911（1.49）
ln*GRO*	−0.0264（−0.18）	−0.0213（−1.59）	−0.0265（−1.72）*
ln*AGE*	−0.0698（−1.57）	−0.0215（−0.53）	−0.0698（−1.53）
ln*IS*	1.0100（22.31）***	1.0600（27.55）***	1.0100（21.27）***
ln*INPE*	−0.0201（−0.44）	−0.0370（−1.00）	−0.0201（−0.43）
ln*INDEX*	0.1930（1.07）	0.2390（1.47）	0.1930（0.97）
R^2			0.9393

注：***、**、*分别代表在1%、5%、10%的显著性水平下显著；括号内为t值，下同。

针对创业板对于新股发行定价存在高估的现象，本文认为可能有以下原因：①选择在创业板上市的公司大多为具有较高成长性的公司，且多数受到国家政策的支持，因此各市场参与主体愿意给予其更高的溢价。②虽然在实行注册制后，新股发行市场中的供求矛盾得到了一定程度上的缓解，但新股的供给数量还远未同市场中旺盛的需求相匹配。这种不对等的供求关系，助长了发行人与承销商提高新股发行定价的倾向。③从一直处于低位的中签率可以看出，我国新股发行市场上的投资者情绪高涨。在这种市场氛围下，新股发行失败的可能性几乎不存在，因此有助于发行人与承销商对新股发行形成较好的预期，倾向于制定更高的发行价格。

2. 稳健性检验

本文利用发行市盈率指标替换新股发行价格对新股定价合理性模型进行稳健性检验，稳健性检验回归结果如表3所示。稳健性检验回归结果显示，随机上前沿模型的γ值为0.0000，显著不异于零，说明模型的随机扰动项中的e_i仅包含衡量随机误差的扰动项u_i，模型退化为OLS模型。据此可得，IPO新股发行定价不存在上边界。

在随机下前沿模型的检验中，模型的γ值为0.869，t值为18.53，在1%的显著性水平上拒绝$\gamma=0$的原假设。说明随机扰动项e_i中不仅包含衡量随机误差的扰动项u_i，还包含衡量系统性偏差的非对称残差项u_i，说明IPO首发价格与随机前沿面之间存在系统性偏差，IPO新股发行定价受到单边误差的影响，存在下边界。即创业板IPO新股发行定价存在高估。*INEFF*均值为

0.3544，说明新股发行定价高估程度为35.44%。这与前文研究结果基本保持一致，从而证明研究结果是稳健的。据此可以进一步证明在注册制下，创业板 IPO 新股发行定价与内在价值相比定价过高，一级市场 IPO 定价不是造成 IPO 抑价的原因。

表 3　稳健性检验回归结果

变量	上前沿 MLE 估计	下前沿 MLE 估计	OLS 估计
ln*TA*	-0.3780（-7.66）***	-0.5130（-9.95）***	-0.3780（-7.55）***
ln*DTA*	0.1230（2.19）**	0.2140（3.78）***	0.1230（2.12）**
ln*NAPS*	0.3420（4.29）***	0.4900（6.54）***	0.3420（4.14）***
ln*EPS*	-0.3420（-4.36）***	-0.4990（-6.31）***	-0.3420（-4.26）***
ln*GRO*	-0.0391（-2.01）**	-0.0377（-2.15）**	-0.0391（-1.94）*
ln*AGE*	-0.0739（-1.27）	-0.0146（-0.27）	-0.0739（-1.23）
ln*IS*	0.6910（11.51）***	0.7960（13.02）***	0.6910（11.06）***
ln*INPE*	0.0935（1.60）	0.0657（1.20）	0.0935（1.53）
ln*INDEX*	-0.3040（-1.30）	0.1650（-0.72）	-0.3040（-1.16）
R^2			0.6436

（三）二级市场定价非理性成分检验

表4报告了二级市场投机性与新股首日超额收益的检验结果。其中换手率 *TR* 的回归系数为2.7751，且在1%的置信水平下显著，从而验证了 H2，新股换手率与首日超额收益呈正相关。从表4的回归结果还可以得出：①总资产 *TA* 的回归系数为0.1362，且在10%的显著性水平下显著，这与主板市场中常见的“炒小”现象存在差异。这一结果可能与在创业板上市的公司总体规模相对较小有关，与同为创业板上市的公司相比，规模较大的公司会引起更多的投资者关注，从而获得较高的 IPO 二级市场溢价。②发行规模 *IS* 的回归系数为-0.4350，且在1%的显著性水平下显著，说明发行规模与新股首日超额收益存在负相关关系。发行规模越大，新股首日超额收益越小。③每股净资产 *NAPS* 、每股收益 *EPS* 和营收复合增长率 *GRO* 的回归系数均为负值，且均不显著，说明二级市场的投资者并不关注公司的经营业绩，这在一定程度上可以表明我国投资者在进行投资决策时会受到非理性动机驱动，从

而加剧了我国股票市场的投机性。④行业市盈率 *INPE* 对新股首日超额收益存在正向影响，且在 10% 的显著性水平下显著，说明新股首日超额收益会受到行业市盈率水平的影响。⑤发行日市场指数 *INDEX* 的回归系数为负，且在 10% 的显著性水平下显著，说明发行日市场活跃程度并不是新股发行首日获得超额收益的原因。

表 4 二级市场投机性与新股首日超额收益检验结果

变量	系数	T 统计量	P 值
TR	2. 7751	10. 0877	0. 0000
TA	0. 1362	1. 6559	0. 0999
DTA	-0. 0779	-0. 9668	0. 3353
NAPS	-0. 1774	-1. 5007	0. 1356
EPS	-0. 1197	-1. 0936	0. 2760
GRO	-0. 0135	-0. 4963	0. 6205
AGE	-0. 0274	-0. 3401	0. 7343
IS	-0. 4350	-4. 2056	0. 0000
INPE	0. 2229	2. 6740	0. 0840
INDEX	-0. 6654	-1. 7540	0. 0816

表 5 报告了投资者情绪与新股首日超额收益的检验结果。其中新股中签率 *LWR* 的系数为 1. 0368，说明中签率与新股首日超额收益之间存在正相关关系，拒绝了 H3。从表 5 的回归结果还可以得出：①每股净资产 *NAPS* 的回归系数为 -0. 3019，且在 10% 的显著性水平下显著，每股净资产与新股首日超额收益之间呈负相关关系。此外，每股收益 *EPS* 与营收复合增长率 *GRO* 的回归结果均不显著，这同样证实了二级市场上的投资者并不关注 IPO 公司的基本面，而是易受到非理性因素的影响，做出投资决策。②二级市场投机性与新股首日超额收益的检验结果相一致，发行规模 *IS* 的回归系数为负，说明发行规模与新股首日超额收益存在负相关关系。③需要注意的是，这一模型的回归结果也证实了行业市盈率 *INPE* 对新股首日超额收益存在正向影响。同时发行日市场指数 *INDEX* 的回归系数为负，也说明了发行日市场活跃程度并不是新股发行首日获得超额收益的原因。

表 5 投资者情绪与新股首日超额收益检验结果

变量	系数	T 统计量	P 值
LWR	1. 0368	2. 5529	0. 0117
TA	0. 3089	2. 1019	0. 0373
DTA	-0. 1497	-1. 3380	0. 1830
NAPS	-0. 3019	-1. 6764	0. 0958
EPS	0. 0554	0. 4016	0. 6886
GRO	0. 0100	0. 2882	0. 7736
AGE	-0. 0009	-0. 0086	0. 9931
IS	-0. 9740	-8. 7929	0. 0000
INPE	0. 3527	3. 3562	0. 0010
INDEX	-1. 7192	-3. 5818	0. 0005

六、主要结论

通过对创业板实行注册制一年以来的 155 家上市公司 IPO 数据进行实证分析，探究了创业板注册制下 IPO 发行定价是否合理这一问题，并将传统的 IPO 抑价问题分解为一级市场 IPO 定价的合理性与 IPO 首日超额收益两部分进行研究。结果发现，即便新股发行定价过程中存在定价过高问题，创业板市场仍然存在新股发行首日超额收益居高不下现象。将创业板 IPO 抑价的研究转向二级市场，并采用新股首日收益率来研究造成二级市场“溢价”的成因，二级市场的投机性越高，新股发行后越容易受到投资者的追捧，新股首日涨幅也就越高。

在创业板上，IPO 公司的总资产与新股首日收益率之间呈正相关关系，即公司规模越大，越容易受到投资者青睐，首日涨幅也就越大。这与主板市场中存在的“炒小”现象有所不符。究其原因，与创业板上市公司所具有的规模小、成长性高的特点有关。

本文还发现公司的每股收益与成长性对新股首日收益率不存在显著影响，说明我国二级市场的投资者并不关心公司的盈利能力和成长性等基本面因素，而是基于对某种“概念”和“题材”的炒作做出投资决定，从而加剧了我国股票市场的投机性。这种非理性投资行为不利于股票市场的合理运行，甚至进一步催生股票市场中的价值泡沫。

参考文献

[1]刘煜辉，沈可挺．是一级市场抑价，还是二级市场溢价——关于我国新股高抑价的一种检验和一个解释[J]．金融研究，2011(11)：183－196.

[2]邵新建，薛熠，江萍，赵映雪，郑文才．投资者情绪、承销商定价与IPO新股回报率[J]．金融研究，2013(4)：127－141.

[3]唐齐鸣，陈辉，文守兰．定价偏差与IPO抑价之谜：基于双边随机前沿模型[J]．金融学季刊，2018(2)：22－52.

[4]吴振翔，陈敏．中国股票市场弱有效性的统计套利检验[J]．系统工程理论与实践，2007(2)：92－98.

[5] ROCK K. Why New Issues are Underpriced [J]. Journal of Financial Economics, 1986(1)：187－212.

[6] WELCH I. Seasoned Offerings, Imitation Costs, and the Underpricing of Initial Public Offerings [J]. The Journal of Finance, 1989(2)：421－449.

[7] WELCH I. Sequential Sales, Learning, and Cascades [J]. The Journal of Finance, 1992(2)：695－732.

[8] DELONG J, SHLEIFER A, Summers L H, Waldmann R. Noise Trader Risk in Financial Markets [J]. Scholarly Articles, 1990(1)：25－30.

[9] LJUNGQVIST A, NANDA V, Singh R. Hot Markets, Investor Sentiment, and IPO Pricing [J]. The Journal of Business, 2006(4)：1667－1702.

[10]江洪波．解读IPO价格行为"异象"——基于行为金融模型和有效市场假说的分析[J]．价格理论与实践，2007(4)：64－65.

[11]白仲光，张维．基于随机边界定价模型的新股短期收益研究[J]．管理科学学报，2003(1)：51－59.

[12]郭海星，万迪昉．创业板IPO发行定价合理吗？[J]．中国软科学，2011(9)：156－166.

[13]董秀良，刘佳宁，满媛媛．注册制下科创板首发定价合理性及高回报成因

研究[J]. 上海财经大学学报,2020(6):65 - 78.

[14] BARON D P. A Model of the Demand for Investment Banking Advising and Distribution Services for New Issues [J]. The Journal of Finance, 1982(4):955 - 976.

[15]罗琦, 伍敬侗. 投资者关注与 IPO 首日超额收益——基于双边随机前沿分析的新视角[J]. 管理科学学报, 2017(9):46 - 60.

[16]张蓓. 创业板注册制解读与思考[J]. 财会通讯,2021(2):19 - 23.

[17] DERRIEN F. IPO Pricing in "Hot" Market Conditions: Who Leaves Money on the Table? [J]. Journal of Finance, 2005(1):487 - 521.

[18]韩立岩,伍燕然. 投资者情绪与 IPOs 之谜——抑价或者溢价[J]. 管理世界,2007(3):51 - 61.

[19]汪宜霞,夏新平. 噪声交易者与 IPO 溢价[J]. 管理科学,2007(3):91 - 97.

[20] AIGNER D,LOVELL C,SCHMIDT P. Formulation and Estimation of Stochastic Frontier Production Function Models [J]. Journal of Econometrics, 1977(1):21 - 37.

[21] HUNT M, SAMUEL C, BILL B. Testing for Deliberate Underpricing in the IPO Premarket: A Stochastic Frontier Approach [J]. The Reciew of Financial Studies, 1996(9): 1251 - 1269.

员工持股计划与人力资本投资效率：异质性与机制研究

葛鹏飞　董　翼　刘依煌①

摘　要：如何解决企业对劳动力所有权缺失引发的不确定性是提高人力资本投资效率的关键。本文从员工持股计划的角度，使用中国A股上市企业数据，讨论员工持股计划对人力资本投资效率的影响。研究发现：实施员工持股计划可以显著提高人力资本投资效率，改善企业人力资本投资不足问题，但在一定程度上会造成人力资本过度投资。异质性研究发现，相较于国有企业，员工持股计划对民营企业的作用更为深刻；相较于资本密集型企业，劳动密集型企业人力资本投资效率受员工持股计划的影响更大。

关键词：员工持股计划；人力资本投资效率；人口红利

一、引言

劳动力要素是经济运行的基本投入要素。改革开放以来，劳动人口数量红利已经推动中国经济实现了40年左右的快速增长。但是，当前中国面临劳动年龄人口不断减少和人口老龄化越发严重的双重问题。根据第七次全国人

①　作者简介：葛鹏飞（1985—），河北石家庄人，西北大学经济管理学院副教授、硕士生导师；董翼（2001—），甘肃张掖人，西北大学经济管理学院金融系学生；刘依煌（2000—），湖南长沙人，西北大学经济管理学院金融系学生。

口普查公报，中国15岁至59岁的劳动年龄人口为8.94亿，占比为63.35%；60岁及以上的老年人口为2.64亿，占比为18.70%；相比第六次全国人口普查，劳动年龄人口的比重下降6.79%，老年人口比重上升5.44%。中国经济发展正在面临来自人口结构持续转变的重大挑战，提高微观企业的人力资本投资效率，实现劳动人口数量红利向劳动人口质量红利转化是应对人口结构挑战、实现中国经济高质量发展的关键因素。

与其他生产要素相比，劳动力要素在经济增长中起到更为重要的作用（Schultz，1961）。提高劳动力要素数量短期内可以实现经济的快速增长，而对劳动力进行人力资本投资，不仅能够实现劳动力要素质量的提高，增加人力资本存量，还能带来知识积累这一副产品。知识积累会提高其他生产要素的生产效率，克服投入要素边际报酬递减规律，从而使长期经济增长变成现实。因此，由人力资本投资带来的人力资本积累是宏观经济长期增长的唯一源泉（Lucas，1988）。

人力资本投资由国民教育体系的文化素质培训与企事业单位的职业素质培训综合形成。对于前者，与2010年相比，2020年中国劳动年龄人口的平均受教育年限由9.08年提高至9.91年，文盲率由4.08%下降为2.67%，受教育状况的持续改善，反映了人口基本文化素质的不断提升。对于后者，由于企业对劳动力仅有暂时的使用权以及人力资本投资更具可逆性等诸多因素（Pinnuck and Lillis，2007），导致企业不愿意进行人力资本投资，而是更倾向于资本投资，造成企业的人力资本投资与最优发生偏离。但是，劳动力投资对微观企业的高质量发展却具有重要意义。高效的劳动力投资能显著提高企业的股票收益率（孔东民等，2017）、降低企业劳动力成本（廖冠民、陈燕，2014）、提高企业生产能力（Merz and Yashiv，2007）、改善企业绩效水平（李兰冰、刘秉镰，2015）、提升企业创新能力（孟庆斌等，2019）、增强企业竞争优势（Becker，1962）等。

由于人力资本投资对企业发展非常重要，企业在制定和实施人力资本投资决策时应该非常慎重。首先，企业不拥有劳动力这一重要生产要素的所有权，而是在自愿、平等的基础上，通过与员工签署雇用合同以暂时获取劳动力的使用权，员工可能会为了更好的就业机会离开企业（Donangelo，2014）。

其次，企业对人力资本的投资具有不可逆性，企业可以根据需要随时雇用与解雇劳动力，不断变动的劳动力调整成本对企业价值具有更为直接和持续的影响(Pinnuc and Lillis，2007)。最后，中国正处于经济转型期，企业对雇员的投资也会受到诸如最低工资标准、稳定就业等社会保障制度、法制化环境和政企关系等因素的影响，造成企业人力资本投资不足或者人力资本投资过度等问题。

企业人力资本投资决策受多种因素的影响难以控制。那么，企业在既定的人力资本投资决策下，如何提高企业的人力资本投资效率并实现企业人力资本投资效率最大化呢？信息不对称的存在以及由此而导致的“委托—代理”关系，使得企业的人力资本投资往往存在非效率性，给企业造成极大的产出损失（Jung et al.，2014；李小荣等，2021)。所以从“委托—代理”理论角度，有效的激励措施是否会对企业人力资本投资效率的提高产生积极影响呢？员工持股作为企业一种重要的内部激励措施，其对企业人力资本投资效率的影响如何，就成为回答上一问题的关键基础。

员工持股重塑了员工与企业的利益关系。第一，员工持股能真正形成员工与企业“放眼未来、风险共担、利益共享”的利益共同体，充分尊重员工的价值，将员工及附加在其身上的人力资本要素与企业利益分配的问题制度化，在这种新的利益分配模式下，不再是“资本雇佣劳动”，而是“资本与劳动结合”。员工持股计划大大增强了对员工的激励强度，使得员工既能获得劳动报酬，又可以享有资本的剩余索取权。第二，员工持股带来的激励效应有利于员工的自我实现。员工股权激励看似是一个薪酬问题，实则是员工的自我完善、自我成就。自我实现的满足感来自对企业的归属感和拥有感，员工和企业可以达到精神意义上的“共生”状态。第三，员工持股的约束性使得员工利益与企业发展休戚与共，成为一体。一定意义上，由员工消极怠工或工作失误所造成的企业利益损失对其本身而言同样也是一种失败成本。一方面，员工持股本身给员工带来的失败成本成为员工持股的约束性；另一方面，附加在员工持股计划上的各种外在约束条件进一步加大了对员工的约束性。

与侧重于少数管理层的企业股权激励计划相比，员工持股计划的核心内涵是集体激励，其面向企业广大员工，覆盖范围更广。另外，相比于人力资本含量普遍较高的企业管理层，企业普通员工更需要通过人力资本投资来提升其“含金量”。那么，员工持股计划对企业人力资本投资效率到底存在什么样的影响呢？

本文以2011—2019年中国A股上市企业为样本，考察了员工持股计划与企业人力资本投资效率的关系。研究发现：实施员工持股计划能够有效提高企业人力资本投资效率。进一步地，基于人力资本投资过度和人力资本投资不足的非效率投资的拓展研究发现，员工持股计划显著改善了企业人力资本投资不足的问题。基于企业所有制和行业密集度的拓展研究发现，相较于国有企业，员工持股计划对民营企业的影响更显著；相较于资本密集型企业，劳动密集型企业受员工持股计划的影响更大。

二、文献回顾与理论分析

与其他生产要素相比，“人”无疑是企业发展壮大中最具活跃性和成长性的要素资源（Bernanke et al.，2004）。对劳动力进行人力资本投资，推动低级劳动力向高级人力资本转变，能够显著提升劳动力的投入产出比。现有研究发现，高效的人力资本投资在提高企业股票收益率（孔东民等，2017）、降低企业劳动力成本（廖冠民等，2014）、提升企业生产能力（Merz and Yashiv，2007）、提高企业绩效水平（李兰冰、刘秉镰，2015）、提高企业创新水平（孟庆斌等，2019）、增强企业竞争优势（Becker，1962）等方面发挥着积极作用。相应地，人力资本投资的非效率性会抑制企业发展，对企业未来业绩造成负向影响（Jung et al.，2014）。低效的人力资本投资是影响企业非价值生产经营的最大因素（Ben－Nasr and Alshwer，2016）。人力资本投资不足会导致企业创新能力低下、发展受限，人力资本投资过度则容易引发企业产出损失，使得实际产出偏离最优配置状态（马颖等，2018）。

然而现实中，由于企业内部“股东—管理层—员工”的委托—代理链条的存在，企业对员工的人力资本投资往往存在非效率性。第一，企业对劳动力这一重要的生产要素只拥有使用权，而不拥有所有权。通过与员工签署雇用合同以暂时获取劳动力使用权的现实情况以及员工为了更好的就业机会而离开企业的潜在风险，在一定程度上会抑制企业人力资本投资，造成企业人力资本投资不足（Donangelo，2014）。第二，人力资本投资具有不可逆性。相比于进行人力资本投资、额外支付员工进行专业培训的成本，企业管理层在面对复杂多变的市场环境和不确定的市场需求时往往会选择性地忽视人力资本投资对企业长期价值和高质量发展的积极影响，做出“短视”抉择，倾向于利用招聘或解聘雇员作为企业生存的必要手段（Khedmati et al.，2020）。第三，人力资本成本黏性等外部约束的存在。现实经济中，由于政府干预、社会维稳等因素的存在，企业在人力资本投资与业务量之间存在非对称变化黏性。即企业业务量上升时增加雇员的幅度大于企业业务量下降时雇员减少的幅度，本文称之为人力资本成本黏性。最低工资等条例的普及与执行虽然保护了劳动者的合法权益，但也因增加了企业的人工成本和人力资本成本黏性（Koeniger et al.，2007；杨德明、赵璨，2016），而降低了企业人力资本投资效率。

解决企业委托—代理问题的有效方法是增强企业内部成员的利益一致性，建立起有助于努力和协作的利益共同体（Hochberg and Lindsey，2020），并通过加强资本市场的监督减少信息不对称性，加强对企业高管的约束。员工持股计划的实施则为这一目标的实现提供了切实可行的途径。根据产权理论和契约理论，在信息不对称及利益冲突的情况下，为解决委托人与代理人之间的矛盾冲突，需要采取有效的措施以激励二者追求一致的目标。员工持股计划通过让员工持有企业股份，赋予了员工分享企业剩余索取权的“所有者”身份，将员工及附加在其身上的人力资本要素与企业利益分配问题制度化，真正促进了企业和员工“放眼未来、风险共担、利益共享”的利益共同体的形成。在这种新的利益分配模式下，企业与员工的关系不再是简单的“资本雇佣劳动”，而是“资本与劳动的结合”。通过利益“捆绑”，赋予员工“所有者”身份，员工持股计划一方面强化了企业与雇员利益上的一致性，有利于增强员工“主人翁”意识，使其积极参与到公司治理中来，进行自我挖掘和自我提高，增强企业人力资本累积性，提高企业人力资本投资效率。另一方面也提升了员工对企业的满意度和忠诚度，降低了企业人才离职率，保障了经营活动中的人力资本稳定性，为企业人力资本投资效率的提高消除了“后顾之忧”。基于以上分析提出如下假设：

H1：员工持股计划能够提高企业人力资本投资效率。

那么，员工持股计划是通过何种渠道作用于企业人力资本投资效率的呢?

(一) 企业组织管理效率的中介效应分析

企业组织管理效率的提高，有助于缓解企业内部代理问题，完善公司治理机制，增强企业人才队伍稳定性，进而提高企业人力资本投资效率。企业实施员工持股计划，不仅兼顾了员工的劳动收入与资本所得，而且实现了员工从“打工人”向“所有者”的身份转变。通过共同利益绑定，员工持股计划让实现企业长期价值增长成为各层级、各部门员工的共同目标（孟庆斌等，2019)。一方面，共同目标的建立有利于激发员工自发为企业高质量发展而努力的动力，加强各部门之间的相互配合、团队协作能力，提高企业组织管理效率，增加员工凝聚力，调动企业人力资本投资的积极性。另一方面，也能促使员工之间相互监督，避免因个体敷衍、磨洋工等给企业带来的价值损失，有效缓解管理层和普通员工之间的矛盾，降低委托—代理成本，提高企业组织管理效率，为企业人力资本积累和人力资本投资效率的提高营造良好的氛围。基于以上分析，提出如下假设：

H2：员工持股计划会通过提高企业组织管理效率助力企业人力资本投资效率提高。

(二) 财务报告质量的中介效应分析

高质量的财务报告能够增强信息透明度，降低管理层与债权人、股东之间的信息不对称，进一步缓解信息不对称而导致的市场摩擦，避免管理层“短视”行为，为企业人力资本投资效率的提高创造机遇。从长期来看，企业对人力资本的投资能够显著提升企业投入产出比，增强企业竞争优势（Becker，1962；马颖等，2018)。但在代理冲突下，考虑到人力资本投资的不可逆性以及工资上涨带来的劳动力成本效应，基于自利动机的管理层往往会为了保证自身利益最大化而做出“短视”行为，根据企业需要随时雇用和解雇劳动力，而轻视人力资本投资（Khedmati et al.，2020)。这一做法不仅造成了企业劳动力调整成本的不断变动，也加速了企业的人才流失，降低了企业人力资本投资效率，容易引发人力资本投资不足和人力资本投资过度问题

(Jung et al.，2014；Lai et al.，2021)。员工持股计划调动了员工参与企业重大事务的积极性、扩大了员工的知情权，有利于发挥员工的监督和反馈作用，让原先与公司经营有关的信息得到更多披露（郭嘉琦等，2019），通过提高财务报告质量向外界传达更多真实信息，进而发挥外部监督功能，完善企业人力资本投资决策（张新民等，2019；Ghaly and Dang，2020），助力企业人力资本投资效率提高。基于此，本文提出如下假设：

H3：员工持股计划会通过改善财务报告质量提高企业人力资本投资效率。

（三）企业创新的中介效应分析

创新是企业发展的核心力量与第一推动力。与常规工作相比，创新活动实际上是一个复杂的多阶段过程，需要各环节参与主体的相互依赖、相互配合。从创新思想的萌芽产生到创新产品的实际落地，一线员工的付出同样值得重视。事实上，如果没有员工作为创新“执行人”的一线生产性劳动和信息反馈，企业的新技术就无法转化为现实产品。员工持股计划通过绑定员工与企业的长期利益，激发了员工在创新过程中的积极性、增强了团队协作和稳定性，进而降低了企业创新风险，提高了企业创新能力（孟庆斌等，2019）。而企业创新水平的提升又会反过来要求企业提供更具竞争力和高素质的技能劳动力，从而推进和加大企业对人力资本的投资力度，提高企业人力资本投资效率。此外，创新作为一个长周期的连续性活动，需要员工接力完成，这一过程不仅会增加企业知识积累，还会通过干中学和员工之间的知识外溢，提高企业人力资本投资效率。基于此，本文提出如下假设：

H4：员工持股计划会通过提高企业创新水平促进企业人力资本投资效率提高。

三、研究设计

（一）模型构建

本文构建模型（1），检验实施员工持股计划对企业人力资本投资效率的影响。模型（1）左侧是被解释变量企业人力资本投资效率，模型（1）右侧是核心解释变量和控制变量。

$$HC\_\ eff_{it} = \beta_0 + \beta_1 ESOP_{it} + \beta_2 Control_{it} + \beta_3 \mu_i + \beta_4 \lambda_t + \varepsilon_{it} \quad (1)$$

其中，$HC_\ eff_{it}$是被解释变量企业人力资本投资效率，表示企业 i 在 t 时期的人力资本投资效率水平；$ESOP_{it}$是核心解释变量员工持股计划虚拟变量，表示企业 i 在 t 时期是否实行员工持股计划；$Control_{it}$是可能影响企业人力资本投资效率的其他控制变量；μ_i 和 λ_t 分别表示企业个体固定效应和时间固定效应；ε_{it}是随机误差。

（二）指标选取

（1）被解释变量：企业人力资本投资效率（*HC_ eff*）。根据 Pinnuck 和 Lillis（2007）测算企业人力资本投资效率的模型。

（2）核心解释变量：员工持股计划（*ESOP*）。解释变量为上市企业当年是否实施员工持股计划，如果企业 i 在 t 年实施了员工持股计划，那么 t 年以及 t 年以后的年份取值为 1，如果没有实施员工持股计划，则取值为 0。

（3）控制变量：股权激励（*SOI*），企业当年有股权激励取 1，否则取 0；企业规模（*Size*），使用企业总资产的自然对数表示；资产负债率（*Lev*），用企业负债/企业总资产衡量；净资产收益率（*ROA*），使用净利润/净资产表示；营业收入增长率（*Sales_ growth*），使用（当年营业收入 - 上一年营业收入）/上一年营业收入计算得出；经营现金流（*Cash*），使用经营活动现金流量净额/总资产表示；董事会规模（*Board*），用董事成员人数衡量；管理层持股比例（*Mng_ hold*），以管理层持股数量/企业总股本数量代表；前十大股东持股比例（*Top*10），利用企业前十大股东的持股数量/企业总股本数量代表；产权性质（*State*），国有企业取 1，否则取 0；企业年龄（ln*Age*），企业成立年数的自然对数；股票年收益率（*Stock_ profit*），使用当年股票年收益率衡量；企业的速动比率（*Quick*），使用企业速动资产与流动负债的比率表示。

（三）数据来源与说明

以 2011—2019 年中国沪深 A 股上市企业为研究对象，按照以往惯例删除了金融类企业，房地产类企业，ST、*ST 企业，财务状况存在异常的企业以及主要变量存在缺失的样本，最终得到 25195 个企业—年份观测值。本文数据均来自国泰安（CSMAR）上市企业数据库。

四、实证分析

（一）基准模型

员工持股计划对企业人力资本投资效率影响的基准回归结果如表 1 所示。其中，列（1）、列（3）、列（5）分别是未加入控制变量，仅考虑员工持股计划对企业人力资本投资效率当期影响、滞后一期影响、滞后二期影响的回归结果。列（2）、列（4）、列（6）是分别在列（1）、列（3）、列（5）的基础上加入控制变量后的相应回归结果。可以看出，员工持股计划实施哑变量（*ESOP*）对企业人力资本投资效率当期、滞后一期和滞后二期的回归系数均显著为正，说明实施员工持股计划能够显著提升企业人力资本投资效率。

值得注意的是，股权激励变量（*SOI*）的回归系数也显著为正。这表明，股权激励计划的实施对企业人力资本投资效率的提高同样具有明显促进作用。与此同时，员工持股计划作为增强企业所有者与雇员利益一致性的制度安排，其与股权激励计划的积极作用并不完全重合。因而，推行员工持股计划能够为企业人力资本投资效率的提高带来进一步的增量贡献。

表 1　员工持股计划对企业人力资本投资效率影响的基准回归

变量	(1)	(2)	(3)	(4)	(5)	(6)
ESOP	0.1019 *** (3.32)	0.1274 ** (2.36)				
L. ESOP			0.2076 *** (3.63)	0.0275 *** (3.10)		
L2. ESOP					0.1655 *** (4.43)	0.0561 *** (3.20)
SOI		0.1528 ** (2.50)		0.0905 ** (2.36)		0.2178 *** (2.88)

续表

变量	(1)	(2)	(3)	(4)	(5)	(6)
Controls	No	Yes	No	Yes	No	Yes
Firm FE	Yes	Yes	Yes	Yes	Yes	Yes
Year FE	Yes	Yes	Yes	Yes	Yes	Yes
N	25195	25195	21732	21732	18414	18414

注：＊＊＊、＊＊、＊分别表示统计值在1%、5%、10%的显著性水平下显著，括号内为t统计量。下同。

（二）动态效应分析

为观测员工持股计划实施前后的动态变化，借鉴Tsang等（2019）的做法，使用跨期动态效应模型进行检验。表2报告了员工持股计划对企业人力资本投资效率的动态性分析结果。可以看出，企业实施员工持股计划前三年、前两年、前一年对企业人力资本投资效率的影响系数*Before*都不显著，而员工持股计划实施当年及以后年份的影响系数*Current*和*After*显著为正，说明实验组和对照组企业的人力资本投资效率在员工持股计划实施前不存在明显差异，满足平行趋势假设，而员工持股计划实施之后，实验组企业的人力资本投资效率显著高于对照组。除此之外，我们还发现员工持股计划对企业人力资本投资效率的影响呈现出先增大后减小的走势。

表2　动态效应分析

变量	(1)	(2)
*Before*3	0.2189 (1.41)	0.2491 (1.45)
*Before*2	0.0843 (1.16)	0.2433 (1.44)
*Before*1	0.0282 (1.05)	0.2066 (1.37)
Current	0.0877** (2.17)	0.3442*** (2.61)
*After*1	0.2170** (2.39)	0.3414** (2.56)

续表

变量	(1)	(2)
After2	0.2611*** (3.42)	0.2840*** (3.42)
After3	0.1821*** (4.22)	0.2104*** (4.02)
After4	0.1381*** (3.15)	0.1096** (2.14)
After5	0.1119** (2.51)	0.0964* (1.65)
Controls	No	Yes
Firm FE	Yes	Yes
Year FE	Yes	Yes
N	25195	25195

五、过度投资、投资不足和异质性分析

（一）员工持股计划对企业人力资本投资效率的影响：投资不足还是投资过度

根据 Jung 等（2014）的定义，非效率的人力资本投资包括人力资本投资不足和人力资本投资过度。模型（2）估计的残差代表上市企业人力资本的非效率投资：当残差小于 0 时，代表人力资本投资不足，当残差大于 0 时，代表人力资本投资过度。为准确得出员工持股计划对企业人力资本投资不足和企业人力资本投资过度发生概率的影响，避免出现线性概率模型所带来的异方差等缺点，本文选择 Probit 模型进行估计。

员工持股计划对劳动力投资不足和过度投资的回归结果见表 3，列（1）和列（2）分别是未加入控制变量和加入控制变量的员工持股计划对企业人力资本投资不足的回归结果。列（3）和列（4）分别是未加入控制变量和加入控制变量的员工持股计划对企业人力资本投资过度的回归结果。结果显示，员工持股计划对人力资本投资不足的回归系数显著为负，说明员工持股计划

在一定程度上降低了企业人力资本投资不足的情况；而员工持股计划对人力资本投资过度的回归系数显著为正，说明员工持股计划在一定程度上也会导致人力资本过度投资。即员工持股计划主要是通过改善企业人力资本投资不足来解决企业人力资本的非效率投资问题。

表3　员工持股计划对劳动力投资不足和过度投资的回归结果

变量	是否人力资本投资不足		是否人力资本过度投资	
	(1)	(2)	(3)	(4)
ESOP	-0.2571*** (-7.15)	-0.1661*** (-4.07)	0.2571*** (7.15)	0.1661*** (4.07)
Controls	No	Yes	No	Yes
Firm FE	Yes	Yes	Yes	Yes
Year FE	Yes	Yes	Yes	Yes
N	25195	25195	25195	25195

（二）企业所有权异质性

不同于西方成熟的市场经济体制，中国市场经济发育的不完全，使得产权性质不同的企业在实施员工持股计划的行为和动机等方面存在较大差异。那么，员工持股计划对不同所有制类型企业人力资本投资效率的影响是否存在差异呢？表4报告了国有企业和非国有企业的分组检验结果。不难发现，相比于国有企业，非国有企业实施员工持股计划对企业人力资本投资效率的促进作用更强。其原因可能在于，相较于民营企业，一方面，国有企业的雇员本身人力资本较高，员工发展培训途径较为完备，人员流动性较小，员工持股计划的激励作用有限；另一方面，国有企业也会因为员工数量较多、规模较大而容易发生“搭便车”现象，降低员工持股计划对企业人力资本投资效率的刺激。而民营企业的公司治理机制相对更加完善，其员工持股计划也多基于市场化需求设计，因而在促进企业提高人力资本投资效率方面表现得更为明显。

表 4 国有企业与民营企业人力资本投资效率的影响对比

变量	国有企业		民营企业	
	(1)	(2)	(3)	(4)
ESOP	0.0836**	0.0964***	0.1263***	0.2549**
	(2.07)	(2.62)	(4.28)	(2.31)
Controls	No	Yes	No	Yes
Firm FE	Yes	Yes	Yes	Yes
Year FE	Yes	Yes	Yes	Yes
N	9263	9263	15932	15932
R^2	0.2948	0.3291	0.1628	0.2674

（三）要素结构异质性

企业的要素结构会影响企业资本的有机结构，进而对企业人力资本投资效率造成影响。考虑到这一因素，本文使用企业的固定资产除以员工数，并按照各年度企业人均资本量的中位数将上市企业进一步归类为资本密集型企业和劳动密集型企业，分组考察员工持股计划对不同要素结构企业人力资本投资效率的影响。表 5 结果显示，员工持股计划能够显著提高资本密集型企业和劳动密集型企业的人力资本投资效率。相较于资本密集型企业，在劳动密集型企业中实施员工持股计划对人力资本投资效率的促进作用更好。一个可能的解释是，劳动密集型企业的雇员相比于资本密集型企业多为低技能劳动者，且流动性更大，员工持股计划的实施通过利益绑定降低了企业劳动力的离职率，保障了该类企业生产经营活动中人才资源的稳定性和持续性，为企业人力资本投资力度的加大和人力资本投资效率的提高创造了条件。

表 5 员工持股计划对企业人力资本投资效率的影响：分行业密集度类型

变量	资本密集型		劳动密集型	
	(1)	(2)	(3)	(4)
ESOP	0.0200**	0.0906***	0.1925***	0.1894**
	(2.18)	(2.31)	(3.41)	(4.09)
Controls	No	Yes	No	Yes
Firm FE	Yes	Yes	Yes	Yes

续表

变量	资本密集型		劳动密集型	
	(1)	(2)	(3)	(4)
Year FE	Yes	Yes	Yes	Yes
N	11577	11577	13618	13618
R^2	0.2984	0.4167	0.3289	0.4795

六、结论与政策启示

提高企业人力资本投资效率是实现企业高质量发展的关键着力点。然而，信息不对称的存在以及由此产生的委托—代理问题，使得企业的人力资本投资效率与最优发生偏离。本文使用2011—2019年中国A股上市企业数据，从“利益绑定”视角考察了员工持股计划对企业人力资本投资效率的影响。研究发现，实施员工持股计划显著提高了企业人力资本投资效率，并且员工持股计划主要改善了企业人力资本投资不足问题。基于企业所有制的拓展研究发现，相较于国有企业，员工持股计划对民营企业的影响更显著；与资本密集型企业相比，劳动密集型企业的人力资本投资效率受员工持股计划影响程度更大。基于结论，得到如下政策启示：第一，提升企业治理水平，完善员工持股计划，积极推动企业人力资本投资效率的提高。高效的人力资本投资是提高中国人力资本水平、应对人口结构转型挑战的重要措施。第二，加强国有企业与资本密集型企业股权激励设计。国有企业与资本密集型企业由于自身特征，在实施员工持股计划后人力资本投资效率提高效果不明显。为减少国有企业及资本密集型企业雇员软约束等问题，不同企业应根据所处行业情况、发展阶段、企业规模“因企制宜”，多样化股权激励形式，深入挖掘内部潜力，扩大股权和分红激励实施范围，充分调动企业创新人才积极性。

参考文献

[1]SCHULTZ T W. Investment in human capital[J]. American Economic Review, 1961(1):1－17.

[2]LUCAS R E. On the mechanics of economic development[J]. Journal of Monetary Economics,1988(1):3－42.

[3] PINNUCK M, LILLIS A M. Profits versus losses: Does reporting an accounting loss act as a heuristic trigger to exercise the abandonment option and divest employees? [J]. The Accounting Review, 2007(4):20－29.

[4] 孔东民，项君怡，代昀昊．劳动投资效率、企业性质与资产收益率[J]．金融研究，2017(3)：145－158.

[5] 廖冠民，陈燕．劳动保护、劳动密集度与经营弹性：基于2008年《劳动合同法》的实证检验[J]．经济科学,2014(2):91－103.

[6] MERZ M, YASHIV E. Labor and the market value of the firm[J]. American Economic Review, 2007(4): 1419－1431.

[7] 李兰冰，刘秉镰．中国区域经济增长绩效、源泉与演化：基于要素分解视角[J]．经济研究，2015(8)：58－72.

[8] 孟庆斌，李昕宇，张鹏．员工持股计划能够促进企业创新吗？——基于企业员工视角的经验证据[J]．管理世界，2019(11)：209－228.

[9] BECKER G. Investment in human capital: A theoretical analysis[J]. Journal of Political Economy, 1962(5): 9－49.

[10] DONANGELO A. Labor mobility: Implications for asset pricing[J]. The Journal of Finance, 2014(3): 1321－1346.

[11] JUNG B, LEE W J, WEBER D P. Financial reporting quality and labor investment efficiency[J]. Contemporary Accounting Research, 2014(4):12－19.

[12] 李小荣，韩琳，马海涛．内部控制与劳动力投资效率[J]．财贸经济，2021(1):26－43.

[13] BERNANKE B, REINHART V, SACK B. Monetary policy alternatives at the zero bound: An empirical assessment[J]. Brookings Papers on Economic Activity, 2004(2): 1－100.

[14] BEN－NARS H, ALSHWER A A. Does stock price informativeness affect labor investment efficiency? [J]. Journal of Corporate Finance, 2016(38): 249－271.

[15]马颖,何清,Koeniger,李静．行业间人力资本错配及其对产出的影响[J]．中国工业经济,2018(11):5－23.

[16] KHEDMATI M, SUALIHU M A, YAWSON A. CEO – director ties and labor investment efficiency[J]. Journal of Corporate Finance, 2020(65): 101492.

[17] KOENIGER W, LEONARDI M, NUNZIATA L. Labor market institutions and wage inequality[J]. ILR Review, 2007(3): 340 – 356.

[18] 杨德明，赵璨．超额雇员、媒体曝光率与公司价值——基于《劳动合同法》视角的研究[J]．会计研究，2016(4)：49 – 54.

[19] HOCHBERG Y V, LINGSEY L. Incentives, targeting and firm performance: An analysis of non – executive stock options[J]. Review of Financial Studies, 2020(23): 4148 – 4186.

[20] LAI S, LI X, CHAN K C. CEO overconfidence and labor investment efficiency[J]. The North American Journal of Economics and Finance, 2021(55): 101319.

[21]郭嘉琦,李常洪,焦文婷,王战．家族控制权、信息透明度与企业股权融资成本[J]．管理评论,2019(9):47 – 57.

[22] 张新民，钱爱民，陈德球．上市公司财务状况质量:理论框架与评价体系[J]．管理世界，2019(7)：152 – 166.

[23] TSANG A, WANG K T, ZHU N Z. Corporate governance reforms around the world: The impact on firm innovation[R]. Working Paper: York University, 2019.

第三篇

金融与经济增长

加杠杆能提升经济增长效率吗

姚　瑾　徐璋勇①

摘　要： 本文使用 DEA - Malmquist 指数法测算的全要素生产率作为衡量经济增长效率的指标，利用中国省级面板数据，实证研究发现：地区杠杆率对经济增长效率的影响总体呈现倒“U”形，当杠杆率水平超过阈值时，加杠杆会抑制经济增长效率的提升；高储蓄率会显著减弱杠杆率对经济增长效率的负向影响；技术创新因其会提升经济增长效率而在一定程度上冲减高杠杆对经济增长效率的抑制作用。此外，杠杆率对经济增长效率的影响效应存在区域差异性，且各区域杠杆率、经济增长效率还存在着显著的空间溢出效应。

关键词： 杠杆率；DEA - Malmquist 指数；经济增长效率

一、问题提出及研究回顾

在以 GDP 增长为导向的传统发展观下，地方政府为在 GDP 锦标赛中获得亮丽的增长业绩，不约而同地以不断提升杠杆率作为主要手段。现实也表明，我国 GDP 持续增长的过程中同时伴随着杠杆率的不断提升，高杠杆率的省往

---

① 作者简介：姚瑾（1997—），陕西商洛人，西北大学经济管理学院 2019 级金融学专业硕士研究生；徐璋勇（1964—），陕西西安人，西北大学经济管理学院教授、博士生导师。

基金项目：国家社科基金重点项目《我国金融资源“脱实向虚”的形成机理、资源错配效应及其治理研究》（19AJL010）。

往也具有较高的经济增长率（见图1）。正是这种显而易见的关系，促使地方政府杠杆率不断飙升，地方政府杠杆率由2000年的4.6%一路飙升至2015年的21.4%，15年间上升了16.8%。基于杠杆率飙升可能引发金融风险及冲击金融稳定性的担忧，2016年中央政治局会议明确提出了降杠杆的政策基调，这才使地方政府杠杆率持续飙升的势头得以遏制，杠杆率出现了明显回落（见图2）。但2020年新冠肺炎疫情的暴发，使得经济增长承压严重，地区杠杆率又呈现出反弹迹象，2020年地方政府杠杆率较2019年提升了4.1%。这表明，地方政府为保经济增长目标而提升杠杆率的内在冲动依然十分强烈。

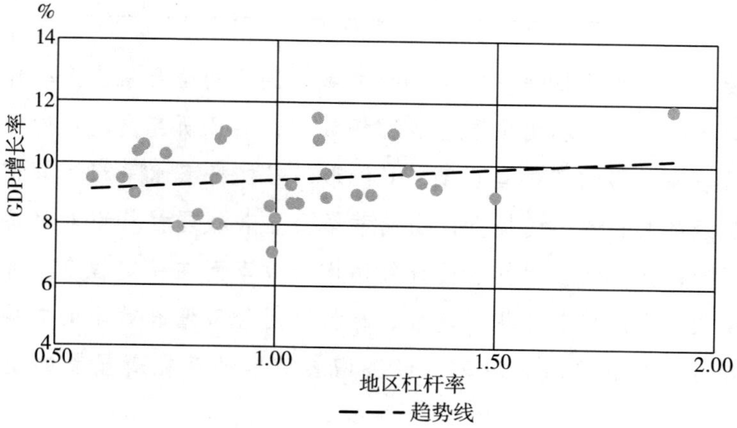

图1　2000年地区GDP增长率与杠杆率散点图

$$Com = 1 - HHI = 1 - \sum_{n=1}^{n} (x_i/X)^2$$

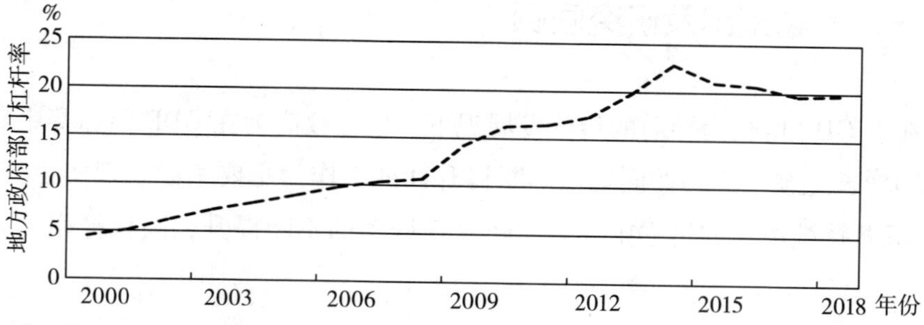

图2　地方政府杠杆率变化时序图

近年来，围绕杠杆率与经济增长的关系问题，学术界进行了多角度研究，但研究结论却存在着较大分歧。归纳起来，主要形成三种观点：一是正相关论，即杠杆率提升对经济增长具有显著的促进作用。其提出的理论基础来源于 Mckinnon（1973）和 Shaw（1973）的“金融深化”与“金融压制”理论，为此观点提供实证支持的研究，如 King 和 Levine（2005）、王爱俭和杜强（2017）等。二是负相关论，即杠杆率的提升会对经济增长有抑制作用。其理论基础是 Fisher（1999）的债务—通缩理论，为此观点提供支持的实证研究有 Rioja 和 Valev（2004）、Shen 和 Lee（2006）、陈颖和缪海斌（2018）等。三是倒“U”形论，即杠杆率与经济增长之间存在一个阈值，在阈值之前，随着杠杆水平的提高，经济增速会升高；但当杠杆率超过阈值，其进一步的提高会导致经济增速的下降。为此观点提供支持的实证研究，如 Reinhart 和 Rogoff（2010）、Cecchetti 和 Kharroubi（2015）、刘晓光（2018）等。

回顾现有关于杠杆率与经济增长关系的研究，不难发现，现有的研究主要集中于探讨杠杆率与经济增长数量的关系，而很少将杠杆率与经济增长效率的关系纳入研究视野。而随着我国经济增长进入新常态，实现经济增长由数量型转向质量型是我国当下及未来相当长时期内经济发展的核心指导思想，其中提升经济增长效率是其中的重要内容。因此，在当前深入推动供给侧结构性改革、防范与化解金融风险，以及以提高经济增长质量与效率为核心主题的宏观背景下，探讨杠杆率对于经济增长效率的影响，无疑具有重大的理论与现实意义。

本文的边际贡献在于：第一，将杠杆率对经济增长影响的研究由数量层面扩展到了质量层面，有助于对杠杆率经济效应认识的全面深化；第二，分别从区域视角和空间视角探讨了杠杆率对经济增长效率影响的区域差异性以及空间溢出效应，可为贯彻落实中央区域协调发展战略与降杠杆政策的双赢提供参考。

二、理论分析与研究假设

杠杆率通常可划分为微观杠杆率与宏观杠杆率。其中，微观杠杆率是指从资产负债表出发，考察微观主体（主要是企业）的财务效率及债务风险，用微观主体的权益资本与资产的比值来衡量。宏观杠杆率被用于衡量债务收缩、扩张的过程以及债务的可持续性，通常用债务余额与 GDP 之比来衡量。

（一）杠杆率与经济增长

杠杆率提升的过程往往与信贷扩张相伴随。根据凯恩斯的货币先行理论，信贷扩张是经济增长的“第一推动力”。这种推动作用来自两方面的机制：一是从需求侧对投资、消费或净出口的促进；二是从供给侧对生产要素的驱动，如促进资本形成、推动技术创新等。也正因如此，与信贷扩张相伴的杠杆率提升，短期内一定会驱动经济增长。

然而，杠杆率的提升未必会驱动经济的长期持续增长，甚至会带来经济的衰退。因为，伴随着杠杆率的提升，债务约束条件就会收紧。企业能否在高债务约束下继续稳步发展，取决于市场环境及经济增长预期。如果市场环境良好，经济增长预期乐观，市场需求的天花板还远未到来，企业依然有加杠杆的内在冲动。但若是市场环境恶化，经济增长预期看淡，市场需求的天花板尽在眼前，为缓解流动性危机，企业就不得不减少生产和投资支出，并廉价出售资产以偿还债务，导致资产净值损失以及价格下跌，真实债务水平上升，形成高债务和通缩的恶性循环。此外，由于信贷市场存在摩擦问题，即会产生金融加速器效应。当经济繁荣时，企业内部资金充裕且外部融资成本下降，企业可以从金融机构获得更多的贷款用于投资，但在经济衰退时，企业内部资金不足需要获得更多的外部融资以度过危机，但由于企业经营的恶化、资产价格的下降，金融机构对企业的放贷意愿下降和监督成本的提高，致使企业很难甚至无法获得贷款，进一步加重企业的负担，金融加速器效应增强，经济衰退愈加严重。因此，杠杆率与经济增长之间并不是简单的线性的关系，学者们的诸多研究也证实了两者间倒“U”形关系的存在，即杠杆率存在一个阈值（拐点），在阈值之前，随着杠杆水平的提高，经济会加速；当超过阈值，杠杆率的提高会导致经济增速的下降。事实上，Reinhart 和 Rogoff（2010）通过研究发现，发达国家与新兴国家的债务水平都存在一个“90、60”的标准，即发达国家的债务占比高于 90%、新兴国家债务占比高于60%时，债务与经济增长呈负相关关系。杠杆率与经济增长之间的这种关系，也正是经济体系中的“阿喀琉斯之踵”。

（二）杠杆率与经济增长效率

经济增长效率通常用全要素生产率（TFP）来衡量，是指除了劳动力和资本之外，其他生产要素带来的产出增长率，反映了在生产要素投入之外，通过体制优化、组织管理改善以及技术创新等无形要素对经济增长的推动作用，是经济增长的主要源泉和根本动力。

显然，杠杆率与经济增长效率的关系，取决于杠杆资金的利用及其效率。从企业层面来讲，如果杠杆资金主要在企业内部低效率运作，如主要用于偿还上一轮负债，或者用于虚拟经济体系（如房地产与金融市场投资），而不注重技术创新，则杠杆率持续提升的结果往往是将企业带入债务危机的泥潭，从而抑制经济增长效率。从宏观层面来讲，政府杠杆率相对于私人债务来讲，逆周期现象更为明显。在经济繁荣时期，由于私人部门债务的快速上升及投资的快速扩张，保证了经济快速增长所需要的投资规模，此时政府债务增速较为有限。而一旦经济进入衰退期，私人部门投资的意愿衰减，此时政府更加倾向于扩大债务规模以对冲私人部门投资意愿下降及投资萎缩带来的经济下降。可见，政府部门杠杆率一般不具有可持续性，因为它会随着经济周期的波动而波动。在政府加杠杆的初期，经济依然可以维持一定的增长，但随着政府债务的积累，对经济增长拉动的边际效应递减，最后往往以经济衰退或危机收场。

另外，从政府债务资金的使用来看，在财政分权和地方晋升锦标赛体制下，地方政府往往成为资金配置的主体，债务资金往往投向基础设施等经济回报率较低、建设与投资回收周期较长的投资领域，一方面，恶化产能过剩，加剧经济结构失衡，降低经济增长效率；另一方面，政府资金的大量投入会带来挤出效应，减弱民间投资意愿，形成“僵尸企业”以及资产的低收益，进一步催生杠杆率的提升。

可见，无论从企业微观层面，还是从政府宏观层面，杠杆率提升对经济增长效率的影响都不是线性的，且其影响效应取决于杠杆资金的利用效率。基于此，我们提出本文第一个研究假设：

H1：杠杆率对经济增长效率的影响是非线性的，其间可能存在临界值机制。

另外，地区杠杆率等于其债务与 GDP 的比值，可将其进行分解：

杠杆率 = 债务额/GDP = （债务额/投资额） × （投资额/GDP） = （债务额/投资额） × 投资率

由国民收入恒等式可知，储蓄 = 投资，由此杠杆率也可表述为：

杠杆率 = （债务额/投资额） × 储蓄率

可见，一个地区的储蓄率对杠杆率提升具有助推作用，较高的储蓄率也会诱发较高的杠杆率，高储蓄、高投资并行为我国改革开放 40 余年来经济的高速增长奠定了基础。

此外，根据罗斯托的经济起飞模型，一国实现经济起飞要具备的 4 个条件之一就是要有较高的投资率，且占国民收入的比例提高到 10% 以上；投资资金主要来源于储蓄与债务。在金融危机后，我国总储蓄率持续下滑，在地方政府投资资金来源明显不足的条件下，高负债就成为解决资金不足并实现经济快速增长最便捷的手段，地方政府推出大规模投资计划，导致债务大规模增加，债务效率低下等问题严重，不利于经济增长效率的提升。

综合以上两个方面，我们发现，杠杆率与储蓄率之间互相影响，储蓄率的高低会通过影响杠杆率从而对经济增长效率产生促进或者抑制作用，故我们提出本文的第二个研究假设：

H2：储蓄率的高低会改变杠杆率对经济增长效率的影响效果。

索洛的技术进步模型可以解释经济的长期增长，当经济达到稳定状态，高储蓄率已经不能再引起经济的增长，人均产出的增长则取决于技术进步的比率，科技成果的转化是促进经济增长的最重要因素。新经济增长理论将技术进步视为经济增长的核心，将技术进步内生化，强调技术进步是源于利润最大化的有意识投资的产物。而杠杆率的提升伴随着信贷扩张，经济体通过债务融资的方式，利用自有资金控制更多的现金流，获得更多投资机会，为技术创新营造良好的条件和资本支持，技术创新必然会带来技术进步，促进专业化分工，从而提高生产率水平和经济增长效率。

DEA – Malmquist 指数法测算得到的生产率指数可以用来衡量经济增长效

率的变化，其中 Malmquist 指数可以分解为技术效率与技术进步的乘积，也印证了经济增长效率与技术层面紧密相关，当技术效率提升或实现技术进步时，经济增长效率也会有所改善。张璟等（2021）研究指出金融杠杆与技术创新正相关，杠杆波动会抑制技术创新；郭凯（2019）指出在要素投入、要素配置、技术创新中，技术创新对经济增长效率的提升贡献最大。

综合来看，杠杆率的提升会对经济增长效率产生非线性影响，而杠杆率的提升会推动技术创新及技术进步，从而带来生产效率、经济增长效率的提高。故本文还将杠杆率、技术创新、经济增长效率三者间的动态关系纳入研究视野，由此提出本文的第三个假设：

H3：加杠杆通过推动技术创新改善经济增长效率。

三、杠杆率与经济增长效率的动态描述

（一）地区杠杆率的动态描述

地区杠杆率用各省份总负债与 GDP 的比值来表示，总负债为各省份的债务余额。具体的测算公式如下：

$$\text{地区杠杆率} = \text{地区总负债} / \text{地区 GDP}$$

其中，地区总负债包括居民部门贷款、企业部门贷款及债券、政府部门贷款及债券、金融部门贷款及债券。

图 3 为 2000—2018 年全国层面及四大经济区域层面的杠杆率动态变化情况。如图 3 所示，我国全国层面的杠杆率总体表现出先下降后上升的趋势，其中在 2003—2008 年杠杆率缓慢下降，但在 2008 年全球金融危机后则快速提高，这主要是我国为应对金融危机可能带来的经济衰退而采取的一系列经济刺激政策所致。2016 年后“去杠杆”政策的实施使得杠杆率的提升速度趋缓。

从四大经济区域来看，其杠杆率水平的变化与全国层面的变化趋势基本一致。但杠杆率水平在区域之间存在一定的差异性，具体表现为：在 2014 年之前，东部地区的杠杆率一直高于其他三个经济区域，在 2012 年后西部地区的杠杆率快速上升，并逐渐超过东部地区，明显高于全国平均水平；2016 年

“去杠杆”政策实施后，与其他三个地区相比，中部地区的杠杆率出现显著变化，并明显低于其他三个地区的杠杆率水平。

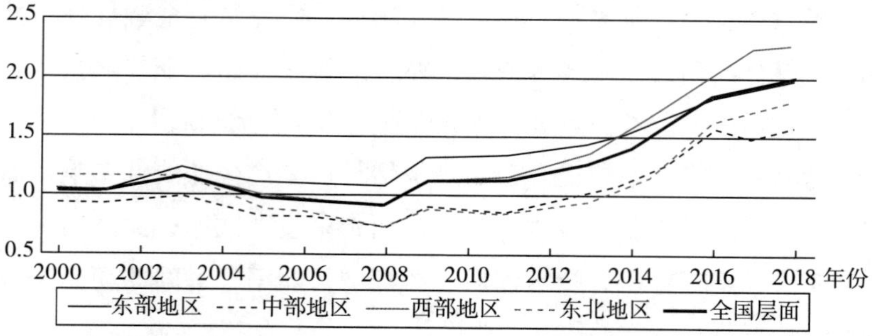

图 3　2000—2018 年全国层面及四大经济区域层面的杠杆率变化趋势

（二）地区经济增长效率的动态描述

1. 经济增长效率测算的方法及指标选择

本文的经济增长效率采用 TFP 来衡量，具体是采用基于 DEA 模型的非参数 Malmquist 指数法测算。首先确定生产前沿面，得到距离函数，并根据距离函数构造 Malmquist 生产率指数反映 TFP 的变化，以此来衡量经济增长效率的动态演进。本文采用 Malmquist 指数法测算得到我国各省份 2000—2018 年的 TFP 的升降变化情况，其中选取的投入与产出指标具体如下：

（1）产出指标。选用各省份 GDP，为剔除价格因素对实际产出的影响，转换为以 2000 年为基期的生产总值指数，从而将各地区的名义生产总值转换为以 2000 年不变价格计算得到的实际国内生产总值。

（2）投入指标。劳动力投入选取就业人数、资本投入为固定资本存量。资本存量采用永续盘存法进行测算。

2. 地区经济增长效率——TFP 的测算结果

基于 DEA - Malmquist 指数法测算得到我国各省份以 2000 年为基期的 2001—2018 年的 Malmquist 生产率指数，通过进一步计算则可得到 2001—2018 年的 TFP。表 1 为 2001—2018 年我国各省份 TFP 的平均值。

根据测算结果可知，我国 2001—2018 年全国地区 TFP 的均值为 0.7291，东部地区 TFP 均值为 0.8619，高于全国地区均值，且高于其他三个经济区域，其中北京市、上海市的 TFP 均值显著高于其他地区，表明其经济增长效率相对较高。东北地区的三个省份辽宁、吉林和黑龙江的 TFP 均值为 0. 5308，低于全国地区的 TFP 平均水平，表明其经济增长效率在全国范围内最低。西部地区的 TFP 均值为 0. 7407，高于全国水平，但西部地区各省份之间经济增长效率非常不均衡，四川、甘肃地区的 TFP 均值大于 1，经济增长效率较高；但云南的 TFP 均值仅为 0. 1349，为西部地区以及全国范围内的最低值。

表 1　2001—2018 年我国各省份 TFP 平均值

地区	TFP	地区	TFP	地区	TFP
全国	0. 7291	中部地区	0. 5855	云南	0. 1349
东部地区	0. 8619	山西	0. 8608	西藏	0. 6708
北京	1. 1334	安徽	0. 3856	陕西	0. 7144
天津	0. 8326	江西	0. 5251	甘肃	1. 0233
河北	0. 7596	河南	0. 6602	青海	0. 6580
山东	0. 8683	湖北	0. 5089	宁夏	0. 5066
上海	1. 1700	湖南	0. 5722	新疆	0. 6691
江苏	0. 8984	西部地区	0. 7407	东北地区	0. 5308
浙江	0. 7723	内蒙古	0. 7489	辽宁	0. 3656
福建	0. 5102	广西	0. 5936	吉林	0. 5547
广东	0. 8104	四川	1. 8113	黑龙江	0. 6721
海南	0. 6835	贵州	0. 6173	—	—

（三）地区杠杆率与经济增长效率的动态关系

图 4 至图 8 分别为我国四大经济区域与全国地区杠杆率与 TFP 的变化趋势图。从 TFP 角度来看，全国范围内的 TFP 呈现出先下降后逐渐上升的趋势，其中东部、中部、西部地区 TFP 的变化趋势与全国地区变化趋势相同，而东北地区总体呈现出 TFP 下降的趋势，表明其经济增长效率持续降低，可能原因在于东北地区作为我国的老工业基地，产业结构相对落后，且近年来转型升级较慢，严重抑制了经济增长效率的提升。

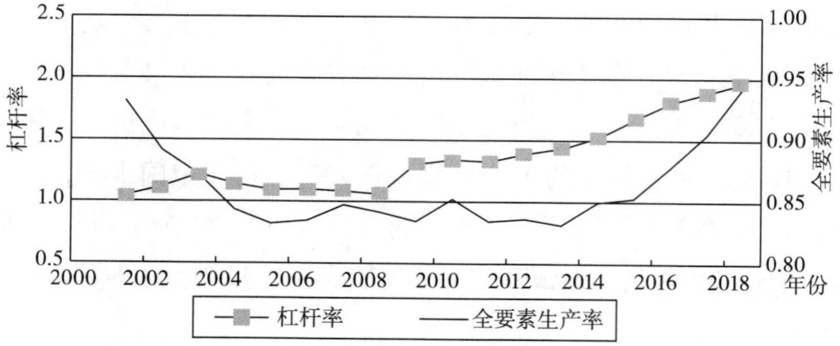

图 4　2000—2018 年东部地区杠杆率与 TFP 变化趋势

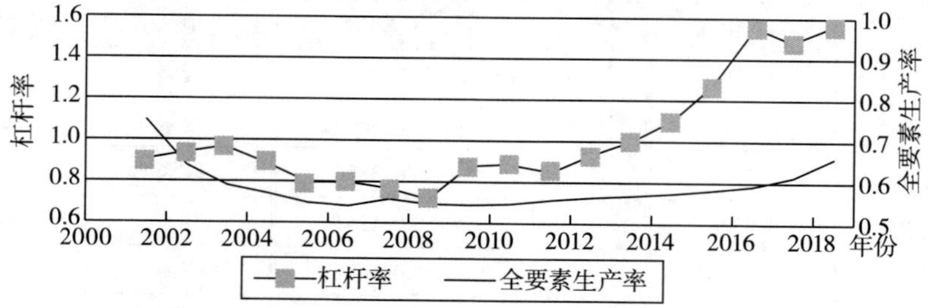

图 5　2000—2018 年中部地区杠杆率与 TFP 变化趋势

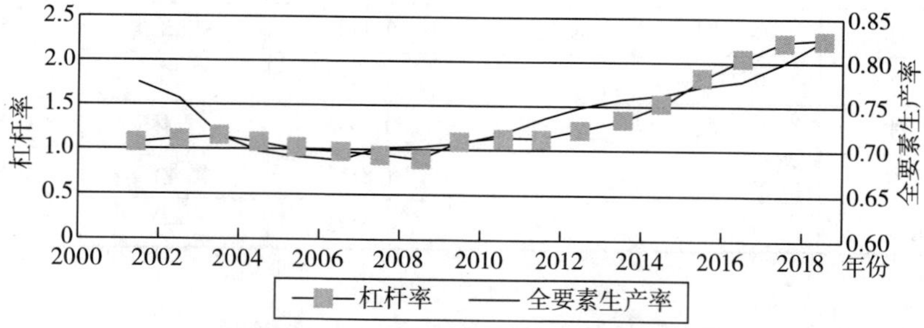

图 6　2000—2018 年西部地区杠杆率与 TFP 变化趋势

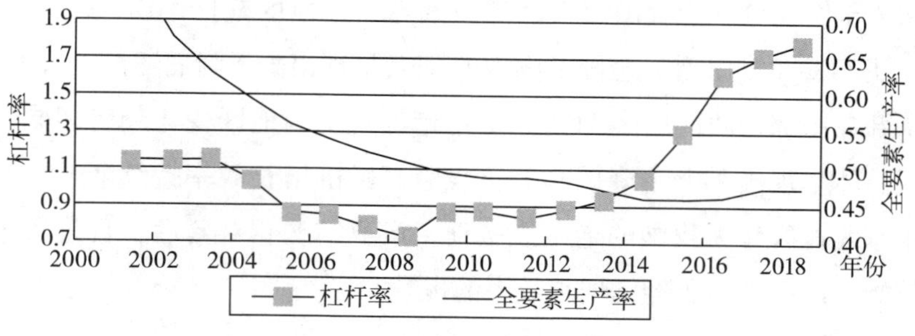

图 7　2002—2018 年东北地区杠杆率与 TFP 变化趋势

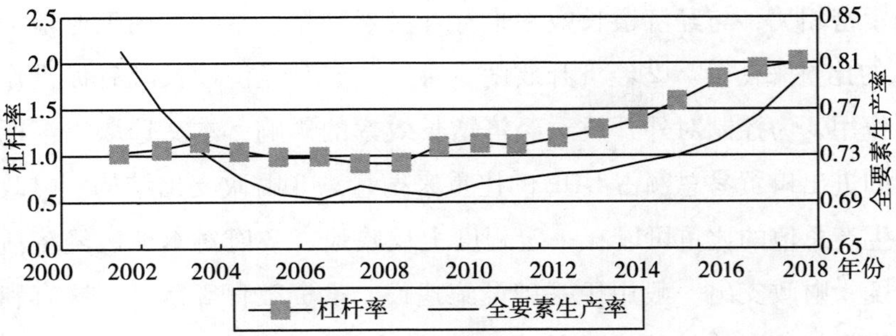

图 8　2002—2018 年全国杠杆率与 TFP 变化趋势

结合杠杆率与 TFP 变化趋势来看，杠杆率与 TFP 之间并不是简单的线性关系，这种关系在不同时期以及不同区域的表现均存在显著差异。这也直接表明杠杆率与经济增长效率之间的关系存在一定的复杂性。

四、实证分析

（一）模型设定

为了检验地区杠杆率与经济增长效率的关系是否符合前面提出的研究假设，特建立以下实证模型：

$$TFP_{i,t} = \beta_0 + \beta_1 LR_{i,t} + \beta_2 LR^2{}_{i,t} + \beta_3 TFP_{i,t-1} + \beta_4 X_{i,t} + \varepsilon_{i,t} \tag{1}$$

其中，i 表示省份，t 表示年份，$TFP_{i,t}$ 为 i 省份 t 时期的 TFP，以反映经济增长效率的动态演进，$LR_{i,t}$ 为 i 省份 t 时期的杠杆率，$X_{i,t}$ 为控制变量。式（1）表示地区杠杆率水平对经济增长效率的影响，其中还设置了杠杆率二次项，以考察杠杆率对经济增长效率的非线性影响。

（二）变量选择与统计描述

被解释变量为 $TFP_{i,t}$，本文采用 DEA - Malmquist 指数法测算得到 TFP。

解释变量为各地区宏观杠杆率，用各地区债务余额与 GDP 的比值衡量，其中，地区债务余额包括居民部门贷款、政府部门贷款及债券、金融部门贷款及债券、企业部门贷款及债券。

控制变量分别为：①产业结构。产业结构的合理化及高级化与地区经济增长紧密相关，与经济增长效率也存在必然联系，本文采用工业增加值所占GDP的比重来衡量。②经济开放度。对外开放对经济增长既有促进作用也有抑制作用，为控制对外开放对经济增长效率的影响，本文选取以当期汇率换算后的进出口贸易总额占GDP的比重来衡量。③财政支出结构。财政支出占国民生产总值的比重可以在一定程度上反映地方政府对本地区经济活动的支持力度，财政支出一般用于基础设施建设、投资教育等活动，这有利于地方技术进步从而影响地区生产效率；为控制政府财政支出对产出效率的影响，本文选用地区财政支出占GDP的比重来衡量财政支出结构。④人口增长率。从社会人口层面对经济增长效率进行控制。⑤每万人公路里程数。用每万人的公路里程数来衡量各地区的交通基础设施情况，以控制基础设施建设情况对经济增长效率的影响。

除了探究杠杆率与经济增长效率的动态关系外，为厘清我国的高储蓄率是否会对杠杆率与经济增长效率间的关系产生影响，本文选用可支配收入用于最终消费后的余额来衡量各省份的总储蓄，储蓄率即为总储蓄与国民生产总值的比值。此外，选用各省份的R&D强度即R&D经费占GDP的比重来衡量技术创新程度，以探究我国加杠杆是否会通过推动技术创新以促进经济增长效率的提高。

表2是主要变量的描述性统计结果。由于经济增长效率以2000年为基期计算得到，故本文中主要变量选取了我国31个省份2001—2018年的样本数据，数据主要来源于《中国统计年鉴》《区域金融运行报告》《全国科技经费投入统计公报》以及各省份的统计年鉴。

表2　主要变量描述性统计

变量	变量含义	观测数	平均值	标准差	最小值	最大值
TFP	全要素生产率	540	0.7291	0.3242	0.1178	2.5528
LR	杠杆率	540	1.2508	0.5154	0.5478	3.2736
Industry	产业结构	540	0.3766	0.0983	0.681	0.5354
Trade	经济开放度	540	0.3040	0.3749	0.0168	1.6977
Fiscal expenditure	财政支出占GDP比重	540	0.2317	0.1839	0.0634	1.3792

续表

变量	变量含义	观测数	平均值	标准差	最小值	最大值
Population	人口增长率（%）	540	0.5320	0.2844	-0.1350	1.2620
Highway	每万人公路里程数（对数）	540	3.2275	0.7983	1.2271	5.6499
s	储蓄率（%）	510	47.4932	9.3711	8.5000	63.9000
Teci	*R&D* 强度	540	1.3076	1.0744	0.1206	6.1700

（三）实证结果分析

1. 杠杆率对经济增长效率的影响分析：全国层面

首先探究杠杆率对经济增长效率的影响，通过 *Hausman* 检验采取固定效应模型进行回归，回归结果如表 3 所示。在回归过程中采取逐步加入控制变量的方法，模型（1）包含杠杆率、杠杆率二次项、*TFP* 滞后变量，模型（2）～（5）依次加入各个控制变量。

由表 3 的回归结果可知，模型（1）～（5）中杠杆率二次项系数均显著为负、杠杆率一次项系数显著为正，这表明杠杆率对经济增长效率的影响是非线性的，总体呈现为倒“U”形，当杠杆率水平低于阈值时，杠杆率的上升会对经济增长效率产生正面影响；但当杠杆率超过阈值时，杠杆率的继续上升对经济增长效率产生抑制作用。

模型（5）是将各种影响因素都纳入其中的综合分析模型，故对阈值的分析以此模型为准。根据模型（5）得出的全国范围内杠杆率阈值为 2.3458，即从全国层面来讲，当杠杆率超过 2.3458 时，杠杆率的提升将对经济增长效率起抑制作用。根据 *CNBS* 测算，我国宏观杠杆率逐年上升，并在 2015 年达到 2.49，超过阈值 2.3458，表明 2015 年起我国杠杆率的提升对经济增长效率产生抑制作用，由此可见，2016 年实施去杠杆是必要的。

表 3 的回归结果验证了假设 1，即杠杆率对经济增长效率的影响是非线性的，呈现倒“U”形关系，杠杆率对经济增长效率的影响存在阈值，当杠杆率低于阈值时，杠杆率的提升会推动经济增长效率的提高；而当杠杆率超过阈值时杠杆率提升会抑制经济增长效率的提高。

表 3 杠杆率对经济增长效率、GDP 增长率影响的回归结果（全国层面）

变量	模型（1）	模型（2）	模型（3）	模型（4）	模型（5）
LR^2	-0.0126 ** (0.0055)	-0.0150 *** (0.0055)	-0.0144 *** (0.0056)	-0.0147 *** (0.0056)	-0.0107 ** (0.0054)
LR	0.0660 *** (0.0188)	0.0776 *** (0.0189)	0.0716 *** (0.0200)	0.0699 *** (0.0200)	0.0502 ** (0.0197)
L. TFP	0.8280 *** (0.0166)	0.8345 *** (0.0166)	0.8366 *** (0.0168)	0.8373 *** (0.0167)	0.8407 *** (0.0162)
R^2	0.8426	0.8459	0.8462	0.8472	0.8585
阈值	2.6190	2.5867	2.4861	2.3776	2.3458

注：*、**、***分别表示10%、5%、1%的显著性水平，括号内数值为对应的标准差。下同。

2. 杠杆率对经济增长效率的影响分析：区域层面

考虑到我国四大经济区域发展水平不同，杠杆率对经济增长效率的影响在不同的区域间会存在明显差异。本节根据区域的不同进行分样本回归，具体结果如表 4 所示。通过表 4 可以发现，各区域系数存在显著差异。其中，中部、西部和东北地区杠杆率回归系数为正，而杠杆率二次项系数为负，表明这三个地区杠杆率对经济增长效率存在非线性影响，呈现倒“U”形关系。东部地区的回归结果与中部、西部和东北地区不同，其杠杆率系数为负，而杠杆率二次项系数为正，表明东部地区杠杆率与经济增长效率之间呈现“U”形关系，但未通过显著性检验，表明该结论还很难确认。

另外，从通过显著性检验的中部地区和西部地区来看，中部地区的二次项系数绝对值显著高于西部地区杠杆率二次项系数绝对值，这说明在杠杆率水平超过阈值后，中部地区加杠杆对经济增长效率产生的抑制作用要比西部地区更为强烈。中部地区与西部地区回归结果的系数显著，求得的阈值分别为 1.8352、2.1266。中部地区的杠杆率水平在 2018 年为 1.5613，还未达到阈值，而西部地区 2017—2018 年杠杆率水平分别为 2.2492、2.2730，超过阈值 2.1266，这意味着从提升经济增长效率视角看，中部地区依然存在着杠杆率可以提升的空间，而西部地区已经进入抑制经济增长效率的负效应区间，因此必须降低杠杆率。

表4　杠杆率对经济增长效率影响的区域层面回归结果

变量	东部地区	中部地区	西部地区	东北地区
LR^2	0.0116 (0.0105)	-0.0798*** (0.0262)	-0.0237** (0.0105)	-0.0049 (0.0075)
LR	-0.0299 (0.0379)	0.2929*** (0.0719)	0.1008** (0.0404)	0.0205 (0.0249)
L. TFP	0.8604*** (0.0444)	0.6280*** (0.0510)	0.7930*** (0.0270)	0.7519*** (0.0332)
控制变量	是	是	是	是
R^2	0.8508	0.8460	0.8777	0.9872
阈 值	1.2888	1.8352	2.1266	2.0918
N	170	102	187	51

具体到省域层面来看，其2018年杠杆率水平与阈值的比较如表5所示。在中部地区，山西杠杆率水平超过阈值，杠杆率的上升不利于其经济增长效率的提高；在西部地区，贵州、云南、西藏、甘肃、青海、宁夏杠杆率水平超过阈值，说明西部地区上述省份杠杆率的上升对经济增长效率产生负面影响；在东北地区，辽宁杠杆率水平超过阈值，加杠杆不利于经济增长效率的提高。但除上述省份外，其他省份的杠杆率水平低于阈值，其中包括安徽、江西、湖北、湖南、内蒙古、四川、广西等，表明从经济增长效率提升角度看，这些省份杠杆率还存在着一定的提升空间。因此，2017年的“结构性去杠杆”政策在省域层面也是适用的，即杠杆率已经超过阈值的省份应该严控其杠杆率的继续攀升，而杠杆率还未及阈值且与阈值相差较多的省份则可以相机抉择。

表5　2018年各省份杠杆率与阈值的比较

	中部地区	西部地区	东北地区
阈值	1.8352	2.1266	2.0918
杠杆率超越阈值省份	山西（1.9980）	贵州（2.4575） 云南（2.1488） 西藏（3.2736） 甘肃（2.7247） 青海（3.0026） 宁夏（2.8201）	辽宁（2.2483）

续表

	中部地区	西部地区	东北地区
杠杆率未超越阈值省份	安徽（1.6848） 江西（1.7318） 河南（1.1283） 湖北（1.4153） 湖南（1.4096）	内蒙古（1.7208） 广西（1.6297） 四川（1.6948） 陕西（1.6433） 新疆（1.8475）	吉林（1.5838） 黑龙江（1.5346）

3. 储蓄率在杠杆率影响经济增长效率中的作用分析

本节通过引入储蓄率与杠杆率的交互项 $LR \times S$，来探究储蓄率在杠杆率对经济增长效率的影响中发挥的作用，结果如表 6 所示。可知，储蓄率的系数均为负且显著，表明高储蓄对经济增长效率存在负面影响。分区域来看，地区杠杆率系数、储蓄率系数与交互项系数存在显著差异。其中东部地区储蓄率系数、交互项系数为负，说明高储蓄不利于经济增长效率提高，且高储蓄会加强高杠杆对经济增长效率的抑制作用。而在中部、西部、东北地区，杠杆率系数、储蓄率显著为负，而交互项系数显著为正，这说明在中部、西部、东北地区，高杠杆、高储蓄不利于经济增长效率改善，但高储蓄又一定程度上可以缓解杠杆率对经济增长效率的负面影响。总的来说，目前我国高储蓄对经济增长效率的提升产生不利影响，但高储蓄会相对减弱落后地区高杠杆对经济增长效率的负向影响，验证了假设 2。

表 6　杠杆率、储蓄率对经济增长效率的影响效果分析

变量	全国	东部地区	中部地区	西部地区	东北地区
LR	-0.0277 (0.0486)	0.2082** (0.0807)	-0.5320** (0.2661)	-0.1672** (0.0815)	-0.5382*** (0.1740)
S	-0.0039** (0.0016)	-0.0061** (0.0028)	-0.0129** (0.0051)	-0.0052* (0.0031)	-0.0207*** (0.0045)
$LR \times S$	0.0011 (0.0012)	-0.0056*** (0.0018)	0.0116** (0.0056)	0.0058** (0.0023)	0.0082** (0.0036)
R^2	0.0294	0.5335	0.0973	0.0470	0.6416
N	510	170	102	187	51

4. 杠杆率、技术创新、经济增长效率间的影响效果分析

通过引入杠杆率与技术创新的交互项，分析说明技术创新是否会影响杠杆率对经济增长效率的作用效果，回归结果如表 7 所示。可以看到，杠杆率与技术创新的交互项系数在各区域间存在显著差异。在全国范围内，杠杆率系数为负，而交互项系数显著为正，表明加杠杆会抑制经济增长效率的提升，但加杠杆产生的技术创新会促进经济增长效率的提升，验证了假设 3 的成立，但加杠杆总体上会抑制经济增长效率的提升，故技术创新对经济增长效率的影响表现为冲减加杠杆对经济增长效率的抑制效果。东部地区、西部地区与全国范围内的回归结果大致相同，且西部地区的交互项系数显著大于东部地区，说明西部地区技术创新带来的经济增长效率提升更明显、可提升空间更大。中部地区杠杆率系数为正，而交互项系数显著为负，表明中部地区杠杆率还存在提升的空间，现阶段的杠杆率水平不利于技术创新发挥对经济增长效率的推动作用。总的来说，高杠杆会抑制经济增长效率的提高，但技术创新会对这种抑制作用产生冲减效果。

表 7　杠杆率、技术创新对经济增长效率的影响分析

变量	全国	东部地区	中部地区	西部地区	东北地区
LR	-0.0069 (0.0204)	-0.1349 *** (0.0311)	0.5702 *** (0.0550)	-0.1036 ** (0.0413)	-0.1578 (0.1012)
LR ×*Teci*	0.0419 *** (0.0071)	0.0445 *** (0.0057)	-0.1860 *** (0.0229)	0.1569 *** (0.0312)	-0.0448 (0.0502)
R^2	0.0899	0.4997	0.0548	0.2517	0.4473
N	540	180	108	198	54

五、进一步讨论

（一）空间溢出效应分析

由于我国地域广阔，各省份的区位条件、资源禀赋、政策偏向及经济发展水平各不相同，且近些年来各地区的经济活动互动更为频繁，我国经济区域间的分工合作不断深化，经济区域间存在着技术扩散、要素流动等现象，

互联网金融、数字金融发展迅速，信贷服务不再受到空间上的限制，可以在一定范围内跨地域产生影响。故地区的经济增长效率变化情况不仅受本地区杠杆率的影响，还可能会受到邻近地区的杠杆率水平及经济增长效率变化等的影响。由前文的分样本回归可知，各区域内杠杆率对经济增长效率的影响效应存在异质性，本节将在前文的基础上，运用空间杜宾模型，以检验我国地区经济增长效率除受本地区杠杆率影响外是否还会受邻近地区空间溢出效应的影响。

1. 空间自相关性检验

在探讨杠杆率与经济增长效率的空间溢出效应之前，先采用 Moran's I 指数来测度我国各省份的杠杆率与经济增长效率是否存在空间自相关性。采用莫兰指数可以衡量全局空间自相关性，表 8 为计算所得的 2001—2018 年各省份杠杆率、经济增长效率的 Moran's I 指数，由表 8 测算结果可知，2001—2018 年我国各省份杠杆率的 Moran's I 指数均大于 0 且大多通过了显著性检验，说明我国各地区的杠杆率存在显著的空间正相关性，表明某地区的大规模举债行为会产生示范效应，带动其周边地区杠杆率的提高。我国整体层面的经济增长效率空间相关性较弱，2010 年前 Moran's I 指数为正，2011—2018 年的 Moran's I 指数为负，说明我国 2001—2018 年各省份间经济增长效率由 2010 年前的空间正相关变为 2010 年后的空间负相关。

表 8　各省份杠杆率、经济增长效率的 Moran's I 指数

年份	杠杆率	经济增长效率	年份	杠杆率	经济增长效率
2001	0.058	0.146**	2010	0.176***	0.026
2002	0.195	0.042	2011	0.175***	-0.010
2003	0.119**	0.064	2012	0.181***	-0.019
2004	0.107*	0.053	2013	0.171**	-0.020
2005	0.109**	0.057	2014	0.167***	-0.017
2006	0.121**	0.052	2015	0.208***	-0.012
2007	0.162**	0.032	2016	0.190***	-0.005
2008	0.177***	0.029	2017	0.242***	-0.006
2009	0.186***	0.003	2018	0.230***	-0.017

但全局自相关无法反映具体的空间集聚特征，图9至图12为经济增长效率与杠杆率的局部自相关莫兰散点图。散点图中数字编号代表各省份：北京1、天津2、河北3、山西4、内蒙古5、辽宁6、吉林7、黑龙江8、上海9、江苏10、浙江11、安徽12、福建13、江西14、山东15、河南16、湖北17、湖南18、广东19、广西20、海南21、四川22、贵州23、云南24、西藏25、陕西26、甘肃27、青海28、宁夏29、新疆30。第一象限表示某省份的经济增长效率或杠杆率较高，且周边地区的也较高，即高值与高值集聚；第二象限表示某省份的经济增长效率或杠杆率较低，但周边地区的较高，差异较大；第三象限表示某省份和其周边地区的经济增长效率、杠杆率水平都较低，即低值与低值集聚；第四象限表示某省份的经济增长效率与杠杆率水平较高，但其周边地区水平较低。结合图9、图10来看，经济较发达地区如北京、天津、上海、浙江、山东在第一象限，表明其经济快速发展的同时还带动了周边地区经济增长效率的改善。而东北地区吉林、辽宁、黑龙江2018年集中在第三象限，表明其由于产业落后等，其经济增长效率较低并在一定程度上抑制了周边地区的经济增长效率的提升。结合图11、图12来看，2001年、2018年杠杆率主要分布在第一、第三象限，如江苏、安徽、福建、江西、河南、湖北、湖南、陕西等，表现为空间正相关性，各省份的举债行为会产生示范效应，对周边地区的杠杆率水平产生显著影响。

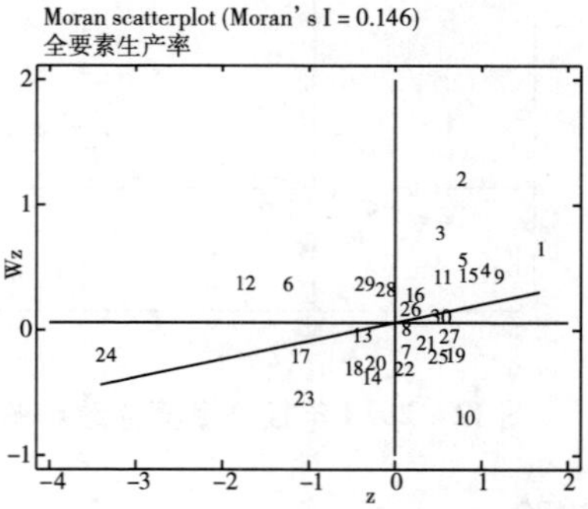

图9　2001年经济增长效率莫兰散点图

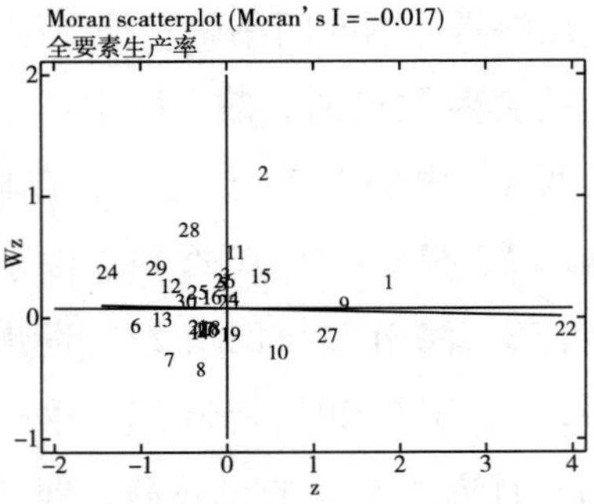

图 10　2018 年经济增长效率莫兰散点图

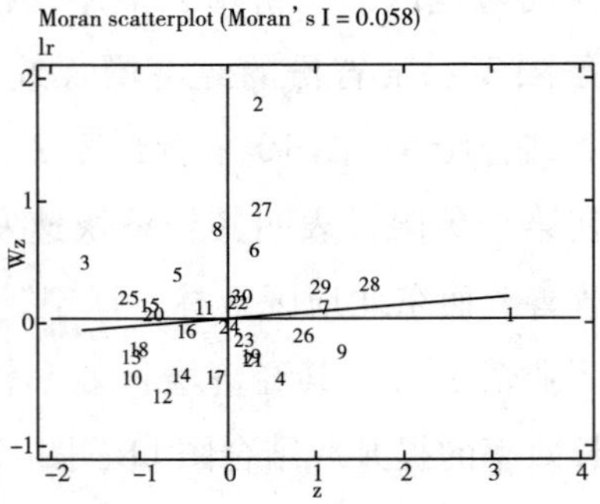

图 11　2001 年杠杆率莫兰散点图

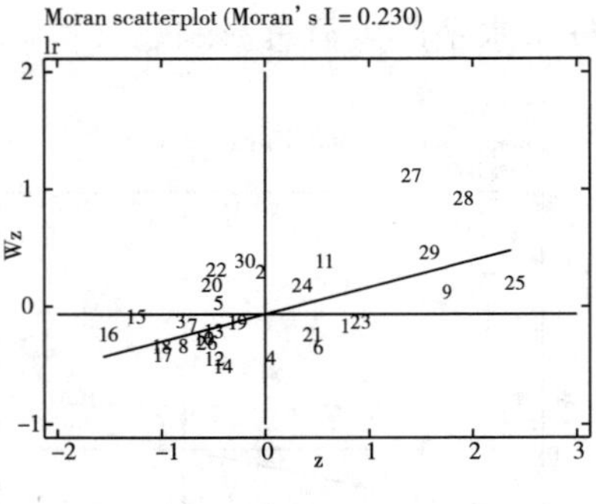

图 12　2018 年杠杆率莫兰散点图

2. 空间溢出效应检验

一个地区的经济增长效率不仅受本地区杠杆率、经济增长效率的影响，还可能会受到邻近地区的杠杆率水平及经济增长效率高低等因素的影响，故本节构建以下空间杜宾模型检验杠杆率、经济增长效率的空间溢出效应。

$$TFP_{it} = \alpha_0 + \alpha_1 LR_{it} + \alpha_2 \sum_{j=1}^{n} W_{ij}TFP_{jt} + \alpha_3 \sum_{j=1}^{n} W_{ij}LR_{jt} + \alpha_4 X_{it} + \alpha_5 \sum_{j=1}^{n} W_{ij}X_{jt} + \varepsilon_{it} \tag{2}$$

式（2）中的 W_{ij} 为空间地理距离权重，α_2、α_3、α_5 分别表示邻近地区杠杆率、经济增长效率及控制变量对本地区经济增长效率的影响，表 9 为式（2）的回归结果。

由表 9 可知，各区域杠杆率、经济增长效率的空间溢出效应存在显著差异。从全国层面来看，$W \times LR$、$W \times TFP$ 的系数显著为正，说明某地区的经济增长效率会受到周边地区的杠杆率、经济增长效率的正向影响，即周边地区的杠杆率、经济增长效率的提高有利于本地区经济增长效率的提高。

从区域层面来看，东部地区一个省的经济增长效率会受到周边地区杠杆率正向的溢出效应影响，但经济增长效率的空间溢出效应不明显；中部地区杠杆率空间溢出效应不明显，某省的经济增长效率除受自身各种因素影响外，还会受周边地区经济增长效率正向的溢出效应影响，地区经济发展会产生一定的扩散效应，有利于周边地区经济增长效率的提高；西部地区经济增长效率的联动效应较弱，某省份的经济发展会在一定程度上抑制周边地区经济增长效率的提高；东北地区杠杆率与经济增长效率的空间溢出效应均显著为正，周边地区的举债行为以及经济增长效率的提高均会产生正向的溢出效应。

此外，产业结构、经济开放度以及基础交通设施建设情况都会产生溢出效应，各经济区域由于发展程度不同，其溢出效应也存在显著差异。

表 9　杠杆率、经济增长效率的空间溢出效应回归结果

变量	全国	东部地区	中部地区	西部地区	东北地区
LR	-0.0704 **	-0.0485	0.0025	-0.0215	0.0432 **
	(0.0312)	(0.0321)	(0.0373)	(0.0457)	(0.0206)
$W \times LR$	0.1844 ***	0.1513 ***	0.0728	0.0833	0.0439 **
	(0.0449)	(0.0444)	(0.0502)	(0.0594)	(0.0208)
$W \times TFP$	0.2039 ***	-0.1583	0.3780 ***	-0.8355 ***	0.5277 ***
	(0.0754)	(0.1414)	(0.0920)	(0.2342)	(0.0849)
控制变量	是	是	是	是	是
R^2	0.1385	0.5683	0.5653	0.3052	0.9190

（二）稳健性检验

对于 TFP，除了采用 DEA - Malmquist 指数法外，本节将参考 Battese 和 Coelli 的模型，采用 SFA 方法测算得到的数据来替换前文的被解释变量，以检验结果的稳健性。通过检验发现，杠杆率二次项系数符号与前文一致，即表明杠杆率对经济增长效率的影响呈现倒“U”形的结论是稳健的。

对于空间权重矩阵，除了可以采用地理距离矩阵外，还可以采用地理邻接矩阵，即当两个地区相邻时，空间权重 $W_{ij}=1$。本节将采用地理邻接矩阵替换空间地理矩阵对杠杆率、经济增长效率的空间溢出效应进行稳健性检验，具体结果如表 10 所示，表明前文得出的杠杆率、经济增长效率存在空间溢出效应结论的稳健。

表 10　杠杆率、经济增长效率的空间溢出效应的稳健性检验

变量	全国	东部地区	中部地区	西部地区	东北地区
LR	-0.0691** (0.0343)	-0.1118*** (0.0418)	0.0709** (0.0336)	0.0249 (0.0455)	-0.0325 (0.0291)
W×LR	0.1491*** (0.0424)	0.1743*** (0.0515)	0.0224 (0.0361)	0.0716 (0.0522)	0.1042** (0.0437)
W×TFP	0.2621*** (0.0564)	0.1902** (0.0746)	0.5992*** (0.0673)	-0.1782 (0.1181)	0.4764*** (0.0792)
R^2	0.1083	0.4230	0.4111	0.2453	0.9246

六、结论及政策建议

本文分析了我国各省份杠杆率与经济增长效率间的关系，并进一步分析了杠杆率、经济增长效率的空间溢出效应，得出以下结论：

第一，我国总体及区域层面的杠杆率均呈现出先下降后上升的趋势，2008 年全球金融危机后杠杆率快速攀升，在 2016 年政府推出一系列去杠杆、结构性去杠杆等措施后杠杆率的增长速度放缓。第二，杠杆率对经济增长效率存在非线性影响，总体呈现出倒“U”形。杠杆率水平存在阈值，当杠杆率水平低于阈值时，杠杆率的上升能够有效推动经济增长效率的提高；但杠杆率水平超过阈值时，杠杆率的提升会抑制经济增长效率的提高。第三，高储蓄率会减弱经济相对落后地区内杠杆率提升对经济增长效率的负向影响。投资是经济增长的主要推动力之一，地区高储蓄支撑的高杠杆率带来地区的投资增长，相对缓解了高杠杆率对经济增长效率的负向影响。第四，杠杆率与经济增长效率表现出一定程度的空间集聚性，并产生空间溢出效应。某省份的经济增长效率不仅受本地区内杠杆率的影响，还会受到周边地区杠杆率、经济增长效率的影响。根据上述研究结论，提出以下政策建议：

第一，有效控制杠杆、实施结构性去杠杆是实现增进经济增长效率的重要途径。杠杆率对经济增长效率的影响存在阈值，当杠杆率超过阈值，杠杆率的上升会抑制经济增长效率的提高。从区域层面来看，应重点控制西部地区杠杆；从省域层面来看，应将去杠杆的重点放在山西、贵州、云南、西藏、甘肃、青海、宁夏、辽宁等杠杆率水平超过阈值的省份。去杠杆过程中应防止“一刀切”政策，对于还未超过杠杆率阈值的省份其杠杆率还存在提升空间，在有效控制其杠杆率快速增长的基础上，提升杠杆以发挥杠杆率对提高经济增长效率的积极作用。

第二，改善储蓄率不断降低的问题，重视技术创新对经济增长效率的影响。储蓄在一定程度上可以缓解债务风险，对维护债务稳定和维护债务安全具有重要作用，较高的储蓄率是我国防范金融风险、促进经济增长的基础。但近些年来，我国总储蓄率不断降低，高储蓄支撑的高投资拉动经济增长的发展模式不可持续，高负债对经济增长效率的负面影响逐步显现，应改善储蓄率不断降低的问题，并且提升储蓄—投资—经济增长转化率，避免金融资源的滥用，确保杠杆资金形成有效的资本积累。此外，重视技术创新对经济增长效率的促进作用，有效利用杠杆推动技术创新，以促进生产率水平的提高，为提升我国经济增长效率提供动力。

第三，推进地方政绩考核制度改革，考核重点由经济增长转向经济增长效率。我国已步入经济增长新常态阶段，提升经济增长效率是当下及未来相当长时期实现经济高质量发展的重要路径。我国地方政府债务快速膨胀的主要原因不是财务困难，而是在官员晋升机制下地方政府为吸引外资而展开的

"负债大战"，为避免由于GDP锦标赛、晋升机制引发的抢占资源等现象的发生，应尽快推动地方政绩考核制度改革，在提升经济增长效率导向下规范地方政府的举债行为、提高债务利用效率，确保地方政府在防范风险和实现经济有效增长中发挥积极作用。

第四，协调区域发展政策，推动区域协调发展。随着地区间的经济合作不断加深，地区举债行为及其经济发展均会对周边地区产生影响，经济政策也存在着溢出效应，这就要求各地区在制定发展战略时，不仅要考虑本地区的发展特点，还要充分整合和综合利用所在区域的各类资源，打破行政边界，协调区域发展政策、形成区域发展合力，实现区域共同发展。

参考文献

[1] MCKINNON R. I. Money and Capital in Economic Development[M]. Brookings Institution, 1973.

[2] SHAW E. S. Financial Deepening in Economic Development[M]. Oxford University Press, 1973.

[3] KING R. G., LEVINE R. Finance ,Entrepreneurship and Growth:Theory and Evidence[J]. Journal of Monetary Economics, 1993(3):513 - 542.

[4] 王爱俭，杜强．经济发展中金融杠杆的门槛效应分析——基于跨国面板数据的实证研究[J]．金融评论,2017(5):18 - 27.

[5] FISHER I. The Debt - deflation Theory of Great Depressions[J]. Econometrica, 1933(4):12 - 19.

[6] RIOJA F., VALEV N. Finance and the Source of Growth at Various Stages of Economic Development[J]. Economic Inquiry, 2004(1):127 - 140.

[7] SHEN C., LEE C. Same Financial Development Yet Different Economic Growth:Why? [J]. Journal of Money,Credit&Banking, 2006(7):1907 - 1944.

[8] 陈颖，缪海斌．降杠杆会抑制经济增长吗？——国际实证与中国观察[J]．国际金融研究,2018(8):3 - 12.

[9] REINHART C. M., ROGOFF K. S. Growth in a Time of Debt[J]. American Economic Review, 2010(12):573 - 578.

[10] CECCHETTI G. , E. KHARROUBI. Reassessing the Impact of Finance on Growth[R]. BIS Working Paper, 2012(381).

[11]刘晓光,刘元春,王健. 杠杆率、经济增长与衰退[J]. 中国社会科学,2018(6):50 - 70.

[12]张璟,张震,刘晓辉. 宏观金融杠杆波动抑制了技术创新吗?——来自中国省际面板数据的经验证据[J]. 国际金融研究,2021(6):3 - 12.

[13]郭凯, 付浩. 技术创新视角下的中国经济增长质量——基于中国2000—2016年样本数据[J]. 科技管理研究,2019(3):58 - 62.

“一带一路”倡议对非沿线国家 OFDI 的影响研究

武宵旭　黄智超　王腾蛟[1]

摘　要：本文基于中国 A 股上市企业数据，运用三重差分模型，探究“一带一路”倡议的投资促进作用（BR－IPE）对企业在非“一带一路”沿线国家 OFDI 的影响。研究发现，在倡议实施的前三年，表现出“存量转换”效应，即倡议的投资促进作用降低了企业向非沿线国家的 OFDI；之后，倡议表现出“增量引致”效应，并呈逐年增强趋势，即倡议的投资促进作用提高了企业向非沿线国家的 OFDI。异质性研究表明，BR－IPE 对非国有企业以及向非沿线发达国家的 OFDI 主要表现为“增量引致”效应，而对国有企业以及向非沿线发展中国家的 OFDI 存在“存量转换”效应。

关键词：新发展格局；“一带一路”倡议；OFDI；增量引致；存量转换

---

① 作者简介：武宵旭（1992—），陕西神木人，西北大学经济管理学院师资博士后；黄智超（2002—），江西抚州人，西北大学经济管理学院金融系学生；王腾蛟（2001—），陕西兴平人，西北大学经济管理学院金融系学生。

基金项目：中国博士后基金面上项目（2020M683690XB）；陕西省教育厅科研计划项目（21JT039）。

一、引言

当前，在世界经济不确定性激增以及中国进入增长动力转换攻关期的内外约束背景下，加快形成以国内大循环为主体、国内国际双循环相互促进的新发展格局，已经成为中国经济高质量发展的内在要求。“一带一路”作为新发展格局的战略重点，在推进国际大循环、畅通国内大循环，促使中国与国际经济双循环优势互补、内外循环联动的过程中发挥着重要作用（刘伟、刘瑞明，2021）。事实上，中国经济的内循环已经开始与“一带一路”沿线国家市场融为一体，坚定不移地做好“一带一路”建设，就是实现国内国际双循环相互促进（黄奇帆，2020）。商务部数据显示，自 2013 年“一带一路”倡议提出以来，中国对“一带一路”沿线国家的直接投资累计超过 1300 亿美元，年均增长约 5%。2020 年，即使受新冠肺炎疫情影响，中国对“一带一路”沿线国家的投资仍高达 178.4 亿美元，同比增长 18.3%。毫无疑问，“一带一路”为中国企业的“走出去”提供了更为广阔的区域经济合作平台，让中国与沿线国家的投资合作不断升温（吕越等，2019），极大地提升了中国企业对“一带一路”沿线国家的对外投资水平（周伯乐等，2020）。

虽然，“一带一路”倡议的投资促进作用（BR－IPE）已经被广泛认可，但是，本文还想进一步弄清的是，由政策激励所产生的投资促进作用会如何作用于中国企业对非“一带一路”沿线国家（非沿线国家）的 OFDI？具体地，到底是“一带一路”倡议的实施使得企业原本投向非沿线国家的投资被“一带一路”国家所“代替”，进而发生 OFDI 的“存量转换”效应，还是“一带一路”倡议为中国企业搭建了对外投资平台，在助力中国企业“走出去”的过程中，既构筑了企业自身竞争力的提升，又打造了全新的海外市场，产生对外投资的外溢效应，进而发生中国企业向非沿线国家 OFDI 的“增量引致”效应？客观回答上述问题，既有利于新时代下更加全面地认知和深刻地挖掘“一带一路”倡议所蕴含的巨大经济红利，又对提高中国对外投资质量，深入参与国际大循环，以外循环优化内循环，统筹国内国际“两个大局”具有重要现实意义。

综观现有“一带一路”投资效应的研究，多数文献以“一带一路”为背景，探讨沿线国家制度质量、金融发展、资源禀赋如何影响中国企业的OFDI进入策略、选择偏好以及投资规模（蒋冠宏，2017；刘志东、高洪玮，2019；钱进、王庭东，2019）。另一部分文献，主要对“一带一路”的经济后果进行检验，发现“一带一路”投资有利于增强中国与沿线国家的贸易互补性（毛海欧、刘海云，2019），双边税收协定的落实在一定程度上弥补了“一带一路”沿线国家高税负和制度环境不足对企业OFDI的负面影响（邓力平等，2019），对沿线国家的投资为中国全球价值链分工地位的提升创造了条件（彭澎、李佳熠，2018；郑丹青，2019）。此外，还有部分研究利用政策评估方法就“一带一路”倡议本身的经济影响展开讨论。例如，“一带一路”显著降低了中国企业在沿线国家的投资风险（孙焱林、覃飞，2018）。与未受影响的企业相比，“一带一路”通过降低支持企业的经营成本，有效增加了中国企业对沿线国家的投资（孟醒，2021），这一结论在金刚和沈坤荣（2019）、吕越等（2019）、周伯乐等（2020）的研究中被进一步证实。以上前人丰硕的成果构成了现阶段相对完善的“一带一路”倡议投资效应研究体系，但是其研究对象多局限在“一带一路”倡议与沿线国家的互动关系上，鲜有涉及在“一带一路”倡议背景下，中国企业与非沿线国家OFDI关系的研究。

二、文献回顾与理论分析

“双循环”新发展格局强调内外循环的相互连通，不失偏废（余淼杰，2021）。“一带一路”作为全球化进程的新型经济合作模式，是联结中国国内市场与全球市场的重要经济纽带，是市场与政府合理配置国内国际两种资源，推动形成更高水平开放型经济，构建新发展格局的关键动力之一。目前，“一带一路”作为中国企业“走出去”的重要平台，对沿线国家投资的促进作用，即“一带一路”倡议的投资促进作用（BR－IPE）已成为众多学者的共识（Yu et al.，2019；吕越等，2019；金刚、沈坤荣，2019；Chen et al.，2020；Chen and Lin，2020；周伯乐等，2021）。通过打破原有国际分工的地理局限（方慧、赵甜，2017）、增强运输网络的扩散效应（Chen and Lin，2020）、减小向沿线国家投资的对外投资风险（孙焱林、覃飞，2018）、创造便利化的投资贸易环境（Chen et al.，2020）、给予相关企业政府补贴与税收优惠（孟醒，2021）等措施，"一带一路"倡议极大地调动了企业投身国家重大战略的积极性，助推企业将资源投向"一带一路"沿线国家。

资源要素的稀缺性是分析经济问题的基本假设，既然"一带一路"倡议助推中国企业将资源投向"一带一路"沿线国家，那么，我们不禁要问，BR－IPE 是否影响了中国企业对非沿线国家的 OFDI 呢？如果存在影响，这一由政策激励所带来的 BR－IPE 对中国企业在非沿线国家的 OFDI 会产生什么样的影响呢？具体地，是"一带一路"倡议仅仅改变了中国企业 OFDI 的目的国，把原本向非沿线国家进行的 OFDI 转向"一带一路"沿线国家，即企业 OFDI 的"存量转换"效应，还是 BR－IPE 存在正外部性，会引致中国企业向非沿线国家进行新增 OFDI，即企业 OFDI 的"增量引致"效应？

BR－IPE 对中国企业在非沿线国家 OFDI 的"增量引致"效应与"存量转换"效应可能同时存在。

首先，从资本市场角度来看，资本是企业 OFDI 的核心要素。一方面，不同于欧美等发达国家，中国金融市场发展滞后是中国经济发展过程中的重要特征，这就决定了企业的对外投资活动主要依靠企业自有资金进行内部融资。在资本有限且稀缺的约束条件下，响应"一带一路"号召，对"一带一路"国家进行投资，即意味着企业要将部分原本投向非沿线国家的资本转移到"一带一路"国家，毫无疑问，这会对非沿线国家的 OFDI 造成"挤出"，产生企业 OFDI 的"存量转换"效应。但是另一方面值得指出的是，相关企业在"一带一路"倡议推行之初就得到了各类金融机构和地方政府的积极反馈，在银行授信、贷款利率、政府补贴和税收减免等方面均获得了较为充沛的资金支持。除了以中国国家开发银行、中国进出口银行等为主的开发性金融和政策性银行为"一带一路"建设设立专项贷款以外，上海证券交易所和深圳证券交易所还发布了《关于开展"一带一路"债券试点的通知》，意图通过发行专项债券进一步拓宽倡议支持企业的多元融资体系，改善倡议支持企业融资环境。这些外源融资渠道的增加和贷款成本的降低，在一定程度上有利于降低企业生产成本，缓解企业因投资"一带一路"国家而导致的资金紧张局面（徐思等，2019），进而减小其对非沿线国家 OFDI 的潜在“挤出”作用。

其次，从产品市场角度来看，“一带一路”倡议对非沿线国家 OFDI 的影响存在复杂性特征。一方面，不同企业对“一带一路”国家投资动机的不同会使得其对非沿线国家的 OFDI 产生不同作用。Baltagi 等（2007）的对外投资模式理论认为，为降低交易成本、开辟新市场、规避东道国进口壁垒等，而选择在东道国以直接投资方式生产产品的水平型对外投资，其因与第三国关联性不大而不具有显著空间相关性。但是，意图在全球范围内寻求更低的生产要素、优化资源配置的垂直型对外投资，其对第三国的 OFDI 既可能形成空间互补，也可能产生空间替代。基于 Baltagi 等（2007）的对外投资模式理论，刘清杰等（2019）发现中国对“一带一路”沿线国家的投资会对第三国 OFDI 形成一定的空间替代。因此，对“一带一路”国家的投资可能会对非沿线国家的 OFDI 产生“存量转换”效应。

另一方面，任何政策均具有一定的外溢性，这意味着“一带一路”倡议的投资促进作用也具有外溢效应。如果企业能够在从“一带一路”推动的双边、多边国际经济合作中，通过补缺生产要素、扩大市场规模、延长产业链条、增强技术溢出和制度创新等形式，实现更大范围、更宽领域、更深层次上的优质且高性价比产能有效转接，那么无疑会有利于整合国内国外两种资源，为中国企业向非沿线国家的 OFDI 带来积极影响，并带来 OFDI 的“增量引致”效应。现有研究指出，“一带一路”倡议显著提升了中国企业的全要素生产率水平和创新产出（王桂军、卢潇潇，2019；王雄元、卜落凡，2019），促进了中国产业结构转型升级（方慧、赵胜立，2021），对“一带一路”沿线国家的投资为中国向全球价值链中高附加值环节的攀升提供了条件和空间（彭澎、李佳熠，2018）。此外，通过满足“一带一路”沿线国家市场需求，帮助沿线发展中国家克服后发劣势、创造了大量就业机会等途径，“一带一路”不仅显著促进了沿线发展中国家的经济增长，而且让共建成果惠及合作各方，为中国经济的外部循环创造了优良环境和氛围，并最终服务于国内大循环和国内国际双循环，创造了中国向非沿线国家 OFDI“增量引致”的新局面。

综上可见，BR－IPE 会通过多种渠道影响中国企业对非沿线国家的 OFDI。据此，本文提出如下假设：

H1a：BR－IPE 对中国企业在非沿线国家的 OFDI 具有"存量转换"效应。

H1b：BR－IPE 对中国企业在非沿线国家的 OFDI 具有"增量引致"效应。

三、计量模型与数据说明

（一）三重差分模型的设定

本文使用中国 A 股上市企业数据，采用三重差分模型，实证研究"一带一路"倡议的投资促进作用对中国企业在非沿线国家 OFDI 的影响，重点探讨这种影响是"增量引致"效应还是"存量转换"效应。第一层差分来自企业层面，即"一带一路"倡议支持的企业或非支持的企业；第二层差分来自时间层面，即"一带一路"倡议实施前或实施后；第三层差分来自企业对"一带一路"沿线国家投资层面，即向"一带一路"国家进行了投资或没有进行投资。具体的估计式为：

$$OIN_{it} = \beta_0 + \beta_1 BR_t \times Post_t \times Inv_{it} + \beta_2 BR_i t \times Post_t + \beta_3 BR_t \times Inv_{it} + \beta_4 Post_t \times Inv_{it} + \beta_5 BR_t + \beta_6 Post_t + \beta_7 Inv_{it} + \sum Controls_{it} + \mu_i + \eta_t + \varepsilon_{it} \quad (1)$$

其中，*OIN* 表示 i 企业在第 t 年向非"一带一路"沿线国家进行对外投资的状况，使用企业对非"一带一路"国家 OFDI 的数量衡量。*BR* 为企业是否为"一带一路"倡议支持企业，是为1，否则为0。*Post* 为是否"一带一路"倡议实施的年份，是为1，否则为0。*Inv* 为企业是否对"一带一路"沿线国家进行了投资，是为1，否则为0。*Controls* 为一系列控制变量。μ_i 为企业固定效应，η_t 为年度 ε_{it} 为随机扰动项。β_1 是本文重点关注的系数，如果 β_1 为负，则表示企业向"一带一路"国家进行投资，则"挤出"了企业向非"一带一路"沿线国家的 OFDI，即 BR－IPE 具有"存量转换"效应；如果 β_1 为正，则表示企业向"一带一路"国家进行投资，提高了企业向非"一带一路"沿线国家的 OFDI，即 BR－IPE 具有"增量引致"效应。

（二）指标选取与数据说明

（1）被解释变量是企业向非沿线国家对外直接投资（*OIN*），使用中国企业在非“一带一路”沿线国家的 OFDI 数量表示。首先，利用 CSMAR 提供的上市企业关联公司信息，参考刘莉亚等（2015），将满足以下三个条件的投资视为上市企业的对外投资：①与上市企业的关联关系为其“子公司”“合营企业”或“联营企业”；②上市企业对关联企业的控制权益比例超过 10%；③关联方注册地在海外非“一带一路”国家。其次，将每个上市企业每年的投资个数加总，得到投资总数。在实际信息筛选中，对部分关联企业信息存在缺失的样本，通过手动查找对应上市企业年报等资料加以补充。

（2）核心解释变量是“一带一路”倡议的 OFDI 促进效应（BR－IPE），使用 *BR* ×*Post* ×*Inv* 表示。第一，企业是否属于“一带一路”倡议支持企业（*BR*）。借鉴徐思等（2019）、周伯乐等（2020）的划分标准，将同花顺中“一带一路”概念板块的上市企业作为受“一带一路”倡议影响的支持企业，而未受影响的其他企业作为非支持企业。原因在于，虽然一些企业的注册地位于“一带一路”重点省份或节点城市，但其发展方向、业务重点与“一带一路”建设并无关联；而部分非“一带一路”倡议重点省份的企业却积极参与了“一带一路”建设。因而，如果该企业是“一带一路”概念板块中的上市企业，则定义为“一带一路”倡议支持企业，取值为 1，否则为 0。第二，是否在“一带一路”倡议提出后（*Post*）。“一带一路”倡议最早于 2013 年 9 月提出，为保证实验事件发生前后时间区间的一致性，故将 2014 年作为基准年，年份为 2014—2019 年的 *Post* 赋值为 1，之前年份赋值为 0。第三，是否有向“一带一路”国家进行了投资（*Inv*），若有则赋值为 1，否则为 0。

（3）控制变量主要包括：企业规模（Ln*size*），用总资产的自然对数衡量；资产负债率（*Leverage*），用负债总额与资产总额的比值度量；资产收益率（*Roa*），用税后净利润/资产总额表示；托宾 Q 值（*TobinQ*），用市值/总资产衡量；股权集中度（*Top*10），用前十大股东持股比例之和表示；流动比率（*Liquidity*），用流动资产与流动负债比值衡量；领导权结构（*Duality*），根据董事长与总经理兼任情况，同一人取 1，否则取 0；企业性质（*State*），是否国有企业，是取 1，否取 0；固定资产比例（*Fix*），用固定资产净额/总资产表示；高管持股比例（*Mhold*），高管持股数量加 1 后取对数表示。

本文以中国 A 股上市企业为研究对象，选择 2009—2019 年为样本区间，考察 BR－IPE 对中国企业非沿线国家 OFDI 的影响。根据研究目的和需要，剔除了金融保险类行业、房地产行业上市企业；ST、*ST、PT 企业；财务状况存在异常的企业样本，如总资产（或总负债）小于 0 的样本，总资产小于固定资产、无形资产、流动资产的样本，长期负债、流动负债大于总负债的样本；主要变量存在缺失的样本。所有数据均来自国泰安（CSMAR）上市企业数据库。

四、实证结果

（一）基准回归结果

表 1 报告了三重差分估计结果，其中列（1）、列（3）未加入控制变量，列（2）、列（4）加入了控制变量，每一列均控制了个体固定效应和时间固定效应。不难发现，与图 1 的趋势相一致，核心解释变量（$BR \times Post \times Inv$）的回归系数均显著为正，表明 BR－IPE 能够有效提升企业在非沿线国家的 OFDI，即 BR－IPE 存在“增量引致”效应，说明“一带一路”倡议的政策红利具有显著的正外部性。“一带一路”倡议是中国政府主导的、切实有利于中国经济发展，也惠及沿线各国经济发展的重大举措，其所推动的双边、多边区域经贸合作不仅在更大范围、更宽领域、更深层次上促进了生产要素在国际间的自由流动，有利于优化整合中国与“一带一路”沿线国家的资源，而且也为非沿线国家的经济带来政策红利。“一带一路”作为中国与世界各国经贸合作的平台，最终服务于中国对外开放新体制的构建和更高水平的“走出去”战略目标，有助于加快推动“双循环”新发展格局的形成。

表1　“一带一路”倡议对 OIN 影响的基准回归

变量	(1)	(2)	(3)	(4)
BR×Post×Inv	0.8340** (2.34)	0.8458*** (3.22)	2.2343*** (8.86)	2.3994*** (8.91)
BR×Post	0.3352* (1.90)	0.2389 (1.33)	−0.0625 (−0.36)	−0.1271 (−0.71)
Post×Inv	2.7362*** (28.07)	2.4231*** (23.16)	2.7320*** (27.91)	2.4152*** (22.98)
BR×Inv	4.2279*** (12.15)	4.0475*** (11.40)		
Firm FE	Yes	Yes	Yes	Yes
Year FE	Yes	Yes	Yes	Yes
N	20860	20860	20860	20860

注：括号内的数值为 t 值；*、**、***分别表示在 10%、5%、1% 的统计水平下显著。下同。

（二）BR－IPE 的动态效应分析

考虑到 BR－IPE 对企业在非沿线国家 OFDI 的影响效果，可能会随着时间的推移而产生差异性的影响。本文进一步考察了 BR－IPE 影响的动态效应。图 1 显示，BR－IPE 支持的企业向非“一带一路”沿线国家对外投资的系数 *Before*，在“一带一路”倡议实施前三年、前两年、前一年均不显著；而在“一带一路”倡议实施当年及以后两年中，也就是 2014—2016 年，系数 *After* 显著为负，在 2017 年及之后年份中系数 *After* 显著为正并逐渐增大。这说明处理组和控制组企业的对外投资在“一带一路”倡议实施前不存在明显的差异，满足平行趋势假设。在“一带一路”倡议实施的前三年，BR－IPE 对中国企业在非沿线国家 OFDI 的影响存在“存量转换”效应，即企业向“一带一路”沿线国家的 OFDI 在一定程度上替代了企业向非“一带一路”沿线国家的 OFDI；而在 2017 年之后，随着“一带一路”倡议实施的不断深入和配套措施的逐渐完善，BR－IPE 对中国企业在非沿线国家 OFDI 的“增量引致”效应开始显现，并呈现出逐年增强趋势。

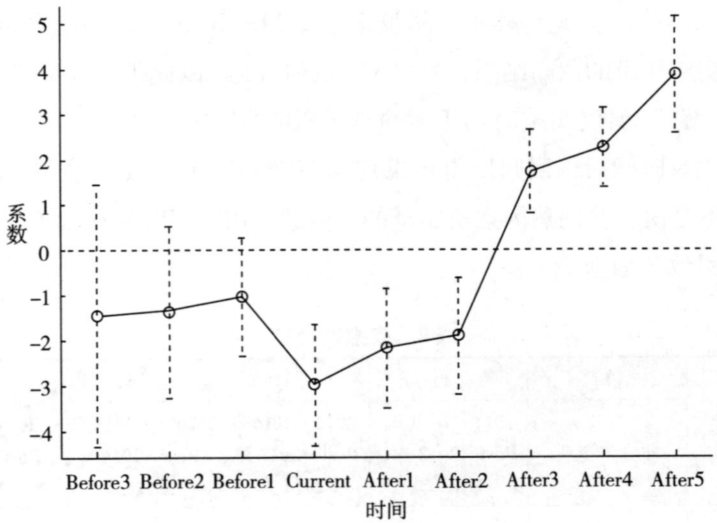

图 1　动态效应

（三）安慰剂检验

为确保研究结论的稳健性，本文通过构造虚假处理组和虚假“一带一路”倡议实施年份这两种方法进行安慰剂检验。

首先，构建虚假处理组。在基准回归中，按照企业是否为同花顺软件中“一带一路”概念板块，并向“一带一路”沿线国家进行 OFDI 将其划分为处理组和控制组，考察 BR - IPE 对企业 OFDI 的“增量引致”效应或“存量转换”效应。改变原实验设计的划分方式，仅从“一带一路”倡议未支持企业中选取样本，将控制组企业注册地址在“一带一路”沿线 18 个重点省份并且投资目的国为“一带一路”沿线国家的企业作为虚拟处理组，其余企业作为新的控制组进行估计，见表 2 的列（1）。结果显示，虚假处理组与解释变量的交互项系数 *DDD_ Fake* 没有显著为负，与基准回归动态效应结果不一致，侧面证实了基准回归结果的可靠性。

其次，构建虚拟实施时间。本文假定企业 OFDI 对东道国选择的改变并非由于“一带一路”倡议的实施，而是随着时间的推移企业投资环境改变所引起的，此时这种改变与“一带一路”倡议没有任何关联。为排除这种影响，构建虚假“一带一路”倡议年份进行安慰剂检验。结果见表 2 列（2）至列

（5）。其中，列（2）是将样本区间设定为2011—2013年，2012年和2013年作为政策实施年份的回归结果，列（3）至列（5）以此类推，分别考察了虚拟“一带一路”倡议实施时间下对企业OFDI的影响。结果显示，更改“一带一路”倡议时间后，回归所得结果均与基准回归不一致，即本文的基准模型结果并不是由某些偶然因素所驱动的。因此，BR－IPE对企业OFDI确实存在“增量引致”效应。

表2　安慰剂检验

变量	(1)	(2)	(3)	(4)	(5)
	非支持企业	2011—2013年 Post＝2012年、2013年	2012—2014年 Post＝2013年、2014年	2013—2015年 Post＝2014年、2015年	2014—2016年 Post＝2015年、2016年
DDD_ Fake	2.3870 (0.64)	−0.1916 (−0.30)	1.4880 (0.55)	−0.2162 (−0.37)	−0.1340 (−0.32)
BR×Post	0.0725 (0.88)	−0.1804 (−0.67)	−0.5322** (−1.98)	0.6180** (2.08)	−0.0213 (−0.10)
Post×Inv	2.4392*** (18.75)	1.5080*** (6.64)	1.5520*** (7.31)	1.0421*** (5.11)	1.4073*** (10.06)
BR×Inv	3.0000*** (14.06)	1.1221 (1.54)	1.0275 (1.53)	6.3178*** (8.30)	0.8849 (1.50)
Firm FE	Yes	Yes	Yes	Yes	Yes
Year FE	Yes	Yes	Yes	Yes	Yes
N	17919	4078	4699	5368	6099

五、异质性分析

为进一步探究BR－IPE对中国企业在非沿线国家OFDI的异质性影响效应，本文分别从企业所有制和东道国经济发展程度的视角，利用分组回归进行实证分析。

（一）基于企业所有制视角的异质性分析

基于企业所有制的分组回归结果如表3所示。列（1）和列（2）结果显示，国有企业的三次项交互系数显著为负，说明 BR－IPE 显著降低了国有企业向非沿线国家进行 OFDI，即 BR－IPE 对国有企业具有“存量转换”效应。与国有企业不同，列（3）和列（4）结果显示，非国有企业的三次项交互系数显著为正，BR－IPE 的实施有利于提升非国有企业向非沿线国家进行 OFDI，BR－IPE 通过“创造”新的 OFDI，对非国有企业具有“增量引致”效应。可能的原因在于，相比于非国有企业，国有企业是响应国家“一带一路”倡议，开展对外直接投资的“先行者”和“主力军”，其向沿线国家的对外投资除市场动机以外，还同国家战略需求密切相关。国有企业对“一带一路”的响应，并非完全依据企业发展而做出的投资决策，挤压了企业向非沿线国家的 OFDI，表现为 OFDI 的“存量转换”效应。与国有企业相比，非国有企业不存在及时响应“一带一路”倡议，充当了政策“先行者”的角色。而且，由于进入国外市场，将面临更为激烈的市场竞争，只有获得诸如规模经济、先进技术、高效管理等特定竞争优势的非国有企业，才会搭乘“一带一路”快车对沿线国家进行 OFDI。也就是说，“一带一路”给非国有企业提供了“走出去”的平台，降低了东道国的不确定性风险，提升了非国有企业进行对外投资的决策。而后，随着企业 OFDI 的实施，企业通过“干中学”，逐渐蜕变成长，不断提升 OFDI 的东道国界限，表现出非国有企业 OFDI 的“增量引致”效应。以上过程是“一带一路”政策红利充分释放的过程。

表 3　所有制异质性

变量	(1)	(2)	(3)	(4)
	国有企业	国有企业	非国有企业	非国有企业
$BR \times Post \times Inv$	−1.7181*** (−3.47)	−1.3887*** (−2.69)	2.7094** (1.98)	2.1632*** (2.87)
$BR \times Post$	0.3330 (1.37)	0.2016 (0.80)	0.9620*** (2.98)	0.8664*** (2.67)
$Post \times Inv$	3.3280*** (17.67)	3.0728*** (15.21)	2.3103*** (21.14)	2.0487*** (17.64)
$BR \times Inv$	6.2378*** (12.79)	6.2696*** (12.47)	0.2686 (0.47)	0.0376 (0.07)
Firm FE	Yes	Yes	Yes	Yes

续表

变量	(1)	(2)	(3)	(4)
	国有企业	国有企业	非国有企业	非国有企业
Year FE	Yes	Yes	Yes	Yes
N	8754	8754	11006	11006

（二）基于东道国经济发展水平视角的检验

基于东道国经济发展水平的分组检验结果如表 4 所示。可以发现，BR－IPE 对中国企业在中低收入国家和高收入国家 OFDI 的影响存在明显差异。列（1）和列（2）结果显示，中低收入国家的三次交互项回归系数在 1% 的水平上显著为负，表明 BR－IPE 显著“挤出”了支持企业在非沿线中低收入国家的 OFDI，表现出“存量转换”效应。与之相反，列（3）和列（4）结果显示，高收入国家的三次交互项回归系数均在 1% 水平上显著为正，说明 BR－IPE 有益于提升中国企业向非沿线发达国家的 OFDI，表现出“增量引致”效应。可能的原因在于，一方面，中低收入国家本身制度环境较差，中国企业进行 OFDI 的风险较高。“一带一路”倡议的深入推进不仅降低了向沿线国家进行投资的风险，还增加了其投资便利性，这在一定程度上会“代替”中国企业对非沿线中低收入国家的 OFDI，从而表现为 OFDI 的“存量转换”效应。另一方面，不同于中低收入国家，经济发展水平较好的高收入国家往往因更加完善的制度环境和战略资源而有利于吸引外资进入，形成良性循环。“一带一路”国家多为发展中国家，“一带一路”倡议所搭建的全方位、多边立体互联网络会通过改善中国企业在全球价值链中的分工位置（彭澎、李佳熠，2018），为中国企业向非沿线发达国家的投资开辟新空间，为中国企业向非沿线发达国家 OFDI 带来“增量”。

表 4　投资目的地的异质性分析

变量	(1)	(2)	(3)	(4)
	中低收入国家	中低收入国家	高收入国家	高收入国家
$BR \times Post \times Inv$	-3.3829^{***} (-3.92)	-2.3949^{***} (-3.64)	6.1736^{***} (3.55)	4.5263^{***} (3.32)

续表

变量	(1)	(2)	(3)	(4)
	中低收入国家	中低收入国家	高收入国家	高收入国家
$BR \times Post$	-2.6871 (-0.73)	-1.0279 (-0.27)	5.7401* (1.84)	4.8727 (1.47)
$Post \times Inv$	2.0900* (1.96)	1.5168 (1.37)	1.6815 (1.57)	0.7649 (0.65)
$BR \times Inv$	0.0000 (0.00)	0.0000 (0.00)	6.0713*** (3.08)	4.5923** (2.24)
Firm FE	Yes	Yes	Yes	Yes
Year FE	Yes	Yes	Yes	Yes
N	13760	13760	7100	7100

六、结论与政策含义

以“一带一路”建设为契机打造国际合作与竞争新优势，深入参与国际循环，通过国际循环优化国内循环，是构建新发展格局的题中应有之义。本文基于“一带一路”的准自然实验，以2009—2019年中国上市企业为样本，使用三重差分模型考察了“一带一路”倡议的投资促进作用（BR-IPE）对中国企业在非沿线国家OFDI的影响。研究发现：整体上，BR-IPE显著促进了中国企业在非沿线国家OFDI的增长，具有“增量引致”效应。从动态性研究来看，BR-IPE对中国企业在非沿线国家OFDI的影响存在显著的时间动态性，在“一带一路”倡议实施的前三年，BR-IPE表现出显著的“存量转换”效应，随着时间的推移，其“增长引致”效应开始显现，并且逐年增强。异质性分析表明，BR-IPE对非国有企业、东道国是非沿线高收入国家，具有“增量引致”效应；而对国有企业、东道国是非沿线中低收入国家，则具有“存量转换”效应。本文的政策启示如下：

（1）“一带一路”倡议蕴含着巨大的政策红利，需要进一步重点挖掘和有效释放。目前，“一带一路”倡议对沿线国家的投资促进作用已得到广泛认可，本文进一步证实“一带一路”倡议对中国企业向沿线国家对外投资的促进作用，也显著提升了这些企业向非沿线国家的 OFDI。为适应当前全球经济疲软、“逆全球化”抬头和中国经济高质量发展的形势和任务，要基于国内经济循环的需求和“一带一路”沿线国家的比较优势，继续深化中国与沿线国家的双边、多边经贸合作，“各施所长，取长补短”，通过打造更大范围、更宽领域、更深层次的区域分工和供应链产业链体系，全面提升改革开放层次，拓展国际循环，助推国内、国际双循环相互促进新发展格局的形成。总之，在加快构建“双循环”新发展格局的背景下，充分释放“一带一路”平台政策红利，通过国际循环优化国内循环，是实现中国与国际经济双循环优势互补的重要举措。

（2）有效发挥“一带一路”倡议对企业 OFDI“增量引致”作用的关键在于全面、灵活地考虑政策在不同类型企业和国家的差异性，给予企业持续的激励和支持。本文发现“一带一路”倡议的投资促进作用有效“引致”了非国有企业的 OFDI，尤其是面向非沿线高收入国家的 OFDI，但对国有企业和非沿线中低收入国家的 OFDI 存在“代替”。因此，政府在继续推动与“一带一路”周边国家和地区合作，调动企业投身国家重大战略积极性的同时，还应进一步协调好政府与市场的关系，通过为企业营造良好的公平竞争环境、深化国有企业改革等措施，降低“一带一路”倡议对国有企业向非沿线国家投资的可能“挤出”。与此同时，积极建立和完善中国企业对非“一带一路”国家对外投资风险防控和保障体系，为中国企业的 OFDI 决策提供信息参考。

参考文献

[1] 刘伟,刘瑞明. 新发展格局的本质特征与内在逻辑[J]. 宏观经济管理,2021(4):7－14.

[2] 黄奇帆.“双循环”战略是“一带一路”建设新契机[N]. 中国贸易报,2020－09－17.

[3] 吕越,陆毅,吴嵩博,王勇.“一带一路”倡议的对外投资促进效应——基于2005—2016 年中国企业绿地投资的双重差分检验[J]. 经济研究,2019(9):187－202.

[4] 周伯乐,葛鹏飞,武宵旭.“一带一路”倡议与企业外部投资:异质性与机

制研究[J]. 世界经济研究,2021(2):118－133.

[5] 蒋冠宏. 中国企业对“一带一路”沿线国家市场的进入策略[J]. 中国工业经济,2017(9):119－136.

[6] 刘志东,高洪玮. 中国制造业出口对美国企业创新的影响[J]. 中国工业经济,2019(8):174－192.

[7] 钱进,王庭东. “一带一路”倡议、东道国制度与中国的对外直接投资——基于动态面板数据 GMM 的经验考量[J]. 国际贸易问题,2019(3):101－114.

[8] 毛海欧,刘海云. 中国对外直接投资对贸易互补关系的影响:“一带一路”倡议扮演了什么角色[J]. 财贸经济,2019(10):81－94.

[9] 邓力平,马骏,王智烜. 双边税收协定与中国企业“一带一路”投资[J]. 财贸经济,2019(11):35－49.

[10] 彭澎,李佳熠. OFDI 与双边国家价值链地位的提升——基于“一带一路”沿线国家的实证研究[J]. 产业经济研究,2018(6):75－88.

[11] 郑丹青. 对外直接投资与全球价值链分工地位——来自中国微观企业的经验证据[J]. 国际贸易问题,2019(8):109－123.

[12] 孙焱林,覃飞. “一带一路”倡议降低了企业对外直接投资风险吗[J]. 国际贸易问题,2018(8):66－79.

[13] 孟醒. 企业对外投资如何响应“一带一路”倡议:闻风而动还是谋定而后动?[J]. 世界经济研究,2021(5):69－82.

[14] 金刚,沈坤荣. 中国企业对“一带一路”沿线国家的交通投资效应:发展效应还是债务陷阱[J]. 中国工业经济,2019(9):79－97.

[15] 余淼杰. 新发展阶段、新发展理念与新发展格局[J]. 金融论坛,2021(6):3－6.

[16] YU S., QIAN X., Liu T. Belt and road initiative and Chinese firms' outward foreign direct investment[J]. Emerging Markets Review,2019(12): 100629.

[17] CHEN J., LIU Y., Liu W. Investment facilitation and China's outward foreign direct investment along the belt and road[J]. China Economic Review, 2020(6): 101458.

[18] CHEN M., LIN C. Geographic connectivity and cross－border investment: The Belts, Roads and Skies[J]. Journal of Development Economics, 2020(9):102469.

[19] 方慧，胜立．“一带一路”倡议促进了中国产业结构升级吗？——基于285个城市的双重差分检验[J]．产业经济研究,2021(1):29－42.

[20] 徐思,何晓怡,钟凯．“一带一路”倡议与中国企业融资约束[J]．中国工业经济,2019(7):155－173.

[21] BALTAGI B. H., EGGER P., PFAFFERMAYR M. Estimating models of complex FDI: Are there third－country effects? [J]. Journal of Econometrics, 2007(1): 260－281.

[22] 刘清杰,刘倩,任德孝．中国对“一带一路”沿线国家投资倾向于出口平台型吗[J]．财贸经济,2019(6):101－116.

[23] 王桂军,卢潇潇．“一带一路”倡议与中国企业升级[J]．中国工业经济,2019(3):43－61.

[24] 王雄元,卜落凡．国际出口贸易与企业创新——基于“中欧班列”开通的准自然实验研究[J]．中国工业经济,2019(10):80－98.

[25] CHEN D., LI O. Z., XIN F. Five－year plans, China finance and their consequences[J]. China Journal of Accounting Research, 2017(3): 189－230.

[26] DUCHIN R., OZBAS O., SENSOY B. A. Costly external finance, corporate investment, and the subprime mortgage credit crisis[J]. Journal of Financial Economics, 2010, 97(3): 418－435.

[27] DESOYRES F., MULABDIC A., RUTA M. Common transport infrastructure: A quantitative model and estimates from the Belt and Road Initiative[J]. Journal of Development Economics, 2020(143): 102415.

[28] 刘莉亚,何彦林,王照飞,程天笑．融资约束会影响中国企业对外直接投资吗？——基于微观视角的理论和实证分析[J]．金融研究,2015(8):124－140.

黄河流域经济发展、公共服务与生态环境协调发展评估

潘丹丹　王　聪①

摘　要：本文基于黄河流域经济、公共服务、生态协同的影响机理，构建了流域耦合协同综合评价指标体系，运用熵值法、耦合协调度模型、空间自相关模型、灰色关联度模型探讨了黄河流域协同发展水平的时空差异及驱动因素，利用 Holt - Winters 时间序列预测模型对未来两年的趋势进行了预测。研究发现，黄河流域城市的经济发展、公共服务与生态环境的耦合协调度总体较稳定，年份之间波动很小，但城市之间存在较大差异，总体协调水平有待提高；流域内城市间耦合协调度存在空间自相关性，呈现出高—高聚集和低—低聚集的空间俱乐部趋同特征；未来两年流域内三系统协调水平依旧保持稳定，有略微上升趋势。

关键词：黄河流域；耦合协调度模型；空间自相关模型

① 作者简介：潘丹丹(1997—)，女，陕西西安人，西北大学经济管理学院 2019 级西方经济学专业硕士研究生；王聪(1981—)，女，陕西西安人，西北大学经济管理学院副教授。

一、引言

习近平总书记在郑州的黄河流域生态保护和高质量发展座谈会上强调，“坚持生态优先、绿色发展，以水而定、量水而行，因地制宜、分类施策，上下游、干支流、左右岸统筹谋划，共同抓好大保护，协同推进大治理”，协调发展已成为流域高质量发展的关键一环。另外，国家发展改革委近日推出了《国家基本公共服务标准（2021 年版）》，这一标准涵盖了养老、教育、医疗、就业、住房、交通等多个项目，要求切实保障民生，提升居民生活幸福感。可见所谓高质量发展应是在不破坏生态环境的基础上，不断提高经济发展水平，给人民提供更优质的公共服务。经济、公共服务、生态是评价区域协调发展的三个重要子系统。三者密不可分，环环相扣，黄河流域经济的发展水平受生态环境脆弱与否的影响，生态环境水平的高低又受公共服务供给质量的影响，而公共服务的供给水平又很大程度上取决于经济的发展水平。因此，在如今黄河流域高质量发展成为新的国家重大战略背景下，探讨流域内经济发展—公共服务—生态环境的协同发展水平、时空差异、影响因素以及未来发展趋势对于促进流域高质量发展具有重要意义。

二、文献综述

目前学界在黄河流域高质量发展方面已有诸多建树，主要包括两方面研究。一是学者从宏观层面探讨了黄河流域高质量发展的内涵及实现路径（陈晓东、金碚，2019；郭晗，2020；师博，2020）。安树伟（2020）认为黄河流域高质量发展的要点是生态治理、产业分工以及区域联系；任保平（2020）认为黄河流域高质量发展可以选择以绿色发展为导向，协同发展、联动发展、分类发展、合作发展合为一体的发展思路。二是学者从不同维度更进一步测度了黄河流域高质量发展水平。师博等（2021）从经济的基本面、社会、生态三个层面对黄河流域城市高质量发展水平进行了测度；徐辉等（2020）从创新、协调、绿色、开放、共享新发展理念对黄河流域高质量发展水平进行了测度，研究发现黄河流域省际发展差异较大，流域高质量发展依旧存在很多问题。

在三个子系统关系的研究方面，首先是经济发展与生态环境的关系，任保平（2019）根据“共同抓好大保护、协同推进大治理”的思路，提出从经济发展、基础设施建设和生态保护三方面协同推进黄河流域高质量发展；金凤君（2020）提出以经济—资源—生态协调发展，人口—城镇—产业七大重点集聚城市群为基本框架，协调推进黄河流域生态保护和高质量发展。其次是经济发展和公共服务的关系，李敏纳（2009）通过建立 Granger 因果检验模型，认为提高基本公共服务水平有助于促进经济增长，但经济增长并不必然会改善公共服务水平。最后是公共服务与生态环境的关系，学者认为，生态环境作为一种公共物品，具有公共物品的特性，也应由政府相关部门提供，由政府财力支持。生态环境对公共服务有推动作用，良好的生态环境给人们更优质的居住条件、生活条件，有助于提升居民生活质量。

综上所述，目前关于黄河流域高质量发展方面已有较为丰富的成果，但深入到地级市层面进行评价测度类的文章较少。另外，可以看到学界研究经济、公共服务、生态环境两两关系的文献较多，但缺乏研究三者的协同关系，考虑到黄河流域地级市层面三者协同水平的更是没有，因此研究三者的耦合协调度有助于推动进黄河流域高质量发展。

三、指标体系构建

（一）三大系统耦合协同的机理分析

按照公共经济学的理论，经济发展的水平提高对公共服务提出了更高要求，另外，经济水平的高低也决定了公共服务供给的能力。黄河流域经济的发展会影响地区财政支出以及地区公共服务供给的能力，影响居民高质量的生活，经济影响教育水平、医疗水平、社会保障水平等。另外，经济会影响生态环境，黄河流域沿线好多城市属于资源型城市，原来粗放型的经济发展方式对环境产生了较大规模污染，流域较大范围属于生态脆弱区，选择绿色的经济发展方式对环境改善、绿色发展有重要作用。

公共服务对于经济发展、生态保护也有一定影响，公共服务水平会影响人口集聚、人口素质提升进而影响经济结构和经济规模，并且对生态环境也有一定影响。教育、医疗、社会保障等公共服务影响人民生活质量和幸福感，进而影响工作效率，影响经济产量。另外，公共基础设施对环境也有影响，生态环境质量取决于公共服务水平的高低，水电气的供应、人均绿地面积、公共交通等都对生态环境有影响。

生态保护对于经济发展提出了一些要求，产业升级势在必行，资源型城市的转型也被提上日程，黄河流域沿线城市如何处理好生态与经济的关系对流域协调发展至关重要。另外，生态对公共基础设施等也有一定影响，良好的生态环境能提高居民生活质量，对于优质的公共服务供给有促进作用；生态环境质量也受公共服务供给水平的影响，公共服务供给水平提高有助于生态环境改善。

（二）指标体系构建

黄河流经青海、宁夏、四川、甘肃、内蒙古、山西、陕西、河南、山东九省区，为保证数据的完整性和可获得性，以黄河流域 71 个地级市为研究对象，时间为 2012—2019 年。本文结合经济新常态下的经济总量、经济质量和发展水平（任保平，2021）三维度构建经济指标体系，考虑了公共财政收入、人均社会消费品零售额、城镇化率、住房价格和在岗职工平均工资等指标；另外，以“十三五”时期基本公共服务领域主要发展指标（任喜萍，2019；李斌，2015；辛冲冲，2019）为参考，选取社会保障、医疗卫生、教育水平、文化建设、基础设施 5 个部分指标衡量基本公共服务水平；参考前人研究（赵建吉，2020；刘建华，2021），从生活环境、污染排放、环境治理三维度衡量生态环境水平。

经济体系中公共财政收入能反映政府的财政能力、公共服务供给能力，可以和 GDP 一起衡量经济总量情况；人均消费品零售总额能反映居民消费水平，在岗职工平均工资反映出劳动者的劳动报酬，这些指标均可用来衡量经济质量状况；住房平均销售价格体现了当时的房价，人口城镇化率反映了新型城镇化水平，第三产业产值占比反映了经济结构，这些都可用来体现经济发展水平。公共服务体系中教育水平考虑了每万人中小学教师数、高等学校在校生数、教育财政支出占比；医疗水平考虑了每万人医院卫生床位数和医生数；社会保障水平主要从养老、医疗、失业保险的参保率来衡量；文化水平考虑了图书馆藏书数量；基础设施考虑了水、电、气、互联网宽带等与居民生活息息相关的设施的供应与使用情况，更能反映人民需求，更好保障民生。生态环境体系中生活环境包括人均园林绿地面积和建成区绿化覆盖率两个指标；污染排放包括废水、废气和粉尘的排放；环境治理用生活污水处理率、生活垃圾无害化处理率、固体废物综合利用率来衡量（见表1）。

所用数据均来自《中国城市统计年鉴》、所涉省份的省统计年鉴、2012—2019年各地级市国民经济发展公报。对于缺失的数据，使用插值法进行插补。

表1　黄河流域经济发展、公共服务与生态环境耦合协同综合评价指标体系

系统	层次	指标	单位	指标类型
经济综合评价	经济总量	地区生产总值	万元	正指标
		公共财政收入	万元	正指标
	经济质量	人均地区生产总值	元	正指标
		人均消费品零售总额	元	正指标
		在岗职工平均工资	元	正指标
		地区生产总值增长率/%		正指标
	发展水平	住房平均销售价格	元	正指标
		人口城镇化率/%		正指标
		第三产业产值占比/%		正指标
公共服务综合评价	教育水平	每万人中小学教师数	人	正指标
		高等学校在校生数	人	正指标
		教育财政支出占比/%		正指标
	医疗水平	每万人医院卫生床位数	张	正指标
		医院医生数	人	正指标
	文化建设	每万人公共图书馆藏书量	本	正指标
	基础设施	人均城乡居民生活用电量（市辖区）	千瓦时	正指标
		人均居民生活用水量（市辖区）	吨	正指标
		人均家庭用气量（人工、天然气）（市辖区）	立方米	正指标

续表

系统	层次	指标	单位	指标类型
公共服务综合评价	社会保障	互联网宽带接入用户数	千户	正指标
		基本养老保险参保率	/	正指标
		基本医疗保险参保率	/	正指标
		失业保险参保率	/	正指标
生态环境综合评价	生活环境	人均园林绿地面积	公顷/万人	正指标
		城市建成区绿化覆盖率/%		正指标
	污染排放	工业废水排放量	万吨	负指标
		工业二氧化硫排放量	吨	负指标
		工业粉尘排放量	吨	负指标
	环境治理	生活污水处理率/%		正指标
		生活垃圾无害化处理率/%		正指标
		固体废物综合利用率/%		正指标

四、实证分析

（一）黄河流域经济发展、公共服务与生态环境协同评估相关模型

1. 系统综合水平评价模型

对原始数据的处理，首先使用去量纲标准化（朱江丽，2015）。

$$对于正指标：Y_{ij} = \frac{X_{ij} - \mathrm{Min}\ (X_{ij})}{\mathrm{Max}(X_{ij}) - \mathrm{Min}\ (X_{ij})} \tag{1}$$

$$对于逆指标：Y_{ij} = \frac{\mathrm{Max}(X_{ij}) - X_{ij}}{\mathrm{Max}(X_{ij}) - \mathrm{Min}\ (X_{ij})} \tag{2}$$

其中，i 表示系统，j 表示测度指标，X_{ij} 和 Y_{ij} 分别表示指标原始数据和经过标准化后的值。继而采用熵值法，逐一计算指标权重 W_{ij} 。各个系统的综合水平指数可通过以下方法计算：

$$U_i = \sum_{j=1}^{n} W_j Y_{ij} \tag{3}$$

其中，U_i 代表各系统的综合水平指数，n 代表各系统内指标的个数。

2. 耦合协调度模型

参照现有研究，计算黄河流域经济发展、公共服务与生态环境耦合协调度的具体计算公式为：

$$T = \alpha U_1 + \beta U_2 + \gamma U_3 \tag{4}$$

$$C = \sqrt[3]{\frac{U_1 \cdot U_2 \cdot U_3}{\prod_{i \neq j} (U_i + U_j)}} \tag{5}$$

$$D = \sqrt{CT} \tag{6}$$

其中，T 代表综合协调指数，U_1，U_2，U_3 分别为三大系统各自的综合水平指数，α,β,γ 各取值 1/3，C 为耦合度，D 为耦合协调度，i，$j=1$，2，3。参照现有研究，按照均匀分布的方法，将耦合协调度划分为十级（宋洁，2020）（见表 2）。运用式（3）测算黄河流域经济发展、公共服务与生态环境综合水平指数。

表 2　耦合协调度等级划分

耦合协调度值	协调等级	耦合协调度值	协调等级
0 – <0.1	极度失调	0.5 – <0.6	勉强协调
0.1 – <0.2	严重失调	0.6 – <0.7	初级协调
0.2 – <0.3	中度失调	0.7 – <0.8	中级协调
0.3 – <0.4	轻度失调	0.8 – <0.9	良好协调
0.4 – <0.5	濒临失调	0.9 – <1.0	优质协调

3. 经济发展、公共服务与生态环境综合水平时序演变分析

2012—2019 年黄河流域经济发展、公共服务与生态环境的耦合协同演进总体趋于平稳，多数城市的耦合协调度在这几年变化不大且协调度水平总体偏低，大多数地区处于勉强协调的范围，协调发展水平仍有待提高；具体来看，2012—2016 年系统耦合指数逐年上升，表明经济、生态环境与公共服务的协同发展水平在逐渐提高；2016—2018 年波动下降，说明黄河流域各地级市经济转型、生态保护等面临的压力和挑战较大，发展的协同性有所降低，但幅度变化不大；进而 2019 年又逐渐回升，耦合协同性逐渐好转。

表3　黄河流域经济发展、公共服务与生态环境综合水平指数（2012—2019年）

年份	经济发展	公共服务	生态环境
2012	0. 2923	0. 2145	0. 6417
2013	0. 3056	0. 2176	0. 6497
2014	0. 2932	0. 2123	0. 6686
2015	0. 3104	0. 2274	0. 6379
2016	0. 3911	0. 2244	0. 6263
2017	0. 3537	0. 1911	0. 6196
2018	0. 3279	0. 2338	0. 6756
2019	0. 3307	0. 2288	0. 6298

经济发展方面（见表3），黄河流域的经济发展水平各地存在差异，经济发展水平几年来总体较为平稳，总体呈小幅上升趋势，均值为0. 3256。经济发展状况良好，产业转型升级带动各地区经济的发展，中心城市也发挥了自身的聚集效应和辐射效应，带动周边地区发展。其中，青岛、济南、郑州、西安、银川、兰州等城市人口集聚、开放程度和发展的现代化水平高，可以充分发挥自身的人才素质效应带动经济发展，战略性新兴产业的发展也促进了产业转型升级，智慧城市、高科技企业等的建设不断带动经济水平的提高。

公共服务方面（见表3），2012—2019年黄河流域各地级市公共服务水平总体保持稳定，均值为0. 2187；呈缓慢上升态势，仅2017年有小幅下降，后又逐渐上升。空间上各地级市公共服务水平有所差异，其中青岛、烟台等城市的公共服务水平较高，中卫、天水、固原等城市则相对较低。相较来说，经济水平高的地区，其教育、医疗、社会保障等公共资源的配置也较合理；经济落后地区公共资源配置水平仍有待提高。

生态环境方面（见表3），黄河流域各地级市2012—2019年生态综合水平呈波动态势，2012—2015年逐渐上升，2015—2017年呈现出波动下降的态势，2018年小幅回升，2019年又小幅下降，均值为0. 6436。其原因与此阶段的经济政策、环境政策等变化有关，但相比经济发展水平和公共服务水平，生态环境水平总体较高，说明黄河流域各级政府严格执行了黄河流域区域的环境保护政策，促进了绿色发展。空间上来看，济南、青岛、东营等城市生态环境综合水平较高，这些城市经济发展水平较高，总体发展水平较好，经济发展会影响生态环保投入以及相应成果，科技创新等可以促进绿色发展转型，因而这些城市生态环境水平指数较高。

4. 经济发展、公共服务与生态环境耦合协调度时空差异分析

2012—2019 年黄河流域整体耦合协调度从 2012 年的 0.5703 上升至 2016 年的 0.5992，又到 2019 年的 0.585，但总体来看协调度是波动上升的。黄河流域 71 个地级市耦合协调度小于 0.5 的城市数量在波动减少，大于 0.6 的城市数量也在波动上升，说明黄河流域经济发展、公共服务与生态环境的协同发展水平在提高。

整体来看，耦合协调度与城市经济发展状况有关，按 71 个城市 2012—2019 年耦合协调度平均值来看，处于良好协调的城市有三个，分别是济南、青岛和西安，这三个城市人口聚集、交通便利、教育等民生事业发展良好，整体协调发展水平较高；太原、呼和浩特、包头、郑州、兰州、银川等 8 个城市处于中级协调；有 13 个城市位于初级协调范畴，分别是鄂尔多斯、淄博、烟台、泰安、铜川、西宁等城市；大同、阳泉、长治、晋城、日照、焦作、三门峡、宝鸡、渭南、榆林等 34 个城市处于勉强协调；忻州、临汾、吕梁、周口、商洛、平凉、庆阳、海东、固原等 13 个城市处于濒临失调状态，这些城市相比以上城市而言经济较落后，发展闭塞，民生事业等发展较慢，整体协调发展水平低。

黄河流域上、中、下游经济发展和资源禀赋差异较大，因此分三部分进行耦合协调度时空演变分析。整体来看，上游主要是内蒙古、青海、宁夏、甘肃，中游包括陕西和山西，下游有河南和山东。上游总体协调度的均值为 0.5642，中游为 0.5647，下游协调度水平为 0.6021。可以看出下游的协调水平整体要高于上游和中游，原因是下游的河南和山东两大省城市较为集中，人口密集，经济发展水平较高。

上游濒临失调（0.399 ~ 0.499）的有庆阳、定西、海东、固原等 8 个城市，中游濒临失调的有忻州、临汾、吕梁等 4 个城市，下游只有周口 1 个城市；上游没有良好协调（0.799 ~ 0.899）的城市；中游的西安市为良好协调；下游有济南、青岛两个城市的协调度良好。可见从上游到中游再到下游，濒临失调的城市数量逐渐在减少，良好协调的城市数量逐渐在增加。

2012—2019 年上游城市总体变动不明显，吴忠、天水协调发展水平从濒临失调上升至勉强协调，中卫、海东从勉强协调下降至濒临失调，石嘴山从初级协调下降至勉强协调，其他城市变化不明显。2012—2019 年中游城市变化也较小，太原、西安从中级协调上升至良好协调，晋中、渭南从濒临失调上升至勉强协调；而阳泉、铜川从初级协调下降至勉强协调，临汾从勉强协调下降至濒临失调，其他城市变化不明显；下游城市协调度提升总体较明显，济南、青岛从中级协调上升至良好协调，威海、东营从初级协调逐渐升至中级协调，泰安、日照、济宁等从勉强协调上升至初级协调，濮阳、商丘从濒临失调上升至勉强协调，其他城市变化较小。总体来看，2012—2019 年上游和中游城市协调度变化幅度较小，下游城市有较为明显的提升迹象。

总之，黄河流域上中下游城市间耦合协调度差异较大，原因是黄河流域经济发展、生态禀赋、水资源、公共服务供给等存在巨大差异：黄河上游人口稀少、经济发展水平差，中游生态环境脆弱，下游经济发展水平高、人口多。因此，黄河流域高质量发展受限，经济发展、公共服务、生态环境三者耦合协同存在大范围失调现象，流域内整体的协同发展水平有待提高。其中青岛、济南、烟台等山东半岛城市群，郑州、洛阳及西安、银川、兰州、包头等几大城市是黄河流域经济、社会发展的重要辐射力量，人口聚集度高，公共资源配置较好，教育、医疗、社会保障、供水供电等社会事业发展较快，生态环保等工作成效显著，因而耦合协调度较高。相比之下，陇南、平凉、固原、中卫等城市因人口稀少、经济闭塞，各方面发展水平较差，相应的耦合协调度也较低。

（二）黄河流域经济发展、公共服务与生态环境的空间自相关性

黄河流域是一个整体，为更好地深入推进该流域的生态保护和高质量发展，需站在战略高度进行全局规划，做好空间治理。区域间各城市发展处于“牵一发而动全身”的状态，不仅经济发展、生态环境、公共服务三系统之间紧密关联，另外沿线 71 个城市的耦合协同水平也必然存在着空间上的某种关联，为探讨这种关联性，现对其进行空间自相关分析。空间自相关是对空间单元属性值潜在相互依赖性的衡量，可分为全局自相关和局部自相关。

1. 全局空间自相关

利用Geoda软件构建空间权重矩阵，来度量2012—2019年黄河流域71个地级市三系统耦合协调度的全局莫兰指数。

表4 黄河流域耦合协调度的全局Moran's I指数（2012—2019年）

年份	2012	2013	2014	2015	2016	2017	2018	2019
Moran's I	0.173	0.202	0.215	0.211	0.194	0.176	0.132	0.143
P值	0.012	0.004	0.012	0.006	0.008	0.013	0.033	0.032

2012—2019年黄河流域71个地级市的全局莫兰指数均大于0，且都通过了显著性检验（P值<0.05），说明黄河流域耦合协调度空间上呈正相关分布。其中全局莫兰指数在2012—2014年呈上升趋势（见表4），由0.173上升至0.215；2015—2018年逐年下降，由0.211下降至0.132；2019年回升至0.143。黄河流域经济—公共服务—生态耦合协调度呈现出集聚—分散—集聚的趋势。

2. 局部空间自相关

全局莫兰指数只能反映三系统耦合协调度的整体关联趋势，为弥补此不足，接下来进行局部空间自相关以对黄河流域地区的耦合协调度的集聚和时空演化进行测度。

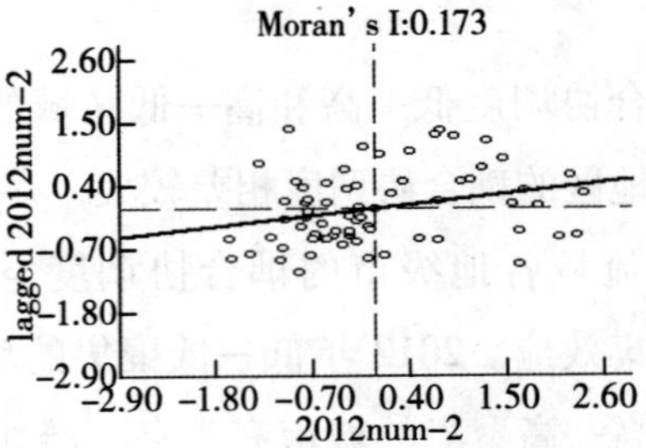

图1 2012年局部莫兰散点图

各地区耦合协调度的空间集聚类型根据莫兰散点图分为四个区域：高—高表示自身耦合度高且相邻地区耦合度高；高—低表示自身耦合度高但相邻地区耦合度低；低—高表示自身耦合度低但相邻地区耦合度高；低—低表示自身耦合度低且相邻地区耦合度低。

首先，多数地级市处于高—高、低—低区域（见图1、图2），2012年为

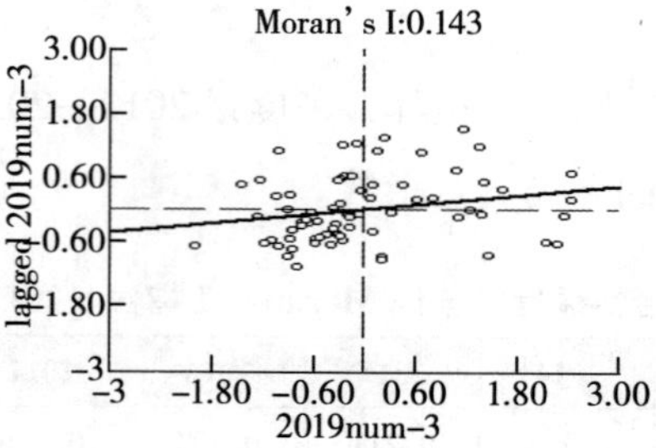

图 2　2019 年局部莫兰散点图

69%，2019 年为 64.8%，均大于 50%。表明经济发展、生态环境和公共服务耦合协调度较高的地级市和耦合协调度较低的地级市均出现了集聚效应，具有空间正相关性。具体来说，高—高聚集区包括山东多数地级市以及河南部分地级市，这些城市经济发展水平高，教育、医疗、社会保障水平也相对较高，另外，由于动能转换、环境治理到位，生态质量水平高，三系统耦合程度较高，出现了集聚现象。

另外，低—低聚集区（见表 5）主要包括青海、宁夏以及甘肃的地级市，其主要原因是这些地区地广人稀，经济也相对落后，基础设施、教育、医疗、社会保障等公共事业的供给还有较大提升空间。此外，青海、甘肃以高能耗、资源类企业为主，不合理的产业结构使得能耗、水耗较大，对生态环境的污染较大。

其次，流域内耦合协调度低—高和高—低区域的城市较少且较分散，其原因是该地区与周边地区的耦合协调度相差较大，存在明显差异。

总体来说，黄河流域各地级市的耦合协调度空间上呈现高—高聚集和低—低聚集，存在聚集效应。2012 年低—低聚集的城市有：平凉、宝鸡、咸阳、中卫、固原等，高—高聚集的城市有青岛、潍坊、东营等；2019 年低—低聚集的城市有：商丘、周口、固原、中卫等，高—高聚集的城市有：济南、东营、青岛、潍坊等。

表 5　黄河流域耦合协调度空间变化分类

空间相关模式	2012 年	2013 年	2014 年	2015 年	2016 年	2017 年	2018 年	2019 年
高—高	青岛、潍坊、东营等 18 个城市	济南、包头、青岛、银川等 17 个城市	青岛、济南、烟台、淄博等 17 个城市	青岛、威海、烟台、枣庄等 15 个城市	青岛、威海、烟台、泰安等 20 个城市	银川、青岛、石嘴山、泰安等 17 个城市	青岛、包头、洛阳、潍坊等 16 个城市	济南、东营、青岛、潍坊等 16 个城市
高—低	西安、铜川、郑州、兰州等 7 个城市	西安、咸阳、包头、太原、济宁等 11 个城市	洛阳、兰州、铜川、西安、咸阳等 11 个城市	太原、西安、铜川、兰州等 11 个城市	太原、西安、铜川、郑州等 9 个城市	兰州、西安、铜川、郑州等 8 个城市	太原、西安、铜川、银川等 12 个城市	郑州、包头、银川、西安等 10 个城市
低—高	洛阳、焦作、平顶山、晋中等 15 个城市	晋中、枣庄、商洛、海东等 13 个城市	焦作、平顶山、商洛、渭南等 11 个城市	焦作、平顶山、海东、商洛等 14 个城市	焦作、平顶山、海东、商洛等 10 个城市	焦作、开封、平顶山、海东等 16 个城市	石嘴山、海东、聊城、阳泉等 14 个城市	焦作、石嘴山、许昌、聊城等 15 个城市
低—低	平凉、宝鸡、咸阳、中卫、固原等 31 个城市	陇南、平凉、庆阳、天水、渭南等 30 个城市	陇南、平凉、庆阳、天水等 32 个城市	中卫、固原、商丘、天水等 32 个城市	中卫、渭南、商丘、新乡等 32 个城市	固原、延安、榆林、平凉等 30 个城市	陇南、平凉、天水、周口等 29 个城市	商丘、周口、固原、中卫等 30 个城市

（三）黄河流域经济发展、公共服务与生态环境耦合协同的驱动因素

黄河流域经济发展、公共服务与生态环境耦合协同是个复杂的机制，是多因素共同作用的结果，为进一步探讨其驱动因素，选用灰色关联分析对黄河流域三大系统的耦合协同的驱动因素进行探究。灰色关联分析比回归分析更能凸显出不同因素之间的影响程度差异的大小，通过定量描述和比较一个系统的发展条件变化，围绕序列几何线段的相似程度来比较其影响程度。综合考虑黄河流域发展的特殊性以及实际的发展情况，选取以下四个因素作为黄河流域经济发展、公共服务与生态环境耦合协同的驱动因素：

（1）政府投入。政府的政策、财政资金投入可以引导支持区域协调发展，也是重要的保障力量，本文以政府财政支出占国民生产总值的比重来衡量。

（2）人口素质。加强高素质人才培养是地区经济发展、公共服务水平提高、环境保护的重要驱动力，高素质人才培养有利于优化产业结果、促进产业转型升级，本文以高等学校数量作为衡量指标。

（3）科技投入。科技创新、教育投入能优化产业结构，带动经济增长，促进生态环境保护，提高发展质量和效益，是耦合协调发展的重要支撑，以科技财政支出 + 教育财政支出之和与财政支出之比作为主要指标。

（4）产业结构。调整产业结构，转变传统的经济生产生活方式可以提高城市自身发展的稳定性，带动经济发展和生态环境优化，提高耦合协调性。本文以第三产业就业人数占总就业人数之比作为衡量指标。

如表 6 所示，本文选取流域内 11 个大城市进行分析，各驱动因素与黄河流域代表性城市的耦合协调度关联度都在 0.6 以上，说明各驱动因素与耦合协调度有密切联系，且不同城市存在差异。

人口素质对耦合协调水平关联度最大，均值为 0.7520，人口素质提高不仅可以带动经济转型发展，也有利于公共资源配置优化、公共服务水平的提高，有利于耦合协调水平提高。代表性城市里高于关联度均值的城市有 7 个，分别是太原、呼和浩特、包头、青岛、郑州、西安、西宁。加大教育投入、

吸引高等人才和科研机构聚集，对流域内协调发展有重要影响。

产业结构与系统耦合协调水平关联度的均值为0.7190，排在第二位。产业结构的优化升级对经济转型、社会进步、生态环保方面的作用不容小觑。黄河流域沿线生态环境脆弱，多为资源型城市，重工业发展占主体，导致长期以来黄河流域的生态、经济的耦合度较低，产业结构的转型升级，大力促进第三产业的发展，有利于优化生态环境，转变经济发展方式，实现经济、生态、社会各方面长足均衡协调发展。应引进先进技术，加大研发力度，促进高新技术产业、先进服务业发展，促进产业转型升级。

政府投入与系统耦合协调水平关联度的均值为0.6591，影响程度排在第三位，政府投入可以促进公共资源配置、优化公共服务水平，带动人口集聚、经济发展，有助于耦合协调度的提升。政府要适当给予财政支持，加大财政支持力度，促进教育、医疗、社会保障、生态环保等与人民切身利益息息相关的事业的发展，坚持以人民的需求为核心，不断提升人民生活幸福感。

科技投入与系统耦合协调水平关联度的均值为0.6493，排在最后一位。科技创新以及教育始终是经济、社会、生态各方面进步的不竭动力，创新带动经济转型发展，促进产业结构升级，优化资源配置，提高劳动生产率，促进绿色转型发展，优化生态环境。另外，科技、教育的发展带动公共服务水平不断优化升级，更好满足人民群众的利益，实现以人为核心的城市高质量发展，带动区域协调发展。科技创新还可以带动数字经济、数字医疗、线上教育、数字图书馆等机制建设，满足人民生活需要，提高发展质量和效益。

表6 黄河流域代表性城市耦合协调度与驱动因素关联度

	政府投入	科技投入	产业结构	人口素质
太原市	0.6564	0.6246	0.7223	0.8840
呼和浩特市	0.5298	0.7371	0.8418	0.7830
包头市	0.5478	0.6554	0.5821	0.8634
济南市	0.6177	0.7642	0.7484	0.4550
青岛市	0.7467	0.7647	0.6901	0.7931

续表

	政府投入	科技投入	产业结构	人口素质
郑州市	0.6484	0.5290	0.8278	0.8583
洛阳市	0.7249	0.5914	0.7920	0.6743
西安市	0.7347	0.6791	0.6938	0.8722
兰州市	0.5560	0.6676	0.6718	0.6997
西宁市	0.7284	0.5304	0.6575	0.7539
银川市	0.7595	0.5984	0.6814	0.6355
均值	0.6591	0.6493	0.7190	0.7520

（四）对黄河流域未来耦合协调度的预测

本文采用 Holt－Winters 模型进行时间序列分析，2020 年及 2021 年的预测结果表明，黄河流域地级市经济发展、公共服务与生态环境的耦合协调度在未来几年依旧会保持稳定的发展态势，总体不会发生太大波动。各城市协调度年份间的变化较小，一些城市耦合协调度在提高，也有个别城市耦合协调度有稍许下降，表明系统耦合协调度的提高非一日之功，短期内成效不会很显著，要坚持持续优化治理，加强区域内城市发展的联动性，发挥各自优势，加大政策扶持力度，以城市群、都市圈带动区域协调发展。

五、结论和建议

首先，黄河流域各地级市经济、生态与公共服务的耦合协调指数在 2012—2019 年内平稳发展，波动很小，大多数城市耦合协调度较低，没有达到很好的协调状态。三个系统之间发展速度差异不明显，走势较为平稳。其次，黄河流域各地区经济发展、生态保护与公共服务耦合协调存在明显的空间相关性，且多数城市耦合度存在聚集效应，表现为高—高聚集和低—低聚集。最后，黄河流域经济发展、生态保护与公共服务协调发展是多因素综合作用的结果，其中政府调控、科技投入、产业结构、人口素质对黄河流域经济、生态、公共服务的耦合协调水平有着重要影响。

前文分析对建立支撑体系的启示如下：

第一，提高人口质量，促进科技创新。全面提高人口的体能、智能和精神文明素质，提升科研、科技创新能力。全面推进运用互联网、大数据、人工智能等新技术手段赋能生产生活生态等各方面，利用好数字经济这一新型发展模式，促进人工智能与实体经济的融合，促进数字医疗、智能养老、线上教育等产业发展，以科技创新提高发展效率，加大企业研发力度，促进产业绿色化转型，促进生态环保水平提高，提高居民生活幸福感，将黄河流域打造成东西贯通的重要纽带，促进流域内城市的协调发展，也使其成为我国经济发展的重要支撑。

第二，加大财政投入，完善公共基础设施配置，提高公共图书馆、健康房、养老院、医疗定点服务机构的配置能力，满足人民生活需求，提高居民生活幸福感。要牢记民生是最大的政治，切实解决好人民群众最关心的利益问题，各级政府也应因地制宜，制定适合本区域的经济发展制度，给予相应政策优惠和扶持。特别是流域内的贫困地区，也应抓住此次发展机遇，搭上国家发展战略的快车，助力本地公共基础设施完善，服务水平提高，更好保障和改善民生，缩小区域发展差距，促进流域协调发展。

第三，优化产业结构，促进第三产业发展。应在流域内发展新兴产业和高科技产业，促进数字经济发展，带动新型基础设施建设，发展新型养老机构和商业模式、新型教育、医疗模式，带动相关服务业发展，促进产业转型升级。实行区域联动策略，加强区域合作，打造新的城市群、都市圈以及新的经济增长点，以发挥城市群、都市圈的聚集效应和扩散效应，带动周边地区发展，促进区域协调发展。另外，黄河流域各地区要发挥自身的产业优势，因地制宜，以区域功能差异化为引领构建黄河流域现代产业体系，探索黄河流域内部多元化合作模式。

参考文献

[1]习近平．在黄河流域生态保护和高质量发展座谈会上的讲话[J]．求是，2019(20):4－11.

[2]陈晓东,金碚.黄河流域高质量发展的着力点[J]. 改革,2019(11):25-32.

[3]郭晗.黄河流域高质量发展中的可持续发展与生态环境保护[J]. 人文杂志,2020(1):17-21.

[4]师博. 黄河流域中心城市高质量发展路径研究[J]. 人文杂志,2020(1):5-9.

[5]安树伟,李瑞鹏.黄河流域高质量发展的内涵与推进方略[J]. 改革,2020(1):76-86.

[6]任保平.黄河流域高质量发展的特殊性及其模式选择[J]. 人文杂志,2020(1):1-4.

[7]师博,何璐,张文明. 黄河流域城市经济高质量发展的动态演进及趋势预测[J]. 经济问题,2021(1):1-8.

[8]徐辉,师诺,武玲玲,等. 黄河流域高质量发展水平测度及其时空演变[J]. 资源科学,2020,42(1):115-126.

[9]任保平,张倩.黄河流域高质量发展的战略设计及其支撑体系构建[J]. 改革,2019(10):26-34.

[10]金凤君,马丽,许堞.黄河流域产业发展对生态环境的胁迫诊断与优化路径识别[J]. 资源科学,2020,42(1):127-136.

[11]李敏纳. 中国社会公共服务与经济增长关系的实证检验[J]. 统计与决策,2009(8):72-74.

[12]任保平,杜宇翔. 黄河流域经济增长—产业结构—生态环境耦合协同关系[J]. 中国人口·资源与环境,2021,31(2):119-129.

[13]任喜萍,殷仲义.中国省域人口集聚、公共资源配置与服务业发展时空耦合及驱动因素[J]. 中国人口·资源与环境,2019,29(12):77-86.

[14]李斌,李拓,朱业. 公共服务均等化、民生财政支出与城市化——基于中国286个城市面板数据的动态空间计量检验[J]. 中国软科学,2015(6):79-90.

[15]辛冲冲,陈志勇. 中国基本公共服务供给水平分布动态、地区差异及收敛性[J]. 数量经济技术经济研究,2019(8):127-144.

[16]赵建吉,刘岩,朱亚坤.黄河流域新型城镇化与生态环境耦合的时空格局及影响因素[J]. 资源科学,2020,42(1):159-171.

[17]刘建华,黄亮朝,左其亭. 黄河下游经济—人口—资源—环境和谐发展水平评估[J]. 资源科学,2021,43(2):412-422.

[18]朱江丽,李子联.长三角城市群产业—人口—空间耦合协调发展研究[J].中国人口·资源与环境,2015,25(2):75-82.

[19]宋洁.黄河流域人口—经济—环境系统耦合协调度的评价[J].统计与决策,2020(4):185-188.

第四篇

金融与技术创新

地方政府竞争、财政科技支出与区域技术创新

王满仓　杨　扬　龙　汉[①]

摘　要： 增强区域技术创新能力和提高创新效率是推动区域高质量发展的重要动力，为探究地方政府竞争、财政科技支出对区域技术创新的影响及作用机制，本文构建了一个包含上述三者的空间杜宾模型，并采用中国省级面板数据进行深入分析。研究发现，地方政府竞争对区域技术创新具有明显抑制作用，财政科技支出对区域技术创新具有显著正向作用。进行中介效应分析后发现，财政科技支出是调整地方政府竞争造成的财政支出偏向、促进区域技术创新的重要途径。

关键词： 地方政府竞争；科技支出；区域技术创新

一、引言

改革开放以来，地方竞争机制被视为推动中国经济高速增长的重要因素之一，形成了一种独特制度优势（林毅夫、刘志强，2000）。当前，中国经济已经由高速增长阶段转向高质量发展阶段，从要素驱动转向创新驱动，党的十九大明确提出要加快建设创新型国家，因此与高速增长期相比，地方竞争

① 作者简介：王满仓（1963—），陕西渭南人，西北大学经济管理学院教授、博士生导师；杨扬（1998—），陕西西安人，西北大学经济管理学院 2019 级金融学专业硕士研究生；龙汉（1995—），陕西西安人，西安交通大学经济与金融学院博士研究生。

的内容也朝着培育创新环境、聚集创新资源、成为区域技术创新中心和创新性城市的方向转变。当前对地方政府竞争在区域创新中的作用普遍存在两种观点：一类观点认为，地方政府竞争是推动经济增长的重要力量，有利于促进区域技术创新（卞元超、白俊红，2017）；另一类观点则认为，地方政府竞争会削弱政府对科技创新效率正向促进的边际贡献，不利于科技创新效率提升（田红宇等，2019）。这些观点说明人们对政府竞争影响区域技术创新的传导机制认知尚不充分。那么，地方政府竞争究竟能否促进区域技术创新？通过何种机制影响区域技术创新？财政科技支出作为政府推动经济发展的重要手段能否在其中发挥作用？针对上述问题展开研究，对于分析地方财政问题、支持地方企业成长、推动区域经济实现高质量发展具有重要的理论意义与现实意义。

总体来看，对于地方政府竞争和区域技术创新间关系的研究，学界尚未形成定论。持正向观点者从产业集聚、财政支出、空间策略等角度论证了地方政府竞争对区域技术创新的促进了作用。Baldwin 和 Krugman（2004）提出“集聚租”的概念，指出竞争导致的产业空间集聚给企业技术创新带来了额外收益。Fulvion 和 Lie（2015）认为，财政竞争采取的税收优惠措施可以对企业创新投入产生长期的激励效应。卞元超和白俊红（2017）认为“为创新而竞争”刺激地方政府的技术投入，促进技术创新活动的开展及其效率提升，进而促进了区域的技术创新。陈志军（2017）通过研究政府间财政竞争、空间策略行为对企业技术创新的影响，发现地方政府间财政竞争存在显著的策略模仿行为，这种空间互动促进了企业技术的创新。肖叶等（2019）研究了政府竞争、财政支出偏向对区域技术创新的影响，发现竞争引发的财政支出偏向显著促进了区域技术创新水平提升，但这种促进作用存在明显的地域性，在东部地区、超大及特大城市更为显著。持反向观点者则主要从财政分权、公共支出结构扭曲和企业 R&D 支出等角度论证了地方政府竞争对区域技术创新的消极作用。李政、杨思莹（2018）认为财政分权促进了区域创新效率提升，但会抑制政府创新偏好，引起创新效率损失。基于政绩考核下的政府竞争造成了地方政府公共支出结构的明显扭曲（傅勇、张晏，2007），即政府通常将财政支出投入于生产性支出领域以期迅速对地方经济产生提振，而对回报期较长的创新领域的财政支持严重不足（Borge，2014）。地方政府对土地财政的依赖显著阻碍了区域技术创新水平，政府支出偏向和企业创新要素的"挤出效应"对制度环境造成负面影响是阻碍区域技术创新的重要机制（鲁元平等，2018）。顾元媛、沈坤荣（2012）研究发现，传统以GDP为考核标准的晋升竞争显著降低了政府对企业的R&D补贴，地方政府财权与事权的不匹配也会减少政府研发补贴，进而影响企业研发投入。

关于财政科技支出与技术创新的关系，国内外学者也进行了充分研究。Langrish（2012）通过调查1966年和1967年被授予英国女王技术创新奖的84个项目，发现政府财政投入是影响技术创新的主要因素之一。王刚（2014）研究发现，区域财政科技支出绝对规模的扩大将促进区域技术创新，地方财政科技拨款比重的不断上升，以及中央与地方财政科技拨款比重的趋同，使得区域财政科技支出对区域自主创新能力的影响变得更加显著。吴芸（2014）分析了40个国家1982—2010年的面板数据后得出结论，政府科技投入通过降低研发机构的研发成本及研发风险、引导更多资金进入创新领域、推动技术引进及设备升级及激励科研人员等途径显著促进了科技创新。李平、王春晖（2010）认为政府科技资助对企业创新产出的贡献度会因资助水平的强弱而呈现出显著的区间效应。纪益成等（2015）研究地方政府研发支出、策略互动行为与企业研发投入后发现，地方政府直接研发支出的空间互动存在显著的"门槛特征"且有利于增加企业研发投入。汪辉平、王增涛（2017）对2005—2014年全国287个地级市的面板数据进行分析后发现，财政科技支出对区域技术创新具有显著的正面促进作用，但周边地区的财政科技支出与本地区的创新产出负相关。白俊红、蒋伏心（2015）通过构建空间权重矩阵研究发现，在协同创新过程中，政府提供科技资助会对区域技术创新的绩效产生显著正向影响。但也有学者对财政投入促进区域创新持否定态度，认为财政投入对企业自身的研发支出产生了"挤出效应"，进而对创新产生消极影响。顾元媛（2011）研究发现，地方政府R&D补贴对企业收益率、专利数量的效应均显著为负，充分反映了我国R&D政策的低效率。郭迎锋等（2016）通过实证发现政府对科研机构的R&D经费资助对企业R&D投入有挤出效应。

通过上述对文献的梳理发现，现有文献分别对地方政府竞争和财政科技支出对区域技术创新的影响进行了探讨，视角多元，但鲜有文献有针对性地探讨地方政府竞争、财政科技支出和区域技术创新三者间的关系及影响机制。与现有文献相比，本文基于空间视角，引入中介效应模型，研究政府竞争、财政科技支出和区域技术创新三者间的关系与影响机制，完善并细化了当前以财政分权、财政支出偏向为出发点的研究，拓展了政府竞争对区域技术创新影响研究的视野。

二、研究假设

在我国过去 30 多年的经济高速增长中，“晋升锦标赛”模式提供了一种具有中国特色的激励地方官员推动地方经济发展的治理方式，构成了中国经济增长奇迹的制度基础（周黎安，2007）。然而，官员晋升的压力带来政府的短视行为，造成了政府支出偏好“重增长、轻人力资本和公共服务”的扭曲，使得科教文卫支出比重下降（傅勇等，2007）。在“中国式分权”背景下，交通、通信等基础设施投入对经济增长的效果在短期内能迅速得到体现，而科教文卫支出具有较强的外部性，短期内对经济增长效果甚微且难以产生回报，扩大基础设施支出而抑制科教文卫支出成为地方政府的普遍选择（Caldeira，2012）。同时，为了缓解财政压力并为基础设施投资偏向提供充足财力支持，政府的土地出让方式成为强大的基础保障，形成了“以地生财，以财养地”的循环发展模式（郑思齐等，2014）。因此土地财政模式下的政府支出偏向进一步加剧，科技支出受到进一步压缩（鲁元平等，2018）。根据上述研究分析，在中国式财政分权和“唯 GDP 论”的影响下，地方政府并不会提升财政支出中科技支出的比重，未能实现对区域内科技创新活动进行有效的资源配置，因而相应的对区域技术创新的支持作用也相对不足。

另外，2016 年和 2017 年全国科研经费投入统计公报统计数据显示，2017 年全年国家财政科学技术支出总计 8383.6 亿元，与 2016 年相比增加 622.9 亿元，增幅为 8%；财政科学技术支出占当年国家财政支出的比重为 4.13%，与 2016 年持平，但高于 2006 年的 2.2%。尽管这并不能完全说明财政支出偏向的扭曲已被纠正，但科技支出比重同比之所以能呈现缓慢上升态势，地方政府间“自上而下”的科技支出标尺竞争可能是重要影响因素（张梁梁等，2016）。随着创新驱动战略的全面实施，区域创新能力与创新水平被逐渐纳入地方政府绩效考核指标体系，受此影响，地方政府为完成“政治任务”或秉持“向上负责”的态度，会以区域创新水平和区域创新能力为核心开展新一轮的竞争活动，即“为创新而竞争”。由此，本文提出如下假设：

H1：地方政府竞争不利于区域技术创新。

H2：地方政府竞争有利于区域技术创新。

H3：财政科技支出在地方政府竞争对区域技术创新的影响过程中具有中介效应。

财政科技支出作为地方政府围绕技术创新开展竞争活动的重要手段，对区域技术创新产生直接影响。政府通过建立持续稳定、富有弹性的财政科技投入增长机制，整合散落于各部门、各环节的科技创新专项资金，综合运用财政出资建立资本金、设立产业发展基金，以奖代补，建立担保体系、财政贴息贴费等手段，重点解决企业特别是科技型中小企业的融资难、融资贵问题，鼓励企业创新活动，激发企业创新意愿，引导社会资本积极参与区域创新体系建设，逐步形成相对完善的以政府财政投入为引导、企业自主投入为主力、社会资本投入为补充的多渠道区域创新投融资体系，充分降低企业创新成本，化解企业创新风险，激发市场创新活力。

在具体政策实践中，一方面，政府通过财政科技投入优化针对创新活动的税收优惠政策体系，通过研发费用加计扣除、加速折旧、亏损结转、投资抵免等间接方式以及降低税率、税额减免等直接方式，形成税收激励，促进企业创新活动和创新产出，提升区域创新水平。另一方面，政府通过财政科技支出提升政府采购对创新活动的服务能力，通过采购创新产品和服务、“首购首用”风险补偿等政策措施，对企业核心技术研发和成果有效转化进行引导和支持，坚持进退有序、动态管理的政府采购理念，对符合市场需求导向、潜力充足、拥有知识产权的重点领域的特定产品进行政府优先购买，最大限度地帮助创新主体降低成本、提高预期收益。

此外，应当注意到，由于技术创新要素具有稀缺性、趋优性等特征，会主动流向外部环境更好、边际收益更高的地区。因此，财政科技支出会促进区域创新环境和创新要素收益发生动态调整，同时引发研发要素在区域间的流动，这种空间流动在进一步加快了知识溢出的同时，还能通过“空间知识溢出效应”和“空间资源配置效应”优化研发要素的空间配置效率，进而对区域技术创新形成促进。

综合上述分析，本文提出如下假设：

H4：政府财政科技支出促进了区域技术创新。

三、模型设定与数据选取

（一）模型设定

已有研究表明，区域创新和地方政府竞争都存在空间溢出效应。在研究中常见的空间模型包括空间滞后模型（SAR）、空间误差模型（SEM）和空间杜宾模型（SDM），空间杜宾模型（SDM）更具有普遍性，为验证假设1和假设2，本文建立空间杜宾模型为研究的基准模型，如式（1）所示。

$$\ln Y_{it} = \rho w\ln Y_{it} + \beta_1\ln ec_{it} + \beta_2\ln fina_{it} + \beta_3\ln stru_{it} + \beta_4\ln mar_{it} + \beta_5\ln open_{it} + \beta_6\ln urban_{it} + \beta_7\ln rd_{it} + \beta_8 w\ln ec_{it} + \beta_9 w\ln fina_{it} + \beta_{10} w\ln stru_{it} + \beta_{11} w\ln mar_{it} + \beta_{12} w\ln open_{it} + \beta_{13} w\ln urban_{it} + \beta_{14} w\ln rd_{it} + \mu_i + \alpha_t + \varepsilon_{it} \quad (1)$$

其中，Y 表示区域技术创新，包括发明专利授权量（$pati$）和实用新型专利授权量（$patu$），$\beta_1\ln ec_{it}$、$\beta_2\ln fina_{it}$、$\beta_3\ln stru_{it}$、$\beta_4\ln mar_{it}$、$\beta_5\ln open_{it}$、$\beta_6\ln urban_{it}$、$\beta_7\ln rd_{it}$ 分别为本地区政府竞争、金融发展、产业结构、市场化程度、贸易开放度、城市化和研发投入变量，$\beta_8 w\ln ec_{it}$、$\beta_9 w\ln fina_{it}$、$\beta_{10} w\ln stru_{it}$、$\beta_{11} w\ln mar_{it}$、$\beta_{12} w\ln open_{it}$、$\beta_{13} w\ln urban_{it}$、$\beta_{14} w\ln rd_{it}$ 分别为邻近地区上述变量，μ_i 表示地区固定效应，α_t 表示时间固定效应，ε_{it} 为随机扰动项。

根据前文的分析，区域技术创新存在明显的空间集聚现象，因此，本文构建空间权重矩阵 W 来进一步分析其空间相关关系。在此引入地理相邻权重矩阵（W1），本文构建了一个包含30个省份（不包含北京、上海和西藏）的邻近空间权重矩阵 w_{ij}^e，如果地区 i 和 j 相邻，则 $w_{ij}^e=1$，反之则 $w_{ij}^e=0$。

（二）变量选取与数据说明

1. 变量选取

（1）被解释变量。选取发明专利授权量和实用新型专利授权量作为衡量区域技术创新的指标。

（2）核心解释变量。地方政府竞争与政府财政科技支出，以相邻省份维度和全国省份维度共同决定计算各地区的经济赶超水平作为地方政府竞争的数据指标。

（3）控制变量。选取如下控制变量：金融发展（*fina*）、产业结构（*stru*）、市场化水平（*mar*）、贸易开放度（*open*）、城市化（*urban*）、研发投入（*rd*）。金融发展程度的刻画用本地区金融机构年末存贷款总额占当年本地区GDP的比重表示；产业结构状况用本地区二三产业比值刻画；市场化水平通过本地区非国有企业员工占总员工比重刻画；贸易开放程度用本地区进出口总额占CDP比重刻画；城市化程度由本地区城镇人口占总人口比重刻画；研发投入由本地区科研经费投入占GDP比重刻画（见表1）。

2. 数据说明与描述性统计

本文所有数据均来自历年《中国统计年鉴》和《中国城市统计年鉴》。为了尽可能实现数据可靠性和模型拟合准确性，对全部数据进行对数化处理。

表1 变量描述性统计

变量类别	变量名称	变量表述	均值	标准差	最大值	最小值
被解释变量	*pati*	发明专利授权量	7.375	1.545	10.62	3.135
	patu	实用新型专利授权量	8.765	1.532	11.726	4.431
核心解释变量	*ec*	政府竞争	1.292	0.758	2.857	-0.515
	tf	财政科技支出（科技支出/总财政支出）	-5.701	0.494	-4.247	-6.802
控制变量	*fina*	金融发展（金融机构年末存贷款总额/GDP）	0.432	0.37	1.72	-2.222
	stru	产业结构（第二产业占总产业比重）	0.114	0.375	0.694	-1.427

续表

变量类别	变量名称	变量表述	均值	标准差	最大值	最小值
控制变量	*mar*	市场化水平（非国有企业员工占比）	-0.358	0.153	-0.121	-0.821
	open	贸易开放度（进出口总额/GDP）	-1.697	0.976	0.543	-3.437
	urban	城市化（城镇人口占总人口比重）	-0.654	0.24	-0.11	-1.264
	rd	研发投入（研究经费投入/GDP）	-4.427	0.617	-2.812	-6.166

四、实证结果及分析

（一）空间相关性分析

本文计算出2007—2016年我国30个省份发明专利授权量和实用新型专利授权量的Moran's I指数，结果如表2所示。从计算结果来看，地方上述两类专利各年份的Moran's I指数大多数在10%的显著水平下显著，可以印证对我国各地区区域技术创新空间分布非随机的判断，也说明区域技术创新具有明显的空间正相关性。

表2　2007—2016年地方两类专利的Moran's I指数

年份	发明专利授权量		实用新型专利授权量	
	Moran's I指数	P值	Moran's I指数	P值
2007	0.170	1.854	0.166	1.888
2008	0.114	1.854	0.181	2.011
2009	0.098	1.223	0.235	2.485
2010	0.087	1.102	0.276	2.837
2011	0.096	1.158	0.327	3.277
2012	0.131	1.447	0.352	3.520
2013	0.146	1.578	0.327	3.280
2014	0.157	1.673	0.317	3.147

续表

年份	发明专利授权量		实用新型专利授权量	
	Moran's I 指数	P 值	Moran's I 指数	P 值
2015	0. 199	2. 009	0. 318	3. 178
2016	0. 212	2. 129	0. 313	3. 129

注：此处使用地理相邻权重矩阵（W1）。

（二）实证结果与分析

1. 空间模型选取检验

本文在对空间计量模型进行回归之前通过 LM 检验对结果的空间性进行判断，进而确定是否采用空间计量模型进行下一步的研究，检验结果如表 3 和表 4 所示。LM 检验结果表明，在采用地理相邻权重矩阵 W1 和空间权重矩阵 W2 时，空间滞后模型（SAR）和空间误差模型（SEM）的 LM 检验统计值均在 1% 的水平上通过了显著性检验，因而本文可以选用空间模型进行分析。

表 3　地理相邻权重矩阵 LM 检验结果

LM 检验	发明专利授权量		实用新型专利授权量	
	W = W1		W = W1	
	统计值	P 值	统计值	P 值
LM test no spatial lag	2. 923 *	0. 087	111. 893 ***	0. 000
Robust LM test no spatial lag	6. 748 ***	0. 009	101. 681 ***	0. 000
LM test no spatial error	0. 727	0. 394	21. 857 ***	0. 000
Robust LM test no spatial error	4. 552 **	0. 033	11. 645 ***	0. 001

注：＊＊＊、＊＊、＊分别表示结果在 1%、5% 和 10% 显著性水平上显著。下同。

表 4　空间权重矩阵 LM 检验结果

LM 检验	发明专利授权量		实用新型专利授权量	
	W = W2		W = W2	
	统计值	P 值	统计值	P 值
LM test no spatial lag	0. 588	0. 443	144. 712 ***	0. 000
Robust LM test no spatial lag	18. 033 ***	0. 000	110. 841 ***	0. 000
LM test no spatial error	0. 930	0. 335	37. 617 ***	0. 000
Robust LM test no spatial error	18. 374 ***	0. 000	3. 746 *	0. 053

进一步地，通过 Wald 检验（见表 5 和表 6）比较后发现，在采用地理相邻权重矩阵 W1 和空间权重矩阵 W2 时，空间滞后模型（SAR）和空间误差模型（SEM）均基本在 1% 的显著性水平上通过了显著性检验，因此本文选用空间杜宾模型（SDM）进行最终分析。经 Hausman 检验本文决定采用固定效应进行估计。

表 5　地理相邻权重矩阵 Wald 检验结果

Wald 检验	发明专利授权量		实用新型专利授权量	
	W = W1		W = W1	
	统计值	P 值	统计值	P 值
Wald test spatial lag	42.566 ***	0.000	29.092 ***	0.000
Wald test spatial error	45.424 ***	0.000	67.096 ***	0.000

表 6　空间权重矩阵 Wald 检验结果

Wald 检验	发明专利授权量		实用新型专利授权量	
	W = W2		W = W2	
	统计值	P 值	统计值	P 值
Wald test spatial lag	73.353 ***	0.000	18.669 ***	0.009
Wald test spatial error	73.807 ***	0.000	21.381 ***	0.003

在 Wald 检验的基础上，本文进一步通过 LR 检验以确定在后续空间计量模型分析时应选择个体固定效应、时间固定效应还是双固定效应，结果如表 7 和表 8 所示。观察表 7 和表 8 的结果发现，个体固定效应和时间固定效应的 LR 检验结果均在 1% 的水平上通过显著性检验，因此采用双向固定效应更为准确。

表 7　地理相邻权重矩阵 LR 检验结果

LR 检验	发明专利授权量		实用新型专利授权量	
	W = W1		W = W1	
	统计值	P 值	统计值	P 值
LR test spatial lag	47.856 ***	0.000	32.348 ***	0.000
LR test spatial error	49.882 ***	0.000	94.300 ***	0.000

表 8　地理相邻权重矩阵 LR 检验结果

LR 检验	发明专利授权量		实用新型专利授权量	
	W = W2		W = W2	
	统计值	P 值	统计值	P 值
LR test spatial lag	76. 124 ***	0. 000	20. 006 ***	0. 006
LR test spatial error	74. 866 ***	0. 000	23. 157 ***	0. 002

2. 地方政府竞争对区域技术创新的直接影响

根据上文对空间模型设定的检验，遵循模型设定部分所设定的空间杜宾模型，本文采用我国除西藏和港澳台外30个省份2007—2016年的面板数据进行回归，所得结果如表9所示。表9展示了核心解释变量地方政府竞争和各类控制变量对区域技术创新两类指标影响的回归结果。由回归结果可以发现，地方政府竞争对发明专利授权量和实用新型专利授权量的估计系数均为负数，且在1%的水平上显著。这表明，地方政府竞争在对本地区技术创新产生抑制作用的同时，对邻近地区的区域技术创新活动也产生负面影响，这与前文提出的假设1相吻合。

表 9　政府竞争对区域技术创新影响的空间回归结果

解释变量	发明专利授权量 W = W1	实用新型专利授权量 W = W1
ec	−0. 616 *** (0. 000)	−0. 607 *** (0. 000)
控制变量	Yes	Yes
W ×*ec*	−0. 360 (0. 126)	−0. 181 (0. 418)
W ×控制变量	Yes	Yes
W ×*dep. var.*	0. 077 (0. 309)	0. 507 *** (0. 000)
地区固定效应	Yes	Yes
时间固定效应	Yes	Yes
极大似然值	114. 365	108. 668
观测值	300	300
R^2	0. 989	0. 988

续表

解释变量	发明专利授权量 W = W1	实用新型专利授权量 W = W1
Hausman test	37.59 ***	17.66 **

接下来，在表9的基础上，对包含有各控制变量的回归结果进行进一步分解，最终得到各个解释变量的直接效应、间接效应和总效应，如表10所示。根据表10中影响效应分解的结果可以得到如下结论：

（1）地方政府竞争（*ec*）对区域技术创新的影响。从总效应来看，两类专利授权量的结果都在1%的显著性水平上显著为负，这充分表明以经济赶超为导向的地方政府间竞争的加剧会对区域技术创新产生显著的负面影响。这一结论再次印证了，传统以GDP为导向的“晋升锦标赛”模式下，地方政府短期内更加偏好增加基础性建设以刺激经济增长，而对科技创新等回报期较长且外部性较高的领域缺乏足够的支持和投入，由此导致区域技术创新动力不足。从直接效应来看，地方政府竞争对区域技术创新的回归结果在1%的水平上显著为负，即本地区政府竞争行为的增强将直接对本地区创新产生抑制。从间接效应来看，两类专利授权量系数分别在10%和5%的显著性水平上显著为负，说明地方政府竞争在区域间表现出显著的反向空间溢出效应，即本地政府的竞争行为会对周边邻近区域的技术创新活动产生负面影响。综上所述，本地区地方政府竞争行为不仅不利于本地区技术创新与进步，还会对邻近地区的创新活动产生抑制作用。

（2）其他控制变量对区域技术创新的影响。研发投入（*rd*）对发明专利授权量的直接、间接和总效应都显著为正，而对实用新型专利授权量的直接、间接和总效应都不显著，表明R&D投入的增加对本地区和邻近地区的发明专利授权量都有显著的促进作用，而不影响实用新型专利授权量。城市化水平（*urban*）对两类专利授权量的直接效应均显著为正，意味着城市化水平的提升对促进本地区和邻近地区创新活动的开展有着正向空间溢出效应。金融发展（*fina*）和产业结构（*stru*）对区域创新影响的三类效应仅有个别为正，大体上都为负，说明我国金融在区域创新中的作用仍不明显，“脱虚入实”“绿色金融”等工作仍任重道远，同时产业结构对区域创新也存在拖累，仍需坚定不移地深化供给侧结构性改革，调整产业结构，激发区域创新主体活力。而市场化水平（*mar*）和贸易开放度（*open*）则对区域创新影响总体不明显。

表 10　地方政府竞争对区域技术创新影响的分解：直接、间接和总效应

解释变量	发明专利授权量			实用新型专利授权量		
	空间权重矩阵 W = W1			空间权重矩阵 W = W1		
	直接效应	间接效应	总效应	直接效应	间接效应	总效应
ec	-0.628*** (0.000)	-0.440* (0.096)	-1.068*** (0.002)	-0.680*** (0.000)	-0.911** (0.041)	-1.591*** (0.004)
fina	-0.157* (0.068)	0.113 (0.362)	-0.044 (0.789)	-0.101 (0.287)	0.089 (0.681)	-0.013 (0.964)
stru	0.200 (0.138)	-0.541* (0.057)	-0.342 (0.294)	-0.073 (0.562)	-0.877*** (0.009)	-0.950** (0.013)
mar	-0.307 (0.180)	-1.158* (0.057)	-1.465** (0.037)	0.298 (0.196)	1.655** (0.023)	1.952** (0.018)
open	0.061 (0.224)	-0.440*** (0.007)	-0.379** (0.032)	0.110* (0.058)	-0.212 (0.308)	-0.101 (0.666)
urban	0.085 (0.864)	3.421*** (0.001)	3.506*** (0.000)	1.098** (0.032)	1.586 (0.209)	2.684** (0.037)
rd	0.296** (0.011)	1.112*** (0.000)	1.408*** (0.000)	0.140 (0.195)	0.394 (0.282)	0.534 (0.177)

3. 政府竞争对区域技术创新的中介效应分析

本部分实证结果将对假设 3 和假设 4 进行验证，即对政府科技支出是否充当了政府竞争影响区域技术创新的中介变量进行检验，其检验过程遵循前文所述的检验步骤，结果如表 11 和表 12 所示。分析表 11 回归结果可以看出，地方政府竞争（*ec*）对财政科技支出的直接、间接及总效应均显著为负，说明传统以经济增长的政府竞争模式，确实造成了地方政府财政支出的结构扭曲，科技支出受到明显抑制。区域金融发展（*fina*）对财政科技支出的总效应为正，说明地方金融发展能够有效带动财政科技支出的增长，其间接效应为正、直接效应为负，说明金融发展对科技支出的带动主要通过金融科技和科技金融等间接方式实现。产业结构（*stru*）对财政科技支出的总效应和间接效应为负，说明区域内传统工业比重过高不利于财政科技支出的增加，直接效

应为正可能的原因是以国有企业为主的传统工业部门自身的 R&D 投入在一定程度上带动了财政科技投入的增加。市场化水平（*mar*）对财政科技支出的三类效应均为正，但并不十分显著，这在一定程度上说明了市场对财政资金流向、资源合理配置的重要影响，市场化水平越高，财政资金配置就越合理。贸易开放程度（*open*）对财政科技支出的影响总体也不显著，但基本呈现促进态势，说明贸易开放程度高的地区更有可能增加科技支出以支持区域技术创新活动的开展。城市化水平（*urban*）对财政科技支出的间接效应和总效应均为负，说明城市化水平的提升是地方政府将资源和资金更多配置到其他领域（如基础设施建设），而忽视了对本区域的财政科技支出。研发经费投入（*rd*）对区域财政科技支出有着毋庸置疑的促进作用，区域内有关企业、高校和其他各创新主体增加自身研发经费投入能够有效地提升政府加大在科技创新领域的资金支持力度。

表 11　政府竞争对财政科技支出影响的分解：直接、间接与总效应

解释变量	直接效应	间接效应	总效应
ec	-0.257** (0.023)	-0.685*** (0.001)	-0.942*** (0.000)
fina	-0.018 (0.799)	0.060 (0.537)	0.042 (0.737)
stru	0.047 (0.679)	-0.853*** (0.000)	-0.806*** (0.004)
mar	0.180 (0.354)	0.044 (0.920)	0.223 (0.657)
open	-0.012 (0.789)	0.146 (0.221)	0.134 (0.298)
urban	0.628 (0.174)	-1.357* (0.095)	-0.729 (0.262)
rd	0.253*** (0.007)	0.492** (0.019)	0.745*** (0.001)

通过对表 12 的分析发现，当同时将财政科技支出（*tf*）纳入政府竞争（*ec*）对区域技术创新的考察后，财政科技支出本身对两类专利授权量回归结

果的直接效应、间接效应和总效应都显著为正，说明财政科技支出本身对本地区区域技术创新有显著促进作用，同时对周边邻近地区也有一定的促进作用。同时，对比表 11 也不难看出，尽管地方政府竞争对区域技术创新的直接效应依旧显著为负，但其回归结果相较于未引入财政科技支出前的结果已经下降很多，说明财政科技支出在很大程度上改善了因地方政府竞争而造成的对区域技术创新促进力度不足的现象。总体而言，财政科技支出除了本身对区域创新有显著的促进作用和空间正相关外，还在一定程度上改善了政府竞争引起的财政支出偏向结构性扭曲，进一步促进了区域创新。

从其他各变量回归结果看，财政科技支出在一定程度上削减了金融发展（*fina*）带来的正向效应，这可能是由于财政的参与挤占了部分金融资本对区域创新的支出，但这种削弱在总体上不显著。与金融发展相类似，市场化水平（*mar*）的正向作用在财政科技支出参与后有所削弱，但这种影响并不显著。区域产业结构水平（*stru*）对区域技术创新的影响在引入财政科技支出变量后有了显著改善，进一步说明了财政科技支出改变了传统地方政府竞争模式下对传统产业的资源和资金配置的偏向性。贸易开放程度（*open*）对区域技术创新的回归结果在财政科技支出纳入考察的前后都有正有负，可以认为其总体上对区域技术创新的影响作用并不明显。城市化水平（*urban*）对区域技术创新的影响也随着财政科技支出的加入而明显改善，说明财政科技支出改善了城市化建设中资源和资金配置的结构性偏向，使得技术创新在城市化进程中得到了促进。研发投入在新财政科技支出进入后，产生了截然不同的结果，发明专利授权量回归结果仍为正，但实用新型专利授权量回归结果显著为负，结合前文文献综述中相关学者的研究，可能的解释是，由于财政科技支出的参与对企业等创新主体的 R&D 投入产生了挤出效应，从而导致了企业自主创新的动力缺失，进而对区域技术创新产生了不利影响。

根据模型设定中的分析，由表 10 可知，方程（1）中政府竞争变量的系数 β_1 均在 1% 的水平上显著，从而印证了本文假设 3，即财政科技支出在地方政府竞争对区域技术创新的影响过程中具有中介效应；由表 11 和表 12 可知，方程（5）中政府竞争变量的系数 α_1 和方程（6）中科技支出变量的系数 γ_2 均显著，由此可以认为中介效应显著；进一步通过表 7 观察方程（6）中政府

竞争变量的系数 γ_1，发现其对两类专利授权量的直接效应均为显著；最后比较 $\alpha_1\gamma_2$ 和 γ_1 的符号发现，两者符号相同，因此属于部分中介效应，通过模型设定部分的计算方法得到财政科技支出对两类专利授权量的中介效应占总效应的比例分别为5.8%和28%。可见，财政科技支出在地方政府竞争对区域技术创新的影响机制中起到了中介效应的作用，且这种效用较为显著。

表12　政府竞争对区域技术创新间接影响的分解：直接、间接与总效应

解释变量	发明专利授权量（W = W1）			实用新型专利授权量（W = W1）		
	直接效应	间接效应	总效应	直接效应	间接效应	总效应
ec	-0.565*** (0.000)	-0.272 (0.317)	-0.837** (0.017)	-0.351** (0.011)	0.079 (0.783)	-0.271 (0.456)
tf	0.131* (0.077)	0.138 (0.325)	0.269 (0.117)	0.382*** (0.000)	0.656*** (0.000)	1.037*** (0.000)
fina	-0.158* (0.067)	0.089 (0.459)	-0.069 (0.674)	-0.124 (0.137)	0.065 (0.621)	-0.060 (0.732)
stru	0.219 (0.106)	-0.403 (0.155)	-0.184 (0.579)	0.106 (0.423)	-0.216 (0.473)	-0.110 (0.758)
mar	-0.316 (0.176)	-1.184** (0.040)	-1.501** (0.024)	-0.094 (0.673)	-0.179 (0.760)	-0.273 (0.691)
open	0.061 (0.246)	-0.469*** (0.005)	-0.409** (0.023)	0.080 (0.106)	-0.368** (0.035)	-0.289 (0.136)
urban	0.020 (0.968)	3.680*** (0.001)	3.701*** (0.000)	1.153** (0.029)	0.617 (0.521)	1.770* (0.057)
rd	0.244** (0.032)	0.977*** (0.001)	1.221*** (0.000)	-0.046 (0.656)	-0.326 (0.248)	-0.371 (0.232)

4. 稳健性检验

在通过实证检验验证本文假设的基础上，需要对前文结果进行稳健性检验。本文稳健性检验从两个方面展开：一是构造地理距离空间权重矩阵W2和经济地理矩阵W3，在此本文借鉴Paas和Schlitte（2008）的做法，构造地理距离空间权重矩阵W2。二是借鉴袁华锡等（2019）的做法构造经济地理矩阵W3。随后，选择新产品销售收入和核准注册商标量作为区域技术创新的衡量指标重新进行回归，结果如表13和表14所示。由表13、表14可知，更换区域技术创新的指标重新进行回归后，地方政府竞争对新产品销售收入和核准注册商标量两类指标的直接效应、间接效应和总效应系数估计值均为负，说明地方政府竞争行为对区域技术创新活动存在抑制作用，这与前文实证检验结果相一致。

表 13　政府竞争对区域创新效应分解的稳健性检验（发明专利授权量）

变量	新产品销售收入					
矩阵	W2			W3		
	直接效应	间接效应	总效应	直接效应	间接效应	总效应
Ln*ec*	-0.497*** (0.000)	-1.408*** (0.000)	-1.905*** (0.000)	-0.496*** (0.000)	-1.195*** (0.000)	-1.691*** (0.000)

表 14　政府竞争对区域创新效应分解的稳健性检验（实用新型专利授权量）

变量	核准注册商标量					
矩阵	W2			W3		
	直接效应	间接效应	总效应	直接效应	间接效应	总效应
Ln*ec*	-0.589*** (0.000)	-0.927** (0.084)	-1.516** (0.016)	-0.693*** (0.000)	-1.435*** (0.007)	-2.128*** (0.000)

表 15 反映了地方政府竞争对区域财政科技支出的抑制作用，直接效应、间接效应和总效应均显著为负，再一次充分说明了传统以 GDP 为导向的晋升锦标赛造成了地方政府财政支出的结构性偏向，地方资金和资源未能充分有效地进行配置，财政科技支出在地方政府竞争活动中未能受到足够重视，存在被大量挤占的现象。

表 15　政府竞争对财政科技支出效应分解的稳健性检验

变量	财政科技支出（Ln*tf*）					
矩阵	W2			W3		
	直接效应	间接效应	总效应	直接效应	间接效应	总效应
Ln*ec*	-0.269** (0.015)	-1.101*** (0.000)	-1.370*** (0.000)	-0.330*** (0.003)	-1.300*** (0.000)	-1.630*** (0.00)

五、主要结论

本文的主要结论如下：第一，我国三类创新授权数的全局莫兰指数 Moran’s I 显著为正，表明我国区域技术创新存在空间相关性，这种空间相关性显著且普遍存在。随着我国经济高质量发展的推进，这种空间性将得到进一步加强。第二，空间杜宾模型的检验结果表明了地方政府竞争对本地区技术创新活动存在较为明显的抑制作用。本地区政府竞争行为在对本地区创新活动产生抑制的同时，也对邻近地区的创新产生了负面影响。传统以 GDP 为导向的经济赶超造成了财政支出的结构性扭曲，客观上导致了政府对科技创新的忽视，对区域技术创新产生了抑制。第三，中介效应模型检验结果表明，地方政府财政科技支出对区域技术创新产生正向影响，即对本地区及邻近地区的技术创新均产生促进效果，地方政府竞争通过影响本地区财政科技支出进而影响了区域技术创新，财政科技支出在这一过程中起到了促进资源和资金合理有效配置的作用。但需要注意的是，财政科技支出并不是地方政府竞争影响区域技术创新的唯一渠道，区域金融发展和企业研发投入等因素对区域技术创新水平的影响与机制有待进一步深入研究。

总体而言，近年来区域创新的进步主要源于财政支出总量的提升和政府间科技支出的标尺竞争，财政支出结构的扭曲问题并未得到根本性改善，政府对科技支出的重视程度仍然不足，并未从根本上解放区域创新活力。

参考文献

[1] 林毅夫，刘志强．中国的财政分权与经济增长[J]．北京大学学报(哲学社会科学版)，2000(4)：5－17.

[2] 卞元超，白俊红．“为增长而竞争”与“为创新而竞争”——财政分权对技术创新影响的一种新解释[J]．财政研究，2017(10)：43－53.

[3] 田红宇，祝志勇，刘魏．政府主导、地方政府竞争与科技创新效率[J]．软科学，2019(2)：22－25.

[4] BALDWIN R. E. ,KRUGMAN P. Agglomeration,Integration and Tax Harmonization[J]. European Economic Review,2004(48):1 – 23.

[5] FULVIO C. ,LIE C. M. Do the Effects of R&D Tax Credits Vary Across Industry? A Meta – regression Analysis[J]. Research Policy,2015(4):819 – 832.

[6] 陈志军. 地方政府间财政竞争、空间策略行为与企业技术创新[J]. 财政研究,2017(8):69 – 78.

[7] 肖叶,邱磊,刘小兵. 地方政府竞争、财政支出偏向与区域技术创新[J]. 经济管理,2019(7):20 – 35.

[8] 李政,杨思莹. 财政分权、政府创新偏好与区域技术创新效率[J]. 管理世界,2018(12):29 – 42.

[9] 傅勇,张晏. 中国式分权与财政支出结构偏向:为增长而竞争的代价[J]. 管理世界,2007(3):4 – 22.

[10] BORGE L. E. , J. K. Brueckner, J. Ratsso. Partial Fiscal Decentralization and Demand Responsiveness of the Local PublicSector: Theory and Evidence from Norway [J]. Journal of Urban Economics,2014,80(1):153 – 163.

[11] 鲁元平,张克中,欧阳洁. 土地财政阻碍了区域技术创新吗?——基于267个地级市面板数据的实证检验[J]. 金融研究,2018(5):101 – 119.

[12] 顾元媛,沈坤荣. 地方政府行为与企业研发投入——基于中国省际面板数据的实证分析[J]. 中国工业经济,2012(10):77 – 88.

[13] LANGRISH J. Technology Transfer: Some British Data[J]. R&D Management, 2007, 1(3):133 – 135.

[14] 王刚. 财政科技支出对区域自主创新能力的影响[J]. 重庆理工大学学报(社会科学版),2014(4):45 – 51.

[15] 吴芸. 政府科技投入对科技创新的影响研究——基于40个国家1982—2010年面板数据的实证检验[J]. 科学学与科学技术管理,2014(1):16 – 22.

[16] 李平,王春晖. 政府科技资助对企业技术创新的非线性研究——基于中国2001—2008年省级面板数据的门槛回归分析[J]. 中国软科学,2010(8):138 – 147.

[17] 纪益成,胡卓娟,鲍曙明. 地方政府研发支出、策略互动行为与企业研发投入——基于空间效应和门槛特征的研究[J]. 吉林大学社会科学学报,2015(5):

47 -56.

[18] 汪辉平,王增涛. 财政支出、空间溢出与区域技术创新[J]. 经济问题探索,2017(9):78 -85.

[19] 白俊红,蒋伏心. 协同创新、空间关联与区域技术创新绩效[J]. 经济研究,2015(7):174 -187.

[20] 顾元媛. 寻租行为与 R&D 补贴效率损失[J]. 经济科学,2011(5): 91 -103.

[21] 郭迎锋,顾炜宇,乌天玥,王立勇. 政府资助对企业 R&D 投入的影响——来自我国大中型工业企业的证据[J]. 中国软科学,2016(3):162 -174.

[22] 周黎安. 中国地方官员的晋升锦标赛模式研究[J]. 经济研究,2007(7):36 -50.

[23] CALDEIRA E. Yardstick Competition in a Federation: Theory and Evidence from China[J]. China Economic Review,2012,23(4):878 -897.

[24] 郑思齐,孙伟增,吴璟,武赟."以地生财,以财养地"——中国特色城市建设投融资模式研究[J]. 经济研究,2014(8): 14 -27.

[25] 张梁梁,杨俊,罗鉴益. 财政分权视角下地方政府科技支出的标尺竞争——基于 265 个地级市的实证研究[J]. 当代财经,2016(4):29 -39.

[26] PAAS T. ,Schlitte F. Regional Income Inequality and Conver - gence Processes in the EU -25[J]. Italian Journal of Regional Science,2008(7): 29 -49.

[27] 袁华锡,刘耀彬,胡森林,封亦代. 产业集聚加剧了环境污染吗?——基于外商直接投资视角[J]. 长江流域资源与环境,2019,28(4):794 -804.

非金融企业杠杆率对企业创新的影响研究

郭明菊　徐璋勇[①]

摘　要：本文基于2011—2019年沪深股市中的非金融类上市公司的数据，构建了创新投入方程和创新产出方程，基于固定效应模型对非金融企业杠杆率与企业创新之间的关系进行了实证分析。研究结果表明：非金融企业杠杆率对企业创新投入的影响呈现倒“U”形关系，其门槛值为9.1478%。非金融企业杠杆率对企业创新产出则产生抑制作用。将非金融企业划分为高技术企业和非高技术企业后的实证研究发现，杠杆率对企业创新投入增加的正向效应存在着企业异质性差异。上述研究结论在创新驱动战略的背景下，为企业层面去杠杆政策的实施提供了一定的微观证据。

关键词：杠杆率；企业创新投入；企业创新产出

① 作者简介：郭明菊（1996—），贵州毕节人，西北大学经济管理学院金融学硕士研究生；徐璋勇（1964—），陕西西安人，西北大学经济管理学院教授、博士生导师。

基金项目：国家社科基金重点项目《我国金融资源“脱实向虚”的形成机理、资源错配效应及其治理研究》（19AJL010）。

一、引言

创新是经济发展提质增效的重要引擎。2006 年由国务院印发实施的《国家中长期科学和技术发展规划纲要（2006—2020 年）》中提出要把自主创新能力放在重要的位置；党的十八大报告中也明确提出了创新驱动发展战略；“十四五”规划中更是将创新能力显著提升作为规划的目标之一，然而创新能力的提升依赖于足够的创新投入。

国际上常用研发支出占 GDP 的比重来表示一国科技创新投入水平，表 1 为我国与美、日、韩等较为活跃的科研创新大国 R&D/GDP 指标的对比。由表 1 可以看出，虽然我我国的研发投入在逐年增加，但与美、日、韩等发达经济体相比较，还存在着很大的差距。

表 1　中、美、日、韩等国的 R&D/GDP 指标（2011—2018 年）

年份	中国	美国	日本	韩国
2011	1.78	2.77	3.24	3.74
2012	1.91	2.68	3.21	4.03
2013	2.00	2.71	3.31	4.15
2014	2.03	2.72	3.40	4.29
2015	2.07	2.72	3.28	4.22
2016	2.12	2.76	3.16	4.23
2017	2.15	2.82	3.21	4.55
2018	2.19	2.84	3.26	4.82
均值	2.03	2.75	3.26	4.25

资料来源：世界银行数据库。

创新的需求来自市场，创新的主体是企业，因此要实现创新能力显著提升的目标，激励企业发挥其更大的创新动能尤为重要。对于企业来说，创新对人才及资金需求量大，且持续时间长、风险高，同时企业的管理者更偏好于将人才及资金投入能为企业带来高效且较为稳定回报的经营活动中，因此企业通常在拥有持续稳定且充足的现金流的条件下，才会倾向于开展创新项目。在内源融资偏紧的状况下，加杠杆就成为企业创新活动资金的重要来源。

现阶段我国的非金融企业面临着一个两难的困境，就是在通过加杠杆促进创新资金的投入与控制杠杆率水平降低企业经营风险之间难以抉择。基于此，本文将企业杠杆率同企业创新问题结合起来研究，分别从创新投入及创新产出角度，以非金融企业为研究对象，对其杠杆率对于企业创新投入及企业创新产出的影响加以分析，以期对去杠杆政策有一个全面的认识。

二、文献综述

近年来，学术界围绕企业创新及杠杆率问题进行了多方面的研究。

（一）企业创新的相关研究

关于企业创新的研究多基于公司治理、政府政策、外部环境等视角，也有一部分论文将企业财务、融资约束和企业创新联系在一起，研究公司财务对创新研发活动产生的影响。对于公司治理，企业的高层管理成员之间的权力分布会影响企业运行的资源分配，影响企业创新决策的制定和实施（Donald and Phyllis，2007）。股权制衡程度对企业的创新活动有着积极的影响，股权制衡程度越高越能促进企业的创新产出效率（朱德胜、周晓珮，2016）。即使是在 R&D 投入水平不变的前提条件下，企业高管的过度自信仍然可以为企业的创新绩效带来积极的促进作用（易靖韬等，2015）。对于政府政策，余明桂等（2016）发现企业的创新活动会受到政府当前产业政策的积极影响，创新产出相应增加，特别是民办企业的创新活动受到这一积极效应的影响更深。而且产业政策中有限有为政府的作用能够对企业创新活动开展产生促进作用（郭玥，2018）。对于知识产权保护，尹志锋等（2013）发现知识产权保护能够通过两个传导机制的作用对企业的创新活动产生影响，随着知识产权保护力度的加大，企业的创新成果能够获得更多的保护，激发企业进行创新的积极性。

（二）杠杆率的相关研究

现有文献对杠杆率的研究多数是从宏观角度出发，侧重于研究宏观杠杆和经济增长之间的关系，重点讨论为什么要去杠杆，以及如何去杠杆等问题。对于宏观杠杆问题，中国经济发达地区可以通过提高政府部门以及非金融企业部门的杠杆率来推动对实体经济产业空心化问题的解决（汤子隆等，2018）。冉珍梅等（2020）得出政府部门的杠杆会影响货币政策的传导机制，使得货币政策效用下降。对于居民杠杆率问题，居民部门杠杆率所存在的潜在风险，需要通过建立完善征信、法律以及社保等体系，引导居民部门资产得到合理配置，规避单一资产配置过高产生的债务风险（李俊峰等，2019）。居民杠杆对于家庭消费支出影响发现居民杠杆提升会促进家庭消费中的生存类消费的支出增加，并且抑制享受类消费支出的增加（潘敏等，2018）。对于非金融企业的杠杆率问题，非金融企业杠杆率对经济增长的负向效应远大于正向效应（董翔宇等，2020），企业部门杠杆率增加会对资产价格的波动造成不利影响（刘伟江等，2017）。

（三）企业杠杆率与企业创新的相关研究

高杠杆率会对企业创新产生消极影响（钟田丽等，2014）。从宏观角度看，我国的非金融企业部门杠杆率较高，去杠杆在一定程度上能够促进企业创新，但是不同类型的企业所需的适宜杠杆率水平不同，所以去杠杆对不同企业的影响也不一样，传统制造业去杠杆会促进企业创新，而高技术制造业去杠杆会抑制企业创新（孟丽娜等，2020）。

三、理论分析及研究假设

企业创新可以划分为创新投入与创新产出两个过程，杠杆率对这两个过程的影响均存在不同。

（一）杠杆率对企业创新投入的影响分析

当企业的杠杆率处于中低水平时，加杠杆会促进企业经营绩效的提升（管弋铭等，2020），从而促进企业对创新项目投入的增加。①加杠杆的财务放大效应可以提升企业经营绩效。债务融资可以使得企业获得更大的现金流支持，以较少的自有资本撬动更大的经营规模，带来更多的经营收入，从而带来企业规模的逐步扩大。随着企业规模的扩大、现金流的增加、经营绩效的提升，企业高管对于创新项目的投资意愿得到提升，使得企业创新的投入资金增加。②债务融资具有“税盾效应”。债务融资的利息支出作为企业的财务费用可以冲抵部分企业应纳所得税，同股权融资相比，债务融资的避税效应可以为企业带来更多的现金流支持，让企业有更多的资金可以投入到创新项目中。③加杠杆对企业高管的监督效应。企业与投资者之间常常存在着信息不对称问题，企业管理者为了获得更多的债务融资机会，对债务融资资金的使用会更加慎重；同时，由于债权人对企业经营管理者的监督，约束了企业高管的经营行为，降低了企业的代理人成本，可以避免盲目投资及过度投资等问题的出现，可以给创新项目让渡更多的投资机会。

当企业的杠杆率过高时，财务负担增加及破产风险增大等负面效应，使得企业经营面临困境，而企业创新活动又有着周期长、风险高等特点，此时加杠杆反而会抑制企业的投资行为（刘一楠，2016）。①杠杆过高会增加企业的代理人成本。企业的股东更偏好投资利于企业可持续发展的项目，而企业高管则更倾向于投资能实现其任期内的收益最大化的项目。当企业杠杆率持续增加时，债务利息的支付需求也随之不断增加，而企业高层管理者受短期绩效的约束，通常会选择成本更低、周期更短的投资项目，从而挤压企业对于高成本、长周期的创新项目的投资。②杠杆过高会增加企业财务负担。当企业杠杆率不断攀升，债务利息支付的压力增大会使得企业现金流受到限制，同时，为保证债务融资利息的支付，对企业的风险控制要求会随之增加，从而缩减企业对于高风险项目的投资空间，对企业创新产生不利影响。③杠杆过高会增加企业破产风险。伴随着企业财务负担的增加，企业现金流压力增大，企业财务的稳定性也会随之降低，这会使得投资者降低对企业的信用评级，减少企业获得债务融资的机会，同时还会增加下期债务融资的成本。这一负反馈增加了企业的破产风险，在这一压力下，企业难以维持正常的经营活动，也没有能力投资更多的创新项目。

基于以上的理论分析，可以提出以下研究假设：

H1：非金融企业杠杆率对企业创新投入的影响是非线性的，且存在一个门槛值，即当非金融企业的杠杆率低于门槛值时，企业杠杆率增加对企业创新投入产生促进作用；而当杠杆率高于门槛值时，杠杆率的继续提升会对企业创新投入产生抑制作用。

（二）杠杆率对企业创新产出的影响分析

企业的研发投入对创新产出有着显著的正向影响（杜金岷，2017）。创新产出的前提是有对创新项目的投入，有了项目资金的注入，企业才能为创新项目招聘到更优质的人才，提供足量且高质的原材料，购买更为先进的技术知识和研发设备等，在此基础上，企业的创新设想才能转换为实际的成果，为企业带来创新产出。因此，当企业杠杆率处于中低水平时，企业杠杆的财务效应、税盾效应以及对高管的监督效应在促进企业创新投入的增加时，也会对企业创新产出产生促进作用。而当企业杠杆率过高时，代理人成本、财务负担的增加以及企业破产风险的提高，使得企业的经营环境恶化，企业高管会选择较为保守的经营策略，对于创新项目的关注度也会随之降低，缺乏创新投入的激励和高管的监督，这一状态下的创新项目的效率也难以提升，从而对创新产出产生抑制效应。

基于以上的理论分析，提出以下研究假设：

H2：非金融企业杠杆率对企业创新产出的影响是非线性的，且存在一个门槛值，即当非金融企业的杠杆率低于门槛值时，企业杠杆率增加对企业创新产出产生促进作用；而当杠杆率高于门槛值时，杠杆率的继续提升会对企业创新产出产生抑制作用。

（三）企业杠杆率对企业创新的异质性分析

根据彼特提出的竞争优势理论，企业对高盈利水平的维持离不开其在行业内的竞争优势。而企业的竞争优势主要来源于生产的低成本以及产出的差异化。对于高技术企业来说，在保持其自身的竞争优势时更倾向于通过投资创新研发活动为其优化技术或者研发新产品（屈明芝，2014），从而维持其低成本优势以及差异化优势，提升企业在市场中的竞争力。当高技术企业获得债务融资时，将资金投入创新研发项目中可以为企业带来竞争优势。而对于非高技术企业来说，获得行业的竞争优势可以通过拓宽企业销售渠道、优化企业组织架构、扩大销售规模、提高客户满意度等方式来提升其在市场中的竞争力，当其通过债务融资获得资金时，投资周期小、见效快的项目能够快速使企业实现经营绩效的提升，投资周期长、风险高的创新研发项目却不一定能获得同等效用。

对于高技术行业来说，其行业的技术密集度以及技术更迭速度都高于非高技术行业，因此，高级技术企业的创新有一部分是受到来自行业的影响而被动进行的创新研发，非高技术企业则不存在这一影响。在行业背景的影响下，杠杆率变化带来的企业现金流的影响会对高技术企业的创新投资计划产生一定的影响。

基于以上的理论分析，提出以下研究假设：

H3：非金融企业杠杆率对企业创新的影响因企业技术类型不同而存在差异。

四、模型设定及指标选取

（一）模型设定

由上述分析可知，非金融企业杠杆率与创新投入、创新产出之间存在非线性关系，即在不同的杠杆率范围内，杠杆率对创新投入、创新产出的影响有所差异。为验证这一非线性关系，并找出门槛值，下文引入面板门槛模型进行实证研究，以杠杆率水平（ lev_{it} ）为门槛变量构建创新投入门槛方程及创新产出门槛方程：

$$ini_{it} = \alpha + \alpha_1 lev_{it-1} I(lev_{it-1} \leqslant \gamma_1) + \alpha_2 lev_{it-1} I(\gamma_1 < lev_{it-1} \leqslant \gamma_2) + \cdots + \alpha_n lev_{it-1} I(\gamma_{n-1} < lev_{it-1} \leqslant \gamma_n) + \alpha_{n+1} lev_{it-1} I(lev_{it-1} > \gamma_n) + \theta X_{it} + \mu_t + \sigma_t + \varepsilon_{it} \quad (1)$$

$$ino_{it} = \beta + \beta_1 lev_{it-1} I(lev_{it-1} \leqslant \delta_1) + \beta_2 lev_{it-1} I(\delta_1 < lev_{it-1} \leqslant \delta_2) + \cdots + \beta_n lev_{it-1} I(\delta_{n-1} < lev_{it-1} \leqslant \delta_n) + \beta_{n+1} lev_{it-1} I(lev_{it-1} > \delta_n) + \theta X_{it} + \mu_t + \sigma_t + \varepsilon_{it} \quad (2)$$

在上述面板门槛模型中，门槛变量为 lev_{it} ，I（·）表示指标函数，γ_1，

γ_2 ，…，γ_n 与 δ_1 ，δ_2 ，…，δ_n 为待估计的门槛值，α_1 ，α_2 ，…，α_{n+1} 与 β_1 ，β_2，…，β_{n+1} 为不同门槛区间下解释变量的回归系数。

式（1）、式（2）分别是创新投入方程、创新产出方程。其中 ini_{it} 、ino_{it} 分别表示 i 公司在第 t 年的创新投入、创新产出；lev_{it} 表示 i 公司在第 t 年的杠杆率水平；X_{it} 则是方程的控制变量，分别表示企业营运能力的流动资产周转率、代表企业成长能力的净利润增长率、代表企业盈利能力的总资产报酬率、企业的年龄、经营活动中的现金流量、高级管理人员持股比例等；μ_t 和 σ_t 分别表示行业固定效应和地区固定效应；ε_{it}为随机误差项。

（二）指标选取

（1）被解释变量。为了对企业的创新水平进行较为全面客观的刻画，本文参考王玉泽（2019）的研究方法，从企业的创新投入、创新产出两个角度进行研究：创新投入（*ini*），选取企业的年度研发支出费用/营业收入作为衡量企业创新投入的指标。创新产出（*ino*），选取企业的无形资产净额/总资产作为衡量企业创新产出的指标。

（2）解释变量。企业杠杆率水平（*lev*），用资产负债比来衡量，即企业杠杆率 = 总负债/总资产。

（3）控制变量。由于企业的创新活动不仅会受到企业杠杆率水平的制约，企业的经营状况、财务状况、公司治理以及政府支持力度等因素也都会对企业的创新活动产生影响，因此本文选取企业的营运能力（*turn*）、盈利能力（*pro*）、成长能力（*gro*）、固定资产比率（*fix*）、现金流量（*cafl*）、企业年龄（*age*）、高管持股（*exe*）等指标作为研究的控制变量。各变量指标说明如表 2 所示。

表 2　变量指标说明

变量	指标	符号	定义	单位
被解释变量	创新投入	*ini*	研发支出/营业收入（%）	
	创新产出	*ino*	无形资产净额/总资产（%）	
解释变量	杠杆率	*lev*	总负债/总资产（%）	

续表

变量	指标	符号	定义	单位
控制变量	营运能力	*turn*	流动资产周转率	次
	盈利能力	*pro*	净利润增长率/%	
	成长能力	*gro*	总资产增长率/%	
	固定资产比率	*fix*	固定资产/总资产（%）	
	现金流量	*cafl*	经营活动产生的现金流量净额/营业收入（%）	
	高管持股	*exe*	高管持股数/总股本（%）	
	企业年龄	*age*	企业成立年限	年

（三）数据预处理及描述性统计

本文选择2011—2019年沪深A股上市公司的数据作为研究的样本，并按照一定规则对样本初始数据进行处理：①从数据的可比性角度出发，由于财务结构与非金融类公司有着较大差异，剔除金融类上市公司数据。②从数据的有效性角度出发，剔除样本期间财务数据存在异常值的公司样本。③剔除样本期间经过ST、*ST处理的公司样本以及退市的公司样本。④剔除2011年之后才上市的企业。⑤由于面板门槛模型的限制，对数据进行平衡面板处理。为了消除异常值的影响，对经过以上规则处理的所有企业的财务数据进行上下1%的缩尾处理。最终本文得到2011—2019年共7380个样本的面板数据。本文研究数据主要来自Wind数据库。

表3报告的是本文主要变量的描述性统计结果。其中，全部样本的企业创新投入均值为4.15%，标准差为4.23；非高技术企业分组的平均值只有3.63%，标准差为4.21；而高技术企业分组的平均值为4.81%，标准差为4.17，高技术企业的均值大于非高技术企业，且标准差更小，这表明在创新投入的强度方面，高技术企业显著强于非高技术企业。在创新产出方面，高技术企业的均值为4.93%，也显著强于非高技术企业的4.57%。全样本杠杆率的均值为43.03%，最小值为4.83%，而最大值达到了88.79%，说明观测样本中的企业的杠杆率水平差异较大，高技术企业杠杆率水平均值为40.64%，小于非高技术企业的44.97%。

表 3　主要变量的描述性统计

变量		观测值	平均值	标准差	最小值	最大值
创新投入（*ini*）	全部样本	7380	4.15	4.23	0.01	24.95
	高技术企业	3303	4.81	4.17	0.03	26.24
	非高技术企业	4077	3.63	4.21	0.01	24.20
创新产出（*ino*）	全部样本	7380	4.73	4.38	0.00	28.38
	高技术企业	3303	4.93	4.43	0.05	27.09
	非高技术企业	4077	4.57	4.33	0.00	29.32
杠杆率（*lev*）	全部样本	7380	43.03	21.03	4.83	88.79
	高技术企业	3303	40.64	20.55	4.57	87.51
	非高技术企业	4077	44.97	21.23	5.17	90.16
营运能力（*turn*）		7380	1.30	0.92	0.20	5.56
盈利能力（*pro*）		7380	-16.00	319.65	-1949.04	868.58
成长能力（*gro*）		7380	20.65	42.02	-24.34	253.63
固定资产比率（*fix*）		7380	21.53	14.88	0.41	68.33
现金流量（*cafl*）		7380	7.39	13.72	-37.32	59.81
高管持股（*exe*）		7380	10.97	18.26	0	68.21
企业年龄（*age*）		7380	17.66	5.50	0	53

五、实证分析

（一）基准回归：非金融企业杠杆率对企业创新的影响

为明确非金融企业杠杆率对企业创新投入、创新产出的影响是否存在门槛效应，首先对创新投入方程、创新产出方程的门槛效果进行自抽样检验，得到 F 统计量及其对应的 P 值，结果如表 4 所示。

表 4　全样本门槛效果的自抽样检验结果

模型	创新投入			创新产出		
检验类型	单一门槛	双重门槛	三重门槛	单一门槛	双重门槛	三重门槛
F 统计量	85.90	56.10	25.74	6.03	1.88	6.15
P 值	0.0000	0.0733	0.1133	0.7667	0.9900	0.3967

续表

模型		创新投入			创新产出		
检验类型		单一门槛	双重门槛	三重门槛	单一门槛	双重门槛	三重门槛
临界值	10%	15.4344	25.3005	29.0941	18.1739	13.3549	11.9059
	5%	18.6299	69.0076	38.2018	20.2872	17.9671	15.1848
	1%	25.5653	95.9817	50.7964	25.5555	30.4096	18.6065

由表4的结果可知，创新投入方程在1%的显著性水平下通过单一门槛检验和双重门槛检验，而创新产出方程未通过门槛检验。在接下来的回归估计中，选择双重门槛面板模型对创新投入方程进行回归估计，对创新产出方程进行无门槛回归估计，门槛估计结果见表5，门槛的参数估计结果如表6所示。

表5　全样本双重门槛估计结果

门槛类型	创新投入		创新产出
	单一门槛	双重门槛	单一门槛
估计值	4.8270	9.1478	79.8017
95%置信区间	—	(7.9602，10.1729)	(77.9842，82.0811)
显著性	显著	显著	不显著

由表5的结果可知，创新投入方程的门槛值分别为4.8270%和9.1478%，且都显著。而创新产出方程未通过单一门槛检验，则不存在门槛值。由表6可知，当杠杆率小于4.8270%时，杠杆率对创新投入的回归系数为0.0050，这说明杠杆率在低于4.8270%时对创新投入产生的是促进作用；当杠杆率处于4.8270%~9.1478%时，杠杆率对创新投入的回归系数为0.0014，小于杠杆率低于4.8270%时的系数，说明杠杆率在4.8270%~9.1478%内对创新投入依然具有促进作用，但这种促进作用远比杠杆率低于4.8270%时的促进作用小；而当杠杆率大于9.1478%时，杠杆率对创新投入的回归系数为-0.0002，且在1%的显著性水平下通过检验，说明杠杆率在大于9.1478%时对创新投入产生的是消极影响。即杠杆率与企业创新投入之间呈现倒"U"形关系，当杠杆率低于9.1478%时，杠杆率对企业创新投入产生促进作用，而当杠杆率高于9.1478%时，杠杆率对企业创新投入产生抑制作用，这验证了假设1成立。

创新产出方程的门槛效应不显著，即为不存在门槛值，通过无门槛回归结果可知，*lev* 的系数为 -0.0001 且通过 1% 的显著性检验，说明杠杆率对企业创新产出产生的是消极影响。这验证了非金融企业杠杆率对企业创新产出的影响是非线性的假设不成立。

表 6　全样本双重门槛参数估计结果

变量	创新投入	创新产出
0. _ cat#c. *lev*	0.0050 *** (2.69)	—
1. _ cat#c. *lev*	0.0014 *** (3.04)	—
2. _ cat#c. *lev*	-0.0002 *** (-4.40)	—
lev	—	-0.0001 *** (-2.68)
turn	-0.0072 *** (-8.67)	0.0028 *** (4.29)
pro	-1.10e-06 * (-1.78)	-1.70e-06 * (-1.87)
gro	1.54e1-05 * (-1.85)	-5.23e-05 *** (-7.09)
fix	0.0192 *** (3.14)	0.0113 *** (2.73)
cafl	3.8e-05 (-0.79)	0.0001 *** (5.37)
exe	0.0128 (1.49)	0.0001 (0.33)
gov	0.0001 * (1.74)	0.0003 *** (0.05)
age	0.0015 *** (10.49)	-1.9e-05 (-0.18)
_ *cons*	0.0234 *** (5.74)	0.0270 * (1.64)

续表

变量	创新投入	创新产出
N	7380	7380
R^2	0. 1045	0. 1613

注：①＊＊＊、＊＊、＊分别表示在1%、5%、10%的显著性水平下通过检验；②括号内为各系数对应的t统计量。

（二）基于企业行业异质性的分析

由于不同类型的企业在经营过程中创新需求不同以及杠杆率的安排也有所不同，为了进一步解释非金融企业杠杆率对企业创新的影响，有必要按照行业特征对样本企业进行分组，讨论不同行业企业的杠杆率与创新投入和创新产出之间的关系。

根据国家统计局2017年公布的高技术产业（制造业）分类标准，对样本中的企业所属行业特征进行分类，将涉及医药制造，航空、航天器及设备制造，电子及通信设备制造，计算机及办公设备制造，医疗仪器设备及仪器仪表制造，信息化学品制造等6大类的企业划归为高技术企业，其余的企业划归为非高技术企业，在此基础上分组进行创新投入方程以及创新产出方程的门槛回归。

为明确高技术企业与非高技术企业的创新投入方程和创新产出方程是否存在门槛效应，分别对创新投入方程、创新产出方程进行自抽样检验的估计，得到F统计量及其对应的P值，结果如表7所示。

表7　行业异质性分组门槛效果的自抽样检验结果

模型		检验类型	F统计量	P值	临界值		
					10%	5%	1%
高技术企业	创新投入	单一门槛	26. 31	0. 0133	14. 2470	17. 3541	27. 3095
		双重门槛	6. 70	0. 5567	17. 2141	26. 8260	42. 7666
		三重门槛	7. 56	0. 5333	17. 0825	21. 6228	27. 4843
	创新产出	单一门槛	26. 34	0. 0133	15. 7032	18. 8285	26. 3670
		双重门槛	11. 90	0. 1533	14. 2584	26. 2298	46. 6361
		三重门槛	7. 66	0. 3900	16. 3540	24. 8479	46. 3730

续表

模型		检验类型	F统计量	P值	临界值		
					10%	5%	1%
非高技术企业	创新投入	单一门槛	148.21	0.0000	16.0149	18.7396	22.9000
		双重门槛	51.85	0.0000	15.2939	18.2807	22.4942
		三重门槛	20.04	0.0733	17.7407	23.1617	30.5927
	创新产出	单一门槛	9.52	0.3767	16.2355	19.7142	24.3817
		双重门槛	6.69	0.4933	12.1170	14.5424	19.9101
		三重门槛	3.47	0.8200	11.9722	14.8032	21.1451

由表7的结果可知，高技术企业创新投入方程与创新产出方程单一门槛检验P值均为0.0133，在5%的显著性水平下通过检验；非高技术企业创新投入方程单一门槛、双重门槛及三重门槛的P值分别为0.0000、0.0000和0.0733，分别在1%、1%和10%的显著性水平下通过检验，而创新产出方程未通过门槛效应的检验。在后续的回归估计中，选择单一门槛面板模型对高技术企业的创新投入与创新产出方程进行估计；选择三重门槛面板模型对非高技术企业创新投入方程进行估计，对非高技术企业的创新产出方程进行无门槛回归，门槛估计结果见表8，回归系数估计结果如表9所示。

表8　行业异质性分组的双重门槛估计结果

门槛类型			估计值	95%置信区间	显著性
高技术企业	创新投入	单一门槛	9.0146	(7.6161，9.9011)	显著
	创新产出	单一门槛	84.3587	—	显著
非高技术企业	创新投入	单一门槛	5.1697	—	显著
		双重门槛	7.6863	(6.0181，8.9788)	显著
		三重门槛	13.3449	(12.2863，14.2160)	显著
	创新产出	单一门槛	0.2511	(0.2444，0.2577)	不显著

由表8的结果可知，高技术企业创新投入方程的门槛值为9.0146%。由表9可知，当企业杠杆率低于9.0146%时，杠杆率对创新投入的回归系数为0.0013，杠杆率提升对创新投入产生的是积极影响；而当企业杠杆率高于9.0146%时，杠杆率对创新投入的回归系数为－0.0001，杠杆率提升对创新投入产生的是消极影响。即高技术企业杠杆率与创新投入之间呈现倒“U”

形关系，当企业杠杆率低于9.0146%时，杠杆率提升会促进创新投入的增加；当杠杆率高于9.0146%时，杠杆率提升会抑制创新投入的增加。

由表8的结果可知，高技术企业创新产出方程的门槛值为84.3587%。由表9的结果可知，当企业杠杆率低于84.3587%时，杠杆率对创新产出的回归系数为-0.0007，企业杠杆率提升对创新产出产生的是消极影响；当企业杠杆率高于84.3587%时，杠杆率对创新产出的回归系数为-0.0008，表明企业杠杆率提升对创新产出产生的依然是消极影响，且这种消极影响更大。这说明高技术企业杠杆率在整体上对企业创新产出呈现的是抑制效应。

由表8结果可知，非高技术企业创新投入方程的门槛值分别为5.1697%、7.6863%和13.3449%。由表9可知，当企业杠杆率位于5.1697%~7.6863%时，杠杆率提升促进企业创新投入的增加；当企业杠杆率位于7.6863%~13.3449%时，杠杆率提升继续促进企业创新投入的增加；而当杠杆率高于13.3449%时，杠杆率提升会抑制企业创新投入的增加。即非高技术企业杠杆率与创新投入之间呈倒"U"形关系，当企业杠杆率低于13.3449%时，杠杆率提升会促进创新投入的增加；当杠杆率高于13.3449%时，杠杆率提升会抑制创新投入的增加。

由表8结果可知，非高技术企业创新产出方程的门槛效应不显著，即为不存在门槛值。通过无门槛回归结果可知，*lev*的系数为-0.0007且通过1%的显著性检验，说明杠杆率对创新产出呈现消极影响。

由上述结果可知，企业的创新投入强度受到其负债水平的影响，且有利于企业创新投入的杠杆率水平存在企业异质性差异，这验证了假设3成立。

表9　行业异质性分组的双重门槛估计结果

变量	高技术企业		非高技术企业	
	创新投入	创新产出	创新投入	创新产出
0._cat#c.*lev*	0.0013*** (2.25)	-0.0007*** (-10.75)	—	—
1._cat#c.*lev*	-0.0001*** (-2.94)	-0.0008*** (-9.79)	0.0041*** (3.11)	—
2._cat#c.*lev*	—	—	0.0008** (2.31)	—

续表

变量	高技术企业		非高技术企业	
	创新投入	创新产出	创新投入	创新产出
3._cat#c.*lev*	—	—	-0.0001 ** (-2.45)	—
lev	—	—	—	-0.0007 *** (-31.03)
turn	-0.0100 *** (-6.21)	-0.0023 * (1.75)	-0.0057 *** (-6.08)	-0.0003 (-0.63)
pro	-1.13e-06 (-1.11)	-1.36e-06 * (-1.68)	-1.02e-06 (-1.35)	7.59e-08 (0.10)
gro	2.29e-05 ** (-2.33)	6.04e-05 *** (-4.51)	-5.18e-06 (-0.40)	4.24e-05 *** (-6.20)
fix	0.0178 * (1.73)	0.0023 (-0.42)	0.0213 *** (2.80)	0.0092 *** (2.83)
cafl	7.03e-05 (-0.81)	0.0001 * (1.65)	-4.09e-06 (-0.08)	6.4e-05 *** (2.80)
exe	-0.0019 (-0.16)	0.0034 (0.53)	0.0198 * (1.74)	-0.0056 * (-1.80)
age	0.0017 *** (8.10)	-0.0003 (-1.59)	0.0015 *** (7.27)	0.0001 * (1.71)
_*cons*	-0.0328 (5.96)	0.0558 *** (12.31)	-0.0144 *** (2.60)	0.0412 (6.15)
N	3303	3303	4077	4077
R_sq	0.6580	0.7610	0.1240	0.8014

注：①***、**、*分别表示在1%、5%、10%的显著性水平下通过检验；②括号内为各系数对应的t统计量。

六、研究结论及启示

本文基于2011—2019年沪深股市中的非金融类上市公司的数据，构建了创新投入方程和创新产出方程，实证研究非金融企业杠杆率与企业创新之间的关系，得到的主要结论有：①非金融企业杠杆率对企业创新投入的影响呈倒“U”形关系，创新投入方程的门槛值为9.1478%，即当非金融企业杠杆率低于9.1478%时，增加杠杆率可以促进企业创新投入的增加，而当非金融企业杠杆率高于9.1478%时，继续增加杠杆率反而会抑制企业创新投入的增加。②非金融企业杠杆率对企业创新产出则产生抑制作用。③将非金融企业划分为高技术企业和非高技术企业后的实证研究发现，杠杆率对企业创新投入增加的正向效应存在着企业异质性差异。

从全样本角度来看，创新投入方程的门槛值为9.1478%，这一杠杆率水平与样本均值相比是较低的，企业创新需要资金支持，通过负债融资获得的资金对于企业创新来说负向影响大于正向影响，因此，创新资金的来源不能依赖负债融资。对于高技术企业来说，有利于企业创新投入的杠杆率水平过低，且高技术企业的行业内竞争对于其技术水平的依赖度较高，同时技术创新又是一项高投资、高风险的活动，而加杠杆本身就会增加企业经营的风险，因此，高技术企业的创新资金需求受到企业杠杆率的消极影响更大。

由以上研究结论得出的政策启示如下：①结构性“去杠杆”政策是十分必要的。当前的杠杆率平均水平较高，绝大部分企业的杠杆率水平都远高于能对企业创新投入产生促进作用的阈值，从鼓励企业创新的角度出发，应该继续严格控制企业的杠杆率水平，去杠杆政策的继续实施是有必要的。②拓宽企业的融资渠道，构建多层次资本市场。在完善注册制改革背景下，放宽企业，特别是高技术企业上市融资的限制，以有效降低企业对杠杆的依赖；同时为企业债转股建立一个规范化的市场，鼓励企业对不合理的杠杆进行转移；完善风险投资市场建设，为创新型企业筹集资金拓宽渠道。③积极强化产学研一体化建设。鼓励企业与高校、研究机构合作，引进现有研究成果、技术人才，加速创新成果向生产的转化，缩短创新项目的开展周期，减少研发资金的占用。④提高企业创新效率。创新不仅需要重视要素的投入，还需要加强对创新过程的监督管理，确保创新项目的进展是高效的，减少对企业资金的占用时长，提高创新资金使用效率。⑤提供税收优惠及创新补助。针对创新活跃的高技术企业，对研发过程中产生的费用给予一定程度的税收优惠，并为企业的创新项目提供专项资金支持，减轻企业创新项目现金流的压力，调动企业创新积极性。

参考文献

[1] DONALD C, PHYLLIS A. Upper Echelons: The Organization as a Reflection of its Top Managers[J]. The Academy of Management Review,2007(2):334-343.

[2] 朱德胜，周晓珮．股权制衡、高管持股与企业创新效率[J]．南开管理评论,2016(3):136-144.

[3] 易靖韬,张修平,王化成．企业异质性、高管过度自信与企业创新绩效[J]．南开管理评论,2015(6):101-112.

[4] 余明桂,范蕊,钟慧洁．中国产业政策与企业技术创新[J]．中国工业经济,2016(12):5-22.

[5] 郭玥．政府创新补助的信号传递机制与企业创新[J]．中国工业经济,2018(9):98-116.

[6] 尹志锋,叶静怡,黄阳华,秦雪征．知识产权保护与企业创新:传导机制及其检验[J]．世界经济,2013(12):111-129.

[7] 汤子隆,易露霞．中国杠杆率结构联动分析——基于部门分化和区域分异双重视角[J]．中国流通经济,2018(5):97-107.

[8] 冉珍梅,刘孝斌,钟坚．政府债务、家庭债务与货币政策有效性——基于消费视角的理论与实证分析[J]．经济问题探索,2020(3):145-154.

[9] 李俊峰,高曼丽．人口老龄化、房价波动与居民部门债务潜在风险[J]．宏观经济研究,2019(5):33-41.

[10] 潘敏,刘知琪．居民家庭“加杠杆”能促进消费吗？——来自中国家庭微观调查的经验证据[J]．金融研究,2018(4):71-87.

[11]董翔宇,赵守国．中国经济增长与杠杆率的非线性关系研究——基于制造业面板数据门限回归分析[J]．系统工程理论与实践,2020(2):343-354.

[12] 刘伟江,王虎邦．企业杠杆率、资产价格波动与经济增长关系研究——基于MS-VAR模型的实证分析[J]．价格理论与实践,2017(7):105-108.

[13]钟田丽,马娜,胡彦斌．企业创新投入要素与融资结构选择——基于创业板上市公司的实证检验[J]．会计研究,2014(4):66-73.

[14]孟丽娜,甘秋月．结构性去杠杆对企业创新的影响机制研究[J]．当代会

计,2020(8):9－11.

[15]管弋铭,范从来,张淦. 企业杠杆率、中长期信贷与企业绩效[J]. 会计与经济研究,2020(3):68－80.

[16]刘一楠. 高杠杆抑制了企业创新吗？——基于营运资本管理视角[J]. 投资研究,2016(4):123－135.

[17]杜金岷,吕寒,张仁寿,吴非. 企业R&D投入的创新产出、约束条件与校正路径[J]. 南方经济,2017(11):18－36.

[18]屈明芝. 制度视角下的企业R&D投入效率研究——以创业板为例[D]. 广东外语外贸大学,2014.

[19]王玉泽,罗能生,刘文彬. 什么样的杠杆率有利于企业创新[J]. 中国工业经济,2019(3):138－155.

“减税降费”政策下我国上市企业税负对创新产出的影响研究

原靖换　孔　军[①]

摘　要：当前，我国经济已转向高质量发展阶段，创新是经济增长的源泉和高质量发展的第一动力。本文以中国A股上市企业为样本，运用双向固定效应模型考察了减税降费政策下企业税负对创新产出的影响效应，结果发现：减税降费政策下企业税负下降对创新产出有显著激励作用，表现为策略性创新产出的显著增加，但对实质性创新产出无显著影响。当考虑产权性质和行业差异时，税负下降只对非国有企业和高技术企业的创新产出有显著促进作用，而对国有企业和非高技术企业的创新产出均无显著影响。进一步分析发现，融资约束在企业税负与创新产出的关系中起到中介作用，即企业税负下降通过缓解企业融资约束，提高了企业创新产出。因此，本文认为减税降费政策应更多倾向于企业的实质性创新，同时充分考虑产权和行业的异质性，根据激励作用在不同条件下的差异，制定和调整符合现实情况的政策。

关键词：减税降费；企业税负；创新产出；融资约束

① 作者简介：原靖换（1996—），山西运城人，西北大学经济管理学院2019级财政学专业硕士研究生；孔军（1969—），江苏江阴人，西北大学经济管理学院教授。

一、引言

创新是经济增长的源泉和高质量发展的第一动力。党的十九届五中全会通过的《中共中央关于制定国民经济和社会发展第十四个五年规划和二〇三五年远景目标的建议》（以下简称《建议》）强调：“坚持创新在我国现代化建设全局中的核心地位，把科技自立自强作为国家发展的战略支撑。”

根据公共物品的外部性理论，企业创新活动具有溢出效应，竞争者很容易模仿创新成果而受益，却不必付出代价，导致企业研发的回报减少，研发投资低于社会最优量。“搭便车”问题存在和研发的溢出效应使社会收益大于私人收益，私人从事研发活动供应不足，单纯依靠市场进行创新，不能保证以利润极大化为目标的企业投资于这类技术，无法实现资源配置的帕累托最优状态，导致市场失灵，所以需要政府进行干预。财政是国家治理的基础，财政政策作为政府的宏观调控手段，对创新活动起着重要作用，而减税是最关键的政策工具之一。各国政府都积极运用减税政策支持企业的技术创新投资，以矫正研发活动的“市场失灵”，激励企业自主创新，促进本国经济持续稳定发展。

减税降费政策是我国供给侧结构性改革“降成本”的重要组成部分，能有效降低企业经营成本，减轻企业负担，激发市场主体活力，促进社会各类资源更多地转向市场新兴领域和创新领域，优化产业结构，提高全要素生产率，实现经济发展由要素驱动向创新驱动转变。我国减税政策经历了一个不断升级的过程。2008 年年底中央经济工作会议上首次提出了“结构性减税”，出台各类结构性减税政策，均内含着稳定税负的前提条件。2016 年，中央政治局会议提出“降低宏观税负”，我国的减税政策基调由之前的“稳定税负”变成“降低税负”。同年中央经济工作会议提出“在减税、降费、降低要素成本上加大工作力度”，“减税降费”并列作为官方用语首次出现，减税政策范围进一步扩大到降费。随着政府开始推行以“去产能、去库存、去杠杆、降成本、补短板”为五大任务的供给侧结构性改革，减税降费成为降成本的关键一环。党的十九大以来，我国相继出台一系列涉及面广、影响力度大的减税降费政策，为减轻市场主体税费负担，促进经济社会发展起到了保驾护航的作用。据统计，2017 年全国减税降费额度达 1 万亿元，2018 年增加到 1.3 万亿元。2019 年我国出台了历史上最大规模的减税降费措施，全年累计减税降费达到 2.36 万亿元。

目前，我国经济已由高速增长阶段转向高质量发展阶段，随着国内疫情持续稳定和国际逆全球化加剧，经济复苏发展对财税、货币政策的依赖度更高，想要实现经济高质量发展，必然要求减税降费政策有更好的表现。各种税收优惠政策核心都是通过降低企业负担水平来促进创新的。因此，在减税降费政策背景下研究企业税负对创新的影响，为理解减税降费政策的内在逻辑提供了经验证据，具有重要的现实意义。

关于降低企业税负对创新的影响，学术界尚未得出一致结论。理论上认为，创新需要政府干预，但是目前的实证分析结论各异。典型研究发现税负下降对企业创新有正向影响，有利于企业的研发投入和创新产出（Bloom et al.，2002；Czarnitzki et al.，2011；林洲钰等，2013；杨洋等，2015；林志帆、刘诗源，2017）。但也有学者从财政支出、市场竞争和税盾角度出发，认为较高的税负能促进创新（吴祖光等，2013；余泳泽，2017）。

二、文献综述

（一）税收负担与创新

大部分学者认为税负会抑制创新。相关文献证明直接税和间接税负担均会影响企业创新。许伟和陈斌开（2016）用上市公司的数据对 2004—2009 年增值税转型改革的实施效果进行研究，发现增值税有效税率降低 1 个百分点，企业投资约增加 16%。高正斌等（2020）利用 2002 年实施的企业所得税分享改革准自然实验考察减税对企业创新的影响。但不同税种的负担对企业创新的影响存在差异，林志帆（2017）用世界银行 2012 年中国企业问卷调查数据，研究发现税收负担对创新有负面影响，且增值税负担的负面影响比企业所得税负担更大。也有学者结合产权性质和行业性质进行分析，发现营改增政策能显著降低企业的流转税税负，促进企业的创新，但这种激励效应对非国有企业、民营及中小企业和高新技术企业更为显著。

（二）税收负担、融资约束与企业创新

创新活动不同于一般的投资项目，它需要大量持续的资金，对融资约束极为敏感。现有研究普遍认为融资约束对企业创新具有抑制作用。张杰等（2012）基于全部国有及规模以上工业企业的微观数据，考察了融资约束对研发投入的影响，发现融资约束对我国民营企业研发投入存在显著的抑制作用。有学者从融资约束的视角对税负对创新的影响展开分析。大部分文献认为税负下降能够降低企业内源融资约束，优化企业债务结构，对企业生产效率的提高有积极影响（高正斌，2020；王伟同等，2020）。曹越和陈文瑞（2017）采用双重差分模型和倾向匹配得分法对固定资产加速折旧政策的效应进行检验，发现此项政策能显著缓解试点公司的内源融资约束，促使其增加创新投入。但税收优惠也有可能会因无法对冲企业面临的融资约束而不能对企业创新产生正向影响，最终可能抑制企业创新。

综上可知，关于税负对创新的影响效应，现有文献大多基于营改增和企业所得税改革，分税种进行研究，且并没有达成一致结论，从企业总体税收负担角度研究税负对创新的影响文献较少。关于税负对创新的影响机制，大多文献从理论角度分析认为税负影响现金流和融资约束，进而影响企业创新，但较少有文献从实证方面进行检验。本文研究企业总税负通过影响融资约束，进而影响企业创新，并对融资约束的中介效应进行检验，丰富了税收效应研究文献，为减税降费政策提供证据支持。

三、理论分析与研究假设

（一）税收负担与企业创新

税收负担会抑制企业创新。供给学派减税理论认为适度扩大减税规模，有利于降低企业税收负担和运行成本，激发企业创新动力。税收负担对企业创新的抑制作用主要体现在挤出效应和避税效应上。一是税收负担会减小企业内部现金流和收益率，对研发投资存在挤出效应。税收具有强制性和优先

原则，会从时间和金额两方面限制企业内部资金的使用，降低企业投资可用现金，抑制企业的研发投资。二是税收负担增加会使企业倾向避税以缓解自身税收压力，抑制企业创新。一方面，企业会通过获得债务的税盾价值来缓解税收压力。由于债务利息作为一项费用可以在税前扣除，具有抵税作用，税收负担过高时，企业倾向提高债务水平以获取债务的税盾价值，从而降低企业成本。而债务规模增加会提高企业的财务风险，定期还本付息的压力不利于公司开展高风险的创新活动。另一方面，企业会通过寻租来缓解税收压力。企业家活动可分为生产性与寻租性两类，这两类行为是相互替代的。当税收负担过重时，企业会耗费更多的精力在寻租上，以缓解自身税收压力，从而挤出生产性的研发创新活动，抑制了企业创新。

税收负担也会对企业创新起到正向作用。税收是公共财政，其本质是取之于民、用之于民，合理的税负水平可以通过政府财政支出发挥对创新的正向影响，通过直接促进相关产业的创新，扩大创新活动的要素供给，改善创新基础设施和产业集群环境，营造良好的创新环境，来促进创新发展。同时税收负担过重，也会加重企业的生存压力。企业为生存下去，更有意愿去进行研发，以获得更多的经营收入，提高自己的市场竞争力。

（二）融资约束的中介效应

创新投资项目具有失败率高、风险大、资金需求大、周期长等特征，造成创新过程信息不对称，企业的研发创新面临着不可避免的融资约束问题。另外，由于知识的非排他性，为防止信息泄露，研发活动作为商业秘密一般不会披露，加上创新过程有很高的监管成本，外部投资者很难获得研发相关的信息，存在信息不对称，这使得企业创新活动面临融资约束。企业可能会因研发资金不足而暂停或者终止研发活动的开展，使企业失去预期的收益，降低研发活动的积极性。创新行为能否实现在很大程度上取决于融资体系的支持。减税降费政策下税负下降主要通过缓解融资约束来影响企业创新。

第一，税负下降可以增加企业内部现金流，提升企业内源融资的空间，减少外部融资需求，从而缓解企业的融资约束，促进企业创新。创新投资项目具有失败率高、风险大、资金需求大、周期长等特征，造成创新过程信息不对称，企业的研发创新面临着不可避免的融资约束问题。而内源融资资金来源于企业内部的留存收益和未分配利润，无交易成本，且具有灵活性和自主性，是企业创新活动的重要资金来源。根据融资优序理论，当企业需要融资时，会优先考虑内源融资。而税收作为政府对企业利润的强制性分享，会减少企业的利润留存，缩减企业的利润空间，造成企业内源融资能力不足，企业会转而寻求外源融资。长期以来，融资机会不能完全满足企业融资需求的增加，税收支付带来的资金流出会强化企业的融资约束。因此，税负下降可以提升企业内源融资的空间，缓解企业的融资约束，进而促进创新。

第二，税负下降可以提高企业的税后收益率，有助于企业获得外源融资，缓解企业的融资约束，从而促进创新。外部投资者、金融机构在投资时追求的也是自身利益的最大化，既要获得高额的贷款利息收入，又要适当规避违约风险。税后收益率提高，有利于企业获取外源融资，缓解企业的融资约束。

基于此，本文提出以下假设：

H1a：减税降费政策下企业税负与创新产出之间存在负向关系。

H1b：减税降费政策下企业税负与创新产出之间存在正向关系。

H2：融资约束在企业税负与创新产出的关系中起到中介效应。

四、数据与模型

（一）数据来源及样本选择

本文选取 A 股上市公司 2008—2019 年的数据，并对原始数据进行以下处理：①剔除金融业、房地产企业等服务性企业；②剔除 ST、＊ST 等样本和期间进行变更重组、退市的企业；③剔除观测值不足三年的企业；④剔除核心数据不完整的企业；⑤为消除异常值的影响，对数据进行 1% 和 99% 的缩尾处理；⑥剔除营业利润小于 0 的观测值（营业利润小于 0 会使税负值失效）。最终处理后得到 2993 家企业 22872 个有效观测值。本文财务数据来源于 CASMAR 数据库，专利申请数数据来源于 CNRDS 数据库，部分缺失数据根据上市公司年报手动录入。

（二）变量与描述性统计

1. 被解释变量

现有文献大多从投入—产出角度衡量企业创新。从两个方面衡量创新投入：一是人力投入，比如R&D人员数量（肖仁桥等，2012）。二是资金投入，比如研发费用等绝对指标，以及研发投入占营业收入比、研发投入占总资产比（陶锋等，2017；史敏、耿修林，2017）等相对指标。对创新产出的衡量指标主要是企业的技术创新成果，其中绝对指标有专利申请数、专利授权数、新产品销售量、销售收入等，相对指标有新产品产值占总产值的比例（杨洋，2015）。

由于创新具有高度不确定性，采用企业创新投入指标难以反映企业创新的效果。专利授权数和新产品销售收入通过市场化反映了企业创新成果，但是专利授予过程和新产品市场化过程存在许多不确定性和不稳定性，且数据缺失较多。所以本文采用企业专利申请总数衡量企业创新（ln*patent*）。同时参考黎文靖（2016）的做法，将专利申请数按实质性创新和策略性创新的创新动机，分为发明专利申请数（ln*patent*1）和非发明专利申请数（ln*patent*2）两类。

2. 核心解释变量

根据定义，税收负担指的是缴纳的各项税费占计税经济来源的比重。本文使用（支付的各项税费－收到的税费返还）/营业收入衡量企业税负。该项指标包括企业缴纳的增值税、营业税、印花税、城建税、所得税、房产税等各项税收，不包含企业缴纳的社保费，可以较全面地反映企业的税负情况。

3. 中介变量

本文借鉴SA指数衡量融资约束，SA指数绝对值越大，说明融资约束越严重（鞠晓生，2013）。

4. 控制变量

（1）企业规模（*size*）。企业规模会影响企业的资源获取能力和积累能力，进而影响企业创新。一般来说大企业比小企业综合实力强，有更充足的资金和风险承担能力，更容易获取资源，创新能力也更强。但也有学者认为小规模企业自身运营成本低、决策灵活，为了快速应对外部市场变化，具有更大的激励从事研发创新活动。常见的企业规模的指标有总资产、销售收入、员工人数等，本文以企业总资产的对数衡量企业规模。

（2）企业年龄（*age*）。一般来说，与企业年龄较小的企业相比，企业年龄较大的企业，在资金、技术和人才等方面都有优势，并且积累了创新经验，有较强的创新能力。但根据组织惰性理论，年龄较大的企业，其组织惰性带来的缺乏创新动力、决策倾向于保守等表现得更为明显，企业创新积极性不高。本文以观测年度减去企业成立年份的自然对数衡量企业年龄。

（3）净资产收益率（*roe*）。企业的盈利能力越强，企业的资金供给越稳定，可获得的风险投资就越多，充裕的资金支持能给企业技术创新的发展提供一个更加稳定的环境，有利于技术创新活动的成功实现。本文用净资产收益率（*roe*）衡量企业的盈利能力。

（4）资产负债率（*lev*）。资产负债率对企业创新的影响尚不确定。资产负债率反映了企业的偿债能力，还在很大程度上反映了企业的财务状况，企业资产负债率越高，相对来说公司的债务水平也会越高，对于债务水平偏高的企业，可能存在较大的风险，因此，企业为了降低企业整体风险可能会选择缩小高风险的研发。但是与此同时这也意味着企业有较强的能力获得融资来源，这将有助于企业的研发投入。

（5）流动比率（*cr*）。流动比率反映了企业流动资产变现用于偿还负债的能力。一般来说，流动性越高的企业，闲置用于研发的资金也越充足，且高流动性向市场释放良好信息，使得企业也能够较放心地投入研发之中。

（6）股权集中度（*os*）。股权集中度对创新的影响尚不确定。一般来说大股东关注企业的长期盈利能力，更加倾向于增加技术创新的投入，获取高额的回报。但同时高的股权集中度也意味着股东资产高度集中于企业，大股东承担技术创新的风险大，容易产生风险规避心理，降低创新意愿。本文采用第一大股东持股比例衡量企业的股权集中度，比例越高，表明股权越集中。

（7）营业收入增长率（*grow*）。营业收入增长率在一定程度上反映了企业的经营状况和市场占有能力。一般来说，营业收入增长率越高，说明企业占领市场的能力和销售能力越强，企业成长性越好。

（8）管理层持股比例（*mshr*）。企业进行创新是出于企业的长远利益考虑的，而管理层的企业任期、报酬主要依赖于企业的当前经营绩效，再加上创新活动高风险和高收益并存，失败风险大，管理层创新的积极性不高。管理层持股能降低创新活动给企业带来的代理成本，鼓励管理层着眼于公司长远利益，提高其风险承担意愿，促使管理层积极投资技术创新项目。

本文描述的变量名称及含义如表 1 所示。

表 1　变量名称及含义

变量类型	变量名称	变量符号	变量含义
被解释变量	创新产出	ln*patent*	专利申请数加 1 取自然对数
解释变量	企业税负	*taxburden*	（支付的各项税费 - 收到的税费返还）/营业收入
中介变量	融资约束	*SA*	SA 指数
控制变量	企业年龄	*age*	观测年度减去企业成立年份的自然对数
	企业规模	*size*	企业总资产的自然对数
	资产负债率	*lev*	总负债/总资产
	流动比率	*cr*	流动资产/流动负债
	净资产收益率	*roe*	净利润/股东权益平均余额
	营业收入增长率	*grow*	（本期营业收入 - 上年同期营业收入）/上年同期营业收入
	股权集中度	*os*	第一大股东持股比例
	管理层持股比例	*mshr*	管理层持股比例/公司总股数

（三）描述性统计

变量的描述性统计如表 2 所示。可以看到税负的均值为 5.96%，不同企业税负差别较大。创新产出的最小值和最大值分别为 0 和 6.574，表明企业间创新产出差异很大，创新能力参差不齐。SA 指数全为负数，说明所有企业都面临融资约束。

表2　变量描述性统计

变量	平均值	标准差	最小值	最大值
ln*patent*	2.343	1.724	0	6.574
ln*patent*1	1.658	1.488	0	5.808
ln*patent*2	1.800	1.634	0	6.045
SA	-3.723	0.248	-4.327	-3.095
taxburden	0.0596	0.0566	-0.0591	0.281
lev	0.416	0.208	0.0479	0.948
cr	2.564	2.881	0.251	18.58
roe	0.0710	0.121	-0.567	0.363
grow	0.183	0.432	-0.522	2.885
os	0.349	0.148	0.0889	0.741
mshar	0.120	0.198	0	0.690
size	21.97	1.247	19.55	25.74
age	2.771	0.379	1.386	3.434

（四）相关性分析

本文先进行相关性分析，企业税负（*taxburden*）与创新产出（ln*patent*）的相关系数为-0.13（$P<0.01$），说明企业税负与创新产出之间呈负相关关系，与假设1a相符。融资约束（*SA*）与创新产出（ln*patent*）的相关系数为-0.012（$P<0.05$），说明融资约束会抑制企业创新产出。解释变量与控制变量的相关系数大部分都小于0.5，但企业年龄（*age*）与融资约束（*SA*）的相关系数大于0.5，表明模型中可能存在多重共线性问题。本研究进行了VIF检验，结果显示VIF均值为2.11（<10），说明模型不存在严重的多重共线性问题。

（五）模型

通过Hausman检验发现，P值为0.0000，拒绝原假设，这表明不同企业之间存在不随时间变化的个体效应，应使用面板数据的固定效应模型。将代表年份的时间虚拟变量加入模型中，检验时间虚拟变量的显著性，得到P值为0.0000，拒绝原假设，这表明在模型中应该包含时间效应。因此，本文建立双向固定效应计量模型如下：

$$innovation_{i,t} = \beta_0 + \beta_1 \, taxburden_{i,t-1} + \sum \gamma \, control_{i,t} + \mu_i + \lambda_t + \varepsilon_{i,t}$$

其中，i 和 t 分别表示企业个体和年份；被解释变量 $innovation_{i,t}$ 为创新衡量指标，用专利申请数进行衡量。$taxburden_{i,t-1}$ 为解释变量，考虑到税负对创新产出的影响有时滞性，采用滞后一期的税负表示（刘放等，2016）。$control_{i,t}$ 为一系列控制变量，包括企业年龄（*age*）、企业规模（*size*）、资产负债率（*lev*）、流动比率（*cr*）、净资产收益率（*roe*）、营业收入增长率（*grow*）、股权集中度（*os*）、管理层持股比例（*mshar*）。μ_i表示个体固定效应；λ_t表示年份固定效应，$\varepsilon_{i,t}$表示随机干扰项。

五、实证结果及分析

（一）基准回归结果

表3报告了企业税负与创新产出的回归结果。列（1）为各控制变量对创新产出的回归结果。列（2）在列（1）的基础上加入企业税负，可以看到估计系数在10%的显著水平上为负，这说明税负增加对创新有抑制作用，假设1a成立。减税降费背景下，企业税负的下降，对创新有积极影响。从控制变量的回归结果来看，净资产收益率、管理层持股比例以及企业规模对创新产出具有正向效应，其中，管理层持股比例、企业规模在1% 的水平下通过显著性检验，净资产收益率在5% 的水平下显著。这说明规模较大、管理层持股比例高、净资产收益率高的企业，更倾向于进行创新。营业收入增长率、股权集中度对企业创新产出具有抑制作用，分别在10%、5%的水平上显著。资产负债率、流动比率的估计系数为负，但并不显著。

为进一步研究税负变化对不同专利产出的影响，第（3）列、第（4）列分别对发明专利和非发明专利进行回归。回归结果显示，企业税负与非发明专利在1%水平上呈显著负相关关系，而对发明专利的影响并不显著。这可能有以下两方面原因：一是发明专利创新难度大。发明专利属于高水平创新项目，非发明专利属于微小的渐进式创新，与非发明专利相比，发明专利需要更多的研发经费，创新难度大，风险高，而且审查周期长，审查标准严格，不仅需要通过形式审查，还要经过实质性审查，被授予率低。这就使得短时间内，企业无法拥有更多的发明专利。二是企业为了获得更多财税扶持或向市场传递企业具有市场竞争优势的信号，会尽可能多地增加专利申请，但是由于创新能力和时效等的限制，倾向于申请更容易的非发明专利。

表3 企业税负与创新产出的回归结果

变量	(1)	(2)	(3)	(4)
	专利申请数	专利申请数	发明专利申请数	非发明专利申请数
企业税负		-0.385 *	-0.002	-0.539 ***
		(0.204)	(0.183)	(0.207)
控制变量	是	是	是	是
年份效应	是	是	是	是
个体效应	是	是	是	是
样本数	24346	22872	22872	22872
R - squared	0.269	0.246	0.23	0.241

注：＊＊＊、＊＊、＊分别表示1%、5%和10%的显著性水平。下同。

（二）稳健性检验

创新产出的指标全大于0，且存在大量为0的数据。这可能造成固定效应模型的估计结果有偏。因此，本文进一步采用Tobit方法来加以估计。由表4的回归结果可知：企业税负对创新产出有负向作用，并在1%的显著性水平上显著。这进一步验证了假设1，减税降费背景下企业税负的下降对创新产出有积极影响，说明本文的研究结论具有可靠性。

表4 稳健性检验

变量	专利申请数
企业税负	-1.059 *** (0.254)
控制变量	是
样本量	22872

（三）异质性分析

1. 按产权性质分组回归

不同产权性质的企业面临的资源条件、政治关联、融资约束等存在差异，税负变化敏感度和税收政策激励作用会有所不同。将样本按照产权性质进行分组，实际控制人性质为国有，则为国有企业，否则，为非国有企业，得到941家国有企业和2052家非国有企业。表5显示了按产权性质分组的回归结果。第（1）列是国有企业税负对创新产出的回归结果，估计系数不显著，说明税负下降对国有企业的创新产出影响不显著。第（2）列是非国有企业税负对创新产出的回归结果，估计系数为-0.492，在10%的显著性水平上为负，这说明减税降费政策下，税负下降对非国有企业创新产出有显著的正向影响。不同产权性质下，税负对创新影响不同的原因可能是国有企业承担着部分社会公共职能，在创新方面，有时国有企业并不仅仅是以获取短期超额利润为目标，还肩负着国家在某些领域的攻坚任务。即使面临较重的税负，也需要提高创新。同时，与非国有企业相比，国有企业受益于“软预算约束”，更容易从金融市场上筹集到资金，风险承担能力强，税负变化对其创新的影响不大。第（3）列是非国有企业税负对发明专利申请数的回归结果，估计系数为负，但并不显著，说明非国有企业税负下降对发明专利申请数无显著影响。第（4）列是非国有企业税负对非发明专利申请数的回归结果，估计系数为-0.768，且在1%的显著性水平上为负，说明非国有企业税负下降对非发明专利有显著的正向影响。

表5 按照产权性质分组回归结果

变量	国有企业	非国有企业		
	(1)	(2)	(3)	(4)
	专利申请数	专利申请数	发明专利申请数	非发明专利申请数
企业税负	-0.041 (0.316)	-0.492* (0.266)	-0.062 (0.241)	-0.768*** (0.272)
控制变量	是	是	是	是
年份效应	是	是	是	是

续表

变量	国有企业	非国有企业		
	（1）	（2）	（3）	（4）
	专利申请数	专利申请数	发明专利申请数	非发明专利申请数
个体效应	是	是	是	是
样本数	9121	13751	13751	13751
R – squared	0.279	0.228	0.207	0.236

2. 按行业分组回归

本文参照国家统计局印发的《高技术产业（制造业）分类（2017）》《高技术产业（服务业）分类（2018）》，根据国泰安数据库中的行业名称，将样本企业中属于电信广播电视和卫星传输服务 I63、互联网和相关服务 I64、软件和信息技术服务业 I65、化学原料及化学制品制造业 C26、医药制造业 C27、化学纤维制造业 C28、铁路船舶航空航天和其他运输设备制造业 C37、计算机通信和其他电子设备制造业 C39、仪器仪表制造业 C40 划分为高技术行业中的企业，其他企业划分为非高技术行业中的企业。表 6 是按行业分组的回归结果。第（1）列是高技术企业税负对创新产出的回归结果，估计系数为 –0.716，在 5% 的显著性水平上为负，说明税负下降能促进高技术企业的创新产出。第（2）列是非高技术企业税负对创新产出的回归结果，估计系数不显著，说明税负下降对非高技术企业的创新产出影响不显著。这是因为与非高技术企业相比，高技术企业拥有的更多是无形资产，可抵押的实物资产少，而且为了保护知识产权，企业在外部融资时不愿意向外部投资者披露研发项目的相关信息，这使得该行业企业融资更难。而且高技术企业创新意愿强，所以高技术企业的税负下降对创新产出影响显著。

表 6　按行业分组回归结果

变量	（1）	（2）
企业税负	–0.716**	–0.171
	（0.363）	（0.246）
控制变量	是	是
年份效应	是	是
个体效应	是	是

续表

变量	(1)	(2)
样本数	7667	15205
R - squared	0.283	0.231

（四）融资约束的影响

为检验企业税负是否通过缓解企业面临的融资约束，进而提高企业的创新产出，引入融资约束作为中介变量，进行检验。本文借鉴温忠麟等（2014）设计的程序，采用层次回归法构建模型。表7显示了中介机制检验的回归结果。第（1）列为主效应检验，企业税负对创新产出的估计系数显著为负，可进行下一步检验。第（2）列是企业税负与中介变量（SA）的回归结果，估计系数在5%的显著性水平上为负。税负增加，SA指数会减小。又因为SA指数全为负值，绝对值越大表明面临的融资约束越大，所以SA指数减小意味着融资约束增加。这说明企业税负提高会增加企业面临的融资约束。税收负担提高会直接减少企业的经营现金流，企业为保证实现自己的经营目标，维持正常的生产经营活动，满足企业营运资金的需求，需要通过短期借款等融资方式来维持平衡。在我国整体融资环境不甚明朗的前提下，融资机会不能完全满足企业融资需求的增加，势必会造成企业融资约束的提高。

第（3）列是企业税负、融资约束（SA）同时加入模型回归的结果，两个估计系数均显著。SA指数的估计系数显著为正，说明SA指数增加，即融资约束减小，会促进企业创新产出。这是因为创新活动需要持续不断的大量资金的投入，而企业内部资金有限，必须借助外部融资，所以当企业面临较高融资约束时，融资成本和难度上升，企业进行创新的意愿也会降低。融资约束对技术创新产生显著的抑制作用（Savignac，2006）。以上三个模型的估计系数说明融资约束确实在企业税负对创新产出的影响中起着中介作用，验证了假设2。

表7　中介效应检验

变量	(1)	(2)	(3)
	ln*patent*	SA	ln*patent*
企业税负	−0.385*	−0.026**	−0.36*
	(0.204)	(0.012)	(0.203)
融资约束			0.953***
			(0.117)
控制变量	是	是	是
年份效应	是	是	是
个体效应	是	是	是
样本数	22872	22872	22872
R−squared	0.246	0.863	0.249

六、结论及政策建议

本文以A股上市公司为样本，运用双向固定效应模型，以专利授权量作为衡量企业创新产出的指标，讨论并检验了企业税负对创新产出的影响。研究发现：①税负下降可以显著提高企业创新产出，同时净资产收益率、管理层持股比例以及企业规模都对创新产出有正向影响。②企业税负下降能促进非发明专利申请数的增加，但对发明专利的影响并不显著。③减税降费政策下税负下降对创新产出的激励效果存在差异。非国有企业税负下降对创新产出有显著的正向作用，国有企业税负对创新产出的影响并不显著。④融资约束在企业税负与创新产出的关系中发挥了中介作用。

本文提出如下政策启示：

第一，坚持将减税降费作为推进供给侧结构性改革、促进经济高质量发展的重要抓手。应该完善现行减税降费政策，将政策落实到位，进一步激发企业活力、培育内生动力，实现经济转型升级和高质量发展。经济下行期，企业减税获得感不强，可采用降税率、免税款此类更加直接的方式减轻企业税费负担，避免税基式优惠对企业投入的要求和税收优惠的隐性化，也可降低企业为达标所花费的各项费用。在制定政策时，需要充分考虑产权、行业的异质性，根据激励作用在不同环境条件下的差异，制定和调整符合现实情况的政策。

第二，优化税负结构，为减税降费拓空间。中央政府在抓好减税降费政策落实的同时，也要密切关注各级地方财政运行状况，及时通过转移支付等手段保障好地方政府的基本财力需求。要进一步优化税负结构，在财政支出一定的情况下，以财政收入端为抓手，通过税负结构的优化，实现不同税系、不同纳税主体间“有增有减”的税负调整，保障收入端和支出端动态平衡，以缓解大规模减税降费所引致的财政支出压力。

第三，减税降费政策要更多倾向于企业的实质性创新，从严设定非发明专利享受税收优惠的条件，提高税收优惠对技术创新成果的创造性和新颖性要求，引导企业提升实质性创新能力。需要对企业创新内容进行严格界定，对于能够带来实际产业进步的实质性基础研发与应用研发给予重点鼓励，防止只追求创新数量，不关注创新质量的“大水漫灌”式激励。

参考文献

[1]BLOOM N., GRIFFITH R., VAN REENEN J. Do R&D Tax Credits Work? Evidence from a Panel of Countries [J]. Journal of Public Economics,2002.

[2]DIRK CZARNITZKI, PETR HANEL, JULIO MIGUEL ROSA. Evaluating the Impact of R&D tax Credits on Innovation: A Microeconometric Study on Canadian Firms [J]. Research Policy,2010.

[3]林洲钰,林汉川,邓兴华. 所得税改革与中国企业技术创新[J]. 中国工业经济,2013(3):111 - 123.

[4]杨洋,魏江,罗来军. 谁在利用政府补贴进行创新？——所有制和要素市场扭曲的联合调节效应[J]. 管理世界,2015(1):75 - 86.

[5]林志帆,刘诗源. 税收负担与企业研发创新——来自世界银行中国企业调查数据的经验证据[J]. 财政研究,2017(2):98 - 112.

[6]吴祖光,万迪昉,吴卫华. 税收对企业研发投入的影响:挤出效应与避税激励——来自中国创业板上市公司的经验证据[J]. 研究与发展管理,2013,25(5):1 - 11.

[7]余泳泽,张少辉,杨晓章. 税收负担与“大众创业、万众创新”——来自跨国

的经验证据[J]. 经济管理,2017 (6):162 – 177.

[8]许伟,陈斌开. 税收激励和企业投资——基于2004—2009年增值税转型的自然实验[J]. 管理世界,2016(5):9 – 17.

[9]高正斌,张开志,倪志良. 减税能促进企业创新吗?——基于所得税分享改革的准自然实验[J]. 财政研究,2020(8):86 – 100.

[10]聂辉华,方明月,李涛. 增值税转型对企业行为和绩效的影响——以东北地区为例[J]. 管理世界,2009(5):17 – 24,35.

[11]张杰,芦哲,郑文平,陈志远. 融资约束、融资渠道与企业R&D投入[J]. 世界经济,2012,35(10):66 – 90.

[12]王伟同,李秀华,陆毅. 减税激励与企业债务负担——来自小微企业所得税减半征收政策的证据[J]. 经济研究,2020,55(8):105 – 120.

[13]曹越,陈文瑞. 固定资产加速折旧的政策效应:来自财税〔2014〕75号的经验证据[J]. 中央财经大学学报,2017(11):58 – 74.

[14]黎文靖,郑曼妮. 实质性创新还是策略性创新?——宏观产业政策对微观企业创新的影响[J]. 经济研究,2016(4):60 – 73.

[15]吴联生. 国有股权、税收优惠与公司税负[J]. 经济研究,2009(10):109 – 120.

[16]鞠晓生,卢荻,虞义华. 融资约束、营运资本管理与企业创新可持续性[J]. 经济研究,2013(1):4 – 16.

社会保险是否影响了科技创新

张启凡　董秘刚①

摘　要： 本文利用2008—2013年中国30个省份的面板数据，使用双重差分法对《中华人民共和国社会保险法》的颁布实施与规模以上工业企业R&D投入强度之间的关系进行实证分析。研究结果表明，社会保险基金收入与规模以上工业企业R&D投入强度之间正相关，这一结果在中部地区显著，在东部地区和西部地区不显著，表明了地区创新差异。将被解释变量替换为规模以上工业企业R&D投入后，结果依然显著。这表明，2011年《中华人民共和国社会保险法》的颁布实施对规模以上工业企业R&D投入行为产生了激励作用。基于上述研究提供的证据有助于理解《中华人民共和国社会保险法》的颁布实施对科技创新的影响。

关键词：《中华人民共和国社会保险法》；社会保险基金收入；科技创新投入强度；地区差异

---

① 作者简介：张启凡(1995—)，陕西咸阳人，西北大学经济管理学院2019级研究生；董秘刚(1962—)，陕西咸阳人，西北大学经济管理学院副教授。

一、引言

“十三五”以来，中国转变发展方式，实施创新驱动发展战略，强化科技创新的引领作用，深入推进大众创业、万众创新，并且创建鼓励创新的体制机制。2019 年，中国科技创新投入（R&D 投入）总量为 22143.6 亿元，比上年增加 2465.7 亿元，增长 12.5%。R&D 经费投入强度（与 GDP 总量之比）为 2.23%，比上年提高 0.09 个百分点。2013 年以来中国 R&D 经费总量一直稳居世界第二，与美国差距逐步缩小。R&D 经费投入强度稳步提升，已接近欧盟 15 国平均水平。虽然中国的科技创新投入在数量上取得了巨大成功，但是质量发展却相对落后。中国仍旧处在世界产业链的中低端，正在向中高端迈进。

2021 年 5 月 11 日公布的人口普查报告公布显示，中国 60 岁以上人口占总人口比例达到 18.7%，已经进入老龄化社会。与此同时，15 ~ 59 岁的劳动力人口占比相较于 2010 年下降了 6.79%。统计结果表明，中国面临着严重的人口问题，众多学者认为中国的人口拐点已经出现。社会保险是与社会主义市场经济体制基础相适应，国家和社会依法对社会成员基本生活予以保障的社会安全制度。现代社会保险制度起源于 19 世纪 80 年代德国俾斯麦政府颁布并实施的一系列社会保险法令，是工业化时代的产物。中国社会保险事业起步较晚，1951 年中国正式颁布《中华人民共和国劳动保险条例》，标志着新中国的社会保险体系的建立。经过 60 年的发展，2011 年 7 月 1 日我国正式实施《中华人民共和国社会保险法》，这标志着我国的社会保险制度以立法保障进入了规范发展的新阶段。在《中华人民共和国社会保险法》颁布实施后，社会保障基金收入增长迅速，从 2011 年的 25757.66 亿元增长到了 2019 年的 80844.09 亿元，全国社会保险基金支出从 2011 年的 18877.13 亿元增长到了 2019 年的 74989.23 亿元。社会保险参保人数也出现大幅增长，工伤保险参保人数从 2011 年的 1.7696 亿人增长到了 2020 年的 2.55 亿人，失业保险参保人数从 2011 年的 1.43 亿人增长到了 2020 年的 2.05 亿人。《中华人民共和国社会保险法》的颁布实施对于劳动者而言无疑是一个好消息，但是问题也随之而来，《中华人民共和国社会保险法》实施后必然会导致企业用工成本的提高，这会给企业带来何种影响?

在现阶段，劳动密集型产业在中国经济中仍占有很大比例，该产业中的企业为职工缴纳社会保险的比例较低。在中国人口拐点出现之前，劳动密集型产业可以依靠廉价的劳动力取得对其他国家的竞争优势，但是这种优势在后起之秀，比如越南等的追赶下已经逐渐缩小。在中国的人口拐点已经到来的情况下，如果在劳动密集型产业中扩大社会保险缴纳比例，会不会推动企业加大科研创新投入，增加产业的劳动生产率和附加值，进而提高该产业的竞争优势?

本文利用2008—2013年中国各省份（西藏及港澳台地区除外）的面板数据，选取社会保险收入作为社会保险费用指标，以R&D投入和科技创新费用投入强度作为衡量科技创新的指标，以此为基础对我国的《中华人民共和国社会保险法》的颁布实施与科技创新之间的关系进行实证分析，以验证社会保险对科技创新的影响。一般情况下，认为企业为职工缴纳社会保险会提高企业的用工成本，不利于企业的发展。但是有学者研究表明，虽然社会保险覆盖面的扩大会提高企业劳动力成本，但是同时也会推动企业增加科研投入，提高本企业的科技创新水平，在宏观上有助于中国转变发展方式，实现创新驱动经济发展。

二、社会保险影响科技创新的内在逻辑

我国改革开放后依靠廉价劳动力大力发展劳动密集型产业，成功实现了经济腾飞，但是这种依靠粗放式、数量型的发展模式在新的发展阶段下难以为继。为了转变经济发展方式，实现产业结构转型升级，中国把科技创新摆在了首要位置。另外，随着我国刘易斯拐点的到来，我国的适龄劳动力人口数量在不断下降，用工荒不止一次出现在新闻头条上。随着新一代劳动者受教育程度的提高，相比于上一代劳动者，这一代劳动者维权意识有所提高，更加关注自身权利的实现。屡次出现的相关群体性事件让我们对与经济发展水平不相适应的社会保障产生了更多的关注。

众所周知，社会保险是社会保障的重要组成部分，包括养老保险、医疗保险、生育保险、工伤保险和失业保险。社会保险计划由政府举办，强制某一群体将其收入的一部分作为社会保险税形成社会保险基金。在满足一定条件的情况下，被保险人可从基金获得固定的收入或损失的补偿。它是一种再分配制度，目标是保证物质及劳动力的再生产和社会的稳定。《中华人民共和国社会保险法》的实施填补了我国社会保障领域立法的空白，在民生保障方面迈出了历史性的步伐，对于完善我国社会保险体系具有重要意义，是深入贯彻落实科学发展观、构建社会主义和谐社会的重大举措。在现阶段的中国，社会保障支出可以显著促进经济增长，并在未来一段时间将继续保持，这也就意味着现阶段社会保障支出可以促进经济增长（范琦、冯经纶，2017）。具体来说，从教育、医疗投入和社会保障支出三个角度进行分析，教育投入和社会保障支出会对经济增长产生较大贡献（方大春，2015）。对于社会保险的另一个重要组成部分——养老保险，其不仅可以通过影响物质资本来促进经济增长，也可以通过影响人力资本和技术进步来促进经济增长（张璐琴、景勤娟，2007）。还有的学者从健全社会保障制度会增加居民消费的角度对社会保障与经济发展之间的关系进行了分析，并指出与经济发展水平相适应的社会保障制度会促进经济发展（张向达、李宏，2010）。

现代创新理论奠基者熊彼特认为创新就是生产技术的革新和生产方法的变革，强调创新对于经济发展的促进作用。后人进一步发展熊彼特的理论，尤其是进入21世纪以来，创新被认为是各创新主体、创新要素交互作用下的一种复杂现象。在国际竞争日趋激烈的今天，创新被视为一个国家进步的发动机，在国家的发展战略中被摆在核心地位。现有文献多集中在社会保障对经济增长的影响，对社会保障与创新之间关系的研究较少。根据前人的研究可知，在一个公司中随着员工福利的增加，虽然公司的总成本会上升，但公司申请专利额数量也会增加，并且总的专利申请数量中含金量最高的发明专利所占比例也会提高，这也就是说，员工福利的增加不仅促进了企业创新数量的增加，同时也提高了企业创新的质量（Yu Wei，Haoxi Nan，Guiwu Wei，2020）。有时候严格的社会保险缴款制度会抑制单个企业的创新行为，造成其创新投入减少，创新产出下降。企业为了维持技术优势会联合起来进行合作创新，在总体上提高创新效率（Hao Shen et al.，2020）。在国家和社会范围内，与普遍认为福利支出会削弱创新潜力的观点相反，社会福利的增加可以通过编织一张安全网而影响人的心理，进而可以促进一个国家的创新活力并有助于该国经济的长期增长（Koo Young，Jun Choi，joo Park，2019）。福利支出在长期中直接影响经济的增长和波动。同时福利支出的增加通过激励各州的创新能力，尤其是在重视知识经济发展的州中间接地促进了州的经济绩效（Geiguen Shin，2019）。在丹麦的农业领域中，社会福利支出的增加会刺激创新，并增加总体的社会福利（Duygu Akkaya，2020）。在我国，新农合全面展开后，农村居民生病后入住医院接受正式治疗的概率上升。患相关疾病的农村居民住院率每上升 10%，与此有关的药品专利申请量就增加 12.4%，与此同时专利质量也略有上升（Zhang Xuan，Nie Huihua，2020）。并非所有学者都认为严格的社会保险制度会促进创新，与有着较低养老保险缴费率的地区相比，较高养老保险缴费率的地区创新力度和投入都比较低（何子冕、吕学静，2019）。

《中华人民共和国社会保险法》实施后，会通过两个效应刺激创新：生产者效应和消费者效应。从生产者效应角度进行分析，《中华人民共和国社会保险法》实施后，在更为严格的法律制度下，企业要为更多的员工缴纳社会保险，企业的成本会提高，企业为了维持或者提高竞争力，不得不提高生产效率或者进行科技创新。意味着企业财务负担更重（魏志华、夏太彪，2020）。企业为了降低劳动力成本，可能会选择使用资本要素来代替劳动力要素。因为相对于在劳动力成本上升的情况下，资本要素变得更具有比较优势，这会促使企业整体生产率提高（黄丙志、李涛，2013），表现为全要素生产率的提高（程晨、王萌萌，2016）。浙江省作为制造业大省，省内企业众多，为了让企业保持竞争优势，浙江省做出了许多努力，最后发现劳动力成本的结构调整会对企业生产效率产生显著影响，可以通过增加福利和教育支出来提高生产率（孙立新等，2013）。根据众多学者的研究，生产率增长一般都是创新驱动，这也就意味着创新行为的出现（刘小玄、吴延兵，2013）。在劳动力成本上升的压力下，企业也可以通过加大研发投入进行生产技术的创新（林炜，2013），内生增长理论支持较高的劳动力成本将倒逼企业创新的观点。再从消费者效应角度进行分析，必要社会保障的缺失导致消费结构升级乏力，制约了产业结构的转型升级（王宁，2009）。根据持久收入理论和生命周期理论，消费者根据本期收入、预期未来的收入决定自己的消费行为；同时，人们的消费不仅要考虑本期消费，更多的还要考虑未来的消费。因此，健全的社会保障制度对人们消费行为以及消费预期的影响至关重要（刘畅，2008）。社会保障水平的提高可以增加居民收入预期，解除人们特别是低收入者的后顾之忧，使其敢于即期消费（范黎波等，2017）。国家用于社会保障支出的资金多，社会保障水平高，这意味着劳动者实际收入增加。在收入效用的影响下，会刺激人们去消费（王东进，2000）。这种现象不仅出现在中国，在放宽理性经济人的假设下，用行为经济学的分析框架对东西方的消费文化差异进行分析会发现，不论是在东方国家还是在西方国家，社会保障支出都与消费率正相关（叶德珠等，2012）。在《中华人民共和国社会保险法》实施的情况下，消费者的消费会增加，消费增加意味着消费者需要更多更好的产品，这会刺激企业进行创新（肖峰，2003）。

社会保险费用的增加会从消费者和生产者两个角度促进企业进行科技创新。社会保险费用增加后，将更多消费者纳入了社会保险体系，这解决了一部分人的后顾之忧，使得这部分人敢于消费，企业为了满足这部分人的需求，从消费者角度拉动创新。

现有的研究主要从促进居民消费和经济增长方面出发，研究社会保险费用增加对两者的影响。对于社会保险费用提高后能否刺激创新行为，促进产业结构升级，这方面的研究较少，且多处于理论层面，缺乏有力的实证分析。综合前人研究，本文以2011年《中华人民共和国社会保险法》的实施为切入点，借助《中华人民共和国社会保险法》实施后不同省份、不同时间上社会保险费用增加与科技创新的关系，量化研究社会保险费用增加对科技创新行为的刺激作用。在我国人口红利即将消失，并且产业链仍处于中低端的现实背景下，对社会保险费用增加与科技创新之间关系的研究有助于我国更好地实施创新驱动发展战略，提高我国的整体竞争力。

三、实证检验

（一）数据来源、指标定义与统计描述

本文使用全国30个省份2008—2013年的面板数据（西藏和港澳台地区不包括在内），主要包括规模以上工业企业R&D投入强度、社会保险基金收入和参保人数，数据来自国家统计局网站和各省统计局网站。社会保险基金收入和参保人数主要包括五个险种的数据，分别是养老保险、医疗保险、生育保险、工伤保险和失业保险，其中养老保险和医疗保险的基金收入和参保人数较多，在社会保险中的地位比较重要。利用周柯和唐娟莉在“我国省际创新驱动发展能力测度及影响因素分析”一文中的研究，把产业结构、政府支出强度、人力资本、外商直接投资、非市场化程度以及公路里程作为相关影响因素。

（二）模型设置与识别方法

当《中华人民共和国社会保险法》颁布时，中国劳动力成本在上涨，创新活动也在增强。我们利用双重差分法对全国30个省份2008—2013年的面板数据进行处理，以解决内生性问题和对《中华人民共和国社会保险法》对创新行为的政策因果效应进行识别。我们可以建立如下模型：

$$Innovation_{it} = a_1 + a_2 law_t + a_3 Sci_{it} + a_4 law_t \times Sci_{it} + a_5 x_{it} + z_{it}$$

其中，i 代表省份，t 代表年份，$Innovation_{it}$代表 i 省在第 t 年的创新行为，law_t 为时间虚拟变量，代表《中华人民共和国社会保险法》的实施，2011年以后为1，2011年前为0。其中 a_4 是回归系数，它捕捉的是《中华人民共和国社会保险法》实施后各省份社会保险收入的增加对本省创新行为的影响。在正常情况下，《中华人民共和国社会保险法》的正式实施意味着更为严格的执法标准，社会保险基金收入会增加。因此控制社会保险基金收入与《中华人民共和国社会保险法》是否实施的虚拟变量的交互项，来度量它的因果效应。X_{it} 为影响创新行为的其他控制变量。根据前人的研究，我们可知影响一个地区创新行为的因素包括高等教育资源、基础设施、产业结构、对外开放程度、财政支出强度以及非市场化程度等。其中人力资本我们用历年高等院校的毕业人数除以总人口来确定，基础设施使用公路里程来衡量，产业结构使用第

三产业增加值与国内生产总值的比值来确定，对外开放程度使用外商直接投资（FDI）来确定，财政支出强度使用各省份财政支出占 GDP 比重来确定；非市场化程度用国有企业销售收入占一省总的销售收入的比重来表示。变量的定义如表 1 所示。

表 1　变量的定义

变量	变量的定义
Law × ln*Sci*	《中华人民共和国社会保险法》颁布实施 × 社会保险基金收入对数
Law × *Sci*	《中华人民共和国社会保险法》颁布实施 × 社会保险基金收入
Law	《中华人民共和国社会保险法》颁布实施
ln*Sci*	社会保险基金收入的对数
Is	第三产业增加值占国内生产总值比重
Ife	财政支出强度
Hw	公路里程
Hc	人力资本
Fdi	外商投资额
Nm	非市场化程度

变量的描述性统计结果如表 2 所示。

表 2　变量的描述性统计

变量	N	平均值	标准差	最小值	最大值
Law × ln*Sci*	180	7. 89	7. 92	0. 000	17. 13
Law × *Sci*	180	4632301	6554089	0. 000	2. 75e + 07
Law	180	0. 50	0. 50	0. 000	1. 000
Sci	180	7288295	5662831	612616. 9	2. 75*e* + 07
ln*Sci*	180	15. 49	0. 84	13. 33	17. 13
Is	180	0. 41	0. 09	0. 28	0. 78
Ife	180	0. 22	0. 09	0. 09	0. 61
Hw	180	13. 30	7. 02	1. 15	30. 18
Hc	180	0. 004	0. 002	0. 002	0. 009
ln*Fdi*	180	10. 59	1. 37	7. 76	13. 41
Nm	180	0. 38	0. 18	0. 11	0. 80

资料来源：国家统计局网站。

（三）实证检验：来自 *DID* 的证据

我们利用 30 个省份 2008—2013 年的数据进行双重差分回归，用各省份 R&D 投入的对数作为被解释变量，用各省份社会保险收入的对数作为解释变量，并加入其他相关控制变量进行回归，结果如表 3 所示。

表 3　规模以上工业企业 R&D 投入强度的决定（全样本）

	(1)	(2)	(3)	(4)	(5)	(6)
Law × ln*Sci*	0.0009 *** (5.02)	0.0009 *** (4.26)	0.0012 *** (5.32)	0.0014 *** (6.12)	0.0013 *** (5.48)	0.0013 *** (5.42)
Law	-0.0109 *** (-3.91)	-0.0121 *** (-4.09)	-0.0163 *** (-4.51)	-0.0209 *** (-5.84)	-0.0182 *** (-5.10)	-0.0190 *** (-5.22)
ln*Sci*	-0.0013 (-1.06)	0.0013 ** (2.55)	-0.0015 (-1.57)	-0.0003 (-0.52)	-0.0025 ** (-2.16)	-0.0001 ** (-0.09)
控制变量	否	否	是	是	是	是
控制变量	否	否	否	否	是	是
Constant	0.0281 (1.48)	0.0128 (-1.55)	0.0110 (0.60)	0.0016 (0.20)	0.0323 * (1.90)	0.0083 (-0.97)
Year Fe	Y	N	Y	N	Y	N
Id Fe	Y	Y	Y	Y	Y	Y
观察值	150	150	180	150	150	150
R^2	0.9815	0.9770	0.9764	0.9812	0.9754	0.9828

注：①括号内的数值为 t 值；②＊＊＊、＊＊、＊分别表示在 1%、5% 和 10% 的水平上显著。

第一，在第（1）列和第（2）列中，在不加入控制变量的情况下，控制年份控制效应和省份固定效应，我们可以发现 *Law* × ln*Sci* 的交互项的回归系数显著为正，说明《社会保险法》的实施显著地提升了本省的创新能力。第二，在第（3）列和第（4）列中，加入 *Is*、*Ife* 和 *Hc* 三个控制要素，进一步控制省份特征，在控制年份固定效应和省份固定效应的情况下，交互项 *Law* × ln*Sci* 的系数仍旧显著为正。具体来说，在进一步控制省份特征后，在控制省份固定效应和时间固定效应的情况下，交互项系数有所变小，而在控制省份固定效应，不控制时间固定效应情况下，交互项系数有所变大。在影响省份特征的控制变量中，外商直接投资和人力资本也会对本省规模以上工业企业R&D投入产生显著正向影响。第三，在第（5）列和第（6）列中，加入所有影响省份特征的变量，交互项的系数仍旧显著为正，并且回归系数大于不加入任何控制变量的交互项系数。表3的回归结果说明，《中华人民共和国社会保险法》的颁布实施并没有抑制企业创新行为，反而刺激了企业创新行为，在加入相关影响因素后这一结果依然显著。

表4　规模以上工业企业R&D投入强度的决定（子样本）

	东部地区		中部地区		西部地区	
Law×ln*Sci*	0.0004 (0.98)	0.0006 (1.43)	0.0020*** (4.82)	0.0022*** (5.72)	0.0003 (0.99)	0.0005** (2.04)
Law	-0.0039 (-0.65)	-0.0088 (-1.25)	-0.0332*** (-5.26)	-0.0348*** (-5.88)	-0.0022 (-0.47)	-0.0083 (-2.06)
ln*Sci*	-0.0014 (-0.82)	-0.0006 (-0.59)	-0.0005 (0.30)	-0.0014 (-1.60)	-0.0015 (-1.66)	-0.0002 (-2.07)
控制变量	是	是	是	是	是	是
Constant	0.0125 (0.45)	-0.0072 (-0.49)	-0.0064 (-0.27)	0.0085 (0.69)	0.0246 (1.97)	0.0037 (0.43)
Year Fe	Y	N	Y	N	Y	N
Id Fe	Y	Y	Y	Y	Y	Y
观察值	150	150	150	150	150	150
R^2	0.9909	0.9875	0.9884	0.9879	0.9775	0.9754

注：①括号内的数值为t值；②***、**、*分别表示在1%、5%和10%的水平上显著。

基于对各省份实际情况的具体分析，我们可以知道各省份受经济发展水平、文化以及所处的地理位置等因素影响，《中华人民共和国社会保险法》的执法力度有所差异，因此《中华人民共和国社会保险法》的实施对创新行为的刺激作用因省份所处地区不同而具有异质性。我们根据国家发展改革委的分区规划把30个省份分为三大地区，东部地区省份包括北京、天津、河北、辽宁、山东、江苏、上海、浙江、福建、广东、广西和海南，中部地区省份包括内蒙古、山西、河南、安徽、江西、湖南、黑龙江、吉林和湖北，西部地区省份包括陕西、宁夏、甘肃、四川、新疆、重庆、贵州、云南、青海。

根据表 4 的回归结果可知，《中华人民共和国社会保险法》的颁布实施对中部地区的规模以上工业企业 R&D 投入产生显著正向作用，但是在东部地区和西部地区并不显著。这可能是因为东部地区在《中华人民共和国社会保险法》颁布之前就严格遵守了相关的社会保险法律制度，在东部地区工作的劳动者参保比例高于中部和西部地区，所以《中华人民共和国社会保险法》的颁布实施并未对其参保人数和参保收入产生较大影响。西部地区由于经济落后，《中华人民共和国社会保险法》颁布后当地政府出于经济的考虑在执法力度上会大打折扣，所以《中华人民共和国社会保险法》的颁布实施对西部地区也不会产生太大影响。中部地区经济发展水平和执法力度介于西部地区和东部地区之间，在《中华人民共和国社会保险法》颁布后，其参保人数和参保收入均会出现较大增长，所以《中华人民共和国社会保险法》的颁布实施对中部地区影响最大。

进一步检验《中华人民共和国社会保险法》中各个保险对创新行为的促进作用，我们分别对养老保险基金收入、医疗保险基金收入、生育保险基金收入、工伤保险基金收入和失业保险基金收入进行回归，结果如表 5 所示。

表 5　规模以上工业企业 R&D 投入强度的决定（子样本）

	养老保险	医疗保险	生育保险	工伤保险	失业保险
Law × ln*Sci*	0.0010 *** (4.13)	0.0012 *** (5.10)	0.0007 *** (3.23)	0.0007 *** (3.23)	0.0012 *** (4.52)
Law	-0.0122 *** (-3.35)	-0.0147 *** (-4.57)	-0.0045 * (-1.97)	-0.0045 * (-1.97)	-0.0120 *** (-3.84)
ln*Sci*	-0.0018 ** (-2.05)	-0.0010 (-0.96)	-0.0015 *** (-4.38)	-0.0015 *** (-4.38)	-0.0015 ** (-2.21)
控制变量	是	是	是	是	是
Constant	0.0223 * (1.69)	0.0082 (0.60)	0.0144 ** (2.58)	0.0144 *** (2.58)	0.0138 * (1.71)
Year Fe	Y	Y	Y	Y	Y
Id Fe	Y	Y	Y	Y	Y
观察值	150	150	150	150	150
R^2	0.9844	0.9850	0.9847	0.9847	0.9850

注：①括号内的数值为 t 值；②＊＊＊、＊＊、＊分别表示在 1%、5%和 10%的水平上显著。

通过对五个险种子样本回归的数据进行分析，我们可以发现社会保险的五个险种的基金收入的交互项系数均显著为正，这说明社会保险的五个险种的基金收入都会对规模以上工业企业 R&D 投入强度产生促进作用。在社会保险的五个险种中，医疗保险和失业保险的交互项系数大于其他三个险种，说明医疗保险和失业保险基金收入增加会对规模以上工业企业 R&D 投入强度产生较大促进作用。在控制变量中，人力资本和外商直接投资的系数也显著为正，这与不分险种情况下的结果一致，充足的人力资源和可以带来新技术的外商直接投资会对规模以上工业企业 R&D 投入产生促进作用。

表 6　规模以上工业企业 R&D 投入强度的决定（全样本）

	养老保险人数	医疗保险人数	生育保险人数	工伤保险人数	失业保险人数
Law × ln*people*	0.0010 *** (5.29)	0.0010 *** (4.56)	0.0008 *** (3.89)	0.0010 *** (5.92)	0.0011 *** (5.31)
Law	-0.0048 *** (-3.44)	-0.0051 *** (-3.61)	-0.0029 ** (-2.04)	-0.0042 *** (-3.67)	-0.0046 *** (-3.74)
ln*People*	-0.0006 (-0.46)	0.0012 (0.86)	-0.0007 (-1.45)	-0.0011 (-1.10)	-0.0001 (-0.14)
控制变量	是	是	是	是	是
Constant	0.0003 (0.04)	-0.0099 (-1.21)	0.0015 (0.28)	0.0032 (0.47)	-0.0005 (-0.09)
Year Fe	Y	Y	Y	Y	Y
Id Fe	Y	Y	Y	Y	Y
观察值	150	150	150	150	150
R^2	0.9849	0.9848	0.9847	0.9855	0.9851

注：①括号内的数值为 t 值；②＊＊＊、＊＊、＊分别表示在 1%、5% 和 10% 的水平上显著。

通过对全样本五个险种的参保人数回归的数据进行分析（见表 6），我们可以发现社会保险的五个险种的参保人数的交互项系数均显著为正，这说明社会保险的五个险种参保人数都会对规模以上工业企业 R&D 投入产生促进作用。在控制变量中，人力资本和外商直接投资的系数也显著为正，这与不分险种情况下的结果一致，也与社会保险基金收入的回归结果一致，即充足的人力资源和可以带来新技术的外商直接投资会对 R&D 投入产生促进作用。

实际上不难理解《中华人民共和国社会保险法》的实施为何对规模以上工业企业 R&D 投入产生影响。《中华人民共和国社会保险法》颁布实施后，在有法可依的情况下，执法严格程度和执法力度都会提高。企业为职工缴纳的社会保险总额会上升，这实质上增加了企业成本。虽然企业会想出其他办法来规避《中华人民共和国社会保险法》的影响，比如增加劳务派遣的员工所占比例，但这些方法治标不治本。为了从根本上解决这一问题，那就必须降低企业成本，提高企业生产率，增加创新投入便是一条现实可行的路径。增加创新投入后，新技术的使用，劳动生产率的提高，使企业可以减少劳动力要素的投入。《中华人民共和国社会保险法》对企业成本的影响主要是通过企业为职工缴纳的社会保险实现的，但是如果企业加大科技创新投入力度，企业的劳动生产率会提高，对劳动力要素的需求减少。劳动力要素投入的减少就意味着企业可以为更少的职工缴纳社会保险，实质上降低了企业成本。总而言之，《中华人民共和国社会保险法》颁布实施后，企业因为要缴纳更多社会保险费用成本会提高，企业为了降低成本会增加研发投入，进行更多创新活动。

（四）稳健性检验

为了使结果有更高的可信度，我们进行了稳健性检验。替换被解释变量，用 R&D 投入替换 R&D 投入强度，同时不对社会保险基金收入取对数，进一步检验《中华人民共和国社会保险法》的颁布实施对 R&D 投入的影响。结果如表 7 所示。

表 7　规模以上工业企业 R&D 投入的决定（全样本）

	(1)	(2)	(3)	(4)	(5)	(6)
Law × Sci	0.1447** (2.20)	0.1202*** (2.59)	0.1032*** (2.98)	0.2157*** (4.08)	0.1201* (1.95)	0.1556*** (2.72)
Law	-430766** (-2.27)	-527921.5*** (-3.67)	-974278.3*** (-2.98)	-1230566*** (-4.32)	-1214369*** (-2.81)	-828077.9*** (-2.78)
Sci	0.1036 (0.75)	0.1517 (1.64)	-0.0632 (0.73)	-0.0064 (0.07)	0.0396 (0.36)	-0.0382 (-0.43)

续表

	(1)	(2)	(3)	(4)	(5)	(6)
控制变量	否	否	是	是	是	是
控制变量	否	否	否	否	是	是
Year Fe	Y	N	Y	N	Y	N
Id Fe	Y	Y	Y	Y	Y	Y
观察值	150	150	150	150	150	150
R^2	0.9615	0.9612	0.9670	0.9660	0.9722	0.9717

注：①括号内的数值为 t 值；②＊＊＊、＊＊、＊分别表示在 1%、5%和 10%的水平上显著。

根据表 7 中的回归结果我们可以发现，在替换被解释变量后，在控制时间固定效应和地区固定效应的情况下，交互项的系数仍显著为正，说明《中华人民共和国社会保险法》的颁布实施对 R&D 投入产生正向影响。加入所有控制变量后，交互项系数仍旧为正，这个结果支持《中华人民共和国社会保险法》的颁布实施会对创新行为产生正向影响。根据回归结果，政府支出强度、人力资本和外商直接投资也会对规模以上工业企业 R&D 投入产生正向影响。

四、结论与政策建议

（一）结论

2011 年《中华人民共和国社会保险法》的颁布实施在当时引起巨大争议。批评者认为中国目前仍处于发展中国家阶段，《中华人民共和国社会保险法》的实施将会提高企业成本，使得我国企业竞争力下降，不利于我国的长期发展。支持者认为《中华人民共和国社会保险法》的颁布实施有利于推动整个人力资源社会保障事业科学发展，是深入贯彻落实科学发展观、构建社会主义和谐社会的重大举措，从长期来看有利于激发我国的增长潜力，这样的争议尚无结论。相对于现有文献，本文提供了《中华人民共和国社会保险法》的颁布实施与 R&D 投入之间实证检验的证据。首先，使用 2008—2014 年全国除去西藏和港澳台地区之外的其他 30 个省份社会保险基金收入的数据，在控制了时间和省份固定效应，并加入其他相关控制变量之后用双重差分法进行回归，可以发现《中华人民共和国社会保险法》的颁布实施对 R&D 投入产生了正向刺激作用，人力资本和外商直接投资也会对 R&D 投入产生正向影响。分地区进行分析可以发现，《中华人民共和国社会保险法》的颁布实施对中部地区的 R&D 投入产生显著正向作用，但是在东部地区和西部地区并不显著。其次，本文替换被解释变量，用研发费用投入强度作为新的被解释变量进行回归，结果证明《中华人民共和国社会保险法》的实施会显著提升创新费用投入强度，在不对时间固定效应进行控制的情况下结果依然显著，加入相关控制变量不改变结果显著性。基于以上两个数据的研究都可以发现，不仅《中华人民共和国社会保险法》的颁布实施会对创新行为产生正向刺激作用，人力资本和外商直接投资也会对创新行为产生刺激作用。

虽然社会保险费用的增加对个人、企业和国家的影响呈现出异质性，但是总体来说利大于弊。

对于个人来说，将更多劳动者纳入社会保险体系这一行为，虽然社会保险费用会增加，但是可以解除劳动者的后顾之忧，给劳动者提供基础的保障。

对于企业来说，社会保险费用的增加虽然会导致企业成本提高，但在企业成本提高的同时，也会刺激企业进行科技创新，这有助于提高企业的竞争优势。

对于国家来说，社会保险费用增加可以缓解社保基金支出压力，同时社保费用增加可以推动科技创新水平的提高，有助于我国早日实现创新驱动发展战略目标。

（二）政策建议

基于以上研究结论，本文提出如下政策建议：第一，个人应该提高参保意识，以个人参保率的提高导致的企业成本增加，倒逼企业进行科技创新；第二，企业在面对社会保险参保率提高导致的企业成本增加时，可以通过增加本企业的科研投入来提高科技创新能力，生产率的提高和附加值的增加可以有效应对企业成本增加压力；第三，国家应当不断完善社会保险的相关立法，加大对于不缴纳社会保险的企业的处罚力度，以立法强化社会保险对科技创新的推动作用。

本文提供的来自全国30个省份的证据，有助于理解《中华人民共和国社会保险法》的颁布实施对创新行为的影响，同时也有利于理解《中华人民共和国社会保险法》的颁布实施为何可以长期提高中国经济增长的潜力。

参考文献

[1]XUAN ZHANG,HUIHUA NIE. Public health insurance and pharmaceutical innovation: Evidence from China[J]. Journal of Development Economics,2020,48(6):102－125.

[2]YU WEI,HAOXI NAN,GUIWU WEI. The impact of employee welfare on innovation performance: Evidence from China's manufacturing corporations[J]. International Journal of Production Economics,2020(10):228－245.

[3]HAO SHEN,HAIZHI WANG,ZEHUI WANG,DESHENG YIN. Do mandatory pension contributions hinder innovation? Empirical evidence[J]. International Journal of Innovation Studies,2020(2):27－39.

[4]JUN KOO,YOUNG JUN CHOI,JOOPARK. Innovation and welfare: The marriage of an unlikely couple[J]. Policy and Society,2019(2):189－207.

[5]Geiguen Shin. Welfare,Innovation capacity, and economic performance: Evidence from American federalism[J]. Public Policy and Administration,2019,34(3):349－381.

[6]DUYGU AKKAYA,KOSTAS BIMPIKIS,HAULEE. Government interventions to promote Agricultural innovation[J]. Manufacturing & Service Operations Management,2020(5):263－279.

[7]熊彼特．经济发展理论[M]．何畏,易家详,译．北京:商务印书馆,1990.

[8]何子冕,吕学静．养老保险法定缴费率与企业创新——基于倾向得分匹配法[J]．社会保障研究,2019(5):30－41.

[9]魏志华,夏太彪．社会保险缴费负担、财务压力与企业避税[J]．中国工业经济,2020(7):136－154.

[10]黄丙志,李涛．我国社会保障缴费、支出与劳动力比较优势研究[J]．大连理工大学学报(社会科学版),2013,34(1):73－77.

[11]程晨,王萌萌．企业劳动力成本与全要素生产率——“倒逼”机制的考察[J]．南开经济研究,2016(3):118－132.

[12]孙立新,曾国华,吴雯雯．劳动力成本的激励效应与结构优化——基于浙江省面板数据的实证分析[J]．宏观经济研究,2013(7):106－111.

[13]刘小玄,吴延兵．企业生产率增长及来源:创新还是需求拉动[J]．经济研究,2009,44(7):45－54.

[14]林炜．企业创新激励:来自中国劳动力成本上升的解释[J]．管理世界,2013(10):95－105.

[15]王宁．地方消费主义、城市舒适物与产业结构优化——从消费社会学视角看产业转型升级[J]．社会学研究,2014,29(4):24－48,242－243.

[16]刘畅．社会保障水平对居民消费影响的实证分析[J]．消费经济,2008(3):75－77.

[17]范黎波,杨金海,黄铄婷．社会保障提升能有效促进居民消费吗？——基于分位数回归与反事实分解方法的研究[J]．华东经济管理,2017,31(3):49－59.

[18]叶德珠,连玉君,黄有光,李东辉．消费文化、认知偏差与消费行为偏差[J]．经济研究,2012,47(2):80－92.

[19]肖峰．消费创新对于当前中国技术创新的意义[J]．科技导报,2003(4):19－23.

[20]范琦,冯经纶．社会保障支出能促进中国经济增长吗？——来自1989—2015年全口径社会保障支出数据的实证分析[J]．华东经济管理,2017(31):42－48.

[21]方大春．民生投入、门槛效应和经济增长——基于2001—2012年省际面板数据的实证分析[J]．当代经济管理,2015,37(10):1－6.

[22]张璐琴,景勤娟．养老保险制度与经济增长的关系——基于新增长理论模型的思考[J]．人口与经济,2007(4):68－73.

[23]张向达,李宏．社会保障与经济发展关系的思考——基于社会保障扩大内需作用的角度[J]．江西财经大学学报,2010(1):52－58.

[24]周柯,唐娟莉．我国省际创新驱动发展能力测度及影响因素分析[J]．经济管理,2016,38(7):24－34.

第五篇

金融与贫困治理

中国相对贫困的区域差异与影响因素识别

黄晓燕[①]

摘　要：基于2018年中国家庭追踪调查数据，本文采用A－F方法计算了各省份相对贫困指数，运用泰尔指数对相对贫困的区域差异进行测算分解，并回归分析影响我国相对贫困区域差异性的外部因素。结果表明：虽然各区域内部的相对贫困状况均存在不同程度的差异，但区域间的差异是我国相对贫困区域差异形成的主要原因，占总差异的77.4%，中西部地区的相对贫困指数明显高于东部地区。差异原因包括：东部地区相比中西部地区更具区位竞争优势，中西部地区人力资本水平落后于东部地区，中西部地区基础设施建设落后于东部地区。

关键词：相对贫困；区域差异；泰尔指数

① 作者简介：黄晓燕（1995—），西北大学经济管理学院2019级区域经济学专业硕士研究生。

一、引言

消除贫困，改善民生，实现共同富裕，是社会主义的本质要求。新中国成立以来，党和政府始终高度重视扶贫开发工作，实施了一系列扶贫战略，尤其是党的十八大以来，在以习近平同志为核心的党中央的领导下，脱贫攻坚取得了决定性成就。2021 年 2 月 25 日，习近平总书记在全国脱贫攻坚总结表彰大会上发表讲话：在迎来中国共产党成立一百周年的重要时刻，我国脱贫攻坚战取得了全面胜利，现行标准下 9899 万农村贫困人口全部脱贫，832 个贫困县全部摘帽，12. 8 万个贫困村全部出列，区域性整体贫困得到解决，完成了消除绝对贫困的艰巨任务。

迈入新发展阶段，我国的减贫事业由攻坚型治理转向常规型治理。一方面，贫困的性质发生了显著的变化，由绝对贫困转变为相对贫困。绝对贫困是由物质财富的匮乏所致，而相对贫困是由多种因素相互叠加耦合所呈现出来的社会结构性问题，是由于非均衡发展所导致的相对剥夺问题。绝对贫困的治理主要关注基本生活的保障，相对贫困治理则更多地强调促进社会公平、共享发展成果、增加人们福祉（向德平，2020）。绝对贫困可以消除，而相对贫困是长期存在的，只能减缓，无法彻底消除。另一方面，从宏观层面看，不平衡不充分发展突出体现在西部地区。我国地域辽阔，地区间自然条件不同，资源禀赋各异，发展差距客观存在。改革开放以来，一系列的政策倾斜使东部地区率先从贫困走向富裕，东中西部地区的发展差距不断扩大。同时，西部地区内部的发展不平衡表现也很突出，随着绝对贫困的消除，人们对区域相对剥夺的感受越来越强烈。因此，考察相对贫困的区域差异性及其影响因素，统筹区域协调发展是相对贫困治理的重要内容。本文尝试从相对贫困区域差异的影响因素出发，分析其影响机理，提出具有针对性的相对贫困治理对策。

二、关于相对贫困概念、识别标准与测度及区域差异性的文献综述

（一）相对贫困的概念

国内外对于贫困的研究经历了从绝对贫困到相对贫困、从单维贫困到多维贫困、从收入贫困到能力贫困的演变过程。在经济发展低水平阶段，人们更加关注绝对贫困问题，随着经济的发展，人们对贫困的认识更加深入，福利的剥夺、风险冲击以及脆弱性的增加也成为贫困的重要内容，由此提出了相对贫困理论。国外学者从20世纪50年代开始研究相对贫困，Townsend（1980）最早明确了相对贫困的定义，他用相对剥夺的概念指出贫困包含社会排斥与社会剥夺的维度，并针对相对贫困的测量提出生活形态指标。阿马蒂亚·森（2001）从权利剥夺视角来定义相对贫困，若个人（家庭）在社会上享有的权利被剥夺，则被认为处于贫困状态。国内学者从20世纪90年代开始研究相对贫困，随着绝对贫困的消除，有关相对贫困的研究成果越来越丰富，丰富了贫困概念的多元属性。相对贫困不仅与财富、收入在不同阶层之间的分配有关，而且与个人的自我认同以及社会公平观紧密相连（高强，2020）。由此可见，相对贫困既是一种客观状态，也涉及主观体验，既反映经济收入与分配问题，也反映社会结构、社会排斥及社会心态问题。相对贫困推动贫困概念不断深化，使人们对贫困的认识逐步从一种简单的“相对较少的收入”和“生活必需品的缺乏”的经济贫困向多维度和多元化的“权利和机会的被剥夺”的人类贫困再到“发展的自由缺乏”转变（唐丽霞，2010）。

（二）相对贫困的识别标准与测度

在相对贫困的识别标准方面，国外文献中大多使用收入中位数的50%或60%作为相对贫困线。欧盟委员会也将收入中位数的60%作为成员国的相对贫困标准，同时将收入中位数的40%和50%作为参考标准使用。国内学者最初关于相对贫困的研究，主要基于收入层面的相对贫困线，如叶兴庆（2019）

认为“应按中位收入比例法制定相对贫困线，统一城乡扶贫目标与治理机制”陆汉文（2020）指出区域发展差距是相对贫困形成与演化的重要影响因素，应分区域制定相对贫困的界定标准，并按照这种地方标准推进相对贫困治理。在消除绝对贫困的背景下，采用单一的收入维度还是选取多维度的方式来衡量相对贫困，目前还没有相对成熟的定论。部分学者仍然采用单一收入来衡量相对贫困（李东坤，2021），部分学者则认为2020年后应该采用多维相对贫困标准，既包括收入、就业等反映“贫”的经济维度，也包括教育、健康、社会保障、信息获得等反映“困”的社会发展维度和生态环境维度相关指标（王小林，2020）。

关于单维相对贫困的测度，与绝对贫困类似，都可以从贫困的发生规模、贫困深度以及贫困的综合指标三个层面进行衡量。而对于多维相对贫困的测度方法目前采用较多的是由Alkire和Foster（2010）所开发的AF多维贫困测度方法，该方法也被联合国开发计划署所采纳。王小林（2020）指出多维贫困指数AF方法仍可用于计算多维相对贫困指数。程威特等（2021）基于AF方法对城乡居民的多维相对贫困指数进行了测度，发现城乡间的差距在不断扩大。

（三）相对贫困的区域差异性

关于贫困区域差异性的研究，袁媛（2016）认为东北地区呈现高人均GDP和高贫困发生率的“隐藏性贫困”，西南地区呈现低人均GDP和相对低贫困发生率的“特殊性低贫”，李秀芸（2019）等分析了江苏省苏南、苏中、苏北农村相对贫困的差异，发现苏南发达地区农村贫困人口多为个体性贫困，苏北和苏中农村贫困人口多为群体性贫困。李世祥等（2020）基于农村能源的视角，分析了我国农村能源贫困的区域差异。对于相对贫困区域差异性的影响因素，多数学者从内部因素进行分析，从个体特征、家庭特征以及村居特征等角度来分析农户脱贫与入贫的影响因素（聂荣，2020）。

通过文献梳理发现，国内对于相对贫困及其治理的研究尚处于探索和起步阶段，已有研究为认识和治理相对贫困提供了诸多有益经验，但仍需进一步完善。一是对相对贫困的内涵，尤其是对“相对性”“区域性”理解不足，相对贫困的界定标准仍以经济收入为主要参考，多维相对贫困的维度选取与多维绝对贫困区别度不明显。二是相对贫困的治理机制和对策建议的针对性与可操作性不强，与绝对贫困治理的对策建议和治理机制区别度不明显。三是目前我国针对相对贫困的区域和空间差异的研究还相对较少，鲜有文献研究影响相对贫困区域差异性的外部因素。本文正是在这样的研究背景下，基于2018年中国家庭追踪调查数据，构建多维相对贫困测度体系，分析相对贫困的区域差异性，并从外部层面来考察造成这种差异的原因，在此基础上提出有针对性的建议。

三、相对贫困的测度及区域差异分析

（一）研究方法、数据来源和指标选取

1. 研究方法

相对贫困是由多种因素相互叠加耦合所呈现出来的社会结构性问题，仅靠收入来衡量相对贫困太过局限，而且不能反映贫困人口中的“困”。基于此，本文从多维视角对各地区的相对贫困状况进行测度与分解，考察各地区相对贫困的差异性。目前，学术界大多采用AF双重临界值法来识别多维贫困，该方法包括两个临界值，第一个临界值是对于每个指标的判断标准，即个体在单个指标下是否处于贫困状态；第二个临界值是用于判断个体是否处于多维贫困状态。本文也采用AF法识别多维相对贫困。

2. 数据来源和指标选取

本文采用由北京大学中国社会科学院调查中心组织调查的中国家庭追踪调查数据（CFPS），CFPS调查数据覆盖了中国25个省份，所覆盖区域占全国总人口的95%，具有代表性。CFPS每两年调查一次，目前可获取到2010年、2012年、2014年、2016年、2018年五年的数据。本文选用2018年的个人和家庭层面的数据，通过将个体数据和家庭数据进行匹配，并删除缺失值、异常值，最终得到包含4892个有效样本的数据用于进一步的实证检验。相对贫困是伴随着经济社会发展长期存在的，只是过去没有受到足够的重视，随着绝对贫困的消除，人们开始关注相对贫困问题，因此本文选用2018年的数据

来分析我国相对贫困的区域差异性是合理的。

关于指标选取，参考已有研究的做法，基于数据的可获得性与可分析性，本文最终选取收入、健康、生活水平、教育、家庭资产五个维度来构建多维相对贫困指数，在每个具体的维度下设立不同的指标体系。在指标权重的设置上，本文借鉴大多数学者在研究多维贫困时采用的等权重法，赋予不同的维度相同的权重，同时对每个维度下的指标也赋予相同的权重。具体如表 1 所示。

表 1　多维相对贫困的维度、指标、剥夺临界值及权重设定

维度	指标	剥夺临界值	权重
收入	人均纯收入	家庭人均纯收入低于全样本中位数的 60% 赋值为 1，否则为 0	1/5
健康	医疗保险	家庭任一成员没有医疗保险赋值为 1，否则为 0	1/15
	慢性病	家庭任一成员患有慢性病赋值为 1，否则为 0	1/15
	医疗支出	家庭医疗支出占家庭总支出的一半以上赋值为 1，否则为 0	1/15
生活水平	用水来源	家庭饮用水来源为“江河湖水、井水、雨水、窖水”赋值为 1，否则为 0	1/15
	住房类型	住房类型不是“单元房、平房、四合院、别墅、联排别墅、小楼房”赋值为 1，否则为 0	1/15
	做饭燃料	做饭燃料为“柴草、煤炭、其他”赋值为 1，否则为 0	1/15
教育	学历教育	家庭 16 岁以上成员平均受教育年限小于 9 年赋值为 1，否则为 0	1/10
	适龄儿童入学	家庭有 6 ~ 15 岁儿童辍学赋值为 1，否则为 0	1/10
家庭资产	耐用品总值	家庭耐用消费品总值和农用机械总值低于全样本的中位数赋值为 1，否则为 0	1/15
	金融资产	家庭金融资产总额低于全样本的中位数赋值为 1，否则为 0	1/15
	住房面积	家庭人均住房面积小于 12 平方米赋值为 1，否则为 0	1/15

（二）各区域相对贫困的测度

1. 各维度指标的贫困发生率

本文对我国东中西部地区分别计算了 5 个维度 12 个指标的贫困发生率，东部地区包括北京、天津、河北、辽宁、上海、浙江、江苏、福建、山东、广东10个省份，中部地区包括山西、吉林、黑龙江、安徽、河南、湖北、湖南、江西8个省份，西部地区包括陕西、四川、重庆、贵州、云南、广西、甘肃7个省份，其中海南、内蒙古、宁夏、青海、新疆、西藏6个省份由于样本量太小，为了分析的准确性，本文剔除这6个省份的数据，最终基于4892户家庭得出了表2的结果。

表2　分地区的贫困发生率情况　（%）

维度	指标	全国	东部地区	中部地区	西部地区
收入	人均纯收入	29.13	20.66	27.58	40.68
健康	医疗保险	19.42	18.43	19.02	21.00
	慢性病	29.80	26.69	29.74	33.53
	医疗支出	6.26	4.69	6.34	8.01
生活水平	用水来源	23.67	21.50	24.92	24.93
	住房类型	2.39	0.45	1.90	5.18
	做饭燃料	26.33	15.69	20.86	44.49
教育	学历教育	48.22	37.74	44.71	64.17
	适龄儿童入学	6.60	5.92	5.96	8.07
家庭资产	耐用品总值	48.28	40.70	47.69	57.81
	金融资产	47.49	38.92	46.48	58.60
	住房面积	1.45	1.12	1.40	1.90

从表2中可以看出，若仅用收入相对贫困线来衡量贫困发生率，会使得整体估计结果偏高，东部地区与中部地区的收入贫困率大体相当，而西部地区的收入相对贫困率明显高于其他两个地区。健康层面上，基本医疗保险贫困发生率都相对较低，体现了我国基本医疗保险广覆盖的特征，同时基本医疗保险制度也缓解了家庭的医疗负担。从生活水平和家庭资产层面来看，西部地区的贫困发生率明显高于东部地区，这可能由于东部地区的经济发展水平较高，加上区位条件的优势，因此在这些指标上的相对贫困发生率较低。从教育层面来看，中部地区相对贫困率略高于东部地区，西部地区明显高于其他两个地区，这可能由于义务教育属于基本公共服务，离不开地方的经济发展水平和政府财政的支持，通常地方经济发展水平较好或政府财政能力较强的地区，会倾向于投入更多的资金到基本公共服务中去。

2. 各区域多维相对贫困的测度

根据多维相对贫困指数的测算方法，本文对不同地区的家庭进行多维相对贫困的识别与测度。多维相对贫困的广度、强度、深度分别使用 H、A、M_0 表示，当各维度的剥夺临界值确定后，多维相对贫困就取决于多维贫困临界值 k，当各维度的剥夺总值大于 k 时，该家庭被识别为多维相对贫困。随着 k 值的不断增加，多维相对贫困的广度即多维相对贫困发生率 H 的值会不断降低，但平均被剥夺程度 A 的值会提高，最终多维贫困综合指数 M_0 的值减小。测度结果如表 3 所示。

表 3　不同区域多维相对贫困测算结果　（%）

k	全国			东部地区		
	H	A	M_0	H	A	M_0
0.1	75.90	33.49	25.42	66.55	30.38	20.22
0.2	61.79	37.95	23.45	51.09	35.40	18.08
0.3	45.75	43.21	19.77	33.95	41.66	14.14
0.4	25.61	51.13	13.09	16.92	50.32	8.51
0.5	16.13	55.89	9.01	9.60	55.78	5.36
0.6	4.25	64.90	2.76	2.51	64.07	1.61
0.7	0.20	76.33	0.16	0	0	0
0.8	0.04	85.00	0.03	0	0	0
0.9	0	0	0	0	0	0
k	中部地区			西部地区		
	H	A	M_0	H	A	M_0
0.1	75.46	32.11	24.23	87.34	37.51	32.76
0.2	60.05	36.75	22.07	76.18	40.94	31.19
0.3	42.99	42.34	18.20	62.47	44.83	28.00
0.4	22.64	50.70	11.48	38.91	51.79	20.15
0.5	13.51	55.87	7.55	26.51	55.94	14.83
0.6	3.55	64.94	2.31	7.02	65.23	4.58
0.7	0.13	75.00	0.10	0.52	76.67	0.40
0.8	0	0	0	0.13	85.00	0.11
0.9	0	0	0	0	0	0

表3显示，无论从全国层面还是分区域来看，随着k值的增加，多维相对贫困发生率和多维相对贫困综合指数均呈现不断降低趋势。横向来看，不同k值下的东部地区的多维相对贫困发生率和多维相对贫困综合指数均低于中西部地区，但是中部地区和东部地区的差距并不十分显著，k小于0.6时，东西部地区可以显著看出存在差距。随着k值的增加，平均被剥夺程度呈现递增趋势，但是不同区域之间的差距并不明显。总体来看，东中西部地区的多维相对贫困综合指数呈现出递增趋势，但随着k值的不断增加，三个地区的多维相对贫困综合指数缓慢递减至几乎一致。

据联合国开发计划署的规定，如果一个家庭被剥夺总值达到1/3，被认为是多维相对贫困，如果一个家庭的被剥夺总值达到1/2，则被认为是深度多维相对贫困。据此，本文计算了$k=0.3$时各省份的多维相对贫困指数，结果如表4所示。

表4　各省份多维相对贫困测算结果　（%）

省份	H	A	M_0	省份	H	A	M_0
东部地区				黑龙江	37.86	40.94	15.50
北京	5.00	36.67	1.83	安徽	34.31	39.71	13.63
天津	18.75	44.44	8.33	江西	59.86	41.86	25.06
河北	37.90	41.28	15.65	河南	43.87	42.84	18.79
辽宁	40.06	43.64	17.48	湖北	36.84	42.50	15.66
上海	10.40	35.37	3.68	湖南	39.86	42.82	17.07
江苏	30.68	39.75	12.20	西部地区			
浙江	18.89	37.06	7.00	广西	66.67	42.98	28.65
福建	56.00	42.06	23.56	重庆	39.13	44.26	17.32
山东	25.82	42.36	10.94	四川	63.64	42.60	27.11
广东	39.41	41.88	16.50	贵州	65.92	42.91	28.29
中部地区				云南	64.74	46.70	30.23
山西	38.83	43.75	16.99	陕西	38.39	44.03	16.90
吉林	44.26	39.51	17.49	甘肃	64.07	46.11	29.55

总体来看，西部地区各省份的多维相对贫困发生率明显高于东部地区各省份，东中西部地区各省份的多维相对贫困综合指数总体上呈现递增趋势。

但是区域内部各省份间也存在明显差异，东部地区的北京、上海的多维相对贫困指数要明显低于其他省份，西部地区的重庆、陕西的多维相对贫困指数相对来说要低于西部地区其他省份。

（三）相对贫困区域差异的泰尔指数分解

在测度区域差异方面，比较常见的研究方法有基尼系数、变异系数和泰尔指数。泰尔指数是由 Theil 提出的一种广义熵指标体系，能够将地区间的总体差异分解为组内差异与组间差异，可以衡量组内差异与组间差异在总差异中的影响程度和重要性。所以，本文选取泰尔指数来测算我国相对贫困的地区差异并进行结构分解，泰尔指数越大，表明区域差异越明显。

从表 5 中可以看出，东中西区域间的差异占总差异的 77.40%，区域内部的差异占总差异的 22.60%，东部地区内部的差异占总差异的 15.70%，明显高于中西部地区内部的差异。总体来看，区域之间的差异仍然是我国相对贫困区域差异的主要形成原因，即中西部地区与东部地区之间仍然存在着较大的差距，缩小区域间的差距仍是一项长期而艰巨的任务。进一步计算可以发现，区域之间的差异主要表现为中西部地区与东部地区的差异，中西部地区之间的差异并不明显。

表 5　相对贫困的区域差异

指标	泰尔指标取值	贡献率/%	指标	泰尔指标取值
总差异	0.1664	100	东西部地区间差异	0.0955
区域间差异	0.1288	77.40	东中部地区间差异	0.0933
东部区域内差异	0.0261	15.70	中西部地区间差异	0.0174
中部区域内差异	0.0096	5.76		
西部区域内差异	0.0019	1.14		

四、相对贫困区域差异的影响因素分析

下面将讨论各外部因素对不同地区相对贫困的影响，并通过实证影响因素对不同区域相对贫困的影响效应，以此来探寻各区域的相对贫困治理对策。

（一）相对贫困区域差异性影响因素的识别

第一，自然资源禀赋是形成相对贫困区域差异性的基础因素。自然资源禀赋是人类赖以生存的物质基础和客观环境，是开展生产和生活所必需的物质条件，影响着人类的生存和生活状态。我国许多集中连片特困区有着丰富的自然资源，但由于环境恶劣、交通因素、技术有限决定了资源只能采取粗放式开采，同时造成了生态环境的破坏，形成恶性循环。特别是一些贫困地区的自然资源在向外输出的过程中，由于生态补偿和利益分配机制不合理，资源优势没有转化为经济优势。在自然资源禀赋相对较差的地区，会导致资源要素配置能力的不足，从而制约区域发展，加剧贫困程度（段忠贤，2017）。因此，自然资源禀赋直接决定着各区域的相对贫困状况。

第二，人力资本是形成相对贫困区域差异性的关键因素。在工业化和城市化快速发展阶段，人力资本是影响区域经济发展的核心要素，人力资本水平的提高是缓解相对贫困的关键。因为人可以通过劳动创造价值，具有较高人力资本的地区技术进步和经济发展速度都比较快。我国的经济重心一直在东部地区，潜在的发展机会比较多，劳动者的文化素质和技术力量都比较强，经济基础雄厚；而西部地区在科技、教育等方面落后于东部地区，使得一些企业和人才无法在西部地区开展工作，从而造成各区域间人力资本的数量、质量、结构的差异，进而造成区域发展的差异。加大人力资本投资，能够促进从“输血式”扶贫向“造血式”扶贫转变，提升相对贫困地区人口的自我发展能力，减缓相对贫困。

第三，区位条件是形成相对贫困区域差异性的重要因素。一个地区的区位条件主要由人口流动、地理位置、空间集聚、交通通达性等决定。人是贫困问题的核心，人的空间分布、空间流动对相对贫困区域差异产生直接的影响，一个区域人口输出越多越贫困，而人口流入越多的地区越发达。地理区位的不同造成各地区经济发展环境的差异，导致其经济发展存在差异，从而导致各区域的相对贫困存在差异。经济中心的规模越大，经济活力越强，对周边地区资源、要素、市场的需求就越大，辐射力就越强。现代经济条件下，往往是铁路修到哪里，商品就运到哪里，机场建在哪里，游客的脚步就到达哪里。我国中西部地区的地理环境较为复杂，而东部地区不仅地势平坦，而且离海较近，从而形成了西部地区发展较为缓慢，东部地区快速良好发展的局面。另外，我国的大城市主要集中在东部沿海沿江一带，这些地区也是我国经济发展最好的地区，而西部地区多为不发达的地区，缺少可以带动地区经济增长的增长极。此外，西部地区多以陆路交通为主，而东部地区临海，港口众多，海运交通便捷，相比之下，东部地区交通通达性高，且运输成本低，收入相对更高。相比之下，我国东部沿海地区占有很大的区位优势，而中西部地区失去了很多发展优势，从而中西部地区的相对贫困发生率更高。

第四，地区经济基础是形成相对贫困区域差异性的关键因素。坚实的经济基础是贫困地区摆脱贫困的重要标志，也是缓解贫困的有力支持，由于各种原因造成的经济基础薄弱是导致区域相对贫困的主要原因，使得区域缺乏发展动力。反映地区经济基础情况的指标主要包括：人均收入、市场化程度、产业结构、区域创新能力、吸引外资能力。市场化进程慢的地区，会受到政府更多的管制，企业受到了许多非市场化因素的干预，增加企业的经营成本；同时，生产要素通常流向资源配置效率更高的地区，市场化进程快的地区对要素的集聚力强，促进了规模经济的产生。因此各区域的市场化程度的差异会导致经济发展存在巨大的差异，从而相对贫困发生率也存在很大差异。产业结构的差异会导致资源以及劳动力向效率高的产业和地区流动和转移，从而促进各地区产业结构不断革新和合理化。我国西部地区受自然地理环境和基础设施等因素的影响，工业起步较晚，发展缓慢，许多贫困地区或贫困户仍然以农业经济为主，农业收入是贫困农户的主要收入来源，在这些地区，二三产业得不到充足的发展，产业结构不合理，经济效益低下。科技创新能促进产业结构的转型升级，我国的科技创新能力自东向西呈现出由高到低的分布，经济发达的地区科技创新能力也高，科技创新能力的空间分布及其对经济的作用形成了相对贫困的区域差异性。开放是市场经济的基本特点、规律，一个地区如果不能应用开放的规律就很难发展经济，同样很难摆脱贫困。由于环境、经济、历史等原因，我国中西部地区经济发展相对闭塞，招商引资工作没有大的突破，而东部沿海地区不仅在吸引外资的能力上比内陆地区强，而且在学习和模仿外资企业的先进技术方面速度也很快，可以产生很强的技术外溢效应。各区域间外商投资企业数量和规模的差异影响了我国区域经济发展的空间格局，最终造成了相对贫困的区域差异性。

第五，基础设施是形成相对贫困区域差异性的重要因素。基础设施包括交通通信等经济性基础设施和医疗教育等社会性基础设施，较好的基础设施也是促进地区经济发展，巩固脱贫攻坚成果的重要方式。基础设施的完善可以加强区域间的合作，改善区域间要素的流动，形成更好的产业布局，而基础设施落后的地区，会造成人才、要素的流失，给区域经济发展带来损失。我国中西部地区的公共基础设施建设比东部沿海地区相对滞后，人才、要素等更愿意流向东部沿海地区，促进了东部地区更好的发展。因此，区域间公共基础设施的差异影响了区域发展的差异，形成了相对贫困的区域差异性。

（二）相对贫困区域差异性影响因素的作用机理

相对贫困是复杂的经济现象和社会现象的综合体，区域间的禀赋差异、区位条件差异、经济发展差异以及公共基础设施差异，均通过某种传导机制导致部分群体处于相对贫困状态。

自然资源禀赋作为重要的地理资本，在合理配置的条件下能将地区资源比较优势转化为经济发展的比较优势，从而积累家庭的资产，促进相对贫困家庭脱贫，但自然资源禀赋相对较差的地区，一方面会由于资源要素配置能力不足而制约发展，另一方面由于不合理的利用造成生态环境的破坏，加剧相对贫困程度。

对于个体来说，低水平的人力资本是个体陷入能力贫困的重要因素，接受较高层次教育的个体不仅自身的学习能力、创新能力更强，拥有更多的就业选择，就业质量更高，收入更稳定，还可以通过示范效应和溢出效应带动其他家庭成员接受教育（何雄浪，2021），从而提高周围人员的生产效率和收入，最终减缓相对贫困。同时，人力资本中的健康资本能够增强个体抵抗疾病的能力，一方面可以增加有效劳动时间，从而有利于增加产出，提高收入水平，另一方面可以减少对家庭和社会的经济负效应。对于地区来说，高质量的人力资本是地区减缓相对贫困的重要保障，人力资本投资可以为地区提供更多的高素质劳动力，为地区创造更多的剩余价值，高技术人才可以通过技术创新来不断缩小与技术先进地区的差距。

对于个体来说，所处的地理位置不同，就业机会、交通条件、交易成本、信息获取等也会存在明显的差异，处于偏远地区的个体，相对来说就业机会要少很多，交通条件的限制使得出行极为不便，信息闭塞也限制了个体的自我发展，更容易陷入相对贫困状态。从区域范围来看，相对贫困地区多为偏远地区，这些地区由于自然条件、交通条件的落后，人口流出意愿强烈，人才和资本的集聚能力较弱，限制了地区的发展，同时这些地区多为距离省会等中心城市较远的地区，受中心城市的辐射能力较弱，缺少可以带动地区经济增长的增长极，不利于地区的发展。

对于个体来说，经济发展可以带来更多更好的就业和增收机会，直接减缓相对贫困状况。对于地区来说，一方面，经济发展水平较好的地区更有利于生产要素在各部门之间的流动，使生产要素得到合理配置，提高生产要素的投资收益，进而吸引更多的要素涌入，促进规模经济的产生。另一方面，经济基础较好的地区工业化和城镇化也得到了快速发展，进而吸纳更多的农村剩余劳动力和城镇无业劳动者就业，提高了低收入群体的收入水平，改善了相对贫困状况。同时，坚实的经济基础是经济增长的关键因素，经济增长增加了政府的财政收入，使政府更有能力帮助相对贫困人口（何仁伟，2018）。

相对贫困地区的基础设施建设相对落后，不仅会使地区的发展受限，也会造成本人的相对剥夺感，造成人口和资源的外流，从而陷入相对贫困的恶性循环。基础设施建设相对完善的地区，一方面，可以提升地区的区位竞争优势，吸引更多的高质量人才流入，使更多的生产要素向本地区集聚，在促进本地区发展的同时还可以带动邻近地区的发展。另一方面，教育、医疗等基础设施的建设，可以提高人口文化素质和身体素质，激发人们学习和工作的动力，提升其可持续生计能力，减缓相对贫困。同时，基础设施的完善可以增强人们抵抗风险的能力，减缓因风险冲击造成的相对贫困。相对贫困区域差异性影响因素的作用机理如图 1 所示。

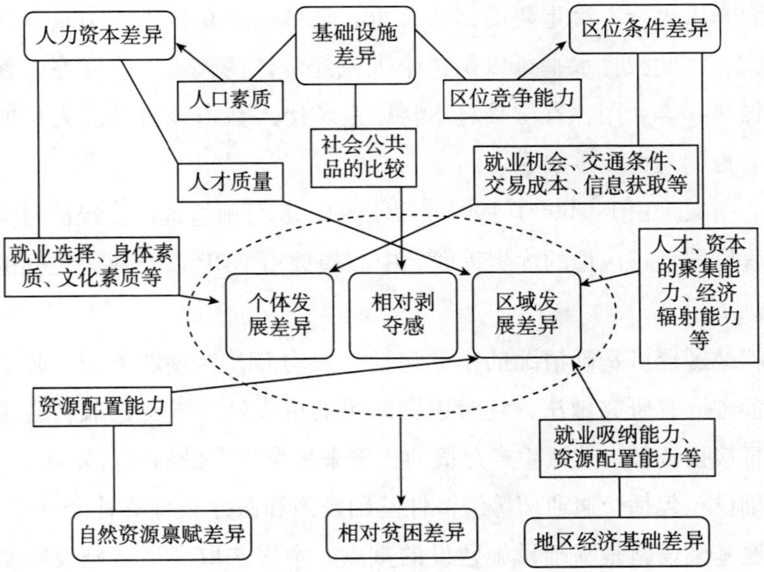

图 1　相对贫困区域差异性影响因素的作用机理

（三）相对贫困区域差异性影响因素的实证检验

1. 模型设定与变量选取

（1）模型设定。由于 CFPS 涵盖了 25 个省份的数据，本文选取我国 2018 年 25 个省份的截面数据，对影响相对贫困区域差异性的因素进行实证检验，具体模型设定如下：

$$\ln Pov_i = F(Nat_i + Hum_i + CI_i + Econ_i + Infra_i) \quad (1)$$

式（1）中的因变量为多维相对贫困综合指数的自然对数，因为多维相对贫困综合指数不可能为负，故假设它服从对数正态分布。*Nat* 为自然资源禀赋，*Hum* 为人力资本，*CI* 为区位条件，*Econ* 为地区经济基础，*Infra* 为基础设施，*i* 表示各省级地区。

（2）变量说明。自然资源禀赋的内涵非常丰富，包括矿产、土地、森林等。已有文献对于自然资源禀赋的衡量指标主要包括采掘业固定资产投资与固定资产投资总额之比（徐康宁等，2006）、采掘业总产值与工业总产值之比（李天籽，2007）、人均有效灌溉面积（丁琳琳等，2015），本文采用采掘业固定资产投资占固定资产投资总额的比重来衡量各省份的自然资源禀赋状况。

教育是人力资本最重要的组成部分，教育投资是促进人力资本积累的最主要方式，因此教育水平可以衡量个人或经济体的人力资本存量。参考多数学者的做法，本文用各省份具有本科以上学历人数占该省份总人口的比重来衡量各省份的人力资本水平。

中心指数是由 Keeble 于 1992 年提出的，其可衡量地区在经济意义上的中心边缘程度即地理区位的优劣程度。中心指数由 GDP 以及地区之间的距离计算得出。

反映地区经济基础情况的指标包括：人均 GDP、创新能力、吸引外资能力等。参考已有研究做法，且考虑到结果的可靠性，本文选取各省份实际利用外商直接投资额占地区生产总值的比重来衡量各省份的经济发展水平。

基础设施包括交通通信等经济性基础设施和医疗教育等社会性基础设施，其中交通基础设施是基础设施建设的重点。本文选取交通基础设施来衡量基础设施对相对贫困区域差异性的影响，用现存公路里程来表示各省份交通基础设施的建设情况。各影响因素的具体变量定义说明如表 6 所示。

表 6　指标选取与说明

层面	变量或代理变量	变量代号	计算方法
自然资源	自然资源丰裕度	*Nat*	采掘业固定资产投资/固定资产投资总额
人力资本	人力资本	*Hum*	具有本科以上学历的人/总人口
空间因素	中心集聚	*CI*	中心指数
经济因素	外商直接投资	*Econ*	各省份实际利用外商直接投资额/地区生产总值
基础设施	交通类基础设施	*Infra*	现存公路里程

2. 基于全样本的 OLS 回归分析

在进行回归分析之前，对模型所选取的变量进行多重共线性检验和异方差检验，由方差膨胀因子 VIF 检验可知，各变量的值均小于 10，均值远低于临界值 10，不必担心存在严重的多重共线性问题。BP 检验的 P 值为 0.3510，不能拒绝原假设，故本文采用普通最小二乘法对影响相对贫困的因素进行检验，回归结果如表 7 所示。

表 7　相对贫困回归方程拟合结果

自变量	*Nat*	*Hum*	*CI*	*Econ*	*Infra*	*r*
全国	-0.072 (-0.63)	-0.697*** (-3.47)	-0.369*** (-2.99)	-0.456* (-1.77)	-0.150* (-1.77)	0.9397

注：括号内数值为 t 统计值，***、* 分别表示在 1% 和 10% 的水平下显著。

从表 7 来看，大多数回归系数显著不为零（P 值很小），而且正负符号与预期相符，拟合优度系数的值表明拟合结果是可行的。从单个变量来看，人力资本的系数在 1% 的水平下显著为负，说明人力资本的积累有助于减缓相对贫困。中心集聚的系数也在 1% 的水平下显著为负，说明经济中心的规模越大，经济活力越强，对周边地区资源、要素、市场的需求就越大，辐射力就越强，越能带动周边地区的发展，从而减缓相对贫困。外商直接投资的系数在 10% 的水平下显著为负，说明外商直接投资对于促进我国劳动力就业、推动减贫进程具有重要作用。交通基础设施的系数在 10% 的水平下显著为负，表明基础设施的建设和完善可以吸引人才、要素流向该地区，推动该地区的发展，从而有助于减缓相对贫困。

3. 分区域的 OLS 回归分析

基于中国地区经济发展不平衡的现实，为深入研究相对贫困的区域差异性，分区域进行回归分析，由于区域间的差异主要表现为中西部地区与东部地区的差异，故将中西部地区合并，分析造成中西部地区与东部地区差异的因素，结果如表 8 所示。

表 8　各区域的回归结果

自变量	东部地区	中西部地区
Nat	-0.112 (-0.29)	-0.046 (-0.48)
Hum	-0.023 (-0.05)	-0.833* (-2.08)
CI	-0.333 (-0.87)	-0.144* (-1.85)
Econ	-1.00 (-1.42)	-0.201 (-0.70)

续表

自变量	东部地区	中西部地区
Infra	0. 308 （0. 79）	−0. 180 *** （ −3. 23）

表8中结果显示，中西部地区交通基础设施的系数在1%的水平下显著为负，中心集聚指数和人力资本的系数在10%的水平下显著为负。表明造成中西部地区与东部地区相对贫困差异性的因素主要是基础设施的建设、区位条件以及人力资本的积累，中西部地区的基础设施建设相对落后于东部地区，导致中西部地区的人才、要素更愿意流向东部地区，而且我国的大城市主要集中于东部地区，三大老牌城市群长三角城市群、珠三角城市群和京津冀城市群都位于东部地区，中西部地区相对来说缺少带动经济增长的增长极，因此中西部地区的相对贫困程度要高于东部地区。

五、结论与建议

本文基于CFPS2018年的数据测度了各省份、各区域的多维相对贫困综合指数，并基于泰尔指数进行了分解，结果显示造成相对贫困区域差异的主要是区域间的差异，中西部地区的多维相对贫困指数明显高于东部地区，同时区域内部的差异也比较明显。然后用多维相对贫困指数作为被解释变量，对影响相对贫困区域差异的因素进行回归分解，结果表明自然资源禀赋、人力资本、区位条件、地区经济基础以及基础设施的差异均造成了相对贫困的区域差异性，但是造成中西部地区与东部地区相对贫困差异性的因素主要是基础设施的建设、人力资本的积累以及区位条件。

根据上述研究结果，为缓减中西部地区的相对贫困，促进区域协调发展，本文认为以下几个方面值得关注：

第一，虽然中西部地区的基础设施建设已经取得了巨大的进步，但新发展阶段下，仍需持续加强中西部地区基础设施的投资，结合各个地区的区位优势，优化基础设施的投资布局，加快推进现代基础设施建设，充分发挥基础设施对地区发展的带动作用，减缓中西部地区的相对贫困。一是要加大对中西部地区的交通设施建设支持力度，统筹中西部地区综合交通枢纽规划建设，避免因选址不合理和功能定位不准确而造成重复建设、恶性竞争以及基础设施利用率不高等现象。二是要加大中西部欠发达地区在信息资源配置和信息化建设方面的支持力度，随着信息时代的到来，传统地理空间距离不再是经济往来的主要障碍，中西部欠发达地区可以充分利用现代信息技术来弥补现有区位劣势，实现跨越式发展。三要补齐相对贫困地区教育发展短板，健全学生资助体系，完善工作机制，实现“全覆盖”，保证不让一个学生因家庭经济困难而失学；办好相对贫困地区的职业教育，确保有职业教育需求的学生能够接受中高等职业教育，确保更多的劳动力能够接受职业技能培训，为相对贫困家庭子女改变命运、实现人生出彩创造机会。

第二，既要合理分配和配置有限的资金，把现有中心城市做大做强，充分发挥现有中心城市的辐射作用，依托中心城市，深化“放管服”改革，破解行政区划对要素流动的制约，加强与周边中小城市的分工协作，引领周边地区协调发展，又要因地制宜，加快建设新一批区域性中心城市，完善其功能，增强其产业承载能力和人口吸纳能力，使其具有一定的首位度，并能够辐射带动更大的区域范围，形成梯次性城市结构，构建比较合理的城市体系，充分发挥中心城市在人才赋存、市场规模、创新活力、基础设施等方面的优势。

第三，要加强人力资本的投资和积累。一方面需要进一步加大老少边穷地区义务教育资源的投入力度，巩固脱贫攻坚和乡村振兴成果，解决因贫辍学和主动教育中止问题，通过制度化的保障机制补齐义务教育阶段的地区短板，在具备条件的地方可逐步将高中和中专等教育阶段纳入义务教育范畴，同时要大力发展后义务教育，开发和完善多种形式的后义务教育和培训形态，扩大后义务教育供给，助力全域教育人力资本积累。另一方面要注重人才的引进。硬实力、软实力，归根结底要靠人才实力，中西部地区应提升政策和服务的公平性，以开放包容的态度集聚人才，把人才的引进、培养、服务、激励和保障整合为系统性的政策和计划，用政府的力量会聚人才（姚凯，2021）。

参考文献

[1]向德平,向凯. 多元与发展:相对贫困的内涵及治理[J]. 华中科技大学学报(社会科学版),2020(2):31-38.

[2] TOWNSEND P. Poverty in the United Kingdom: A Survey of Household Resources and Standards of Living[J]. The Economic Journal, 1980(360):954-960.

[3]阿马蒂亚·森. 贫困与饥荒——论权利与剥夺[M]. 王宇,王文玉,译. 北京:商务印书馆,2001.

[4]高强,孔祥智. 论相对贫困的内涵、特点难点及应对之策[J]. 新疆师范大学学报(哲学社会科学版),2020(3):120-128.

[5]唐丽霞,李小云,左停. 社会排斥、脆弱性和可持续生计:贫困的三种分析框架及比较[J]. 贵州社会科学,2010(12):4-10.

[6]叶兴庆,殷浩栋. 从消除绝对贫困到缓解相对贫困:中国减贫历程与2020年后的减贫战略[J]. 改革,2019(12):5-15.

[7]陆汉文,杨永伟. 从脱贫攻坚到相对贫困治理:变化与创新[J]. 新疆师范大学学报(哲学社会科学版),2020,41(5):86-94.

[8]李东坤,郑浩生,张晓玲. 交通基础设施建设能减缓城镇贫困吗?[J]. 河海大学学报(哲学社会科学版),2021,23(1):89-97.

[9]王小林,冯贺霞. 2020年后中国多维相对贫困标准:国际经验与政策取向[J]. 中国农村经济,2020(3):2-21.

[10]SABINA ALKIRE, JAMES FOSTER. Counting and Multidimensional Poverty Measurement[J]. Journal of Public Economics,2010,95(7):476-487.

[11]程威特,吴海涛,江帆. 城乡居民家庭多维相对贫困的测度与分解[J]. 统计与决策,2021(8):68-72.

[12]袁媛,古叶恒,陈志灏. 中国城市贫困的空间差异特征[J]. 地理科学进展,2016(2):195-203.

[13]李秀芸,杨雪英,李义良. 江苏省三大区域农村相对贫困差异分析[J]. 西部学刊,2019(21):87-91.

[14]李世祥,李丽娟. 中国农村能源贫困区域差异及其影响因素分析[J]. 农

林经济管理学报,2020(2):210－217.

[15]聂荣,杨丹.农村家庭消费贫困动态性及其影响因素分析[J].沈阳师范大学学报(社会科学版),2021(3):60－65.

[16]段忠贤,黄其松.要素禀赋、制度质量与区域贫困治理——基于中国省际面板数据的实证研究[J].公共管理学报,2017(3):144－153.

[17]何雄浪,史世姣.空间溢出效应视角下我国人力资本结构优化的减贫脱困效应研究[J].河北经贸大学学报,2021(1):51－62.

[18]何仁伟.中国农村贫困形成机理研究进展及贫困问题研究框架构建[J].广西社会科学,2018(7):166－176.

[19]徐康宁,王剑.自然资源丰裕程度与经济发展水平关系的研究[J].经济研究,2006(1):78－89.

[20]丁琳琳,吴群.财产权制度、资源禀赋与农民土地财产性收入——基于江苏省1744份农户问卷调查的实证研究[J].云南财经大学学报,2015(3):80－88.

数字普惠金融发展与贫困减缓

刘泽强　徐璋勇①

摘　要：基于2011—2019年中国省级面板数据，通过构建面板固定效应模型、调节效应模型，从绝对贫困和相对贫困两个视角出发，实证检验了数字普惠金融的减贫效应。研究发现，数字普惠金融发展对于绝对贫困水平和相对贫困水平都有着明显的缓解作用，经济发展水平越高、教育水平越高其效果越好。进一步研究发现，数字普惠金融的减贫效应存在地区异质性，数字普惠金融对绝对贫困减缓的效应大小依次为东部地区 > 东北地区 > 西部地区 > 中部地区；而数字普惠金融对相对贫困减缓的效应大小依次为东北地区 > 中部地区 > 西部地区 > 东部地区。因此，我国应加快和完善数字普惠金融体系建设，重视经济包容性增长，着力提升农村居民的受教育水平和金融素养，打造多层级、多样化的数字普惠金融产品和服务，以满足不同区域和不同人群的金融需求，持续提高数字普惠金融的服务水平和质量。

关键词：数字普惠金融；绝对贫困；相对贫困；调节效应

① 作者简介：刘泽强（1996—），男，山东莘县人，西北大学经济管理学院2019级金融学专业硕士研究生；徐璋勇（1964—），男，陕西西安人，西北大学经济管理学院教授、博士生导师。

一、引言

贫困问题不仅是一个民生问题，还是一个影响社会稳定的重大问题，脱贫攻坚更是我国三大攻坚任务之首。党的十八大以来，党中央对脱贫攻坚工作做出了一系列重要决策和部署，在全党全国人民的共同努力下，2020 年 11 月中国 832 个国家级贫困县全部脱贫摘帽，消除绝对贫困的目标已经实现。但是，当前我国还存在着严重的发展不平衡等问题，在社会和民生等方面，依然有很多短板需要进一步补足，收入分配差距和区域发展差距依然较大，所以缓解与消除绝对贫困就是下阶段脱贫工作的核心任务。

相比绝对贫困治理，相对贫困治理难度更大、治理周期更长、治理手段更复杂。《中共中央关于坚持和完善中国特色社会主义制度推进国家治理体系和治理能力现代化若干重大问题的决定》特别强调要巩固脱贫攻坚成果和建立解决相对贫困的长效机制。但我国作为发展中国家，仍面临着生产要素市场不完善、资源分配不平衡、难以实现金融资本的充分有效配置等问题，所以，只有降低金融服务的门槛，才能让贫困群体真正享受到正规的金融服务，普惠金融的概念也因此日益被重视起来。2016 年 1 月，国务院公布的《推进普惠金融发展规划（2016—2020）》中明确提出，到 2020 年要建立健全与小康社会相适应的普惠金融服务和保障体系，将农民纳入普惠金融的重点服务对象，有效提高农民对于金融服务的可获得性。但是由于受地域及经济发展水平等因素的限制，向贫困地区提供金融服务的成本较高、风险较大，传统金融机构参与贫困地区普惠金融建设的积极性不高，普惠金融服务的商业可持续性难以实现。

随着数字技术的快速发展与日趋成熟，数字技术与金融领域的结合不断深化，数字普惠金融应运而生，为普惠金融的发展创造了新的历史机遇。2016 年，我国在 G20 峰会上提出了《G20 数字普惠金融高级原则》，提倡通过数字技术推进普惠金融建设，这一举动把数字普惠金融的建设推广上升到国家战略层面。将“数字普惠金融”描述为“发挥数字技术在促进金融服务发展方面的巨大潜力，主要是为被排除在传统金融服务对象之外的群体提供合适的普惠金融产品和金融服务，同时考虑使用数字技术实现这一目标”，此举证实了未来金融扶贫的发展方向将会朝着数字化方向展开。此后 2017 年全国金融工作会议上习近平总书记的讲话也更加明确了我国普惠金融发展的数字化方向。同年 10 月，党的十九大报告指出，扩大金融发挥服务实体经济功能的覆盖面，提高金融机构的服务效率是发展普惠金融的重要途径。

以上可以看出，互联网技术的不断发展和日益成熟与普惠金融的结合，进一步丰富了金融发展的内涵，能够为金融扶贫提供新方法、新思路。现阶段是我国实现“两个一百年”奋斗目标的历史交汇时期，如何紧抓“数字红利”带来的包容、效率和创新的新契机，发挥数字普惠金融在支付、信贷和保险等领域的信息及成本优势，将技术进步、经济增长和金融深化改革的成果惠及更多弱势群体，巩固脱贫攻坚成果、推动相对贫困治理，对于缓解我国经济发展中的不平衡不充分问题尤为重要。

二、文献综述

本文先从普惠金融与贫困减缓的关系入手，整理分析现有研究成果，再引入数字技术在金融领域的应用，梳理数字普惠金融与贫困减缓的关系。

（一）关于普惠金融与贫困减缓的研究

普惠金融（Inclusive Finance）的概念于 2005 年联合国“国际小额信贷年”中首次被提出，并将其定义为：一个能有效、全面地为社会所有阶层提供服务的金融体系。我国在 2015 年《推进普惠金融发展规划（2016—2020）》中结合我国实际情况，将普惠金融定义为：立足机会平等和商业可持续性原则，以可负担的成本为有金融服务需求的社会各阶层和群体提供适当、有效的金融服务。国内外学者针对普惠金融的内涵和特点，对其开展了广泛的研究。王修华（2009）认为发展普惠金融对于改善农村金融排斥现象、促进农村金融的发展具有重要作用，能够弥补正规金融服务的不足，促进社会公平。Park（2016）认为普惠金融的发展对实现社会均衡的发展目标有积极作用。一方面普惠金融能够提高区域经济发展水平，通过降低贫困地区居民金融服务门槛，增强贫困地区金融参与度，共享经济发展成果，进而提高农业产值，促进农村经济的持续增长；另一方面普惠金融又能通过增加就业渠道，增进创新创业而起到改善贫困人群收入状况的作用，从而促进贫困地区的发展及区域协调。随着对普惠金融研究的不断深化，许多学者通过理论与实证分析认为普惠金融对贫困减缓具有积极作用（韩晓宇，2017；马彧菲和杜朝运，2017；卢盼盼和张长全，2017)，而且发现根据不同的区域特征，我国农村普惠金融发展存在显著差异。孙玉奎（2014）研究发现我国东中西部地区农村普惠金融发展不平衡，且存在较强的空间依赖性。东部地区普惠金融发展显著提高了当地农村居民收入，而在相对落后的中西部地区普惠金融的减贫力度明显不如东部地区。普惠金融的发展可以通过不同的路径对一个地区贫困减缓起到作用（Abosedra et al.，2015）。Geda（2006）研究发现普惠金融通过提供传统信贷、储蓄等方式扩大金融服务覆盖面，从而提高低收入群体的收入水平，实现贫困减缓。Jin（2017）通过贫困测度，证实了普惠金融可以通过优化城乡金融资源配置促进农村地区经济发展，从而有利于贫困的减缓。崔艳娟和孙刚（2015）研究发现普惠金融能够通过经济增长和收入分配间接促进贫困减缓，经济增长对于贫困减缓具有正向的促进作用，收入分配不合理则会阻碍贫困减缓。

（二）关于数字普惠金融发展与贫困减缓的研究

近年来，数字技术的广泛实践为经济的发展创造了新的动力源，技术开发和产品创新在金融方面的应用为普惠金融研究带来新的视角。世界银行在《全球金融发展报告 2014》中指出，互联网新技术的发展为促进普惠金融实现跨越发展带来了新的机遇。移动支付等技术创新应用于金融领域加强了金融安全，使人们能够以低成本和高效率享受金融服务。数字普惠金融对社会经济各个方面产生了不同程度的影响，于是许多学者对数字普惠金融发展带来的经济效益展开了多方面的研究：从宏观上看，数字普惠金融对经济增长（钱海章、陶云清，2020）和城乡居民收入差距缓解（张贺、白钦先，2018）都具有积极的影响；从中观上看，数字普惠金融能够促进产业结构升级（唐文进、李爽，2019）；从微观上看，数字普惠金融不仅能够缩小融资约束（万佳彧、周勤，2020），对居民消费水平的提高也产生积极作用（易行健、周利，2018）。由此可见，数字普惠金融发展已成大势所趋，在经济社会发展中发挥着重要作用。

在数字普惠金融的减贫效应方面，世界银行在2016年发布的《2016年世界发展报告：数字红利》中指出，数字技术和互联网的发展通过包容发展、高效率发展和创新发展为贫困地区的贫困居民和弱势群体提供了新的金融发展机遇。同年8月，中国普惠金融研究院也发布了《数字普惠金融的实践与探索》，认为数字普惠金融的发展能够有效降低传统金融机构提高金融服务和产品存在的门槛，削弱贫困效应。也有学者对数字普惠金融发挥减贫效应过程中的风险表示担忧：一方面，数字普惠金融在实现平台化、场景化、综合化的过程中需要依赖金融科技公司的中介服务，所以用户信息和资金安全在一定程度上受到威胁，信用信息不完备和不对称、金融“普惠”难以真正落实、交易双方信息难以共享等问题成为数字普惠金融发挥减贫作用的痛点和难点。另一方面，互联网金融会双重影响系统性金融风险，内部牵连更加紧密，局部的冲击就有可能引起整个金融系统动荡，贫困地区接受数字普惠金融政策影响的居民和企业更容易受到影响。因此，关于数字普惠金融的监管更加应该坚持风险底线原则，强调平衡创新和风险二者的关系（张晓朴，2010）。《全球普惠金融合作伙伴组织白皮书》强调，对于数字普惠金融的监管，应该瞄准普惠金融的发展，建立健全全面均衡的监管体系，并积极评估金融风险，重点激发金融市场的发展活力，加大对金融消费者的保护力度。同时，提高金融服务的整体适应性和局部安全性，推动数字普惠金融的安全、协调、创新发展。

在数字普惠金融的减贫路径方面，宋晓玲（2017）认为，数字普惠金融在数字技术、用户群、风险控制的耦合作用下，可以通过降低门槛效应、缓解排除效应和减贫效应三种形式来缩小城乡收入差距，进而达到减贫的目的。夏玲（2020）发现，人均可支配收入在数字普惠金融的减贫效应中具有中介作用。还有一些学者认为，数字普惠金融通过充分运用互联网、大数据等技术的支持，具有很强的可复制特征，其边际成本呈现递减趋势，其提供金融服务和产品的成本相对较低、金融渗透率更深，通过建设农村金融基础设施，数字普惠金融可以有力地促进中国减贫事业的发展。其中收入增长和收入分配的改善是数字普惠金融促进减贫的重要机制，数字普惠金融发展可以兼顾效率与公平，实现包容性增长（黄倩，2016）。

综上所述，国内外学者从不同视角对普惠金融、贫困减缓等关系进行了分析研究，取得了丰硕的研究成果，但是对于数字普惠金融发展与贫困减缓的关系研究主要从宏观居民收入、中观产业结构等角度进行，而且对其中的作用机制和影响路径看法不一。因此，有必要从绝对贫困和相对贫困等多个视角来综合考察数字普惠金融的减贫效应，并进一步探究其中的作用机制和影响特征。

三、理论分析与研究假设

数字普惠金融能够以更低的成本为更广阔的弱势群体提供优质高效的金融服务，有利于减缓贫困。经济学家常用货币方法来定义贫困，即个人（家庭）未能拥有一定水平的收入以获得经济福利或者缺少经济福利则被认为是贫困。以货币方法衡量贫困产生了绝对贫困、相对贫困、贫困率和贫富差距等概念，其中绝对贫困和相对贫困是最基本和最常用的贫困概念（汪三贵、刘明月，2020）。下文将从绝对贫困和相对贫困两个方面来探讨数字普惠金融对贫困减缓的作用机制及影响路径。

（一）数字普惠金融对绝对贫困影响的理论分析

国内最广泛接受的绝对贫困概念为“在一定的社会环境和生存方式下，个人（家庭）依靠其劳动所得和其他合法收入不能维持其基本生存需求的状况”（汪三贵、刘明月，2020）。经济合作与发展组织在1976年组织了对其成员国的一次大规模调查后提出了一个贫困标准，即以一个国家或地区社会中位收入或平均收入的50%作为这个国家或地区的贫困线，这就是后来被广泛运用的国际贫困标准。1985年，国家统计局参照国际规范并结合我国社会经济发展水平制定了绝对贫困线：年人均收入200元。经过几次调整之后，我国现行绝对贫困线的标准为：年人均收入2300元（2010年不变价格）。绝对贫困的内涵决定了扶贫的目标是收入的增加，数字普惠金融以其低成本、低门槛以及便捷高效等优势为贫困人群增收提供了新的机遇，其对绝对贫困的影响主要体现在以下几个方面：第一，数字普惠金融可以通过创新储蓄和信贷渠道，提升贫困人群的金融资源可获得性，为其创收增收提供资源保障。传统的金融机构出于风险和利益的考量，往往会将贫困人群排除在金融服务的门槛之外，使其无法充分享受金融服务；而数字普惠金融的发展则降低了金融门槛，有效解决了贫困人群以及小微企业等弱势群体“融资难、融资贵”的历史难题，满足其生活、生产、发展的资金需求。传统金融机构的理财产品也存在着购入门槛，而数字普惠金融的出现，能够使低收入的贫困人群通过线上渠道获取更多购入门槛更低、购买方式更加便利的理财产品，促进零散资金的保值增值。第二，数字普惠金融依托数字信息技术的优势，能够突破地理范围的限制，有效降低交易成本。一方面，数字普惠金融将普惠金融的发展纵深提升到一个新的层次，只需要移动客户端接入互联网，就可以将包括边远地区在内的所有贫困人群纳入服务体系内，这样一来，就大大降低了交易成本和时间成本，所以数字普惠金融的可得性与便利性得到提高。另一方面，金融机构可以借助互联网大数据技术，对贫困人群借贷者进行数据分析，筛选有还款能力、信用良好的借贷者，予以其“脱贫致富”的启动资金，为处于产业链上的农户、养殖户、小微企业等提供专项发展资金，助力实现产业扶贫。第三，数字普惠金融有助于提升贫困人群的人力资本水平，提升其创收增收的能力。数字普惠金融为贫困人群提供的信贷资金，可以用于自身或家庭教育投入，满足受教育的需求，通过人力资本的不断积累，创造更多的就业和择业机会，进而提升收入水平。基于上述分析，提出如下假设：

H1：数字普惠金融发展对减缓绝对贫困有积极的推动作用。

（二）数字普惠金融对相对贫困影响的理论分析

相对贫困是指在同一时期内，由于不同地区或不同阶层的社会成员主观认定的可维持生存水准的差异而造成的贫困（林闽钢，2020），世界银行的看法是收入只要等于（或少于）平均收入的1/3的社会成员便可以视为相对贫困，所以相对贫困问题的核心在于收入差距，其根源在于经济社会发展的不平衡。但是，解决我国发展不平衡、不充分的包容性增长机制尚未完全构建。普惠金融又称包容性金融，具有兼顾公平和效率的特点，旨在为金融排斥的小微企业、农民、城镇低收入人群等弱势群体以可负担的成本提供适当、有效的金融服务，促进经济社会的包容性增长。而数字普惠金融作为普惠金融的发展和延伸，可以从以下几个方面对相对贫困产生影响：第一，数字普惠金融可以为低收入的弱势群体提供更高效的金融服务。根据“长尾理论”可以得出，传统金融模式具有典型的“头部效应”特征，传统金融机构主要服务于少数的大客户与大企业，服务对象越集中，成本越低、利润越集中。而数字普惠金融的发展，使得金融机构将众多相对贫困的群体及小微企业纳入服务对象，其中包含了大量被排斥于正规金融体系之外的低收入群体，相较于传统金融市场的“高端”客户，虽然其用户交易规模微小，但得益于数字金融产品的边际成本和搜寻成本趋近于零，众多金融产品和服务的需求者仍可汇集成大的市场份额，使得平均成本降低，利润增加。第二，数字普惠金融可以提升贫困人群的创收能力。一方面，数字普惠金融可以通过向贫困人群就业、创业提供信贷资金支持，为其增产增收创造内生动力。另一方面，数字普惠金融为贫困人群提供的金融服务是在其可负担的成本范围之内的，可以增加贫困人群的投资性收入和提升消费预算消费能力，且有利于贫困人群对消费和投资进行长期决策，比如边远地区居民可以通过线上应用软件购买商业保险，增强其抗风险能力，有利于稳定消费预期、增加消费需求，提高金融资源配置效率。基于上述分析，提出如下假设：

H2：数字普惠金融发展对相对贫困减缓具有积极作用。

（三）数字普惠金融减贫的调节效应分析

基于前文理论分析可以得出，数字普惠金融发展对绝对贫困和相对贫困应具有缓解作用，但其效果会受到诸多因素的影响。从数字普惠金融的发展水平来看，一方面，数字信息技术和相关互联网基础设施是数字普惠金融发展的工具保障，而且数字技术本身就是资本密集型产业，所以数字技术的发展，需要大量的资金投入，离不开强有力的资本支撑。经济发达的地区，可以调动更多的社会资源、金融资源向数字产业倾斜，完善互联网信息设备相关基础设施建设，促进数字技术发展，为数字普惠金融的进一步发展提供保障；经济欠发达地区，在数字化建设上的投入水平相对较低，而且我国的经济欠发达地区和贫困地区一般都处在边远地带，其基础设施建设难度更大、成本更高，且经济体量相对较小，无法将更多的金融资源调向数字普惠金融领域，可能会导致数字普惠金融发展水平欠佳。另一方面，经济发达地区产业链发展更加完整、基础设施建设更加完善，能够吸引更多的投资，营造更好的创业环境，提供更多的就业机会，使得贫困人群能够更加合理地运用通过数字普惠金融所获得的金融资源，提升产出效率，且由“涓滴理论”可知，优先实现经济增长的地区将会在消费、就业等方面更多地惠及弱势区域贫困人群等低收入群体，通过益贫式增长可以间接地推动其发展和富裕，实现减贫增收。基于上述分析，提出如下假设：

H3：经济发展水平的提升会增强数字普惠金融发展对绝对贫困的减缓作用。

从数字普惠金融的服务对象来看，其面对的贫困人群主要集中在科技文化落后的农村地区，其整体文化水平、金融素养相对较低，虽然数字普惠金融依托互联网优势可以有效地克服地理障碍，在人口密度和经济活动密度低的偏远贫困地区也能提供低成本的金融服务，但是贫困人群能否有效获取服务还有待商榷。因为数字普惠金融业务作为互联网技术和金融业务的结合，其使用是需要基本的金融知识和互联网技能的。如果缺乏基本的金融知识和互联网技能，可能就没有办法熟练地、有效地享受数字普惠金融服务。2014年世界银行发布的《2014年全球金融发展报告》显示，78%的被访者将家庭获取金融服务的主要障碍归结为金融知识的匮乏。所以，教育水平的提高对贫困人群金融知识的获取以及互联网技能的学习效果就有着不可替代的作用。一方面，受教育水平越高，意味着获取知识的能力越强、获取知识的途径越广，知识水平越高的居民则更加容易能够理解金融市场和金融产品。另一方面，贫困人群的受教育水平越高，知识技能越丰富，不仅可以提升对数字普惠金融服务的使用效果，还可以通过人力资本的不断提升来为个人创造更多的就业机会、提升就业能力，从而为个人和家庭创收增收带来更多可能性，进而缩小收入差距。基于上述分析，提出如下假设：

H4：教育水平的提升会增强数字普惠金融发展对相对贫困的缓解作用。

四、模型构建与指标选取

（一）模型构建

1. 数字普惠金融减贫效应模型

为验证假设1和假设2，结合我国省域发展实际，建立如下模型：

$$pov_{it} = \alpha_0 + \alpha_1 DIFI_{it} + \alpha_i X_{it} + u_i + \lambda_t + \varepsilon_{it} \tag{1}$$

其中，i 和 t 分别表示省份和年份，pov_{it} 表示贫困程度，包括绝对贫困（ab_pov）和相对贫困（re_pov），$DIFI_{it}$ 表示数字普惠金融指数，X_{it} 为影响贫困程度的其他控制变量，分别为城镇化水平（urb）、产业结构（ind）、对外开放程度（$open$），控制地区固定效应 u_i 和年份固定效应 λ_t，ε_{it} 为随机干扰项。假定 $\{\varepsilon_{it}\}$ 服从独立同分布，并且 ε_{it} 与 u_i 不相关；α_0，α_1，…，α_i 为待估参数。

2. 调节效应模型

为验证假设3和假设4，建立如下模型：

$$ab\_pov_{it} = \alpha_0 + \alpha_1 DIFI_{it} + \alpha_2 DIFI_{it} \times rgdp_{it} + \alpha_i X_{it} + u_i + \lambda_t + \varepsilon_{it} \tag{2}$$

$$re\_pov_{it} = \alpha_0 + \alpha_1 DIFI_{it} + \alpha_2 DIFI_{it} \times edu_{it} + \alpha_i X_{it} + u_i + \lambda_t + \varepsilon_{it} \tag{3}$$

其中，i 和 t 分别表示省份和年份，ab_pov_{it} 表示绝对贫困程度，re_pov_{it} 表示相对贫困程度，$DIFI_{it}$ 表示数字普惠金融指数，$rgdp_{it}$ 表示经济发展水平，edu_{it} 表示教育水平，其余变量定义同模型（1）。

（二）指标选取与数据来源

本文选取2011—2019年中国31个省份为研究样本，参考已有研究，选择农村居民人均可支配收入来衡量绝对贫困程度（ab_pov）；选择泰尔指数来衡量相对贫困程度（re_pov），因为泰尔指数将人口变动因素考虑在内，并且将城乡收入差距分解为组内差距和组间差距，能够更好地衡量收入分配差异。

数字普惠金融指数（DIFI）来源于北京大学数字金融研究中心编制的

《北京大学数字普惠金融指数》（2011—2019）中的统计测算结果；为探究经济发展水平（*rgdp*）、教育水平（*edu*）在数字普惠金融与绝对贫困、相对贫困关系中的调节作用，借鉴已有做法，选择人均 GDP 来衡量经济发展水平；选择地区劳动人口人均受教育年限来衡量教育水平；贫困减缓不仅受到数字普惠金融发展的影响，还与诸多因素有关。本文选取三个主要影响因素作为控制变量进行研究：城镇化水平（*urb*），用地区城镇人口与地区常住人口的比值表示；对外开放程度（*open*），用地区进出口贸易总额与地区 GDP 的比值表示；产业结构水平（*ind*），用地区第三产业产值与地区 GDP 的比值表示。以上数据来源于 2011—2019 年《中国统计年鉴》、《中国金融统计年鉴》、CEIC 数据库、Wind 数据库以及各省统计年鉴。当同一指标数据在不同数据库中出现差异时，以《中国统计年鉴》为准。具体变量符号与定义如表 1 所示。

表 1　变量符号与定义

变量	符号	基本含义	度量方式
被解释变量	*ab_ pov*	绝对贫困减缓	农村居民人均可支配收入
	re_ pov	相对贫困程度	泰尔指数
核心解释变量	*DIFI*	数字普惠金融	北大数字普惠金融指数
调节变量	*rgdp*	经济发展水平	地区人均 GDP
	edu	教育水平	劳动人口平均受教育年限
控制变量	*urb*	城镇化水平	地区城镇人口/地区常住人口
	open	对外开放程度	地区进出口总额/地区 GDP
	ind	产业结构水平	第三产业产值/地区 GDP

五、实证检验

（一）数字普惠金融的减贫效应实证分析

为避免数据波动对实证结果的影响，在实证检验之前，对所有面板数据进行了标准化处理。根据式（1）建立面板回归模型，结果如表 2 所示。模型（1）用以研究在其他条件不变的情况下，数字普惠金融对绝对贫困减缓的影响。根据回归结果可以看出，数字普惠金融的回归系数在 1% 的水平上显著为正，说明数字普惠金融对绝对贫困减缓具有明显的正向影响，即数字普惠金融发展对相对贫困减缓具有积极作用。模型（1）和模型（3）的回归结果验证了假设1的成立，与理论预期相符。模型（2）在模型（1）的基础上加入了城镇化水平、对外开放程度和产业结构三个控制变量，目的是避免回归模型因为遗漏重要解释变量而影响结论的稳健性。回归结果表明，数字普惠金融的回归系数仍在1%的水平上显著且符号不变，数字普惠金融发展水平每提升1个百分点会引致农村居民人均可支配收入提升0.551个百分点，而且控制变量的加入并不能从根本上改变数字普惠金融发展对绝对贫困减缓的影响关系，数字普惠金融的估计系数绝对值有所减小，可见忽略其他因素对收入增长的影响会出现高估参数的现象。控制变量中，城镇化水平、产业结构、对外开放程度的估计系数均显著为正，这说明城镇化水平的提升、产业结构升级、对外开放程度的提升均对绝对贫困减缓具有促进作用。其中的原因可能是：农村居民在城镇化发展的进程中获益，可支配收入水平得到提升；产业结构升级可以提供更多的就业岗位，吸收农村剩余劳动力，为农村居民增收提供更多机会；随着对外开放程度的不断扩大，对外贸易也迅速发展，可以为农村居民创业择业营造良好的外部环境，为其收入水平的提升创造更多可能性。

模型（3）用以研究在其他条件不变的情况下，数字普惠金融对相对贫困程度的影响，其回归系数在1%的水平上显著为负，这说明数字普惠金融发展对相对贫困程度具有明显的缓解作用，即数字普惠金融发展对相对贫困减缓具有积极作用，模型（3）和模型（4）的回归结果验证了假设2的成立，与理论预期相符。模型（4）在模型（3）的基础上加入了控制变量，回归结果仍显著，数字普惠金融发展水平每提升1个百分点会引起收入差距缩小0.31个百分点。从控制变量的估计结果来看，城镇化水平、对外开放程度的估计系数显著为负，说明城镇化发展和对外开放程度的提高有利于缓解收入差距。产业结构的估计系数显著为负，这表明产业结构升级会扩大收入差距，其原因可能是：第三产业的发展虽然有利于吸收更多农村劳动力，提升其收入水平，但第三产业更多集中在城市地区，其快速发展产生的集聚效应带来了城市居民收入的更快增长，这在客观上加剧了收入差距的扩大。

表 2　数字普惠金融的减贫效应基础回归结果

变量	绝对贫困减缓		相对贫困程度	
	模型（1）	模型（2）	模型（3）	模型（4）
DIFI	0.579***	0.551***	-0.298***	-0.31***
	(0.012)	(0.03)	(0.019)	(0.052)
控制变量	否	是	否	是
个体效应	是	是	是	是
时间效应	是	是	是	是
R^2	0.908	0.934	0.488	0.585
样本量	279	279	279	279

注：①括号中的数值为标准误；②***、**、*分别表示在1%、5%和10%的水平上显著。下同。

（二）数字普惠金融减贫的调节效应

根据式（2）和式（3）建立模型回归模型，回归结果如表3所示。模型（5）用以研究经济发展水平的提升对数字普惠金融发展减缓绝对贫困效果的影响，根据回归结果可以看出，数字普惠金融指数与经济发展水平的交互项系数在1%的水平上显著为正，这说明经济发展水平的提升会增强数字普惠金融发展对绝对贫困的减缓作用，符合理论预期，验证了假设3的成立。一方面，经济发展水平越高，数字化基础设施也更加完善，可以为数字普惠金融的发展提供硬件设施的平台保障，促进数字普惠金融的发展。另一方面，经济发展水平的提升也意味着社会资源的聚集和增加，现阶段我国经济的发展更加注重区域协调和广大人民的共同富裕，农村部门也越来越成为经济发展的重要组成部分，随着农村人口向城镇迁移，农村人均土地资产增加，再加上新兴产业进入农村和国家的大力扶持，农村部门取得了许多方面的进步，为农村居民创造更广阔的就业和创业机会，从而提升农村居民收入。

模型（6）用以研究教育水平的提升对数字普惠金融发展缓解相对贫困效果的影响。根据回归结果可以看出，数字普惠金融指数与教育水平的交互项系数在1%的水平上显著为负，这说明教育水平的提升会增强数字普惠金融发展对相对贫困的缓解作用，符合理论预期，验证了假设4的成立。教育水平的提升意味着居民知识储备、学习能力和接受能力的提升，从而促进居民对金融知识的理解学习、对互联网基础技能以及对互联网金融产品的接受和使用能力都能够更上一层楼，由此可以从用户群体角度扩展数字普惠金融的发展广度和深度，尤其是对于金融资源相对匮乏的农村地区来说，农村居民可以更好地利用数字普惠金融所提供的金融资源，为其生计、发展提供保障资金，而且教育水平的提升也意味着人力资本水平的提升，可以更好地丰富、拓展农村居民的就业技能，大大缓解农村地区“廉价劳动力”的现状，进而提升农村居民收入水平，缓解城乡收入差距。

表3　调节效应回归结果

变量	绝对贫困减缓	相对贫困程度
	(5)	(6)
DIFI	0.405*** (0.032)	−0.319*** (0.051)
DIFI×*rgdp*	0.121*** (0.015)	
DIFI×*edu*		−0.07*** (0.018)
rgdp	0.163** (0.067)	
edu		−0.013 (0.048)
控制变量	是	是
个体效应	是	是
时间效应	是	是
R^2	0.973	0.608
样本量	279	279

（三）数字普惠金融减贫的异质性分析

鉴于我国不同地区经济发展状况差异较大，为了更加全面地理解数字普惠金融对贫困减缓的影响作用，故本文在对全国范围数字普惠金融的减贫作用进行实证分析后，根据国家统计局官网公布的地区划分标准将我国31个省份分为东部、中部、西部和东北四个地区，以对数字普惠金融减贫效应的区域异质性进行实证检验。表 4 报告了东部、中部、西部和东北地区的回归结果，总体来看，虽然四个地区的数字普惠金融系数都通过了显著性检验，但从数值来看，数字普惠金融对绝对贫困减缓的效应大小依次为东部地区 > 东北地区 > 西部地区 > 中部地区；而数字普惠金融对相对贫困减缓的效应大小依次为东北地区 > 中部地区 > 西部地区 > 东部地区。其原因在于：一方面，从数字普惠金融对绝对贫困减缓的效应来看，东部地区经济发展水平较高，互联网基础设施完善，数字产业发展水平较高，可以为数字普惠金融的发展提供充分的平台保障和资源支持，所以其对绝对贫困减缓的效应最大；东北地区虽然经济发展水平较东部地区有很大差距，但相较于中西部地区，东北地区的重工业基础较好且地形平坦、地理限制因素少，互联网基础设施建设效率更高、成本更低，更加有利于数字普惠金融的发展，所以东北地区数字普惠金融对绝对贫困减缓的效应大于中西部地区。另一方面，从数字普惠金融对相对贫困减缓的效应来看，东北地区人口体量最小，贫困人群规模也更小，教育资源整合优势更加明显，有利于低收入人群受教育水平和金融素养的提升，使得贫困人群接受和使用数字普惠金融服务的能力和效率大大提升，所以其数字普惠金融对相对贫困减缓的效应最大。另外，东部地区的数字普惠金融发展早于其他地区，且东部地区经济社会整体发展水平遥遥领先，居民文化素养水平相对较高，根据边际效用递减规律，数字普惠金融对相对贫困减缓的效应存在边际效用递减的情况，所以其效应低于发展不够充分的中西部地区。

表 4　异质性检验回归结果

变量	东部地区		中部地区		西部地区		东北地区	
	绝对贫困减缓	相对贫困程度	绝对贫困减缓	相对贫困程度	绝对贫困减缓	相对贫困程度	绝对贫困减缓	相对贫困程度
DIFI	0.586 *** (0.07)	-0.175 *** (0.044)	0.358 *** (0.047)	-0.247 ** (0.094)	0.392 *** (-0.045)	-0.178 ** (-0.087)	0.551 *** (-0.030)	-0.31 *** (0.052)
控制变量	是	是	是	是	是	是	是	是
个体效应	是	是	是	是	是	是	是	是
时间效应	是	是	是	是	是	是	是	是
R^2	0.931	0.721	0.984	0.862	0.959	0.852	0.934	0.585
样本量	90	90	54	54	108	108	33	33

（四）稳健性检验

为进一步验证数字普惠金融对贫困减缓的影响作用，本文采取替换被解释变量的方式进行稳健性检验。下面将考量绝对贫困减缓的农村人均可支配收入替换为城乡人均可支配收入、将考量相对贫困程度的泰尔指数替换为城乡居民人均可支配收入比，进行实证检验，表 5 报告了替换被解释变量之后的回归结果。模型（7）和模型（8）用以研究数字普惠金融对绝对贫困减缓的影响；模型（9）和模型（10）用以研究数字普惠金融对相对贫困程度的影响。根据回归结果可以看出，数字普惠金融对绝对贫困减缓和相对贫困程度的回归系数仍在 1% 的水平上显著，且符号不变，验证了本文实证结果的稳健性。

表 5　稳健性检验回归结果

变量	绝对贫困减缓		相对贫困程度	
	模型（7）	模型（8）	模型（9）	模型（10）
DIFI	0.669 *** （0.018）	0.867 *** （0.037）	−0.128 *** （0.008）	−0.192 *** （0.02）
控制变量	是	是	是	是
个体效应	是	是	是	是
时间效应	是	是	是	是
R^2	0.847	0.928	0.531	0.658
样本量	279	279	279	279

六、结论与政策建议

本文以数字普惠金融发展影响贫困减缓的理论为指导，从绝对贫困和相对贫困两个视角出发，探究了数字普惠金融的减贫作用和机制。利用 2011—2019 年我国 31 个省份的面板数据，分析了我国数字普惠金融发展对绝对贫困和相对贫困的直接影响、调节效应以及区域异质性。得出的主要结论如下：①数字普惠金融的发展总体上有利于减缓贫困，既可以通过提升居民收入水平来缓解绝对贫困，又可以通过缩小收入差距来缓解相对贫困。②经济发展水平的提升会增强数字普惠金融发展对绝对贫困的减缓作用，教育水平的提升可以促进数字普惠金融对收入差距的缓解作用。③数字普惠金融的减贫效应存在显著的地区异质性，数字普惠金融对绝对贫困减缓的效应大小依次为东部地区 > 东北地区 > 西部地区 > 中部地区；而数字普惠金融对相对贫困减缓的效应大小依次为东北地区 > 中部地区 > 西部地区 > 东部地区。

基于以上结论，提出如下政策建议：

第一，重视数字普惠金融的减贫作用，推进数字普惠金融体系建设。数字普惠金融的发展对绝对贫困减缓和相对贫困减缓都有着积极的促进作用，应不断扩大数字普惠金融的覆盖广度并加大数字支持力度，打造更具包容性的数字普惠金融体系，进一步发挥数字普惠金融的减贫作用，助力巩固脱贫攻坚成果和建立解决相对贫困的长效机制。

第二，着力推动经济增长，助力数字普惠金融进一步发展。要充分利用自身优势，整合优质资源，促进整个地区经济的包容性增长，为数字普惠金融的发展创造良好的外部环境和资源支持。

第三，提升农村居民受教育水平和金融素养，推动数字普惠金融服务落地生根、纵深发展。文化素养的提升和金融知识的普及可以促使贫困人群加深对数字普惠金融服务及产品的理解，提升其有效获取数字普惠金融服务的能力，使其更加充分地享有数字普惠金融发展所带来的包容性。

第四，打造多层级、多样化的普惠金融产品和服务，促进区域协调发展。我国四大地区经济发展现状、数字普惠金融发展初始条件迥异，受众人群文化水平、金融素养和金融需求也不尽相同，只有打造与不同区域、不同人群的金融需求相匹配的数字普惠金融产品和服务，才能更好地发挥数字普惠金融的减贫效应。

参考文献

[1] 王修华. 新农村建设中的金融排斥与破解思路[J]. 农业经济问题,2009(7):42-48.

[2] PARK C Y, MERCADO R. Does Financial Inclusion Reduce Poverty and Income Inequality in Developing Asia [M]. London: Palgrave Macmillan UK, 2016.

[3]韩晓宇. 普惠金融的减贫效应——基于中国省级面板数据的实证分析[J]. 金融评论, 2017(2): 73-86.

[4]马彧菲,杜朝运. 普惠金融指数测度及减贫效应研究[J]. 经济与管理研究, 2017(5):28-35.

[5]卢盼盼, 张长全. 中国普惠金融的减贫效应[J]. 宏观经济研究, 2017(8): 35-45.

[6]孙玉奎. 农村金融发展对农村居民收入的影响研究[J]. 统计研究, 2014, 31(11): 90-95.

[7] ABOSEDRA S, SHAHBAZ M, NAWAZ K. Modeling Causality Between Financial Deepening and Poverty Reduction in Egypt[J]. Social Indicators Research, 2015(126):23-29.

[8] GEDA A. The Structure and Performance of Ethiopia's Financial Sector in the Pre-and Post-Reform Periods, with a Special Focus on Banking[R]. Wider Working Paper, 2006(2): 361-394.

[9] JIN D. The Inclusive Finance Have Effects on Alleviating Poverty[J]. Open Journal of Social Sciences, 2017(3): 233-242.

[10]崔艳娟,孙刚. 金融包容、金融稳定与贫困减缓——基于 ARDL-ECM 模型的估计[J]. 商业研究,2015(6):59-68.

[11]宋晓玲. 数字普惠金融缩小城乡收入差距的实证检验[J]. 财经科学, 2017(6): 20-31.

[12]钱海章,陶云清,曹松威,曹雨阳. 中国数字金融发展与经济增长的理论与实证[J]. 数量经济技术经济研究,2020(6):26-46.

[13]张贺,白钦先. 数字普惠金融减小了城乡收入差距吗?——基于中国省级数据的面板门槛回归分析[J]. 经济问题探索,2018(10):122-129.

[14]唐文进,李爽,陶云清. 数字普惠金融发展与产业结构升级——来自 283 个城市的经验证据[J]. 广东财经大学学报,2019(6):35-49.

[15]万佳彧,周勤,肖义. 数字金融、融资约束与企业创新[J]. 经济评论,2020(1):71.

[16]易行健,周利．数字普惠金融发展是否显著影响了居民消费——来自中国家庭的微观证据[J]．金融研究,2018(11):47-67.

[17]张晓朴．系统性金融风险研究:演进、成因与监管[J]．国际金融研究,2010(7):58-67.

[18]夏玲．数字普惠金融的减贫效应研究——基于我国31个省份2011—2018年的面板数据[J]．金融理论探索,2020(6):43-49.

[19]黄倩,李政,熊德平．数字普惠金融的减贫效应及其传导机制[J]．改革,2019(11):90-101.

[20]汪三贵,刘明月．从绝对贫困到相对贫困:理论关系、战略转变与政策重点[J]．华南师范大学学报(社会科学版),2020(6):18-29.

[21]林闽钢．相对贫困的理论与政策聚焦——兼论建立我国相对贫困的治理体系[J]．社会保障评论,2020(1):85-92.

中国乡村老年人生活幸福感的影响因素研究
——基于 CHARLS 数据的实证分析

李　洋　陈奕灵　董　翼①

摘　要：利用中国健康与养老追踪调查（CHARLS），本文对 2018 年农村老年群体的幸福感影响因素进行了研究。研究发现：①身体健康状况是影响农村银发群体幸福感的核心因素；②经济状况、社交及体育锻炼等也是影响幸福感获得的主要因素；③在异质性检验中发现，对于经济水平高于均值的群体而言，身体状况的改善对其幸福感的提升更为明显，社交和体育锻炼对其幸福感的促进作用较为显著，但其促进效果弱于经济水平较低的群体。进一步研究发现，使用电子设备的群组当其健康改善后，其会获得更多的幸福感，但对经济状况、社交和体育锻炼、经济保障等因素的感知较不灵敏。本文研究不仅揭示了部分因素对于农村老年群体幸福感的影响，也发现了提高该群体幸福感的新机制，研究结论对于提高农村养老质量方面具有重要的政策启示。

关键词：银发群体；幸福感；相对贫困；社交和体育锻炼

①　作者简介：李洋（2000—），辽宁营口人，西北大学经济管理学院金融工程专业学生；陈奕灵（2002—），浙江嘉兴人，西北大学经济管理学院经济统计学专业学生；董翼（2001—），甘肃张掖人，西北大学经济管理学院金融工程专业学生。

一、引言

自20世纪90年代以来，中国的老龄化进程不断加快。65岁及以上老年人口占总人口的比例从1990年的5.57%上升到2020年的13.50%。预计到2040年，65岁及以上老年人口占总人口的比例将超过20%。同时，老年人口高龄化趋势日益明显：80岁及以上高龄老人正以每年5%的速度增加。可以预见，21世纪前期将是中国人口老龄化发展最快的时期。而积极应对人口老龄化、促进人口长期均衡发展是“十四五规划和2035年远景目标”的重要内容，也是实现健康中国和美丽中国的重要举措。

中国政府高度重视人口老龄化问题，形成了政府主导、社会参与、全民关怀的工作格局。国家成立了全国老龄工作委员会，在《中国老龄事业发展“十五”计划纲要》中，把老龄事业明确纳入了经济社会发展的总体规划和可持续发展战略。与此同时，政府修订了老年服务设施设计规范的相关条例，老年服务设施逐渐增加，老年服务事业迅猛发展。

然而，在乡村养老方面仍有较大的进步空间。进入21世纪后，我国城市化速度明显加快，在虹吸效应作用下，农村中的年轻人大量向城市聚集，而农村老人受限于观念、年龄、体力等因素，仍留在村中生活，使得农村老人趋于空巢化、空心化。而近年来，这部分群体的心理问题日益突出。调查显示，农村的空巢老人中有60%的人出现不同程度的心理疾病，患有三种以上健康疾病的农村空巢老人比例已逾60%，而非空巢老人则为29.85%，随着这一群体人数的激增，研究如何提高农村老年群体幸福感，缓解其心理疾病已成为一个亟须解决的重大问题。

在政府积极发展老龄事业的同时，诸多学者也围绕“老年群体幸福感”这一话题开展了广泛讨论，积累了丰富的研究成果。然而，目前学者们在讨论这一话题时，主要将老年群体作为整体开展研究，现有研究主要集中于收入（田馨滦、张晓娟，2018）、居住方式（金霞，2021）、社会支持（王震，2021）、体育锻炼（郑元男，2019）等方面，研究揭示了部分因素对于老年群体幸福感的影响及影响渠道。但现有文献尚未单独将农村老年群体作为研究对象，这也是目前农村养老问题的一大空白。

基于此，本文通过因子分析构建幸福感指数，从健康状况、经济收入、经济保障、社交和体育锻炼、住房等因素出发探究了这些因素对乡村老年群体幸福感的影响。在研究中我们发现身体健康状况是影响幸福感的核心因素，并通过异质性检验研究了各动因对不同经济状况的乡村老年群体幸福感的影响。本文研究发现了提高农村银发群体幸福感的新机制，研究结论对提升乡村老年群体幸福感，改善其生活境况具有政策启示作用。

二、文献综述与研究假设

（一）有关幸福感的文献综述

近年来，随着人们生活水平的提高，人们开始追求精神的满足，学者们也越来越关注幸福感在社会机制中的作用。

对幸福感的研究一般遵循以下路径：首先通过幸福感量表测度幸福感，或使用国外的幸福感量表直接进行测度，或设计适合中国居民的幸福量表进行测度。也有学者（刘向东、陶涛，2012）从“幸福圈层”理论出发，将影响主观幸福感的因素归纳为向外延伸的五层结构，幸福感的测量维度多样，刘蕾（2019）认为可从 19 个维度来测度幸福感。

其次是从诸多角度出发研究不同因素对幸福感的作用机制，现有文献从哲学、社会学、伦理学、心理学以及教育学等视角出发，不断丰富幸福感影响因素的框架。如陈惠雄（2003）将个体状况、亲情、收入、职业、社会和生态作为六个主要因子进行幸福感影响因素分析；奚恺元（2006）主要从心理角度出发将影响幸福感的因素划分为反差效应和适应效应；郑希付（2008）从心理学角度论述不同幸福感影响因子的作用机制。

以上研究偏重理论分析，而近年来的社会学文献则偏好于从中国综合社会调查（CGSS）、中国健康与养老追踪调查（CHARLS）、中国家庭追踪调查（CFPS）等国内大型调查或其他的实地调查出发，在理论基础上建立模型展开实证研究。此类研究可分为三类：一是从个体状况、家庭关系、生态环境、经济条件等个体层面因素出发展开研究（许海平，2018）；二是从影响主观幸福感的群体层面和社会层面展开论述，如研究城乡、体制内外的异质性影响（吴愈晓，2016；党云晓，2018）；三是从空间角度出发，运用空间计量经济模型研究幸福感的空间分布及影响因子（倪鹏飞，2012）。同时，在研究过程中我们发现大部分研究往往聚焦于特殊群体对幸福感的影响因素进行调查，这可能是因为不同群体的影响因素差异较大，往往难以得到统一的结论。

（二）老年群体幸福感探究的文献综述

现有研究中将老年群体作为整体研究幸福感的文献较多，对农村老年群体的研究相对较少，戚一和乔婷婷（2021）基于 Citespace 对相关文献进行可视化分析，结果显示社会支持、心理健康、体育锻炼是在农村老年群体幸福感研究中学者们最为关注的几个领域。

身体健康与老年人的主观幸福感有着正向促进关系。学者们通过实证分析证明了老年群体的健康状况与幸福感显著相关（魏强等，2020），且均认为收入水平和经济状况对老年群体的幸福感作用显著。

现有研究对身心健康及老年人主观幸福感有正相关关系做出广泛论证，但仅论证了身心健康及老年人主观幸福感的相关关系，却未能给出身心健康如何影响老年人主观幸福感的具体机制。而心理状况与生理状况的变化均会对老年群体的主观幸福感产生巨大影响，其中，心理状况变化和幸福感同为主观感受，故相较于生理状况，其对老年群体主观幸福感的影响更大。但由于较难量化心理状况变化，故本文并未对这一路径进行深入挖掘。相对而言，生理状况变化同样会对老年群体的幸福感产生较大的影响，且其可以同时从医药费用、治疗周期、患病次数等多个具体指标进行量化，使结果更具说服力。基于此，本文提出如下假设：

H1：生理健康状况将通过多种作用机制对银发群体主观幸福感产生正向的影响。

现有研究认为老人主观幸福感会受到当下物质条件的影响，但并未有研究探究物质条件影响老人主观幸福感的具体机制。本文在对西安市部分农村调研后发现调研地 60 岁以上的农村老人整体面临较大的生活压力，其中许多老人只有较少，甚至没有退休金及养老保险，他们的收入大多源于农业经营，年平均收入较低，而这些老人内部也存在着较大的贫富差距，这种整体收入低、贫富差距大的现状必然会对这一群体的主观幸福感产生深远影响。与之相反，一直困扰年轻人的住房问题却并未在这些农村老人身上泛起过多的波澜，我们在调研中发现，这些老人更多的不是希冀在农村有一个大房子，而是渴盼子女回来或能够跟着子女住在城里，因此我们猜测宅基地面积的大小对老人幸福感的影响较小。基于上述分析，本文提出以下假设：

H2：在面积合理的情况下，宅基地面积的提升对提高农村老人幸福感的作用有限。

H3：经济状况与银发群体幸福感之间呈现正相关关系，但相对于收入绝对数值高低而言，贫富差距的差异化可能会对老人幸福感产生更加深远的影响。

H4：经济保障能力与银发群体幸福感之间呈现正相关关系，但相对于经济保障的绝对能力而言，保障能力的差异化可能会对老人幸福感产生更加深远的影响。

在一定范围内，体育锻炼量对老年人认知功能和幸福感有正向促进作用（刘超，2014）；社会参与对老人幸福感的促进作用也较为显著，社会参与是指个体在与他人进行交往时，通过积极的社交形式实现自我意义的过程（杨风雷，2012）。且有研究发现，相较于社会活动较少的老人，那些积极投身于社会活动的老人主观幸福感往往较高（孙亚，2019）。而现有研究对住房条件的探讨不足，因此，本文在进行文献查阅后，选择健康状况、经济收入、经济保障、社交和体育锻炼、住房条件五个因素，探究它们对农村老年群体幸福感的影响机制。

我们所调研的区域为农村地区，该地区空巢现象明显，这些需要独自生活、与人交流较少的老人往往更容易产生负面情绪，而这些负面情绪又会进一步减少这些农村老人的主观幸福感，形成一个负反馈机制。基于上述分析，本文提出如下假设：

H5a：人际关系对老年人主观幸福感有正向的影响。

H5b：人际关系对老年人主观幸福感有负向的影响。

三、研究设计

基于上述分析，针对老年人主观幸福感的特点，本文将建立模型（1）对老年人主观幸福感这一问题进行微观层面的探讨与研究。在将物质、身心健康等宏观指标微观细分后，本文构建出了老年人主观幸福感影响因素框架模型，具体模型分为两步：第一步为用研究因子法对指标进行处理；第二步为利用 OLS 方法建立回归模型，得到回归结果。

（一）数据来源

本文数据来源于 2018 年中国健康与养老追踪调查（CHARLS），CHARLS 为北京大学国家发展研究院主持的大型调查项目。CHARLS 的问卷设计借鉴了国际经验，项目采用多阶段抽样，其问卷数据范围广泛，且其数据质量较高。

本文挑选了位于农村地区且年龄在 60 岁以上的老年群体，在剔除缺失的样本数据并将所有数据正向化处理后，最终得到样本 2197 个，作为分析数据的来源。

（二）变量设置与计算

1. 被解释变量：幸福感指数

本文采用因子分析法对农村老人幸福感展开研究。因子分析可以通过对变量间相关关系的探测，将相关性高的变量分为一组，并用公共因子代替该组变量。在此过程中，因子分析亦可对变量进行降维，减少评价过程中的工作量。且因子分析法通过因子旋转使得公共因子比主成分更容易被解释。

本文通过查阅文献结合 CHARLS 的问卷设计，最终确定了婚姻幸福、儿女幸福、生活满意、抑郁程度、快乐程度五个指标来衡量农村老年群体的幸福感。

通过“您对您的婚姻满意吗？也就是说，您对您和您配偶的关系满意吗？”这项问题来衡量婚姻幸福。在儿女幸福中仅用儿女数量难以衡量和儿女间的关系，故选用和儿女见面的频率衡量父母与孩子的关系，即“和孩子不在一起住的时候，多长时间能见孩子一次”。同时选取了“总体来看，您对自己的生活是否感到满意?”衡量老年群体的生活满意状况。CHARLS 的问卷设计中给出了 10 个问题的抑郁量表。我们将量表分为 2 个部分，第一个反映老年群体消极心理的问题用以描述老年群体的抑郁程度。第二个反映老年群体愉悦程度的心理问题用以描述老年群体的快乐程度。

指标预处理阶段，本文选取的婚姻幸福、生活满意为量表式问题，对于该类问题，对满意程度或者幸福程度最高的选项赋予该项的满分，反之，赋低分。而儿女幸福、抑郁程度、快乐程度的问卷选项则用频率来表示。儿女幸福和快乐程度属于正向指标，对频率最高的选项赋予满分，反之赋低分。抑郁程度属于逆向指标，故对频率最高的选项赋低分，反之赋高分。

因子分析要求从原有变量中综合出具有代表意义的因子变量，因此要求原有变量间具有较强的相关性。本文用反映像相关矩阵、KMO 检验和巴特利特球形度检验反映幸福感内部指标的相关程度。

表 1　反映像矩阵

		婚姻幸福	儿女幸福	抑郁程度	快乐程度	生活满意
反映像协方差矩阵	婚姻幸福	0.948	0.017	-0.102	-0.061	-0.096
	儿女幸福	0.017	0.989	-0.065	-0.048	-0.005
	抑郁程度	-0.102	-0.065	0.847	-0.109	-0.231
	快乐程度	-0.061	-0.048	-0.109	0.875	-0.211
	生活满意	-0.096	-0.005	-0.231	-0.211	0.810
反映像相关性矩阵	婚姻幸福	0.734a	0.018	-0.114	-0.067	-0.109
	儿女幸福	0.018	0.655	-0.07	-0.051	-0.006
	抑郁程度	-0.114	-0.07	0.658	-0.127	-0.278
	快乐程度	-0.067	-0.051	-0.127	0.677	-0.250
	生活满意	-0.109	-0.006	-0.278	-0.250	0.628

a 取样适切性量数（MSA）

观察反映像相关矩阵，发现变量间的相关性较强，适合做因子分析（见表 1）。

表 2　KMO 和巴特利特球形度检验

KMO 取样适切性量数		0.659
巴特利特球形度检验	近似卡方	698.558
	自由度	10
	显著性	0.000

如表 2 所示，KMO 检验结果为 0.659，位于 0.6 ~ 0.7，可进行因子分析。巴特利球形度检验则通过显著性检验，说明相关系数矩阵和单位矩阵存在显著差异，可做因子分析。

在因子分析的具体步骤中，首先应对数据进行标准化，以消除指标量纲的影响，之后应计算标准化指标的相关系数矩阵 R，并求得相关系数矩阵 R 的特征值及特征向量。

在确定因子数量时，仍通过特征值大于 1 或方差累计贡献率超过 85% 时来确定因子个数。考虑到在此次因子分析时，特征根大于 1 的方差贡献率仅有 54.661%，损失了较多信息，因此，本文选择累计方差贡献率为 85% 的方法确定因子数目，由表 3 可知，选择了前四个因子，此时累计方差贡献率为 87.45%。

表 3　总方差解释

成分	初始特征值			提取载荷平方和			旋转载荷平方和		
	总计	方差百分比/%	累计百分比/%	总计	方差百分比/%	累计百分比/%	总计	方差百分比/%	累计百分比/%
1	1.732	34.650	34.650	1.732	34.650	34.650	1.285	25.705	25.705
2	1.001	20.011	54.661	1.001	20.011	54.661	1.084	21.688	47.393
3	0.878	17.554	72.214	0.878	17.554	72.214	1.002	20.043	67.436
4	0.762	15.236	87.450	0.762	15.236	87.450	1.001	20.014	87.450
5	0.627	12.550	100.000						

注：提取方法为主成分分析法。

继而，利用相关系数矩阵 R 的特征根和特征向量求得因子载荷矩阵。由于因子分析不能把因子精确表示为原始指标的线性组合，故本文通过回归对因子进行估计，最终得到因子载荷矩阵和对应的因子分析模型。用 F_1, F_2, F_3，F_4 表示因子分析中选择的四个公共因子，用 X_1, X_2, X_3, X_4, X_5 分别表示婚姻幸福、儿女幸福、抑郁程度、快乐程度、生活满意五个变量。

但此时对公共因子的解释力不强，为更好地解释公共因子的含义，采用方差最大正交法对因子进行旋转，表 3 展示了旋转后不同因子的方差贡献率，根据方差贡献率大于 85% 的原则，依旧选取前四个因子来衡量最终的因子得分。表 4 则为旋转后的因子载荷矩阵。

表 4 旋转后的因子载荷矩阵 a

	F_1	F_2	F_3	F_4
婚姻幸福	0. 108	0. 066	-0. 002	0. 992
儿女幸福	0. 042	0. 039	0. 996	-0. 002
抑郁程度	0. 905	-0. 005	0. 081	0. 078
快乐程度	0. 129	0. 949	0. 050	0. 057
生活满意	0. 661	0. 422	-0. 042	0. 086

注：提取方法为主成分分析法。旋转方法为凯撒正态化最大方差法。a. 旋转在 5 次迭代后已收敛。

$$F_1 = 0.108X_1 + 0.042X_2 + 0.905X_3 + 0.129X_4 + 0.661X_5$$

$$F_2 = 0.066X_1 + 0.039X_2 - 0.005X_3 + 0.949X_4 + 0.422X_5$$

$$F_3 = -0.002X_1 + 0.996X_2 + 0.081X_3 + 0.05X_4 - 0.042X_5$$

$$F_4 = 0.992X_1 - 0.002X_2 + 0.078X_3 + 0.057X_4 + 0.086X_5$$

根据因子模型，可见 F_1 主要由 X_3 和 X_5 这两个变量表示，故把 F_1 分别命名为生活态度、相应地根据公共因子在不同变量上的因子载荷取值，把 F_2，F_3，F_4 分别命名为快乐程度、儿女幸福和婚姻幸福。

得到因子载荷矩阵后，就可以利用 $F = A'R - 1X$ 求得各样本的公共因子 F 得分。

最后利用四个公共因子的方差贡献率进行线性加权求得最后的综合评价值。

$$F = \sum_{i=1}^{4} w_i F_i$$

其中，w_1，w_2，w_3，w_4 分别为 29. 40%、24. 80%、22. 92%、22. 89%。

最后，便可通过生活态度、快乐程度、儿女幸福、婚姻幸福四个公共因子来评价农村老人的幸福感。

2. 解释变量

在上述分析中，通过因子分析的方法选取了四个公共因子来衡量农村老年群体的幸福感状况。在随后的研究中，本文将研究健康状况、住房条件、经济状况、经济保障、社交和体育锻炼五个自变量对农村老年群体幸福感的作用。

健康状况这一变量主要用“您认为您的健康状况怎样?”进行衡量。在住房条件这一变量中，考虑到调查对象是农村老人，且考虑到数据的可得性问题，最终选择“您正在居住的房子的宅基地的面积有多大?”这一问题进行衡量。经济状况这一变量主要是指老年群体工作得到的工资，经济保障则指老人获得的退休金。前一变量即经济状况这一变量不包括老人得到的退休资金。经济状况反映了老人自己的收入，而经济保障则反映了社会给老人的帮助。具体到指标，经济状况指“过去一年，您有没有领工资，一共领了多少钱”这一问题。经济保障指“过去一年，退休金/养老金一共领了多少钱?”而社交和体育锻炼则由两个问题共同反映，“您过去一个月是否进行了下列社交活动?”和“过去一个月进行该项社交活动的频率?”

选取的健康状况也为量表式问题，对于该类问题，对自评健康状况很好的赋予该项的满分，反之，则赋低分。住房条件、经济状况、经济保障均属于数值型变量，对该类数据剔除极端值和异常值。社交和体育锻炼，由于人际关系的亲密程度与社交活动进行的频率有关，因此，将问题中的三项频率“几乎每天”“几乎每周”“并不经常”分别记为5分、3分、1分。同时因为交往活动属于多选问题，共包括11种活动，因此对于此项变量，若没有任何社交活动，记为0分。而若有至少一项社交活动，将各类活动与对应的频率得分进行加总最终算出最后的社交和体育锻炼得分。

经检验，解释变量的方差膨胀因子均为1.01，表明不存在多重共线性问题。

（三）回归模型的建立

本文研究的因变量为“农村银发群体的幸福感（HAPPINESS）”，基于第一问所确立的指标，本文将采用OLS模型进行估计分析，本文模型设计如下：

$$HAPPINES\ S_i = a_{c0} + \beta_{c1} W_1 + \beta_{c2} W_2 + \beta_{c3} W_3 + \beta_{c4} W_4 + \beta_{c5} W_5 + \varepsilon_c \quad (1)$$

其中，$W_1 \sim W_5$ 分别表示健康状况、住房条件、经济收入、社交和体育锻炼、经济保障五个因子；$\beta_{c1} \sim \beta_{c5}$ 分别为 5 个自变量的回归系数；ε_c 为随机扰动项；a_{c0} 为截距项。

四、实证分析

（一）描述性统计

主要变量的三种描述性统计结果如表 5 所示，在对所有变量进行回归后，人均幸福感因子得分均值为零，这是因为因子得分是标准化处理后的变量；在三次回归中，该区域 60 岁以上的老人人均年收入不超过 2100 元，且标准差较大，结合原始数据得出该区域大部分老人不再进行工作，缺少除退休金以外的经济收入来源的结论；经济保障均值为 5142. 374 元，但其标准差较大，说明在该区域老年群体中贫富差距较大。针对这一发现，本文在第五部分给出详细的研究。其他各变量的分布均在合理范围内，此处不再赘述。

表 5　主要变量的描述性统计结果

	所有观测值		1000 个观测值		剔除住房为 0	
	均值	标准差	均值	标准差	均值	标准差
幸福感因子得分	-0. 0000	0. 4397	43. 0174	447. 3821	2. 6850	431. 2119
健康状况	2. 9226	1. 0271	2. 9830	1. 0950	2. 9232	1. 0349
住房条件	197. 1758	535. 1118	212. 2600	465. 5298	239. 4667	581. 0868
经济收入	1578. 8820	6333. 6760	2051. 9550	7188. 7360	1606. 1740	6494. 6820
社交和体育锻炼	2. 2035	3. 0850	2. 2733	3. 1500	2. 2228	3. 0773
经济保障	5142. 374	13584. 2800	6034. 3130	16944. 2700	5109. 6190	14241. 1100
个数	2197		999		1809	

（二）基本回归分析

表6给出了基本回归结果，第（1）列至第（5）列采取了逐步回归，初步观测发现健康状况、经济状况、社交和体育锻炼以及经济保障均在1%的水平上显著促进了乡村地区银发群体的幸福感提升，而住房条件对幸福感的促进作用并不显著。观察第（6）列，在其他变量不变的情况下，健康状况的改善将显著提升老年群体的幸福感水平，社交和体育锻炼对老年居民幸福感的促进作用也较强，经济状况和经济保障分别提升0.65%和0.34%的老年居民幸福感，由于住房条件并不显著，因此剔除住房条件再次回归后，从第（7）列可以看出，社交和体育锻炼对老年居民幸福感的促进效应得到进一步提升。

表6　基本回归结果

变量	(1)	(2)	(3)	(4)	(5)	(6)	(7)
	逐步回归					所有变量	无住房
健康状况	126.1*** (14.44)					120.3*** (13.78)	121.9*** (5.23)
住房条件		0.0124 (0.71)				0.0114 (0.68)	
经济状况			0.0065*** (4.38)			0.0041** (2.93)	0.0058 (1.39)
社交和体育锻炼				12.93*** (4.27)		9.637*** (3.32)	17.52* (2.34)
经济保障					0.0034*** (4.90)	0.0026*** (4.00)	0.0064** (2.70)
样本量	2197	2197	2197	2197	2197	2197	388

注：＊＊＊、＊＊、＊分别表示在1%、5%、10%的水平显著。下同。

分别以幸福感分变量作为被解释变量进行回归，以检验各解释变量对幸福感单独因素的影响情况，结果如表7所示。可以看出，整体而言，①身体健康状况极大地影响老年人的幸福感，都将显著提升婚姻幸福、儿女幸福、生活满意度、快乐程度这四个分量的水平，且由于将所有指标正向化，因此身体状况表现为抑制抑郁程度并存在溢出效应；②住房条件仍然不能显著解释老年人幸福感分变量；③经济状况主要通过促进婚姻幸福，并降低抑郁程度从而提升老年人幸福感；④社交和体育锻炼在 10% 的水平显著促进儿女幸福，降低了抑郁程度，并在 1% 的显著性水平上显著提升了快乐程度；⑤经济保障主要通过改善婚姻幸福和调节快乐程度的方式增强老年人的幸福感。

表 7　单独以幸福感分变量为被解释变量回归结果

变量	(1)	(2)	(3)	(4)	(5)
	婚姻幸福	儿女幸福	生活满意	快乐程度	抑郁程度
健康状况	0.101 **	0.0680	0.196 ***	0.398 ***	1.956 ***
	(3.24)	(1.21)	(12.12)	(9.67)	(16.26)
住房条件	-0.106	0.737	0.297	-0.138	1.250
	(-0.18)	(0.69)	(0.96)	(-0.18)	(0.55)
经济状况	0.173 ***	0.0549	-0.0291	0.101	0.750 ***
	(3.41)	(0.60)	(-1.11)	(1.52)	(3.85)
社交和体育锻炼	-0.0093	0.0431 *	0.00629	0.0747 ***	0.0943 *
	(-0.89)	(2.31)	(1.17)	(5.47)	(2.36)
经济保障	0.0655 **	0.0674	0.0107	0.0837 **	0.320 ***
	(2.78)	(1.59)	(0.88)	(2.70)	(3.52)
样本量	2197	2197	2197	2197	2197

（三）缓解内生性问题

前文的研究结论可能会面临内生性问题的挑战。一方面，社交能力的提高会改善老人的生活状态，增强老人幸福感的获得；另一方面，随着老人幸福感增强，老人可能为了分享自己的快乐而有更高需求的社交。为尽可能缓解这一反向因果关系对研究结论潜在的内生影响，本文采用工具变量法进行检验。

借鉴已有研究，本文初步选取 2018 年 CHARLS 中老年群体社交和体育锻炼活动的种类数作为社交和体育锻炼频率的工具变量。受自然因素、人文因素的影响，各地区之间的社交活动及体育锻炼类型呈现多样性；但在各地区内部，类型却又基本统一。因此，对一确定地域的群体而言，他们的社交活动及体育锻炼的类型基本相同。在以往发展过程中该地域群体所能接触到的社交及体育锻炼类型将会影响本期内群体活动的多样性，进一步影响到老年群体的生活质量，满足相关性条件；同时，某一地域内所拥有的社交活动及体育锻炼的类型仅是当地群体中所有个人偏好的交集，主要功能为显示该区域内老年群体所能接触到的活动类型，而个体在精力有限及其个人偏好两个条件的作用下，只能是以个体收获最大为目标，而非以参与种类最多为目标，因此，参与活动种类数目并不直接作用于老年群体的幸福感的获得，满足外生性条件。表8和表9报告了工具变量法的回归结果。经弱工具变量检验，结果发现第一阶段检验的F值为1683.09，大于10，表明不存在弱工具变量，即说明本文的结论是稳健可靠的。此外，参照以往研究，本文对结果进行了豪斯曼检验，经检验得P值为0.5443，随机效应符合本文构建的模型。

表8　工具变量法处理

变量	(1)
社交和体育锻炼	0.0108** (3.08)
健康状况	0.120*** (13.56)
住房条件	0.0011 (1.14)
经济状况	0.0413** (3.01)
经济保障	0.0261* (2.14)
样本量	2197

表9　工具变量法检验结果：第一阶段回归估计

变量	R^2	调整 R^2	偏回归 R^2	稳健F [1, 2191]	P值
社交和体育锻炼	0.7092	0.7085	0.7061	1683.09	0.0000

注：方括号内为10%的显著性水平上该弱工具变量识别F检验的临界值。

（四）稳健性检验

为检验回归结果的稳健性，本文给出三种稳健性检验方法。表 10 中，第（1)列是依据所有数据进行检验得到的结果，第（2）列是在所获取的 2196 个数据中随机缩小观测体数量后回归得到的结果，第（3）列是基于上文分析，住房面积为 0 可能存在较强干扰性，在将其剔除后所获得的回归结果。

由表 10 可知，三种回归结果中，健康状况的回归系数均显著为正，说明老人身体越健康，其获得的幸福感就越强烈，支持假设 1。而在三种回归结果中，住房条件的回归系数均不显著，说明住房条件与老人的幸福感关联程度不高，符合假设 2。对于经济状况这一因子的回归结果，在用数据 1 及数据 3 进行回归后，发现在 5% 的水平上显著，而用数据 2 进行回归后，发现该因子在 1% 水平上显著，这可能是由于数据内部差异化较大，最终在随机抽取数据进行回归后其显著性发生明显的变化，同时，也支持了假设 3。经济保障与之类似，支持了假设 4。

表 10 稳健性检验

变量	(1)	(2)	(3)
健康状况	121.2 *** (13.49)	116.8 *** (9.42)	119.1 *** (12.72)
住房条件	0.0099 (0.58)	0.0088 (0.30)	0.0103 (0.62)
经济状况	0.0037 * (2.55)	0.0049 ** (2.62)	0.0037 * (2.48)
社交和体育锻炼	9.922 *** (3.31)	7.490 (1.75)	7.445 * (2.37)
经济保障	0.0048 *** (5.48)	0.0015 (1.83)	0.0022 ** (3.25)
样本量	2196	999	1809

五、进一步讨论

（一）异质性分析：贫困与非贫困对幸福感的影响

分析数据，发现在2197位接受调查的乡村老年人中，大多数乡村老年人（1917位）被采访时的工资为0，即经济状况指标为0，而经济保障主要是医疗保险、养老保险，仅有5位受访者回答为0。因此，将工资与保障性收入加总，首先仍保留原设定的五个解释变量进行回归，并初步探究不同贫困程度的异质性分析，结果见表11的第（1）列和第（2）列。比较来看，经济水平较差组的身体健康不如经济水平较好组的健康状况对幸福感的促进作用强，但社交和体育锻炼相对更加促进幸福感提升。相对贫困程度还有可能是由于居住环境存在地区差异，但就调查问卷结果而言，无法对地区做分组，本文只得选取住房面积是否为0做分组回归。第（3）、第（4）列表明无住房的乡村老年群体的身体健康水平、经济状况、社交和体育锻炼、经济保障各个方面均更能促进自身的幸福感提升，这可能是因为即便乡村地区老人不过分关注拥有自己的一席之地，居无定所本身倾向于削弱幸福感，但从某种程度上居住条件较差的个体拥有其他指标导致的使幸福感提升更大的边际促进效应。

表11　异质性分析：不同贫困程度

变量	(1)	(2)	(3)	(4)
健康状况	150.1 *** (8.65)	106.5 *** (10.68)	119.1 *** (12.72)	121.9 *** (5.23)
住房条件	0.0402 (0.53)	0.0119 (0.69)	0.0103 (0.62)	0.0000 (0.00)
经济状况	-0.0007 (-0.52)	0.0275 (1.88)	0.0037 * (2.48)	0.0058 (1.39)
社交和体育锻炼	7.604 (1.65)	8.948 * (2.52)	7.445 * (2.37)	17.52 * (2.34)
经济保障	-0.0001 (-0.17)	0.0494 *** (3.75)	0.0022 ** (3.25)	0.0064 ** (2.70)
样本量	478	1719	1809	388

表 12 第（1）列给出结果，与基准回归结果类似，但经济方面的影响力度有所上升。第（2）列和第（3）列延续上文讨论。对于经济分层，为对“不均”现象这一异质性做更精确的观测，本文分别对经济水平高于均值和低于均值的群体进行回归，结果发现：经济水平较好的群体，身体健康促进幸福感提升的效果更强，社交和体育锻炼对幸福感仍为显著促进，但不如经济水平较低的群体；经济水平好的群体住房条件好，更能促进乡村老年群体幸福感的增强，但相对不显著。对于结果的思考，对于经济条件较好的群体而言，他们将会有更好的条件及更多的精力关注自己的健康状况，故当健康状况有所改善时，他们将会获得更多的幸福感；而随着农村地区经济水平向好，原本劳作和身体机能锻炼在一定程度上被机器代替，从而体能锻炼本身的频率和强度将减弱，进而较少地从社交和体育锻炼上获得幸福感。

表 12　进一步的异质性分析：指标代换后的不同贫困程度分层回归

变量	(1)	(2)	(3)
经济状况（含保障）	0.0029*** (4.96)	926.9 (0.81)	0.0397*** (3.97)
健康状况	120.8*** (13.88)	3.849 (0.77)	106.6*** (10.70)
住房条件	0.0114 (0.69)		
社交和体育锻炼	9.577*** (3.30)	332.1 (1.09)	0.0121 (0.70)
样本量	2197	(5.62)	(2.51)

（二）异质性分析：电子设备的使用是否增强老人幸福感的获得

在上述实证结果中，我们得出了一定程度上的社交活动会促进老人幸福感的结论。而在这个万物互联的时代，“互联网 +”及其所催生和引领的自媒体、全媒体已经成为不容忽视的社会存在（杨斌、陈盟，2021），它们已经成为中青年交流的主要桥梁。但就银发群体而言，年龄这一客观因素使得他们在学习新知识时并不占有优势，而互联网中的操作却又是纷繁复杂的，故互联网在老年群体的引入究竟是促进了这一群体的社交发展还是对这一群体单调的社交又一次猛烈的冲击？于是进行如下论证。

首先选取了电子产品的一个分支——电脑来验证其对乡村银发群体幸福感的影响。实证结果如表13第（1）列所示，本文发现使用电脑在1%的水平上显著促进了乡村地区银发群体的幸福感提升，即互联网的引入促进了乡村银发群体的社交发展，进一步提高了其主观幸福感。

表13　异质性分析：使用电脑对银发群体幸福感的影响

变量	(1)
是否使用电脑	0.215*** (4.20)
样本量	2197

在对是否使用电脑这一因素进行回归得出结论后，本文将电子设备的范围进一步放宽，并将所有个案分为是否使用电子设备两个组别对所有因素进行了回归，具体结果见表14。对比表14中第（1）列和第（2）列，在两个组别中其健康状况均在1%的水平上显著；但社交和体育锻炼、经济状况、经济保障对幸福感显著性下降，其中经济状况及社交和体育锻炼在10%的水平上显著，而经济保障因素则不显著。

对于结果的解释，可能因为农村地区电子设备的普及率较低，而银发群体作为农村中经济较为单薄、思想较为保守的群体，电子设备普及率将会更低，故在银发群体中能够接触到电子设备的个体一般是那些家境较为优渥且思想开放愿意学习新知识、接受新思想的老人，这些老人会对自己的身体状况更加重视，故健康状况的提高会更加强烈地提高其幸福感；与此同时，由于其家境优渥且思想开明，此时不再将金钱看得格外重，因此，金钱的增加并不能显著提高其主观幸福感。对于社交和体育锻炼这一因素显著性的下降，本文认为每一个体的精力及时间是有限的，当这一群体将部分时间用在了使用电子设备时，其社交和锻炼的时间便会下降，而当一项活动在个人的生活中占据的时间越来越少时，其重要性便也随之下降。

表 14　进一步的异质性分析：指标代换后的不同电子产品使用情况分层回归

变量	(1)	(2)
健康状况	116.5 *** (13.08)	166.0 *** (4.01)
住房条件	0.0113 (0.68)	0.0055 (0.02)
经济状况	0.0069 *** (4.15)	-0.0052 * (-2.17)
社交和体育锻炼	8.340 ** (2.63)	16.06 (1.48)
经济保障	0.0027 *** (3.90)	0.0015 (0.61)
N	2121	76

六、结论与启示

本文基于农村老年群体幸福感的视角，实践及理论相结合，探讨健康状况、住房条件、经济状况、社交和体育锻炼、经济保障五个因素对农村银发群体幸福感的影响。研究发现：健康状况的改善将提高银发群体幸福感；经济保障及经济状况的改善将会提高银发群体幸福感；一定频次的社交及体育锻炼将提高银发群体幸福感；住房面积的增大对银发群体幸福感提高效果不明显。异质性检验发现，经济水平较好的群体，身体健康促进幸福感提升的效果更强，社交和体育锻炼对幸福感仍为显著促进，但差于经济水平较低的群体；经济水平好的群体住房条件好，更能促进乡村老年人群体幸福感的增强，但不显著；使用电子设备的群组相较不使用电子设备的群组，其将会从健康状况的提升中获得更多的幸福感，而在经济状况、社交和体育锻炼、经济保障等方面的提升中获得更少的幸福感。本文研究结论具有如下政策含义。

（1）加大政策保障力度，在农村建立更加完备的社会医疗保障体系。在上述研究及访谈中发现，医疗负担始终是乡村老年群体面临的一大难题，且其给老年群体带来了不安感和抑郁情绪，在贫困老人身上显得更加明显，这种情绪极大地降低了老人生活的幸福感。如果我们想要真正地提高老人的幸福感，那么势必要建立更加完备的医疗体系，即要从根本上打消老年群体的担忧。

（2）加快农村地区的网络普及，开拓老年群体互联网市场，丰富老人的业余生活。信息化的发展、数字鸿沟的扩大，使得大多数老人游离于社会的边缘。调研数据显示，我国 60 岁以上使用互联网的人数仅占全国 60 岁以上人数的 21%，在这些使用互联网的老人中，农村老人仅占 10%，而研究显示，能够接触到网络的老人，其幸福感通常会比接触不到的老人幸福感更加强烈，因此，想要增强乡村老人的幸福感，提高养老质量，开拓老年群体互联网市场势在必行。

（3）建设专用的锻炼场所，为乡村老人提供更好的锻炼环境。相较于城市老人诸如公园、体育馆等丰富多样的锻炼环境，农村老人的锻炼场所较为匮乏。参与体育锻炼能够帮助老人释放精神上的压力，获得更多的社会支持和积极的情感体验，减少不良情绪的产生，提升其主观幸福感。

参考文献

[1] 田馨滦,张晓娟. 收入、文化服务与农村老年人幸福感的实证研究[J]. 调研世界,2018(7):56－61.

[2] 金霞. 居住方式对老年人幸福感的影响研究——基于 CHARLS 数据实证分析[J]. 农村经济与科技,2021,32(2):185－188.

[3] 王震,刘天琦. 社会养老保险政策对农村老年人主观福利的影响——基于 CHARLS 数据的实证分析[J]. 财经科学,2021(4):105－117.

[4] 郑元男. 体育锻炼对老年人的主观幸福感有影响吗？——关于中国老年休闲体育参与者的实证研究[J]. 中国体育科技,2019,55(10):32－40.

[5] 刘向东,陶涛. 幸福感评价指标体系研究——基于“幸福圈层理论”的实证分析[J]. 中国人民大学学报,2012,26(5):99－107.

[6] 刘蕾,孙五俊,姜媛,方平. 幸福感测量指标体系的评价与展望[J]. 中国特殊教育,2019(2):66－73.

[7] 陈惠雄. 快乐原则——人类经济行为的分析[M]. 北京:经济科学出版

社,2003.

[8] 奚恺元. 幸福的学问——经济学发展的新方向[J]. 管理与财富,2006(11):8-11.

[9] 郑希付. 我们的幸福感[M]. 广州:暨南大学出版社,2008.

[10] 许海平,傅国华. 公共服务与中国农村居民幸福感[J]. 首都经济贸易大学学报,2018,20(1):3-12.

[11] 党云晓,张文忠,谌丽,湛东升. 居民幸福感的城际差异及其影响因素探析——基于多尺度模型的研究[J]. 地理研究,2018,37(3):539-550.

[12] 吴愈晓,王鹏,黄超. 家庭庇护、体制庇护与工作家庭冲突——中国城镇女性的就业状态与主观幸福感[J]. 社会学研究,2015,30(6):122-144,244-245.

[13] 倪鹏飞,李清彬,李超. 中国城市幸福感的空间差异及影响因素[J]. 财贸经济,2012(5):9-17.

[14] 戚一,乔婷婷. 基于 Citespace 对老年人主观幸福感的可视化分析[J]. 中国老年保健医学,2021,19(4):33-36.

[15] 魏强,苏寒云,吕静,姚健,靳崇胤. 家庭规模、社会支持、健康状况对农村老年女性主观幸福感的影响研究[J]. 西北人口,2020,41(5):106-115.

[16] 刘超. 苏南地区城市老年人幸福感、认知功能与体育锻炼的相关性研究[D]. 扬州:扬州大学,2014.

[17] 杨风雷,陈甸. 社会参与、老年健康与老年人力资源开发[J]. 劳动保障世界(理论版),2012(1):34-37.

[18] 孙亚. 社会参与、孤独感与老年人主观幸福感的关系研究[D]. 山东大学,2019.

[19] 杨斌,陈盟."互联网+"时代青年意识形态工作浅论[J]. 思想教育研究,2021(2):136-140.

第六篇

金融与财税研究

财政环境保护支出对生态环保的影响

孙泽楠　朱云杰[①]

摘　要：基于2012—2019年中国省级面板数据，本文运用固定效应模型进行个体固定效应分析和区域固定效应的实证研究，并根据实证结果提出可行性结论。研究结论显示：财政环境保护支出整体和生态环境的改善呈现正相关，且对于不同污染物的治理强度不同，在废水、二氧化硫以及固体污染物的排放中，财政支出对于二氧化硫排放的控制最为有效；此外，不同区域的财政生态环保支出的实际效力也有明显差异，东部地区财政环保支出的效力最高，中部地区次之。

关键词：财政环境保护支出；环境库兹涅茨曲线；固定效应

一、引言

近年来，“污染防治攻坚战”“蓝天、碧水、绿地保卫战”等成为社会各界广泛关注的“网红词汇”，由此可见良好的生态环境、健全的生态文明建设是人民群众所向往的美好生活的一个重要内容，也是我国政府下定决心、出重拳定要实现的目标。20世纪80年代初期，我国坚持走“以经济建设为中

① 作者简介：孙泽楠（1997—），陕西西安人，西北大学经济管理学院2019级财政学专业硕士研究生；朱云杰（1970—），陕西渭南人，西北大学经济管理学院副教授。

心，大力发展生产力”的粗放型发展道路，这一道路的确让国家经济迅速腾飞，但与此同时也导致生态环境的日渐恶化，各类环境污染问题层出不穷，甚至恶化的环境反过来制约经济的进一步发展，治理生态环境已经迫在眉睫。自党的十八大以来，随着我国经济发展要求从“高速度”转变为“高质量”，从粗放型发展转变为集约型发展，加快生态文明建设、加强生态文明保护成为国家追求高质量发展的必然道路。良好的生态环境是一个国家永续发展的内在要求，是增进民生福祉的重要领域。党的十八大、党的十九大从思想上、战略布局上系统推动生态文明建设和生态环境保护体系的建立建成，使建设美丽中国迈出重要步伐。财政在整个生态文明建设中具有重要地位，发挥着重大作用，这一方面是由生态文明建设本身所具备的公共产品性质所决定，另一方面则是党的十八届三中全会关于全面深化改革的系统部署，部署中表示“财政是国家治理的基础和重要支柱”，明确了财政地位。

在近几年的生态文明建设和生态环保工作中，中央及各级地方政府积极配合，加大财政资金在生态文明建设和生态环境保护领域的投入，自 2016 年起，累计投入 3 万多亿元。在此大规模的投入下，我国生态环境也的确有所改善，空气、水源以及土壤质量均得到不同程度提高，财政局发布数据显示，近五年全国优良天数所占比重不断提高，空气中 PM2.5 含量则反向变动，劣质水断面及城市园林绿化分别下降 8%、增长近 100 万公顷。现实数据的变化表明财政环境保护支出的确有利于生态环境的改善，但是关于财政环境保护支出对生态环境改善的切实效率并不能得到一个很好的说明，即无法确实说明财政环境保护支出对于生态环境的改善究竟有多少作用力，当下的财政环境保护支出对哪一些污染物的作用力更明显，我国财政环境保护支出未来的支出重点又在哪里。针对上述问题，本文进一步深入研究财政环境保护支出的支出效率，以各省份地方财政环境保护支出为切入点，运用调整后的环境库兹涅茨模型，将代表生态环境水平量化为三个维度的指标：废水、二氧化硫以及固体污染物排放量，对比财政环境保护支出对三类污染物的切实影响，并从地理区域上研究东部、中部和西部地区财政环境保护支出的效率高低。

二、文献综述

（一）理论研究

在对研究财政生态环保支出与生态环境的文章梳理中，发现理论研究主要有以下两种观点：一是财政环境保护支出与生态效率之间存在显著正相关，即随着资金向生态环保领域的涌入，相关生态建设及环保措施可以得到有效的完善和落实，进而提高生态效率。针对这一观点，部分学者从公共经济学理论出发，通过分析，发现生态环境自身具有非竞争性和非排他性等公共产品特性，且具备极强的外部性，即对于生态环境的好转或破坏，都没有人因此受益或受偿，需要政府运用财政政策，促进生态环境的整体改善（卢洪友，2012）。此外，亦有学者从政府职能的角度，探究政府提供公共服务以及此服务对外界的影响，其研究结论表明随着政府财政支出的增加，所提供的不同服务在不同程度上改善社会整体环境。二是两者之间的关系呈倒“U”形。该观点以修正后的环境库兹涅茨曲线为切入点进行研究，其表示财政环境保护支出与生态环境改善之间形成倒“U”形的模型关系，即在国家经济发展处于低水平阶段，国家财政环境保护支出相对较低，而随着前期经济的发展，环境污染加剧，此时的财政环境保护支出增长速度远不及污染的程度，导致该项支出无作用甚至产生负作用。而随着经济的进一步发展，财政环境保护支出的效力得以凸显，对于环境改善起到较大作用。该曲线是在原本的环境库兹涅茨曲线上所做出的进一步阐述，为财政环境保护支出与生态环境改善之间呈倒“U”形提出理论支持。国内学者基于此模型，对于两者的关系展开进一步的研究。张悦和赵晓丹（2014）基于此曲线的省级面板数据，分析与财政环境保护支出有关的各因素与 SO_2 排放量的关系，其实证结果表明我国的人均财政环保支出与 SO_2 排放存在倒“N”型关系，与环境库兹涅茨曲线不一致。张欣等（2020）则在原有环境库兹涅茨假说的基础上，利用面板数据检验主要污染物及 CO_2 的人均排放量与人均平减财政环保支出之间的关系，并得出结论认为不同排放物与人均平减财政环保支出关系所呈模型不一样，其分别呈现正“N”形、倒“N”形和正“U”形。

（二）实证研究

在实证研究中，发现国内学者多以财政生态环保支出的总量或比重为解释变量、以环境治理水平为标准对财政生态环保支出的效率做出切实评价。杨陈和陈庆海（2017）采用 DEA 模型，以财政生态环保支出为投入指标，以污水年处理量、工业二氧化硫去除量以及生活垃圾清运量为环保支出产出指标，实证结果表明环保支出效率不高且存在较大地域差异。孙立成、周德群（2009），陈明艺（2013）等同样采用 DEA 模型，分别以不同投入和产出指标测算我国环境效率，并推测环境效率的实际影响因素。吴勋、白蕾（2019）基于 73 个城市的省级面板数据，构造 GMM 模型，分析财政分权下，政府的环境保护支出与空气质量之间的关系。模型分析之余，亦有部分学者通过测算相关环境指标和乘数指标，研究财政支出与环境保护的内在联系。田淑英等（2016）基于我国省份面板数据，实证检验中国地方政府环保财政支出的政策效力，并测算出相关的引致乘数。

梳理当前的理论和实证研究，发现当前较多的学者关注财政环境保护支出对生态环境改善整体的影响。理论上有两种主流观点，即正相关和倒“U”形，各自从不同角度阐述两者之间的具体关系。持正相关观点的学者，多从公共经济学、公共财政学以及公共产品理论出发，阐述政府职能以及生态环境的公共性，肯定政府参与环境保护工作并进一步支持两者之间的正向关系；持倒“U”形观点的学者则是在正相关的结论基础上，根据实证结论得出先正向后逆向的观点。实证中，学者多采用 DEA、GMM 模型，利用省级面板数据根据不同的指标测算财政环境保护支出对生态环境改善的切实影响，在实际的指标选取中，多以二氧化硫排放量、废水排放量以及城市垃圾的排放量作为环境质量的衡量标准，一方面便于数据的搜集，另一方面体现环境质量的多个方面，能够较为客观地评价财政环境保护支出和生态环境改善之间的关系，对本文模型结构以及指标的选择有较大的借鉴意义。

通过对上述文献研究的梳理可以发现，现有对于财政环境保护支出与生态环境改善的关系主要有两种结论：一是财政环境保护可以促进生态环境的改善，两者之间呈现显著正相关；二是财政环境保护支出与生态环境之间呈倒“U”形，即前期随着该项支出的增加，生态环境得到改善，而当该项支出增长到某一点时，生态环境反而恶化。

三、理论假设及分析

（一）财政环境保护支出促进生态环境的改善

财政环境保护支出通过直接和间接的影响路径，实现对生态环境的正向影响。从其直接影响机制来看，财政环境保护支出的切实投入促进生态环境整体的改善。我国的实际数据显示，近五年内，我国财政环境保护支出累计投入超3万亿元，支出规模不断增大且支出增长率也整体呈现波动上升的趋势（见表1），该项支出的加大表明了我国完善生态文明建设和加强生态环境保护的坚定决心。而从我国的生态环境的改善情况看，成绩显著，国内空气、水质量以及城市绿化均得到了明显的改善，大幅度提高了居民居住的质量和幸福度。

表1　财政环境保护支出规模及所占比重

年份	国家财政环境保护支出/亿元	国家财政环境保护支出增长率/%	环境支出占总支出的比重/%
2020	6317.04	-14.52	2.57
2019	7390.2	17.35	3.09
2018	6297.61	12.11	2.85
2017	5617.33	18.64	2.77
2016	4734.8	-1.42	2.52
合计	30356.98	—	—

为详细说明生态环境的改善情况，特别从空气、水以及城市园林绿化三个维度整体评价生态环境，并且采用不同指标将各个维度予以量化，具体采用指标如下：以全国338个地级城市全年总体优良天数占总天数比重、PM2.5作为评价空气优良程度的指标，以地表水优良水质断面及劣V类断面所占比重作为水质量评价指标，以全国城市绿地面积（不包括在建区绿地面积）及

绿化面积增加速度为城市园林绿化评价指标。

所得数据（见表2）表明空气质量逐年改良，近五年优良天数所占比重不断提升，2020年相较于2016年，优良天数所占比重提升10%左右，PM2.5下降14微克/每立方米；水质量改善效果显著，五年内地表水优良水质断面所占比重提升近17%，劣V类断面下降8%，且近两年水质量效果改善尤为明显，2020年优良水质断面较上年提高8.5%，提升幅度最大；城市绿地面积逐年增加且增速也在稳步提升，在五年的时间里整体增加63.72万公顷，人均城市绿地面积从13.70平方米增加至14.81平方米。

表2　空气、水质量以及城市园林绿化指标

年份	空气指标		水质量指标		城市园林绿化指标	
	优良天数占比/%	PM2.5（微克/每立方米）	地表水优良水质断面占比/%	劣V类断面占比/%	城市绿地面积/万公顷	增速/%
2020	87	33	83.40	0.60	330.72	4.89
2019	82	36	74.90	3.40	315.3	3.50
2018	79.30	39	71	6.70	304.7	20
2017	78	43	70	8.60	254	(4.90)
2016	78.80	47	67.80	8.60	267	(4.20)

从其间接影响机制来看，财政环境保护支出的间接影响体现在财政支出与环境保护之间还有一个经济增长的存在，即财政支出通过影响经济增长进而影响到生态环境。

（1）财政支出与经济增长

财政支出是政府参与资源配置的重要手段，同样也是促进经济社会可持续发展的重要保障。从财政支出规模与经济增长的关系研究来看，诸多学者基于不同理论提出自己的建议。凯恩斯根据财政理论提出财政支出具备乘数效应，即随着政府财政支出的不断扩大，能够提高社会需求，进一步刺激消费，促进经济的发展。Barro在内生经济增长理论的基础上，将公共服务引入AK生产函数，建立以政府公共服务为中心的内生经济增长函数，并得出结论认为政府支出可以通过人力资本和技术创新等内生变量而对经济增长产生影响。国内学者在现有研究的基础上，进一步从财政支出类别的细分以及财政支出的动态变动趋势上，探索二者的切实联系。李君妍和夏祥谦（2015）细分我国财政支出主要类别，并针对不同类别的财政支出研究其实际与经济增长的关系，结果表明政府的物资资本投资支出能够更好地促进经济发展，公共消费及转移性支付的增加起到相反作用。王宝顺和徐琦爽（2021）将财政类别与短期、中期和长期支出相结合，通过省级面板数据研究不同类别的财政支出在不同支出时段对经济增长的影响，结果表明财政资本性支出在短期内有助于经济增长，财政福利性支出在中期和长期有助于经济增长。综合上述学者的理论以及实证的研究分析，财政支出的确能够刺激经济增长，发挥切实作用。

（2）经济增长与环境保护

经济增长一方面带来的是国家实力的增强，政府财政实力的不断提高，进而在环境保护的投入中不会因为财政实力的限制而有所短缺；另一方面随着经济的增长，国民对于幸福生活的水平也会提出更高的要求，其中生态环境的改善则是非常关键的一点，所以国民的生活追求，也会对生态环境的改善起到积极的正向作用。国内外的现实经验和数据也体现出一样的结果，发达国家的生态环境保护程度要高于发展中国家，环境质量要更高。经济增长与环境保护之间相辅相成、互相促进，生态环境的改善反过来也可以促进经济的增长，两者的相互依存往往会在双方正向发展的道路上越走越远。

（二）财政环境保护支出与生态环境的改善之间呈倒“U”形

对于财政与环境保护的关系研究，最为经典同样也是最为基础的理论研究则是环境库兹涅茨曲线，其表示经济增长与环境保护之间形成倒“U”形的模型关系，即在国家经济发展处于低水平阶段，环境污染程度低，此时随着人均 GDP 的增加，即经济的增长，环境污染程度会随之上升，直至达到顶点。而随着经济的进一步发展，环境污染会逐渐减缓，环境质量得到改善。这种观点本质上也反映了财政环境保护支出与生态环境之间的间接影响机制，经济发展水平同样作为中间媒介存在。在前期的发展中，国内经济水平处于不断上升的态势，财政环境保护支出从较低的水平缓步上升，此时一方面国内以第一、第二产业为主，污染严重，部分财政环境保护支出的投入难以与污染抗衡，另一方面为了经济的发展，存在环境为经济让路的情况，实际的环保投入效力不足，导致财政环境保护支出的增加与生态环境的改善反方向变动。而进入发展的后期，国内财力有保证，可以保证财政资金投入可持续，且环境问题严重且成为发展的阻碍，所以不论是财力实力还是财政环境保护资金的执行力都能有较高的保证程度，实现二者的正相关变动。

基于以上的理论分析，提出如下研究假设：

H1：当前我国的财政生态环境保护支出与生态环境保护之间呈现负相关。

H2：财政生态环境保护支出对于不同污染物，改善效率不同。

四、我国财政环境保护支出规模分析

（一）国家财政环境保护支出总体规模分析

近五年来，我国财政环境保护支出基本呈现逐年上升的态势，从支出总量看，2016—2020 年，国家财政环境保护支出整体逐年上升，各年份支出分别为 4734. 8 亿元、5617. 33 亿元、6297. 61 亿元、7390. 2 亿元、6317. 04 亿元，累计总支出达到 3 万多亿元。从增长率来看，年增长率平均维持在 15% 左右，2020 年由于疫情的冲击相较于 2019 年有所下降。与国家财政总收入、总支出对比来看，环境支出平均占到 3. 5% 左右，且同样呈现缓慢上升趋势（见表 3）。环境支出占总支出比重以及中央财政环保支出占总支出的比重整体上升，但也体现出财政环境保护支出规模偏小的问题。

表 3　财政总收支、财政环境保护支出增长率及其比重　（%）

年份	财政总支出增长率	国家财政环境保护支出增长率	中央财政环境保护支出增长率	环境支出占总支出比重	中央财政环保支出占环境总支出比重
2020	2. 82	－14. 52	—	2. 57	—
2019	8. 13	17. 35	－1. 49	3. 09	5. 70
2018	8. 77	12. 11	21. 96	2. 85	6. 79
2017	8. 17	18. 64	18. 64	2. 77	6. 24
2016	—	—	—	2. 52	6. 24

（二）支出现状所反映的现实问题

1. 整体支出规模不足，财政支出结构尚有优化空间

就生态环保支出占财政总支出的比重而言，整体偏小，虽然呈现出逐年上升的趋势，但是基本比重在3%左右，对于整个生态文明建设和生态环境保护的工作需求而言，仍有较大的缺口，财政生态环保资金调研报告显示，各级政府及相关部门普遍反映生态环境形势恶劣，历史欠账多，加之近几年减税降费政策措施的实施以及对于“六保”“六稳”的加大投入，导致原本存在赤字问题的地方政府和各部门进一步扩大赤字形势，生态环保财政压力过大，资金存在较大缺口。

由此可见，财政生态环保支出的不足整体体现在两个方面：规模不够和效率不高。规模上的缺陷需要财政进一步加大投入，而对于本身存在收支不平衡问题的财政资金，需要另辟蹊径，寻找新的资金来源渠道，双管甚至多管齐下实现整个生态环保资金的投入规模的扩大，保证当下乃至后期整体生态文明建设和生态环境保护工作的持续进行。而对于效率上的不足，则需要从财政生态环保资金的收支结构上做出进一步的优化，理清工作内容，按照各项工作合理分配资金，将生态环保资金的使用落到实处，确保更多的资金实打实落在生态环保工作上。

2. 区域间横向转移支付体系不成熟，生态补偿机制不健全

我国三大区域城乡生态环境保护不平衡，统筹解决难度大。从表4中数据可以发现中部和西部地区比东部地区的财政生态环保支出压力更大，即财政生态环保支出占总支出的比重更高。现实情况与数据反映情况一致，实际上，我国东部地区整体属于经济发达地区，已经进入工业发展后期，环境治理水平高，高污染性工厂、工业等已经转型为环保型或向欠发达的中部和西部地区转移。对于中部和西部地区而言，本身属于生态脆弱地，需要大量持久性资金支持，污染性工业的转移虽然带动了经济的发展，但是同时也带来了严重的环境污染问题，再一次加大了生态文明建设和生态环境治理的压力。生态的改善利于社会整体的发展和进步，所以生态环保的资金支持不能以地域为划分边界。

目前，我国也建立了多个以生态补偿机制为代表的横向转移支付机制的试点，通过各级政府间和部门间的资源转移，实现整个生态环保效率的最大化，试图平衡区域间的生态环保压力。生态补偿机制的试点地成绩颇优，例如已经进入二轮补偿机制的“新安江补偿机制”，该试点实现流域总体水质的改良，生态服务系统价值提升上百亿，为我国生态补偿机制的全面建立提供了宝贵的经验。而在实际的执行中，也发现了系列难题：首先，补偿主体和受补主体的确认有难度，由于国内没有统一补偿指标，导致部门间和政府间对于补偿转移有争议；其次，环保和发展的权衡也难以形成统一意见；最后，除却政府的责任，企业和社会在整个横向转移支付中又有哪些责任需要承担。生态补偿机制并非简单的政府和部门间的资金资源转移，需要多方交涉会谈并达成一致意见。也正因为上述难题，减慢了全面建立生态补偿机制的速度。

3. 财权与事权不匹配

自分税制改革以来，中央和地方在财权和事权的匹配问题上一直有较大的争议。当下的分税制以税种为地方和中央收入的划分标准，而在实际工作中，地方往往缺乏真正的收支自主权，且由于部分地方税划转为共享税，属于地方的收入在缩小，但是地方事权和支出的责任却反方向上扬，导致地方实际事权过重，财权事权不对等。在财政生态环保支出的问题上，数据显示近五年中央支出资金占财政生态环保总支出的比重平均在6.5%左右，而从中央财政占全国财政总收支的比重来看，收入所占比重平均在46%，支出仅在15%，支出责任整体不对等。

财权与事权不匹配，支出责任不明晰正是导致中央和地方政府及各部门之间相互推卸责任的原因，特别是在跨行政区域的问题上，中央和地方政府、各部门相互“踢皮球”的问题更为常见，例如生态环保的职责和支出问题，生态环保不以行政区域进行划分，没有办法完全按“地片儿”系统划分，往往需要多省市、多部门的相互协作，所以解决财权事权问题，明晰各级支出责任尤为重要，即发挥财政部在财政资源中的分配作用，明确生态环保部门的主导地位并且进一步协调部门间的事权和支出责任的划分，保证生态文明建设和生态环保工作的顺利进行。

五、实证分析

通过对近五年的整体以及各区域财政环境保护支出规模的描述分析，从实际数据以及图表反映其切实变动。规模上的变动代表各级政府的投入程度，而实际的支出效果，即财政环境保护支出对生态环境改善的切实影响程度没有得到有效体现。因此，在实际规模变动描述性分析的基础上，进一步通过实证模型研究财政环境保护支出对生态效率的影响。

本文通过构建修正后的环境库兹涅茨曲线模型，实证研究二者的关系：

$$\ln(STXL)_{it} = \alpha_i + \beta_1 \ln(CZZC)_{it} + \beta_2 \ln(CZQD)_{it} + \beta_3 \ln(GDP)_{it} + \beta_4 CYJGit + \beta_5 KXJS_{it} + \varepsilon_{it}$$

（一）变量选取

（1）被解释变量。生态效率作为被解释变量，通过废水排放量、二氧化硫排放量以及固体废弃物作为生态效率的量化指标。

（2）解释变量。地方财政生态环保支出是反映地方给予生态环保投资的直接表现，本文以地方财政生态环保支出占地方一般公共预算支出的比重作为解释变量，反映地方财政生态环保支出对当地生态环境的实际效果。同时，将地方政府财政强度，即地方政府一般公共预算收入作为解释变量。

（3）其他变量。除却财政生态环保支出对生态环境有作用之外，还有以下因素同样影响着整体环境保护的有效性：国内生产总值（GDP）是地方经济发展水平的重要指标，其可以反映出经济的发展对生态环境的一般影响，为减小人口数量带来的差异性，选取人均 GDP；产业结构（*CYJG*），三大产业各自具有鲜明的产业特色，不同产业结构代表不同发展模式对生态环境有不同影响；科学技术（*KXJS*）作为当下社会发展的重要推动力，影响整个社会的方方面面，同样对生态环境的变动发挥一定作用。变量指标说明如表 4 所示。

表 4　变量指标说明

变量	指标	符号	取值
解释变量	地方财政生态环保支出	ln（*CZZC*）	地方财政环境保护支出取对数
	地方财政强度	ln（*CZQD*）	地方财政一般公共预算收入取对数
被解释变量	生态效率	ln（*STXL*）	废水排放总量取对数
			SO_2 排放总量取对数
			固体废弃物量取对数
控制变量	国民经济生产总值	ln（*GDP*）	国民人均生产总值取对数
	产业结构	*CYJG*	第二产业产值占总产业产值比重
	科学技术	*KXJS*	研发费用占 GDP 比重

（二）基准模型回归

从个体效应模型的回归分析中可以看出，三个模型整体呈现显著性。而在变量的显著性上，三个模型因为被解释变量的差异而有所不同，具体差异如下：

一是财政环境保护支出面对不同被解释变量，呈现不同方向的相关程度。在模型（1）、模型（2）中，财政环境保护支出与之呈现显著负相关，随着支出增加 1%，废水排放和 SO_2 排放量分别下降 0.0875% 和 0.4403%，利于生态环境的保护。而在模型（3）中，两者呈现出显著正相关，支出越多反而固体污染物排放量越多。表明当下各级政府的财政环境保护支出可能对于废水以及二氧化硫等污染物的处理更具有倾向性，或者说对于固体污染物的排放作用不强，需要政府改变当下对于固体污染物的资金投入模式和处理污染的工作机制，提高处理固体污染物的财政资金使用效率。

二是对于解释变量中的地方财政强度而言，均呈现正向的相关程度，但是对于污染物排放量增强的力度有所不同。从回归结果看，随着地方财政一般公共预算收入的增强，二氧化硫排放量增加量最大，其次为固体污染物排放，最后则是废水排放量。表明可能各地方的财政收入主要来自地方第二产业的发展，且第二产业的主要排放污染物为二氧化硫以及废水。

三是在三项控制变量中，人均 GDP 和产业结构在三个模型中均呈现显著关系，但是具体的显著方向有差异。人均 GDP 和产业结构在固体污染物排放量上表现一致，即随着人均 GDP 的增加以及第二产业产值的增长，固体污染物排放量不断增加，这可能是人口增长以及工业发展的双向结果；而在废水和二氧化硫的排放上两者结论相悖。科学技术变量仅在模型（3）即固体污染物排放量中有显著影响且呈现负相关，科学技术每变动 1 单位，固体污染物排放整体下降 1.0830%，表明科学技术与固体污染物联系密切，且能够利于生态环境的改善。与之相对应，科学技术与废水排放以及二氧化硫的排放关系不明显，整体未呈现出显著性（见表 5）。

表 5　基准回归结果

变量	(1)	(2)	(3)
ln（*CZZC*）	−0.0875（−2.39）**	−0.4403（−3.41）***	0.0576 *
ln（*CZQD*）	0.2018（2.75）***	1.2154（4.71）***	0.1568（2.37）**
ln（*GDP*）	0.2238（2.80）***	−1.9039（−6.76）***	0.5920（8.20）***
CYJG	−1.1460（−3.96）***	2.1538（2.11）**	0.8491（3.24）***
KXJS	−0.1710（−0.44）	0.7298（0.53）	−1.0830（−3.09）***
F 统计量	30.15 ***	51.60 ***	105.36 ***
Sigma_ u	0.93	0.76	0.62
Sigma_ e	0.10	0.36	0.92
rho	0.99	0.82	0.98

注：＊＊＊、＊＊、＊分别表示在 1%、5%、10% 的水平上显著，括号内为 t 项统计量。下同。

（三）分区域的个体固定效应模型回归分析

为进一步研究财政生态环保支出与环境保护的切实关系，本文按照地理位置把 31 个省份分为东部、中部和西部地区，研究各地区的财政支出与生态环保是否存在明显差异，回归结果如表 6 所示。

表 6　区域个体固定效应模型回归分析结果

变量	东部地区	中部地区	西部地区
ln（*CZZC*）	−0.0317（−0.79）	−0.1109（−1.47）	0.0397（0.41）
ln（*CZQD*）	0.1578（1.98）**	0.4158（3.59）***	0.1051（0.62）
ln（*GDP*）	−0.07716（−0.68）	−0.0740（−0.40）	0.3632（2.30）**
CYJG	−1.8042（−3.44）***	−1.6912（−5.45）***	−0.3089（_ 0.47）
KXJS	−0.4182（−1.38）	0.4681（0.45）	1.9019（0.12）

续表

变量	东部地区	中部地区	西部地区
F 统计量	11.02 ***	21.02 ***	11.86 ***
Sigma_ u	0.95	0.34	1.00
Sigma_ e	0.07	0.07	0.13
rho	0.99	0.96	0.98

从区域固定效应模型回归结果来看，无论是东部、中部或西部地区均通过F统计量检验，模型呈现显著性。分区域而言，三个区域对于不同生态环保指标反应程度存在较大差异，具体差异如下：

各变量整体显著性不佳。地方环境保护支出从区域分析结果看，均没有呈现出显著效果，表明划分区域之后，财政支出对于降低废水排放保护生态无作用。地方财政强度在东部和中部地区呈现显著正相关，且东部地区作用更强，地方财政强度每变动1%，东部和中部地区废水排放量分别增加0.1578%和0.4158%。在控制变量中，人均GDP对于废水排放量在西部地区具有显著性，且为正向变动，表明当前的西部地区可能仍处于以消费环境谋求发展的阶段。产业结构的回归结果正好与人均GDP形成反向验证关系，其在东部和中部地区与废水排放构成显著负相关关系，表明这两个区域可能在实现产业的转型升级抑或是在第二产业产值增加的同时加大了对污染的防控力度，与西部地区相比，已经进入经济和环境发展的双前进阶段。科学技术这一变量在废水排放中统一没有呈现出显著关系，这与最初的个体固定效应模型回归结果保持统一。

综合个体固定效应模型及各区域模型固定效应模型回归结果，整体可以判断我国财政生态环保支出对于不同污染物的治理强度不同，不同地域的财政生态环保支出的效力也存在差异。从废水、二氧化硫以及固体污染物的排放上来看，我国的财政环境保护支出在控制二氧化硫排放量上更有成效，其次为废水的治理。在区域的对比中，财政生态环保支出在中部地区效力表现最优，其次为东部地区和西部地区。除却财政生态环保支出，其他部分相关变量对于区域生态环境的改善或者恶化也表现出不同程度的显著性，在区域的生态环境治理中，应当对这些变量给予足够关注。

六、政策建议

针对本文结论，提出如下政策建议：

第一，发挥有效市场和有为政府的综合作用，解决支出规模不足问题。生态文明建设和生态环境保护是一项长期性、系统性工作，需要大量人力、物力的持久性投入。当前生态环保支出的资金来源以各类专项资金以及地方财政资金为主，这一资金投入模式加大了地方财政压力，不利于生态环保资金投入的长期可持续发展。因此，需要从政府和市场两个层面综合考量，将有效市场和有为政府紧密结合，增强生态文明建设和生态环境保护自身的可持续性。

第二，建立健全政府财政投入机制。将事权重心适度上移，解决纵向财力不平衡问题。地方事权与支出责任不匹配，使地方财政收支缺口过大，由于经济发展形势制约转移支付规模不可能无限扩大，同时也为提高地方财政自主权和积极性，减小转移支付一上一下带来的较大效率损失，建议将现有事权适度上收。随着事权适度上移，减轻了地方政府生态环保的工作压力和地方财政压力，有利于其更好地在经济发展和生态保护上维持平衡。

第三，完善激励约束机制，加强对地方政府机会主义行为约束力。激励约束的对象要严格限定在制度范围内。对非制度内的政策目标，不宜在激励约束机制设计中混入。进一步增强激励约束政策的公开透明度和影响力。由于中央和地方间信息不对称，难以对公共产品供给情况进行掌握，通过增强政策透明度与影响力，实现公民对地方政府的监督，使地方政府从对上负责实现到对下负责的转变，提高地方政府更好地满足当地公民公共产品提供的能力。

第四，推行生态环保 PPP 模式。生态领域推行 PPP 模式，将政府公共部门和私营部门相结合，让非公共部门积极参与到提供生态文明建设产品和环境保护服务中来，在整个生态环保项目的建立、建设和管理中，政府和企业各自发挥自身优势和效力。

第五，结合污染物及地域实际情况，切实提高财政环境保护支出效力。

地区财政环境保护支出在废水及二氧化硫排放中结果显著，但是产出效果偏低，可以在现有的投入基础上加大投入规模并对目前的抑制方式做出改进，加大财政资金对这两类污染物的投入产出力度。而对于固体污染物的处理，现有的财政资金投入存在显著正相关，地方政府需要考虑当下对于固体污染物的处理机制是否存在反向激励作用。

参考文献

[1]卢洪友，祁毓．我国环境保护财政支出现状评析及优化路径选择[J]．环境保护，2012(17)：28－31.

[2]张悦，赵晓丹．中国经济增长与环境污染关系的研究——基于环境库兹涅茨曲线的实证分析[J]．经济研究导刊，2014(26)：13－16.

[3]张欣，廖岚琪，唐赛．我国环境库兹涅茨曲线检验与影响因素分析[J]．统计与决策，2020，36(13)：72－76.

[4]杨陈，陈庆海．财政分权视角下地方政府环保支出效率分析[J]．华东经济管理，2017，31(7)：111－117.

[5]孙立成，周德群，李群．基于非径向DEA模型的区域环境绩效评价研究[J]．统计与信息论坛，2009，24(7)：67－71.

[6]陈明艺，裴晓东．我国环境治理财政政策的效率研究——基于DEA交叉评价分析[J]．当代财经，2013(4)：27－36.

[7]吴勋，白蕾．财政分权、地方政府行为与雾霾污染——基于73个城市PM2.5浓度的实证研究[J]．经济问题，2019(3)：23－31.

[8]田淑英，董玮，许文立．环保财政支出、政府环境偏好与政策效应——基于省际工业污染数据的实证分析[J]．经济问题探索，2016(7)：14－21.

[9]李君妍，夏祥谦．财政支出结构对经济增长影响的实证检验[J]．统计与决策，2015(9)：139－142.

[10]王宝顺，徐绮爽．财政支出、区域经济差距与动态增长收敛[J]．中南财经政法大学学报，2021(3)：48－57.

我国人口流动对地方公共服务支出的影响研究

刘奋阳　马小勇[①]

摘　要：地方财政支出的主要目标是满足辖区内全体居民的公共服务需求，但随着人口的大规模流动，地区间的公共服务供求出现了不匹配的现象，这将成为目前亟待解决的主要问题之一。本文基于2010—2019年246个地级市的平衡面板数据，以人口流动对地方财政支出的影响为出发点，使用差分的数据处理方式，构建面板数据模型来探讨我国各地级市政府在财政支出方面对流动人口的配置情况。研究发现：首先，目前我国大多数地区的财政资金还是以户籍人口来配置，使得多数人口流出地的公共服务供给过剩、财政资金配置效率低下；其次，多数地方政府并未充分考虑随人口流动的变化而对当地财政支出规模进行相应调整，这就势必造成人口流入地存在较大的财政压力，使得部分外来人口无法平等地享有基本公共服务。

关键词：人口流动；户籍人口；流动人口

① 作者简介：刘奋阳（1995—），陕西榆林人，西北大学经济管理学院2019级硕士研究生；马小勇（1974—），陕西大荔人，西北大学经济管理学院副教授。

一、引言

改革开放40多年以来，我国的人口流动深受社会各界广泛关注。20世纪90年代以后，随着改革开放的不断深化，以及对人口流动的限制不断减弱，我国出现了大规模的人口流动。当前的流动人口已成为中国的一个特别重要的群体，国家统计局的数据显示，在全国人口中，2020年人户分离人口约为4.93亿人，其中，市辖区内人户分离人口约为1.17亿人，流动人口约为3.76亿人。中国的流动人口数量巨大，最为典型的就是大批农村人口向城市聚集，而且大量流动人口呈现出“候鸟式”的迁移形态。

同时，各级政府之间的财权和事权的划分、转移支付制度的运作都是以辖区内户籍人口为基础，地方政府一般按户籍人口来提供公共服务，这就造成了“劳动承接、户籍拒绝”的候鸟式流动人口的困境以及地区间财政资金的不合理配置。流动人口为实现我国的工业化和城镇化、促进区域经济发展做出重大贡献，但他们在付出辛勤劳动的同时，并没有享受到应有的社会基本福利。如何保障外来流动人口的公共服务是地方政府必须解决的问题，这不仅关系到这一群体的切身利益，让他们共享经济建设带来的成果，促进社会公平；若解决不好，很大程度上也会造成公共服务供给的非均等化，从而涉及社会安定、和谐等问题。

2020年3月底，中共中央、国务院在《关于构建更加完善的要素市场化配置体制机制的意见》中明确指出，“建立城镇教育、就业创业、医疗卫生等基本公共服务与常住人口挂钩机制，推动公共资源按常住人口规模配置”，关键要引导劳动力要素合理畅通有序流动。但是，目前的地方财政支出中应该有多少是用于流动人口呢？流动人口对地方公共支出的影响又应当如何判定？因此，地方政府如何根据人口流动的变动来配置财政资金，以实现地区间的公共服务供求的有效匹配，是我国面临的一项重大挑战。

二、文献综述

（一）国内外文献综述

关于人口流动与地方政府支出的关系，国外学者大多是从地方公共品供给的角度进行研究。最早可以追溯到 Tiebout（1956）的研究，其开创性地将人口流动与公共服务相联系，认为大量公共品是由地方政府提供的，在这一点上驳斥了 Musgrave（1954）提出的由中央政府提供的隐含假设，如果双重身份者，既是投票者又是公共品的消费者，能够在地区间充分流动并拥有完全信息，可以通过“用脚投票”，迁入能满足其偏好模式的社区，这就使得地方政府完全可以像私人产品的生产者一样提供服务，从而实现公共品的有效配置。有鉴于此，Oates（1969）首次对 Tiebout 的研究做了经验检验，发现潜在居民在选择社区时将会对地方公共服务配置带来优化的作用；Mcguire（1972）提出了一个动态模型，在一定程度上丰富了“以足投票”理论，他认为，某个人是否选择迁移主要取决于这种迁移的利益与成本的对比，迁移的利益便是两地的公共服务水平差异；Hamilton（1975）提出了分区机制，进一步完善了蒂伯特模型，他发现，自由迁移能够影响地方公共服务的供给并改善配置效率。但是由于国外并没有中国的这种独特的户籍制度，因此没有过多的学者专门去研究流动人口对财政支出的影响，更多的是从地方公共品供给的角度出发，运用“推—拉理论”来论证财政支出对于人口迁移的影响作用。

21 世纪以来，中国的人口流动与公共服务供给的研究也在不断深入。目前，随着我国流动人口家庭化趋势不断增强，流动人口在城市中的停留时间越来越长，使其在公共服务方面提出了更高要求。王德祥、李建军（2008）通过分析地级市和县人口流入对公共品供给的影响，得出随着人口流入数量增多，公共品供给的规模也随之扩大，而公共品的拥挤程度并未加深。王春福（2010）以杭州市为例，发现外来人口在享有基本公共服务上明显低于城市原住民，主要是由于户籍制度的影响以及新政策的执行效果不佳；付文林（2012）基于 1997—2009 年我国 30 个省份的数据，发现人口变化对不同类型的地方公共支出有差异化的影响，并且地方公共支出的供给存在着显著的滞后特征；江依妮（2013）以广东省为例研究人口流入地区的公共服务支出变化，发现随着流动人口的增加，会降低当地教育、社会保障这些以户籍为分配依据的财政支出的水平。王金营、李庄园（2015）研究认为，快速成长城市的流动人口规模增大，势必会增加公共服务的需求，从而增大城市财政支出规模；但地方政府往往由于财政资金有限而主动选择依靠户籍来甄别户籍人口与外来流动人口进行差别供给（甘行琼、刘大帅，2015），在实际操作中，多数地方政府确实存在依据户籍人口供给公共服务的倾向，在财政预算上也没有与流动人口相匹配。

同时，许多学者的研究涉及财政支出的具体分项内容，将教育、社会保障与就业、医疗卫生与计划生育等主要支出作为研究重点，进行了比较多的研究。首先，从教育支出来看，陶红等（2010）发现在绝大多数城市中，超过90%的教育支出是由地方政府提供的，义务教育经费按照户籍学生的数量进行下拨，但由于适龄儿童的大量流动，导致教育资源在空间上不匹配，即同时存在人口流入地教育供给不足和流出地教育需求不足的现象；段哲哲、黄伟任（2016）以福建省58个县市为例，发现人口流动会对流入地的教育资源产生挤占效应，而且地方政府还会对流动人口子女在本地入学时设置相关门槛进行差别对待。其次，从社会保障与就业支出来看，程海峰（2005）从公平和效率的角度出发，认为流动人口并没有完全享受在流入地应有的社会基本保障权益；郑秉文（2008）的研究表明，在目前社保政策下，多数流动人口的养老权益受到极大侵害；佟哲（2010）指出流动人口在流入地的社会保障的分享上明显低于城市居民，主要表现为参保率不高、保障待遇较低；韩枫（2016）基于2013年京津冀流动人口动态监测数据，研究发现城镇流动人口的社会保障水平与本地人的差距较大；同时，阳玉香等（2017）基于2014年全国流动人口动态监测数据，发现我国流动人口的社会保障参保率不高，尤其是弱势群体的保障水平偏低，且内部阶层分化严重。最后，从医疗卫生与计划生育支出来看，史桂芬、王佳（2017）基于2007—2014年省际面板数据，发现在人口流入地区的人均医疗卫生支出随流入人口数量的增加而增加，并未出现公共服务拥挤的效应；在人口流出地区的人均医疗卫生支出随流出人口数量的增加而增加，且会造成当地一定程度的资源浪费。

（二）简要评述

综上所述，国内外学者在人口流动与地方公共服务供给的问题上已经进行了较多的研究。但总的来说，国内的研究大多以地方公共服务供给为出发点，很少以流动人口为核心进行研究分析，关于人口流动对地方财政支出具体影响的文献略显不足，且大多文章只局限于某个或某几个地区，没有从全国的地级市层面去论证，这就使得这个方面的研究不够全面、完整。因此，本文将从全国的地级市角度出发，使用差分的数据处理方式，通过实证分析的方法，来考察我国目前地级市政府对财政资金的具体配置情况，并根据我国实际情况和实证结果提出相应的对策建议。

三、理论分析与研究假设

（一）理论分析

目前我国流动人口的规模巨大，已成为我国的重要社会经济现象。随着我国的户籍制度不断改革以及城镇化进程的不断推动，各地出现了大量人户分离的流动人口，大量外来流动人口成为城市新的劳动力，而这些外来人口的教育、社保、医疗等公共服务配置问题，会对当地的财政资源带来巨大挑战，主要是由于我国的地方政府对流动人口的公共服务配置存在着一定的供给缺位，造成人口流出地与流入地的财政资金配置不合理。具体来看，在人口流出地，户籍人口的减少在影响当地公共服务需求的情况下，如果公共品供给继续保持原有水平不变，势必会造成财政资源的浪费；而在人口流入地，常住人口的增加会促进当地的人均财政支出水平下降，造成当地的财政支出不足，使得部分外来人员无法平等地享有基本的公共服务。

事实上，我国很多地方政府在做当地的财政预算和社会福利安排时，包括医疗、教育、社保在内的财政支出会对户籍人口有针对性地倾斜，并没有将非户籍人口完全考虑在内，造成户籍人口与外来流动人口的差异对待。具体而言，由于公共服务的种类与供给方式的不同，地方政府在对待外来流动人口时，准入规则和政策措施也会有所差异。

1. 流动人口与教育支出

教育支出在各地级市的财政支出中占据重要地位，但进入 21 世纪以来，我国的基础教育服务还存在诸多问题，比如总体水平还不高、地区间发展不平衡等，尤其是对流动人口教育保障的改革任务仍十分艰巨。早在 2001 年，国务院对流动人口子女的教育保障做出了具体规定，“要重视解决流动人口子女接受义务教育问题，以流入地区政府管理为主，以全日制公办中小学为主，采取多种形式，依法保障流动人口子女接受义务教育的权利”；到了 2006 年 1 月，国务院再次明确了要“保障农民工子女平等接受义务教育，输入地政府要承担起农民工随迁子女义务教育的责任”；2016 年以后，流动人口的子女教育得到进一步重视，主要的方针政策可以概括为“两为主，两纳入”，“两为主”是以流入地政府为主、以公办学校为主；“两纳入”主要是将常住人口纳入区域教育发展规划、将随迁子女教育纳入财政保障范围。

总体来说，目前的政策实施还不够完全，多数流入地政府在财政资金有限的情况下，优先保证户籍人口的受教育权利，即以户籍为准入依据，筛选入学对象，主要表现为本地户籍人口优先享受当地的免费义务教育，外来的适龄学童往往因没有本地户口而难以进入当地的公立学校，即存在一定的户籍壁垒，造成流动人口的子女无法获得同等的受教育权利。

2. 流动人口与社会保障及就业支出

近年来，随着国家对于人口流动的限制减弱，以及对流动人口的社会保护增强，流动人口的规模正在逐年增大。但是由于流动人口属于社会中的弱势群体，其流动性大，不确定性强，收入不稳定，从而对于社会保障与就业支出的依赖性也较强。

社会保障与就业支出，主要是指政府通过财政的手段，向由于各种原因而导致丧失劳动能力、失去工作机会的社会成员提供基本生活保障的支出，其中，支出占比较高的两项分别是基本养老保险基金补助支出和行政事业单位离退休支出。2009 年，国务院规定了参保人员跨省流动就业时，基本养老保险的具体转移办法，确保了流动人口养老保险关系可在跨地区就业时随同转移，在制度层面上保障了流动人口参加养老保险的权益，还规定了根据累计缴费年限的长短（通常是 10 年）来确定基本养老保险的待遇领取地，但在户籍人口与流动人口的归属问题上存在一定的差别；2014 年 2 月，国务院进一步明确规定，在最低生活保障、就业救助、临时救助、住房救助等方面提供兜底保障，但大部分仍然以户籍划定保障对象，这就使得人户分离的流动人口很难享受到救助。因此，我国目前对流动人口的社会保障相关的政策还不够健全，由于缴费年限不足等原因，多数流动人口并未真正成为流入地政府的保障对象。

3. 流动人口与医疗卫生及计划生育支出

医疗卫生及计划生育支出，主要包括医疗卫生管理事务支出、医疗服务支出、医疗保障支出等，其中医疗保障支出与流动人口的关系最为密切。自 2009 年新一轮医改启动以后，各地区逐步建立了覆盖全民的基本医疗保障制度，2010 年 7 月实施的《流动就业人员基本医疗保障关系转移接续暂行办法》规定了城乡各类流动就业人员参加医保的具体方式，使得基本医疗保障关系能够顺畅接续，保障了流动人口参加医保、享受医保待遇的权利，此后我国各地逐步建立起的“医保异地结算”也为流动人口享受医保服务提供了制度保障。一般来说，多数地级市按照户籍人口的数量来安排当地的各大医院、计划生育服务机构的投入，根据就医的拥挤程度、人均医疗卫生机构的数量来决定是否增加财政投入，并且由于当地的经济发展和政府补贴程度的不同，各地的医疗公共服务水平差异较大。对于多数流动人口而言，他们通常流向经济发展水平较高的城市，考虑在当地就医的花费以及大病的报销比例，加上受户籍的影响，多数流动家庭会优先考虑回到户籍所在地就医。总的来说，目前我国医疗卫生体制的设计仍在探索阶段，对于医疗卫生与计划生育支出而言，多数地级市政府并没有以户籍等原因来直接区别使用者、设置参加障碍等，而基本上是以户籍来确定所享受的待遇，即通过户籍人口或与之相关的手段来作为医疗资源配置的重要依据。

（二）研究假设

近年来，我国在人口流入地与流出地之间的这种财政资源错配问题尤为凸显。一方面，由于我国独特的户籍制度安排。与世界上其他国家和地区不同，我国的户籍制度是一种与居民诸多福利权益相挂钩的制度安排；同时，户籍制度也起到了一种“甄别工具”的作用，使得外来流动人口与户籍人口在多数公共服务的获得途径和享受待遇上存在差异，如教育、医疗卫生公共服务等。另一方面，依据户籍制度出现的财政体制。我国现行的财政体制，无论是财权与事权的划分，还是转移支付的制度安排，都是以辖区的户籍人口为主要依据的，尤其是分税制改革以后，不仅将部分财政收入集中到上级政府，还将部分上级的财政负担下放给地方政府，导致多数地方政府的财政压力进一步加大。在这种情况下，多数地方政府会出于节约财政成本的考虑，优先按照户籍人口来提供公共服务，并没有充分考虑到流动人口的基本权益保障问题，其结果必然是，如果地方政府能通过户籍制度来排斥外来流动人口，则会导致人口流入地的公共服务供给不足以及外来人员无法平等享有基本福利的问题，反之则可能带来当地的公共服务拥挤。

因此，基于以上分析，根据我国地方政府实行以户籍制度为主要依据的公共服务供给机制，本文提出如下研究假设：

H1：目前多数地级市的财政支出是按户籍人口进行配置。

H2：多数地级市的财政支出未充分考虑流动人口的公共服务需求。

地方政府若按户籍人口来配置公共服务，势必会出现人口流动，而公共品不流动的现象，造成人口流出地与流入地的公共服务供需不匹配的问题。具体来说，在人口流出地，实际流出人口越多，（常住人口）人均财政支出也会随之而增加；而在人口流入地，实际流入人口越多，（常住人口）人均财政支出也会随之而下降。基于上述分析，本文提出如下研究假设：

H3：在多数人口大量流出的地区，会出现公共服务供给过剩；在多数人口大量流入的地区，会引发公共服务供给不足。

四、研究设计

（一）模型构建

考虑到户籍人口、流动人口以及多数控制变量可能对地方财政支出的影响存在滞后性特征，并在一定程度上缓解反向因果的内生性问题，故本文构建了如下方程来验证 H1、H2，核心计量模型（短面板数据模型）如式（1）

和式（2）所示：

$$Y_{i,t} = \alpha_1 + \beta_1 \Delta Hp_{i,t-1} + \sum_{m=1}^{m} \gamma_m Control_{i,t-1} + \omega_t + \mu_i + \varepsilon_{i,t} \quad (1)$$

$$Y_{i,t} = \alpha_2 + \beta_2 \Delta Fp_{i,t-1} + \sum_{m=1}^{m} \varphi_m Control_{i,t-1} + \omega_t + \mu_i + \varepsilon_{i,t} \quad (2)$$

式（1）和式（2）中，i 是横截面维度（各地级市）的指标，$i=1$，…，246；t 是时间维度（时间段）的指标，$t=2010$，…，2019。α、β、γ、φ 是待估参数；μ、ω 依次是个体固定效应项和时间固定效应项；ε 为误差项；m 为控制变量的个数。

Y：被解释变量，包括与人口变动相关的财政总支出（*Fex*）、教育支出（*Edu*）、社会保障和就业支出（*Ins*）以及医疗卫生与计划生育支出（*Med*），用来表示各项财政支出的绝对值水平。

ΔHp、ΔFp：核心解释变量。式（1）中，ΔHp 是差分后的户籍人口（*Hp*），即 $Hp_{i,t} - Hp_{i,t-1}$，用来表示户籍人口的变动情况；式（2）中，ΔFp 是差分后的流动人口（*Fp*），即 $Fp_{i,t} - Fp_{i,t-1}$，用来表示流动人口的变动情况。

Control：控制变量。分别是转移支付占支出比重（*Mt*）、经济发展水平（*Agdp*）、产业结构（*Str*）、外贸依存度（*Ftr*）、失业因素（*Per*）、户籍人口城镇化水平（*Urb*）、财政总收入（*Fr*）、城市人均消费支出水平（*Pexp*）、人口密度（*Pac*）以及固定资产投资（*Asset* al.）等。

为了验证 H3，将计量模型（短面板数据模型）设定为式（3）：

$$Z_{i,t} = \alpha_1 + \beta_1 Fp_{i,t-1} + \sum_{n=1}^{n} \mu_n Control_{i,t-1} + \varepsilon_{i,t} \quad (3)$$

式（3）中，i 是横截面维度（各地级市）的指标，$i=1$，…，246；t 是时间维度（时间段）的指标，$t=2010$，…，2019。α、β、μ 是待估参数；ε 为误差项；n 为控制变量的个数。

Z：被解释变量，包括人均总支出（*Afex*）、人均教育支出（*Aedu*）、人均社保支出（*Ains*）以及人均医疗支出（*Amed*）。其中，人均财政支出是地方财政支出与常住人口数量之比，用来表示各项财政支出的人均水平。

Fp：核心解释变量，流动人口（*Fp*），用来表示流动人口的基本情况，当流动人口大于0时，则该地级市为人口流入地，反之则为人口流出地。

Control：控制变量，分别是户籍人口（*Hp*）、经济发展水平（*Agdp*）、产业结构（*Str*）、外贸依存度（*Ftr*）、失业因素（*Per*）、户籍人口城镇化水平（*Urb*）、财政总收入（*Fr*）、人口密度（*Pac*）以及固定资产投资（*Ass*）等。

（二）变量选取

（1）财政支出相关变量，具体包括总支出（*Fex*）、教育支出（*Edu*）、社保支出（*Ins*）以及医疗支出（*Med*）。人口的变动是影响这些支出的重要因素，也可通过财政支出水平来反映地方政府财政资金的配置情况。

（2）人口变动相关变量。本文主要选取了三个指标来衡量人口绝对规模，即户籍人口（*Hp*）、常住人口（*Rp*）以及流动人口（*Fp*）。其中，流动人口为常住人口与户籍人口的差额，当流动人口小于0时，则该地级市为人口流出地，反之则为人口流入地。为衡量每个地级市的人口流动的变动规模，本文在此基础上，分别以户籍人口和流动人口差分后的变量，作为各个地级市人口变动规模的代理变量。

（3）控制变量。本文在实证分析中加入了一系列控制变量，来减少其他因素对于实证结果的干扰。①转移支付占支出比重（*Mt*），借鉴乔宝云（2006）的研究，本文将本级财政预算支出与财政总收入的差额及财政预算支出之比作为转移支付占支出比重的衡量指标，来粗略估计各个地级市转移支付的情况。②经济发展水平（*Agdp*），采用人均GDP的对数作为经济发展水平的指标。③产业结构（*Str*），主要是用第三产业占第二产业的比重来衡量。④外贸依存度（*Ftr*），一般认为，一个区域的外贸依存度越高，越有利于加强区域间的交流与合作，用净出口（对外贸易出口减进口）与GDP的比值衡量该地级市对外贸易的开放程度。⑤失业因素（*Per*），即实际登记失业率。⑥户籍人口城镇化水平（*Urb*），地级市的城镇户籍人口占总人口的比重。衡量城镇化水平的常用指标有户籍人口城镇化率和常住人口城镇化率，由于本文研究的是流动人口的变动对地方财政资金配置的影响，因此，控制户籍人口城镇化率后（城镇户籍人口/总户籍人口），更贴合本文所研究的问题。⑦财政总收入（*Fr*），地方财政总收入的对数，减少由于地方财政收入不同而导致的支出差异。⑧城市人均消费支出水平（*Pexp*），采用多种概率抽样的方法，用来反映各个城市居民家庭的基本支出水平。⑨人口密度（*Pac*），即地级市常住人口与该行政区域土地面积的比值，用来衡量各地区人口的饱和程度。⑩固定资产投资（*Ass*），当地的固定资产投资水平。

（三）数据说明

本文选取了我国246个地级市作为主要的研究对象。考虑到数据的异常性和可获得性，本研究不包含西藏、东北三省、四大直辖市以及港澳台地区，主要是因为：第一，西藏以及东北三省的数据缺失严重，尤其是核心解释变量的数据缺失过多；第二，北京、天津、上海、重庆属于直辖市，其财政支出的绝对量远高于全国的平均水平。剔除了数据缺失严重的其他多个地级市样本后，对各地级市的人均GDP以及财政收入等变量进行了对数化处理。实证数据主要来源于CEIC中国经济数据库，并查阅《中国统计年鉴》（2011—2020）、《中国城市统计年鉴》（2011—2020）、各地级市统计年鉴以及国民经济和社会发展统计公报等对样本中的缺失值进行了部分填补，同时也使用了平均值填补的方法，最终获得了246个地级市2010—2019年的平衡面板数据。相关变量的描述性统计如表1所示。

表1　相关变量的描述性统计

变量符号	观测数	均值	标准差	最小值	最大值
Edu	2460	6146.74	5184.83	151.75	71655.14
Ins	2460	3890.70	3154.22	149.21	34080.35
Med	2460	2958.78	2439.59	96.00	33548.65
Fex	2460	12996.23	10376.40	408.71	122902.21
Aedu	2460	1423.94	595.80	354.42	5462.58
Ains	2460	942.69	485.56	60.46	3925.80
Amed	2460	697.34	308.09	64.56	2496.40
Afex	2460	3063.97	1233.08	852.55	10922.36
Hp	2460	4445.52	2519.73	195.00	15006.86
Rp	2460	4367.04	2566.21	231.85	16581.00
Fp	2460	−78.48	1094.63	−3433.10	8491.00

续表

变量符号	观测数	均值	标准差	最小值	最大值
Mt	2460	53.59	22.18	-10.65	93.32
Agdp	2460	10.63	0.59	8.58	12.28
Str	2460	0.95	0.48	0.11	4.93
Ftr	2460	3.74	13.18	-131.59	110.62
Per	2460	4.49	3.00	0.13	26.68
Urb	2460	35.17	25.98	4.38	542.86
Fr	2460	9.29	1.00	6.26	12.84
Pexp	2460	17.83	5.85	7.47	45.05
Pac	2460	488.34	537.86	5.66	6727.91
Ass	2460	4.49	3.00	0.13	26.68

五、人口流动与地方财政支出的描述性统计分析

地方公共财政支出的来源主要依靠当地财政收入支持，其目标是满足管辖范围内全体居民的公共服务需求，但是随着人口大规模流动，依托于户籍制度的地方公共管理体制使得我国财政支出在空间上的不匹配现象加剧。因此，有必要对我国人口流动和地方公共财政支出的现状进行梳理分析，具体分析将使用本文所收集的数据，结果如下。

（一）人口流动的变动规模与分布

本文所用的样本是全国246个地级市2010—2019年的平衡面板数据，其中衡量人口流动的指标包括户籍人口、流动人口以及常住人口。首先对人口流动的基本特征进行必要的分析。

1. 人口流动的规模

表2列出了2010—2019年我国户籍人口、常住人口以及流动人口的规模情况。从结果来看，这10年间，总的流动人口从2011年最低点负的2240万人，即2011年全国共有流出人口2240万人，达到2017年的最高点负的1590万人，表明我国的流动人口在总体规模上逐渐缩小。

表 2　2010—2019 年我国每年的人口规模　　单位：千万人

年份	全部样本			流出地样本			流入地样本		
	户籍	常住	流动	户籍	常住	流动	户籍	常住	流动
2010	106.44	104.47	-1.97	76.07	67.50	-8.57	30.37	36.97	6.60
2011	107.54	105.31	-2.24	77.54	68.71	-8.83	30.01	36.60	6.59
2012	107.70	105.82	-1.88	77.12	68.52	-8.61	30.58	37.30	6.72
2013	108.35	106.34	-2.01	77.69	68.97	-8.71	30.66	37.37	6.71
2014	108.98	106.90	-2.09	77.13	68.23	-8.91	31.85	38.67	6.82
2015	109.58	107.51	-2.07	78.14	69.16	-8.98	31.44	38.35	6.91
2016	110.43	108.38	-2.05	79.56	70.60	-8.96	30.87	37.78	6.91
2017	110.75	109.16	-1.59	78.28	69.53	-8.75	32.48	39.64	7.16
2018	111.54	109.92	-1.62	77.90	69.11	-8.78	33.64	40.80	7.16
2019	112.28	110.49	-1.79	77.67	68.72	-8.95	34.61	41.77	7.16
均值	109.36	107.43	-1.93	77.71	68.91	-8.80	31.65	38.52	6.87
标准差	1.89	2.02	0.21	0.91	0.82	0.15	1.51	1.72	0.23
最小值	106.44	104.47	-2.24	76.07	67.50	-8.98	30.01	36.60	6.59
最大值	112.28	110.49	-1.59	79.56	70.60	-8.57	34.61	41.77	7.16

2. 人口流动的分布

表 3 所列为我国 23 个省份在 2010—2019 年平均每年的人口流动规模。鉴于本文衡量流动人口规模的指标主要是每个地级市的常住人口与户籍人口差值，因此人口流出地的流动人口数值为负，流入地的流动人口数值为正。一方面，从人口流入、流出量的角度来看，人口流入规模最大的省份是广东省，平均每年流入的人口数高达 2668 万人，而江苏、浙江、福建也是仅次于广东的人口流入大省；人口流出规模最大的省份是河南省，平均每年流出的人口数高达 1500 万人，而四川、安徽、广西也是仅次于河南的人口流出大省。另一方面，从人口净流入的角度来看，属于人口流入地的省份大部分为东部地区，而人口流出的省份多为中西部地区。

表 3　2010—2019 年各省份的人口流动规模　　单位：十万人

省份	户籍人口	常住人口	流出人口	流入人口	净流动	区域	符号
河南	1073.30	941.48	-150.27	18.45	-131.82	中部	-
四川	839.28	751.22	-110.88	22.07	-88.06	西部	-
安徽	694.98	608.37	-92.82	6.15	-86.61	中部	-
广西	549.54	478.07	-72.52	1.04	-71.47	西部	-
湖南	693.22	649.02	-51.37	7.81	-44.20	中部	-
江西	489.18	456.05	-34.31	1.18	-33.12	中部	-
贵州	181.03	160.22	-27.70	6.89	-20.81	西部	-
河北	755.22	737.53	-27.77	9.97	-17.69	东部	-
湖北	532.84	515.22	-39.67	22.05	-17.62	中部	-
陕西	393.71	377.47	-22.84	6.78	-16.24	西部	-
甘肃	244.85	232.81	-18.00	5.96	-12.04	西部	-
宁夏	65.21	66.43	-4.32	5.82	1.21	西部	+
山东	969.11	971.42	-34.94	37.24	2.31	东部	+
青海	20.22	23.00		2.78	2.78	西部	+
云南	288.98	294.11	-10.46	15.59	5.12	西部	+
内蒙古	216.67	221.87	-12.24	17.45	5.20	西部	+
海南	22.65	29.44		6.79	6.79	东部	+
新疆	27.83	38.37		10.54	10.54	西部	+
福建	370.56	382.80	-25.11	37.29	12.24	东部	+
山西	352.61	365.52	-1.36	14.58	12.91	中部	+
江苏	768.14	797.09	-57.72	86.67	28.95	东部	+
浙江	487.95	557.65	-9.09	78.79	69.70	东部	+
广东	898.91	1087.77	-78.96	266.83	188.86	东部	+
全国	10935.99	10742.93	-882.35	688.72	-193.07		
均值	475.48	467.08	-44.12	29.94	-8.39		
标准差	318.86	315.43	39.32	56.28	61.25		
最小值	20.22	23.00	-150.27	1.04	-131.82		
最大值	1073.30	1087.77	-1.36	266.83	188.86		

注："+"表示该省份为人口流入地，"-"表示该省份为人口流出地。

（二）地方财政支出的规模与结构

地级市政府作为当地公共服务的供给主体，其中，教育、社会保障、医疗卫生等公共服务的供给规模与当地户籍人口数量密切有关，尤其是对流动人口影响更大，地方财政支出的合理配置将有助于提高他们的生活质量。接下来将对地方财政支出的规模与结构进行分析。

1. 地方财政支出的规模

表4展示了2010—2019年总支出的绝对值与变动情况。自2010年以来，我国的地方财政支出均保持着高速的增加，从总量的角度来看，总支出从2010年的1.54万亿元飞速增加到2019年的4.83万亿元，在10年间，总支出增长了2.14倍，年增长率为13.57%。从人口流入、流出地的角度来看，流出地的财政支出总量略高于流入地的总量，一方面是由于流出地的地级市数量要远多于流入地的数量，在总量上不具有说服性；另一方面也可以看出，在流出地与流入地的财政支出上，差距由原来逐渐拉大转变为慢慢平稳。教育支出、社保支出、医疗支出的情况与总支出类似，这里将不再赘述。

表4　2010—2019年总支出的绝对值与变动情况

年份	总支出/百亿元	较上年增长率/%	流出地总支出/百亿元	较上年增长率/%	流入地总支出/百亿元	较上年增长率/%	绝对值差/百亿元
2010	153.69	-	90.49	-	63.20	-	27.29
2011	197.19	28.30	118.59	31.05	78.60	24.37	39.99
2012	239.51	21.46	144.13	21.54	95.38	21.35	48.75
2013	265.30	10.77	159.91	10.95	105.39	10.49	54.52
2014	291.60	9.91	172.99	8.18	118.62	12.55	54.37
2015	340.53	16.78	203.56	17.67	136.98	15.48	66.58
2016	371.40	9.07	222.80	9.45	148.60	8.48	74.20
2017	411.54	10.81	240.71	8.04	170.83	14.96	69.88
2018	443.10	7.67	255.52	6.15	187.58	9.81	67.94
2019	483.21	9.05	275.81	7.94	207.40	10.57	68.41
均值	319.71	13.76	188.45	13.44	131.26	14.23	57.19
标准差	108.65	7.02	61.25	8.34	47.60	5.46	15.11

续表

年份	总支出/百亿元	较上年增长率/%	流出地总支出/百亿元	较上年增长率/%	流入地总支出/百亿元	较上年增长率/%	绝对值差/百亿元
最小值	153.69	7.67	90.49	6.15	63.20	8.48	27.29
最大值	483.21	28.30	275.81	31.05	207.40	24.37	74.20

2. 地方财政支出的结构

表5列举了教育支出、社保支出、医疗支出占地方一般公共服务支出的比重。从这三项财政支出占比情况来看，教育支出的占比最高，在2012年达到了最高点，且一直维持在18%左右；其次是社保支出，在2012年以后，一直呈现增长的趋势，但增幅较小，社会保障与流动人口的生存与发展密切相关，完善流动人口的社会保障有助于提高他们抵御各类风险的能力；最后是医疗支出，它在地方一般公共服务支出中的占比相对稳定且有一定的增幅。

表5　三类地方财政支出分别占地方一般公共服务支出的比重　（%）

年份	全部样本			流出地样本			流入地样本		
	教育	社保	医疗	教育	社保	医疗	教育	社保	医疗
2010	17.37	11.81	7.00	18.26	13.10	8.16	16.33	10.29	5.63
2011	18.42	10.76	8.09	19.62	12.13	9.47	16.98	9.14	6.43
2012	20.14	10.45	7.88	21.20	11.51	9.01	18.81	9.13	6.47
2013	18.78	10.77	7.99	19.64	12.06	9.11	17.71	9.16	6.59
2014	18.07	10.82	8.82	18.90	12.10	10.06	17.09	9.29	7.35
2015	17.62	10.95	8.67	18.51	12.29	9.99	16.55	9.35	7.08
2016	17.66	11.17	8.95	18.70	12.60	10.25	16.41	9.45	7.39
2017	17.64	11.78	9.16	18.65	13.01	10.57	16.47	10.37	7.53
2018	17.21	11.81	8.93	17.98	13.06	10.32	16.36	10.41	7.36
2019	17.18	11.88	8.81	17.74	13.19	10.17	16.56	10.43	7.31
总和	180.09	84.30	112.20	189.20	97.11	125.05	169.27	69.14	97.02
平均值	18.01	8.43	11.22	18.92	9.71	12.50	16.93	6.91	9.70
标准差	0.91	0.67	0.55	1.01	0.75	0.57	0.79	0.61	0.59
最小值	17.18	7.00	10.45	17.74	8.16	11.51	16.33	5.63	9.13
最大值	20.14	9.16	11.88	21.20	10.57	13.19	18.81	7.53	10.43

（三）人口流动与地方财政支出的相关关系

通过上述分析，我们已经得到人口流动与地方财政支出变动的基本情况。接下来将分别对差分后的户籍人口、流动人口与地方财政支出的相关关系进行统计分析。

1. 户籍人口的变动与地方财政支出的相关关系

图 1 给出了差分后的户籍人口（ΔHp）与总支出（Fex）相关关系的散点图和线性回归拟合图。以差分后的户籍人口作为横坐标轴，总支出作为纵坐标得到的散点图，见图1（a）；剔除了一些离群点后，得到更为明确的图 1（b）。根据图 1（b），差分后的户籍人口与总支出之间呈现出一定的正相关关系，即当户籍人口的变动值增加时，总支出将随之呈上升的趋势。因此，可以说明户籍人口的变动能够影响地方财政支出水平，即可以初步认定所得结果符合本文的 H1。

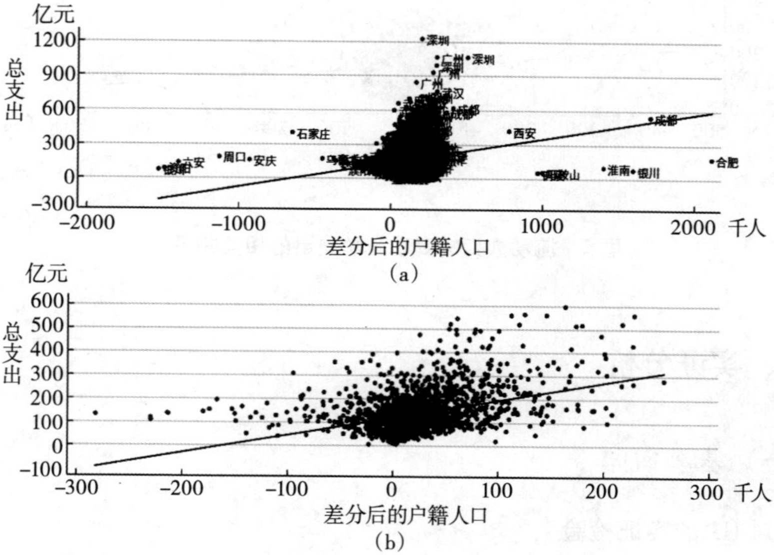

图 1　户籍人口的变动与总支出的相关关系

2. 流动人口的变动与地方财政支出的相关关系

图 2 给出了差分后的流动人口（ΔFp）与总支出（Fex）相关关系的散点图和线性回归拟合图。以差分后的流动人口作为横坐标轴，总支出作为

纵坐标得到散点图，见图2（a）；剔除了一些离群点后，得到更为明确的图2（b）。根据图2（b），差分后的流动人口与总支出之间的相关关系并不明显，即当流动人口的变动值变化时，总支出可能没有影响，说明流动人口的变动与总支出水平的关联程度较低。因此，这就意味着不能认为流动人口的变动能够影响地方财政支出水平，即可以初步认定所得结果符合本文的H2。

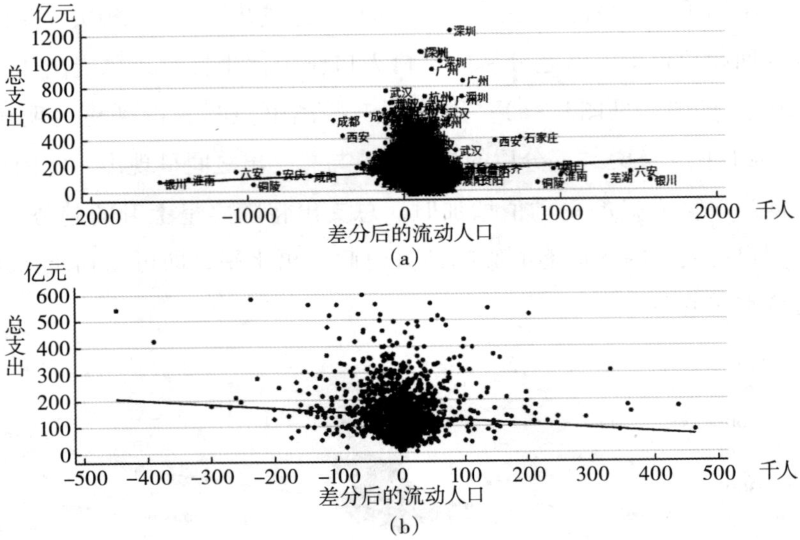

图2　流动人口的变动与总支出的相关关系

六、实证分析

（一）基础回归

1. 对H1的实证检验

表6中是基础回归结果。结果表明，各地级市的户籍人口变动对地方财政支出有显著正向影响，符合本文的预期。具体而言，当被解释变量分别为总支出、教育支出、医疗支出、社保支出时，户籍人口分别通过了1%、5%、1%、1%的显著性水平检验，表明在其他因素不变的情况下，户籍人口每多增加1人，总支出将增加2560元，教育支出将增加1002元，医疗支出将增加

651 元，社保支出将增加 907 元。这就意味着户籍人口的变动确实对地方财政的支出水平有影响，也就说明目前多数地级市的财政支出是按户籍人口进行配置的，与本文的 H1 预期一致。转移支付占支出比重的影响均在 1% 的水平上显著为正，这表明当地户籍人口的变动直接影响公共服务的支出水平，而且对转移支付存在一定的依赖性。

表 6　H1 的实证检验回归结果

变量	(1)	(2)	(3)	(4)
	总支出	教育支出	医疗支出	社保支出
ΔHp	2.560***	1.002**	0.651***	0.907***
	(0.865)	(0.422)	(0.237)	(0.298)
Mt	170.686***	69.266***	36.836***	64.585***
	(33.324)	(18.669)	(9.483)	(12.184)
控制变量	是	是	是	是
时间效应	是	是	是	是
个体效应	是	是	是	是
N	1968	1968	1968	1968

注：*、**、***分别表示在 10%、5%、1% 的显著性水平上显著；括号内为标准差。下同。

2. 对 H2 的实证检验

表 7 表明核心解释变量的系数均在统计上不显著，即各地级市的流动人口变动对地方财政支出的影响不显著，符合本文的预期。这在一定程度上说明，各地级市的流动人口的变动不会对地方财政支出水平产生影响，说明目前多数地级市的财政支出没有充分考虑到流动人口的变化，这与本文的 H2 预期一致。

转移支付占支出比重的影响均在 1% 的水平上显著为正，这表明外来流动人口的变动不会直接影响地方公共服务的支出水平，但是均对转移支付存在一定的依赖性。从回归结果来看，相较于医疗支出，教育支出与社保支出对于转移支付的依赖性较大。

表 7　H2 的实证检验回归结果

变量	(1)	(2)	(3)	(4)
	总支出	教育支出	医疗支出	社保支出
ΔHp	−0.282	0.007	0.016	−0.305
	(0.778)	(0.445)	(0.224)	(0.257)
Mt	173.150***	69.973***	37.270***	65.906***
	(32.361)	(18.007)	(9.172)	(12.432)
控制变量	是	是	是	是
时间效应	是	是	是	是
个体效应	是	是	是	是
N	1968	1968	1968	1968

3. 对 H3 的实证检验

表 8 结果显示，除了被解释变量为人均社保支出外，流动人口的系数均显著为负，即公共服务资源并没有伴随着人口流动而流动，因而流动人口的存在会导致人均财政支出在地区间产生不匹配的现象。通过分析可以发现，在人口流出地，随着人口流出的不断增多（即流动人口的数值不断减少），人均财政支出将增加；在人口流入地，随着人口流入的不断增多，人均财政支出将减少，与预期相一致。

具体来说，第一，从人口流出地的角度来看，流出人口的增加使得地方人均财政支出显著增加，说明人口流出地的地方政府未及时根据当地的实际人口来调整财政支出，在公共服务供给上存在过剩的问题。第二，从人口流入地的角度来看，流入人口的增加使得地方人均财政支出显著减少，说明人口流入地的地方政府没有因为非户籍人口的增加而增加财政支出，使得部分外来流动人员无法享有基本的公共服务，也造成当地的部分公共服务存在供给不足与拥挤的问题。第三，在人口流入地，当被解释变量为人均社保支出时，流动人口的回归系数在统计结果上不显著，其中最主要的是基本养老保险，可能是由于目前跨地区就业时随同转移的便利性，一部分流动人口会选择将基本养老保险关系转移到就业所在地，户籍所在地的地方政府并没有考虑这些人员的社保支出，导致结果的不显著。因此，通过以上分析可以说明，无论是人口流出地流出人数增加，还是流入地流入人数增加，都将导致人均支出的减少，故可以验证本文的H3。

表8　H3的实证检验回归结果

变量	人口流出地				人口流入地			
	(1)	(2)	(3)	(4)	(5)	(6)	(7)	(8)
	人均总支出	人均教育支出	人均医疗支出	人均社保支出	人均总支出	人均教育支出	人均医疗支出	人均社保支出
Fp	-0.460***	-0.197***	-0.200***	-0.092*	-0.526**	-0.287**	-0.170***	-0.079
	(0.103)	(0.047)	(0.032)	(0.047)	(0.227)	(0.140)	(0.061)	(0.061)
Hp	-0.111***	-0.020	-0.049***	-0.046**	-0.371***	-0.143***	-0.096***	-0.124***
	(0.037)	(0.016)	(0.011)	(0.019)	(0.069)	(0.041)	(0.020)	(0.024)
N	1506	1506	1506	1506	708	708	708	708

（二）异质性分析

表9结果表明，第一，在中部和西部地区的样本下，户籍人口的回归系数均显著为正，均通过了5%的显著性水平检验，即户籍人口的变动对地方财政支出的水平有显著正向影响，即可以验证H1。第二，在东部地区的样本下，户籍人口的回归系数在统计结果上不显著，说明户籍人口的变动对于地方财政支出没有影响，一种可能的原因就是，东部地区的公共服务设施已经相对完善，财政资金的配置相对来说已经过饱和，所能容纳的人口远多于目前的户籍人口，所以户籍人口微小的变化不会影响当地的财政支出变化。第三，在东、中、西部地区的样本下，流动人口的系数均在统计结果上不显著，即我们不能认为流动人口的变动对地方财政支出的水平有影响，因此，可以验证H2。第四，在中、西部地区的样本下，转移支付占支出比重的影响均在1%的水平上显著为正，这表明这些区域的财政支出均对转移支付存在一定的依赖性，但是在东部地区的样本下，没有通过显著性检验，这也与我国的转移支付政策相吻合，确实在东部的一些发达地区，多数公共服务支出是由地方政府统一承担的。

表9　分地区样本下的回归结果

变量	(1)	(2)	(3)	(4)	(5)	(6)
	东部地区	中部地区	西部地区	东部地区	中部地区	西部地区
ΔHp	11.065 (7.258)	1.489 ** (0.645)	2.769 ** (1.259)			
ΔFp				0.854 (3.271)	-0.255 (0.442)	-2.086 (1.507)
Mt	66.017 (51.741)	166.406 *** (47.694)	97.203 *** (31.096)	63.193 (52.044)	163.187 *** (48.090)	100.707 *** (30.223)
控制变量	是	是	是	是	是	是
个体效应	是	是	是	是	是	是
N	664	640	664	664	640	664

（三）稳健性检验

1. 剔除极端值的影响

极端值的存在可能会使估计结果存在偏误，为了消除个别异常观测值对回归的影响，首先去除了多个数据异常的样本。相较于其他城市，深圳、广州、武汉、杭州以及苏州的财政支出明显高于全国的平均水平。从差分后的户籍人口、流动人口来看，成都、合肥、银川以及六安的人口变动明显区别于全国的其他城市，以上城市的数据可能存在一定的偏差。其次对主要的连续变量在1%和99%分位数上进行了缩尾处理，剔除个别极端值的影响。对样本进行了双向固定效应回归，回归结果如表10所示，第（1）、第（5）列的被解释变量为总支出；第（2）、第（6）列的被解释变量为教育支出；第（3）、第（7）列的被解释变量为医疗支出；第（4）、第（8）列的被解释变量为社保支出。结果显示，消除个别异常观测值之后，估计结果与基础回归基本一致，在一定程度上说明估计结果是稳健的，回归结果得到验证。

表 10　稳健性检验 1 的回归结果

变量	(1)	(2)	(3)	(4)	(5)	(6)	(7)	(8)
	总支出	教育支出	医疗支出	社保支出	总支出	教育支出	医疗支出	社保支出
ΔHp	1.840 ** (0.801)	0.940 ** (0.404)	0.654 *** (0.201)	0.232 (0.337)				
ΔFp					-0.234 (0.579)	-0.226 (0.229)	-0.107 (0.144)	0.007 (0.275)
控制变量	是	是	是	是	是	是	是	是
时间效应	是	是	是	是	是	是	是	是
个体效应	是	是	是	是	是	是	是	是
N	1896	1896	1896	1896	1896	1896	1896	1896

2. 更改解释变量

这部分将采用差分后的常住人口与户籍人口之比（ΔFh）来代替差分后的流动人口（ΔFp）作为解释变量进行回归，其中常住人口与户籍人口的比值也能在一定程度反映人口流动的情况，当比值大于 1 时，则该地级市为人口流入地，反之则为人口流出地。加入控制变量后，分别对样本进行固定效应回归和双向固定效应回归，结果如表 11 所示，第（1）、第（2）、第（3）、第（4）列采用了固定效应回归，第（5）、第（6）、第（7）、第（8）列采用了双向固定效应回归，第（1）、第（5）列的被解释变量为总支出；第（2）、第（6）列的被解释变量为教育支出；第（3）、第（7）列的被解释变量为医疗支出；第（4）、第（8）列的被解释变量为社保支出，解释变量为差分后的常住人口与户籍人口之比（ΔFh）。

结果显示，替换解释变量后，估计结果与基础回归的结果一致，核心解释变量的系数均在统计结果上不显著，说明基础回归的估计结果是稳健的，即可以验证 H2。

表 11　稳健性检验 2 的回归结果

变量	固定效应回归				双向固定效应回归			
	(1)	(2)	(3)	(4)	(5)	(6)	(7)	(8)
	总支出	教育支出	医疗支出	社保支出	总支出	教育支出	医疗支出	社保支出
ΔFh	-387.331	-155.394	-79.915	-152.021	-428.530	-168.405	-83.563	-176.562
	(416)	(191)	(95)	(143)	(400)	(185)	(92)	(137)
控制变量	是	是	是	是	是	是	是	是
时间效应	否	否	否	否	是	是	是	是
个体效应	是	是	是	是	是	是	是	是
N	1968	1968	1968	1968	1968	1968	1968	1968

3. 更改被解释变量

本部分将分别采用差分后的总支出、教育支出、医疗支出以及社保支出作为被解释变量进行回归。加入控制变量后，对样本进行双向固定效应回归，回归结果如表 12 所示，第（1）、第（2）、第（3）、第（4）列的被解释变量均为差分后的户籍人口，第（5）、第（6）、第（7）、第（8）列的被解释变量均为差分后的流动人口，第（1）、第（5）列的被解释变量为差分后的总支出；第（2）、第（6）列的被解释变量为差分后的教育支出；第（3）、第（7）列的被解释变量为差分后的医疗支出；第（4）、第（8）列的被解释变量为差分后的社保支出。

结果显示，第一，除了被解释变量是差分后的社保支出外，户籍人口变动的回归系数均显著为正，即认为户籍人口的变动对地方财政支出的变动有显著正向影响，可以验证 H1；第二，流动人口变动的回归系数均在统计结果上不显著，与基础回归的回归结果一致，即可以认为多数人口流入地政府未考虑流动人口的公共服务需求，则可以验证 H2。这部分通过改变被解释变量，得到的估计结果与预期一致，在一定程度上可以说明基础回归的结果是稳健的。

在所有回归中，户籍人口变动的系数基本都显著为正，而流动人口变动的系数均在统计结果上不显著，说明地级市的财政支出只是按照户籍人口来配置，并未充分考虑将流动人口纳入地方财政预算支出中，即可以验证 H1、H2。

表 12　稳健性检验 3 的回归结果

变量	(1) 差分后总支出	(2) 差分后教育支出	(3) 差分后医疗支出	(4) 差分后社保支出	(5) 差分后总支出	(6) 差分后教育支出	(7) 差分后医疗支出	(8) 差分后社保支出
ΔHp	0.687* (0.373)	0.581*** (0.181)	0.250*** (0.093)	-0.082 (0.237)				
ΔFp					0.307 (0.607)	0.204 (0.339)	0.062 (0.158)	0.076 (0.191)
控制变量	是	是	是	是	是	是	是	是
时间效应	是	是	是	是	是	是	是	是
N	1968	1968	1968	1968	1968	1968	1968	1968

七、结论和启示

本文以 2010—2019 年 246 个地级市的流动人口对地方财政支出的影响为出发点，运用面板数据的研究方法分析我国各地级市在财政支出方面对流动人口的配置情况，结合实证回归结果得出以下几点结论。

第一，从总体上来看，这 10 年间我国的人口流动规模十分巨大，但各省份间的流动人口分布极不平衡。中西部多数省份以人口流出为主，其中大部分为人口净流出的省份，而东部地区多以人口流入为主，少数省份聚集了全国绝大部分的流动人口。

第二，从户籍人口的角度来看，目前我国大多数地区的财政资金还是以户籍人口为基础进行配置，使得多数人口流出地的财政支出形成一定的浪费。具体来说，地方政府由于财政支出的刚性需求，不会因为人口流出而相应减少公共服务支出，反而会因为户籍人口的增加而过多投入资金，当地的实际流出人口增加，常住人均财政支出会随之而增加，表明在这些地区存在过度供给、公共支出效率低下等问题。

第三，从流动人口的角度来看，地方政府没有随人口流动规模的变化而对地方财政支出水平进行相应调整。结果证明，多数人口流入地的政府并未能充分考虑因为当地流入人口规模的增加而相应增加支出，当地的实际流入人口增加，常住人均财政支出会随之而下降，这就会造成流入地的公共服务拥挤，也使得部分外来流动人员无法享有基本的公共服务，同时会增大当地的财政压力。

如何公平有效地解决流动人口的财政资金配置问题，是我国地方政府面临的重大挑战。当前，以户籍人口为准的地方公共管理体制，难以有效地向流动人口提供精准的公共服务。由此带来如下政策启示：

第一，建立城镇教育、社会保障、医疗卫生等基本公共服务与流动人口挂钩的机制，加快地方公共资源按常住人口的数量进行配置的改革进程，尤其是要注重流动人口的保障问题。第二，在充分权衡中央和地方政府事权与财权的基础上，进一步完善财政转移支付体系，建立全国性异地公共服务机制，以满足流动人口的基本公共需求。第三，为了防止地区差距过大、人口流动加剧，要加大落后地区的扶持力度，提高人口流出地的基本公共服务质量，以避免人口流出问题的进一步恶化。

本文在已有研究的基础上，取得了一些初步的结论。本文可能的创新点主要在于：第一，研究角度的创新。本文是以人口流动的变动为出发点，直接研究人口流动对地方财政支出影响的文献相对较少，这是文章最大的创新点之一，区别于以往的多数研究。第二，研究数据的创新。本文基于全国的246个地级市数据，并运用了差分化的数据处理方式，以往的研究中很少有人从全国的角度去考察人口流动对于地方财政支出的影响，因此本文所得到的结论更加全面合理。

同时，本文还存在一些不足，在未来的研究中还会进一步完善。首先，在人口统计时，由于我国地级市个数过多，时间跨度较长，统计口径难免不能做到全部统一，另外，我国某些地级市的人口流动数据缺失严重，本文也用到了一些平均值填补的方法，致使数据本身可能存在误差；其次，本文对于流动人口的计算也略显粗糙，没有考虑市辖区内人户分离的人口，可能会使数据发生一定的偏离；最后，由于影响地方财政支出的因素众多，模型构建的过程中难免会有遗漏的控制变量，使结果出现偏误。未来还需在这些方面继续开展深入的研究。

参考文献

[1] 孙红玲．候鸟型农民工问题的财政体制求解[J]．中国工业经济,2011(1):15 –26.

[2] TIEBOUT C. M. A Pure Theory of Local Expenditures[J]. Journal of Political Economy, 1956 (64) : 416 –424.

[3] OATES W. E. The Effects of Property Taxes and Local Public Spending on Property Values: An Empirical Study of Tax Capitalization and the Tiebout Hypothesis[J]. Journal of Political Economy, 1969 (77) : 957 –971.

[4] MCGUIRE MARTIN. Private Good Clubs and Public Good Clubs: Economic Models of Group Formation[J]. The Swedish Journal of Economics, 1972 (74) : 84 –99.

[5] HAMILTON B. Zoning and Property Taxation in a System of Local Governments [J]. Urban Studies, 1975 (12) : 205 –211.

[6] 王德祥,李建军．人口规模、"省直管县"对地方公共品供给的影响——来自湖北省市、县两级数据的经验证据[J]．统计研究,2008,25(12):15 –21.

[7] 王春福．公民身份与城市外来人口公共服务的供给——基于杭州市外来人口调查的分析[J]．浙江社会科学,2010(11):54 –60,127.

[8] 付文林．人口流动、增量预算与地方公共品的拥挤效应[J]．中国经济问题,2012(1):41 –53.

[9] 江依妮．外来人口聚集地区公共服务支出研究——以广东省为例[J]．人口与经济,2013(5):56 –62.

[10] 王金营,李庄园．快速成长城市流动人口对财政支出规模影响研究——以宁波市为例[J]．财政研究,2015(12):82 –89.

[11] 甘行琼,刘大帅,胡朋飞．流动人口公共服务供给中的地方政府财政激励实证研究[J]．财贸经济,2015(10):87 –101.

[12] 陶红,杨东平,张月清．基于人口流动的义务教育资源配置[J]．上海教育科研,2010(11):4 –7.

[13] 段哲哲,黄伟任．流动人口对地方政府基础教育公共财政支出的影响研究——基于2010—2014年福建省58个县市数据分析[J]．教育学术月刊,2016

(6):46－52.

[14] 程海峰.流动人口社会保障问题初探[J].统计与决策,2005(1):87－88.

[15] 郑秉文.改革开放30年中国流动人口社会保障的发展与挑战[J].中国人口科学,2008(5):2－17,95.

[16] 佟哲.我国流动人口社会保障问题浅析[J].科技创业月刊,2010,23(6):111－112.

[17] 韩枫.城镇流动人口社会保障参保率的影响因素研究——基于京津冀流动人口动态监测数据的分析[J].人口学刊,2016,38(1):61－67.

[18] 阳玉香,莫旋,唐成千.我国流动人口社会保障参保影响因素研究——基于2014年全国流动人口动态监测数据的分析[J].商业研究,2017(7):178－183.

[19] 史桂芬,王佳.人口流动对地方医疗卫生支出影响的实证分析——基于空间面板模型[J].东北师范大学学报(哲学社会科学版),2017(5):25－30.

2018年个税改革的消费效应研究

周雨清　马小勇[①]

摘　要：为了鼓励消费，启动内需，刺激经济增长，从2018年10月1日起，个税"免征额"提高至每月5000元，2019年开始实施包括子女教育、继续教育、大病医疗、住房贷款利息或住房租金、赡养老人等专项扣除等在内的多项减税措施。本文利用2015—2019年27个省份的省际面板数据，通过面板模型对此次个税改革与居民消费的关系进行经验研究。结果表明，本次个税改革启动后居民边际消费倾向有所提高。分地区来看，东部和中部地区边际消费倾向均受到显著正向影响，而西部地区的边际消费倾向较改革前降低。对城镇居民消费支出进行研究发现，全国样本、东部地区样本和中部地区样本的边际消费倾向较改革前显著增加，而西部地区不显著。整体而言，此次个税改革成效较为显著。得出结论：要进一步促进居民消费，个人所得税有必要继续施行减税政策，同时需进一步调节收入分配差距，使低收入者消费水平增加，从而提高整体消费水平。具体对策包括：个人所得税制度应该增加动态化调整机制；个税改革效应的充分发挥需要相应的配套政策措施；提高低收入者补贴标准，适时考虑负所得税制度；增加家庭合并征税模式。

关键词：个税改革；居民消费

---

① 作者简介：周雨清（1998—），陕西咸阳人，西北大学经济管理学院2019级财政学专业硕士研究生；马小勇（1974—），陕西大荔人，西北大学经济管理学院副教授。

一、引言

改革开放40多年来，我国市场经济体制逐步健全，国民经济快速发展，如今已成为世界第二大经济体。但在这一过程中，经济增长主要还是依赖投资和出口，2008年全球金融危机爆发后，随着世界经济的萎靡，我国投资出口受到严重冲击，伴随着经济下滑，国家整体消费动力不足的问题显现。在中美贸易摩擦不断升级的国际情势下，我国对外出口明显受阻，转变经济增长方式，依靠内需特别是消费拉动经济成为必然选择。但近年居民消费率对经济增长的贡献率呈现出逐步下降的趋势，从2000年的46.7%降至2019年的38.8%，远低于大多数发达国家70%的平均水平，这成为我国经济持续健康发展的重要制约因素。偏低的居民消费率不仅说明我国居民消费需求不足，国家经济增长的动力不够，而且反映了当前经济结构不合理、发展不平衡的问题。

减税政策被国际上普遍认为是扩大内需、提高居民消费水平最主动、最有效的措施，其中个人所得税与居民消费是最直接相关的。为了鼓励消费，启动内需，刺激经济增长，2005年10月第十届全国人民代表大会常务委员会第十八次会议通过《关于修改〈中华人民共和国个人所得税法〉的决定》，将费用扣除标准自800元提升至1600元（自2006年1月1日起执行）。随着我国物价水平的上涨，2005年制定的费用扣除标准已经难以跟上当时的物价水平，2007年12月第十届全国人民代表大会常务委员会第三十一次会议通过《关于修改〈中华人民共和国个人所得税法〉的决定》，将费用扣除标准自1600元提升至2000元（自2008年3月1日起执行）。为进一步降低中低收入者税收负担，强化税收对收入分配的调节作用，2011年6月30日，第十一届全国人大常委会第二十一次会议通过《关于修改〈中华人民共和国个人所得税法〉的决定》，对减除费用标准、税率表、申报时间等方面都进行了调整，使个人所得税法向着“提低、扩中、调高”的改革目标进一步完善（自2011年9月1日起执行）。随着全社会对收入分配制度改革的期待日渐强烈，个税改革的呼声也随之高涨。2018年8月31日，第十三届全国人大常委会第五次会议表决通过了《关于修改〈中华人民共和国个人所得税法〉的决定》，决定自 2019 年 1 月 1 日起施行，但“免征额”提高至每月 5000 元等部分减税政策，从 2018 年 10 月 1 日起先行实施。

Hsieh（2003）、Johnson 等（2006）通过对美国家庭调查数据的研究发现，历史减税政策可有效提高居民消费水平；Athanasios（2007）通过对 OECD 19 个国家的税收政策进行研究，结果表明，与经济繁荣期相比，经济萧条时财税政策对居民消费的影响更明显。Macek（2014）采用 OECD 2000—2011 年的面板数据，指出个人所得税不利于经济的可持续发展。

王鑫和吴斌珍（2011）通过研究 36 个大中城市的季度数据，发现 2006 年个税起征点变化显著提高了城镇居民消费水平。黄晓虹（2018）基于 PSM 方法利用 CHIP 城镇居民微观数据对 2011 年个税改革进行研究，结果表明提高免征额可促进居民消费，而相对来说，调整免征额的同时降低边际税率、减少税率级数的减税措施，更有利于刺激消费。徐润、陈斌开（2015）基于北京大学中国家庭追踪调查（CFPS）微观面板数据研究发现，减税政策对于提升工薪阶层消费效果非常显著，个税下降 100 元，居民消费将上升 138 元；由于流动性约束、预防性储蓄和短视行为等因素的影响，个税改革对不同类型家庭消费的刺激效果存在明显的异质性；同时，税收下降对个体户消费行为影响较小且不显著。赵达、王贞（2020）基于中国城镇住户调查 2010—2012 年月度数据研究发现：第一，2011 年 6 月底个人所得税法修正案获得通过时，工薪家庭消费便已显著增加，并在 2011 年 9 月正式实施时达到最大，随后逐步下降，两个月后达到较高稳态（约为 0. 20），但在统计意义上并不显著。与既往研究不同，这说明税收减免只在短期内提高家庭消费，忽略家庭预期将会导致减税效应被低估。第二，家庭增加的支出以服务消费和食物消费为主，耐用消费和债务支出并未显著调整，这可能与减免力度有关。第三，与常规认知不同，政策边际消费倾向更多地随着减税率（而非收入水平或者流动率）增加单调递减。廖楚晖、魏贵和（2013）通过近 20 年非平衡数据，运用群组协整检验的方法对我国城镇居民收入与消费的个人所得税效应进行了分析，发现从长期来看个人所得税并没有体现出与城镇居民消费和人均可支配收入之间的关系，但在一定程度上影响了城镇居民消费性支出，呈现出不显著且微弱的负相关关系；而城镇居民可支配收入对城镇居民消费支出的影响较为显著。王玉晓等（2020）基于Barro理论模型，构建个人所得税、影响居民消费的理论模型，利用中国省级面板数据，运用工具变量法考察了全国和东中西部地区个人所得税对居民消费的影响。结果表明个人所得税在全国、中部地区对居民消费有正向效应，在东西部地区为负向效应。周清（2020）详细解释了绝对收入假说、相对收入假说、生命周期假说下个人所得税对消费的影响，解读了2018年个税改革的核心内容，并提出个人所得税的减税措施确实提高了居民可支配收入，但对居民消费的刺激作用在短期内并未显现。

目前，国内对个税改革的研究更多地集中在分配效应，消费效应研究较少。2018年个税改革至今，对消费效应研究集中在理论上，实证研究不足。本文利用宏观经济数据，对个税改革的消费效应研究进行补充。

二、个人所得税及居民消费现状

（一）2018年个税改革政策解读

我国个人所得税制度自1980年建立以来，经历了多次改革，要点主要涉及纳税人、税目、税率和费用扣除标准，特别是个人费用扣除标准，从1980年的800元逐步提高到2018年的5000元。2018年8月31日，第十三届全国人大常委会第五次会议再次审议通过了个人所得税法修正案草案。本次个税改革内容主要包括：

1. 简并所得项目，综合与分类相结合

一直以来，我国个人所得税都是采用分类税制，将个人不同的所得项目进行分类，分别适用不同的费用扣除标准和不同的税率，但会导致与不同性质的所得之间税负不公平。因此，个税改革的方向就是建立综合与分类相结合的个人所得税制度。按个税新法，工资薪金所得、劳务报酬所得、稿酬所得、特许权使用费所得作为综合所得，按照统一的超额累进税率实行按月或按次分项预缴、按年汇总计算、多退少补的征管模式。

2. 提高个人所得税纳税起征点

本次个税新法规定，居民个人的综合所得以每一纳税年度的收入额减除费用 6 万元以及专项扣除、专项附加扣除和依法确定的其他扣除后的余额，为应纳税所得额。对纳税人在 2018 年 10 月 1 日（含）后实际取得的工资薪金所得，减除费用统一按照 5000 元/月执行，并适用新税率表；对个体工商户业主、个人独资企业和合伙企业自然人投资者、企事业单位承包承租经营者 2018 年第四季度取得的生产经营所得，减除费用按照 5000 元/月执行。

3. 设立专项附加扣除

新个税不仅提高了全国统一的基本减除费用标准，更是在“五险一金”专项扣除的基础上，增加了专项附加扣除，包括子女教育、继续教育、大病医疗、住房贷款利息或住房租金、赡养老人等支出，从而使所得税前的费用扣除变得更加个性化，更加贴近纳税人的实际情况。这一政策主要是考虑个人负担的差异性，使税负更为公平，同时也是近年来社会经济形势变化的需要。

4. 调整优化税率结构

新个税还调整优化了现有的税率结构，以原工资、薪金所得税率（3% ~ 45% 的 7 级超额累进税率）为基础，扩大 3%、10%、20% 三档低税率的级距。具体来看，原税率为 10% 的部分所得的税率降为 3%；原税率为 20% 的部分所得的税率降为 10%；原税率为 25% 的部分所得的税率降为 10% 或 20%；而 30%、35%、45% 这三档较高税率的级距保持不变。表 1 是比较税率调整前后应纳税所得额的变化。横向对比可以发现，减税影响最大的是年收入在 20.4 万 ~ 36 万元的中等收入群体。

表 1　个税改革前后应纳税额与平均税率对比

	2018 年个税改革前		2018 年个税改革后		
年税前收入/万元	年应纳税额/元	平均税率/%	年应纳税额/元	平均税率/%	应纳税额减少占税前收入比重/%
0 ~ 4.2	0	0.00	0	0.00	0
4.2 ~ 6.0	0 ~ 540	0.00 ~ 0.90	0	0.00	0.9
6.0 ~ 9.6	540 ~ 4140	0.90 ~ 4.31	0 ~ 1080	0.00 ~ 1.13	0.9 ~ 3.1
9.6 ~ 15.0	4140 ~ 14940	4.31 ~ 9.96	1080 ~ 6480	1.13 ~ 4.32	3.1 ~ 5.64

续表

年税前收入/万元	2018 年个税改革前		2018 年个税改革后		应纳税额减少占税前收入比重/%
	年应纳税额/元	平均税率/%	年应纳税额/元	平均税率/%	
15.0 ~20.4	14940 ~28440	9.96 ~13.94	6480 ~11880	4.32 ~5.82	5.64 ~ 8.1
20.4 ~36.0	28440 ~67440	13.94 ~18.73	11880 ~43080	5.82 ~11.97	6.77 ~8.1
36.0 ~46.2	67440 ~92940	18.73 ~20.12	43080 ~68580	11.97 ~14.84	5.27 ~6.77
46.2 ~48.0	92940 ~98340	20.12 ~20.49	68580 ~73080	14.84 ~15.23	5.26 ~5.27
48.0 ~70.2	98340 ~164940	20.49 ~23.50	73080 ~139680	15.23 ~19.90	3.6 ~5.26
70.2 ~72.0	164940 ~171240	23.50 ~23.78	139680 ~145080	19.90 ~20.15	3.6 ~3.63
72.0 ~100.2	171240 ~269940	23.78 ~26.94	145080 ~243780	20.15 ~24.33	2.61 ~3.63
100.2 ~102.0	269940 ~278040	26.94 ~27.26	243780 ~250080	24.33 ~24.52	2.61 ~2.74

（二）个人所得税变化分析

个人所得税是与人民群众切身利益密切相关的税种，每次变革都会对居民生活产生重大影响。随着 GDP 持续增长，税收收入总量也不断增加，个税收入规模不断扩大。2018 年个税政策发生变革，居民纳税起征点发生变动，第四季度后国家征收的个人所得税财政收入较之前年度下降，个税增长率降为负值。从收入占比来看，我国个人所得税占 GDP 比重较低，改革前占比基本在 1% ~2%，改革后低于 1%；改革后个税占税收收入比重同比下降，基本维持在 5% ~8%，远低于发达国家个税占税收收入中的比重。我国居民收入存在较大差距，这在行业间、地区间均有体现，个税占比过低不利于国家通过个税改革调节收入差距、刺激经济发展。

表 2　我国个人所得税收入总量变动

时间	GDP/十亿元	税收收入/十亿元	个人所得税收入/十亿元	个税收入增长率/%	个人所得税占 GDP 比重/%	个人所得税占税收收入比重/%
2015Q1	15113.79	3056.33	203.03	—	1.763687	8.721571
2015Q2	16854.97	3594.33	210.81	3.83	1.237973	5.805254
2015Q3	17659.77	2812.49	226.67	7.52	1.135179	7.127848
2015Q4	19257.29	3026.05	228.95	1.01	0.966439	6.150262

续表

时间	GDP/十亿元	税收收入/十亿元	个人所得税收入/十亿元	个税收入增长率/%	个人所得税占GDP 比重/%	个人所得税占税收收入比重/%
2016Q1	16241	3295. 39	239. 95	4. 80	1. 93972	9. 559718
2016Q2	18140. 82	3928. 2	257. 11	7. 15	1. 402858	6. 47854
2016Q3	19101. 06	2864. 46	249. 59	-2. 92	1. 155643	7. 706165
2016Q4	21156. 62	2947. 35	268. 97	7. 77	1. 033435	7. 418189
2017Q1	18186. 77	3779. 35	290. 84	8. 13	2. 099603	10. 10359
2017Q2	20195. 03	4228. 05	296. 47	1. 93	1. 45308	6. 940552
2017Q3	21278. 93	3302. 7	296. 20	-0. 09	1. 231077	7. 931692
2017Q4	23542. 87	3125. 9	319. 04	7. 71	1. 101565	8. 296491
2018Q1	20203. 57	4433. 16	351. 10	10. 05	2. 281577	10. 398
2018Q2	22396. 22	4731. 69	355. 34	1. 21	1. 570444	7. 433285
2018Q3	23447. 43	3585. 75	364. 32	2. 53	1. 37418	8. 985847
2018Q4	25880. 89	2891. 5	310. 39	-14. 80	0. 974889	8. 725921
2019Q1	21716. 83	4670. 6	246. 71	-20. 52	1. 49147	6. 934869
2019Q2	24150. 26	4571. 8	242. 47	-1. 72	0. 993778	5. 249573
2019Q3	25104. 63	3454. 6	264. 81	9. 21	0. 932896	6. 779367
2019Q4	27679. 8	3102. 2	296. 11	11. 82	0. 869587	7. 75901

如表 2 所示，2018 年第三季度之后，财政个人所得税收入大幅降低，环比下降了 17. 33 个百分点。2019 年第二季度之后，个人所得税又有上升趋势，但总量与 2018 年同期相比下降。

（三）居民人均消费支出和结构的变化趋势分析

1. 消费支出总量的变化趋势

由表 3 可知，居民消费支出基本呈线性上升，2019 年第一季度有明显波动，全体居民的人均消费支出跨越了 5000 元大关，居民消费水平明显提高。

随着经济体制的不断演变，市场主体的多元化造就了商品供给的多元化，居民消费也朝着多样化、差异化方向发展。根据《中国统计年鉴》对消费支出的划分标准，可分为食品烟酒、衣着、居住、生活用品及服务、交通通信、教育文化娱乐、医疗保健及其他等八类消费支出。

从绝对额上看，虽然季度之间有波动，但总体上各项消费支出均逐年增长。其中食品、居住、交通支出是居民消费的主要项目。但随着经济的发展，居民其他方面的支出也逐年增加，且占消费支出比重越来越高。我国居民越来越追求更高层次的消费，基尼系数有明显下降。

表3 居民消费支出绝对额

时间	居民人均消费支出/元	居民消费支出增长率/%	食品烟酒支出/元	衣着支出/元	居住支出/元
2015Q1	3797.08	—	1165.52	291.57	835.39
2015Q2	3892.07	2.50	1164.46	287.16	840.13
2015Q3	3983.35	2.35	1217.13	295.86	878.86
2015Q4	4026.27	1.08	1258.22	289.41	861.52
2016Q1	4117.08	2.26	1255.11	293.33	890.96
2016Q2	4184.85	1.65	1256.91	293.54	930.51
2016Q3	4269.16	2.01	1277.79	304.04	937.44
2016Q4	4392.91	2.90	1316.04	304.50	955.01
2017Q1	4423.69	0.70	1308.58	291.07	967.11
2017Q2	4471.19	1.07	1336.91	312.73	996.50
2017Q3	4554.87	1.87	1318.43	313.11	1028.97
2017Q4	4634.93	1.76	1343.84	312.98	1057.40
2018Q1	4733.96	2.14	1369.63	317.26	1087.92
2018Q2	4895.59	3.41	1392.58	315.00	1105.94
2018Q3	4881.46	-0.29	1397.09	305.01	1140.25
2018Q4	4973.45	1.88	1373.66	322.98	1215.31
2019Q1	5043.51	1.41	1408.92	321.12	1182.36
2019Q2	5225.91	3.62	1468.16	326.43	1228.50
2019Q3	5311.03	1.63	1505.74	322.45	1236.42
2019Q4	5360.84	0.94	1532.78	330.06	1258.46
2015Q1	238.95	503.80	364.16	272.75	94.79
2015Q2	236.17	529.31	463.94	283.04	95.80
2015Q3	235.46	537.74	435.89	298.41	101.54
2015Q4	239.72	517.02	453.69	310.97	97.54
2016Q1	254.55	547.20	462.69	297.22	97.95

续表

时间	居民人均消费支出/元	居民消费支出增长率/%	食品烟酒支出/元	衣着支出/元	居住支出/元
2016Q2	251.78	570.82	457.49	326.77	97.48
2016Q3	259.16	589.26	489.13	322.04	97.98
2016Q4	269.26	610.73	482.43	352.21	109.88
2017Q1	263.87	612.84	523.23	342.47	108.75
2017Q2	274.03	606.21	482.62	352.55	109.29
2017Q3	285.73	605.88	522.47	370.70	109.99
2017Q4	282.93	639.80	523.19	368.61	113.80
2018Q1	294.06	637.63	491.83	409.53	115.07
2018Q2	303.56	651.17	589.82	418.09	117.18
2018Q3	298.55	663.78	537.65	413.32	117.33
2018Q4	303.96	671.81	566.30	413.66	118.96
2019Q1	300.92	682.33	589.30	443.96	122.01
2019Q2	315.04	696.63	593.05	453.48	131.69
2019Q3	300.67	703.90	625.24	465.44	132.33
2019Q4	326.99	697.46	622.19	486.96	124.31

2. 居民消费支出结构变化趋势

居民消费支出及各分项支出总体上是随着经济的发展、时间的推移波动增加的，同时各分项支出占总消费支出的比重也是波动变化的。从表 4 可以看到，食品烟酒支出在居民消费中占据主要地位，但占比却是不断下降的。衣着作为基本的生活需求，其支出在消费占比中略有下降。表明随着收入的提高，居民不仅仅只在乎满足基本生活需求，对其他更高层次的消费需求增大。居住支出占第二大主要地位，且占比不断提升，这可能与我国的房地产泡沫有关。医疗保健支出占消费支出比重不断提升。其他分类的消费支出占比基本稳定。

表4 我国居民消费结构 （%）

时间	食品烟酒支出占比	衣着支出占比	居住支出占比	生活用品及服务支出占比	交通通信支出占比	教育文化娱乐支出占比	医疗保健支出占比	其他支出占比
2015Q1	30.70	7.68	22.00	6.29	13.27	9.59	7.18	2.50
2015Q2	29.92	7.38	21.59	6.07	13.60	11.92	7.27	2.46
2015Q3	30.56	7.43	22.06	5.91	13.50	10.94	7.49	2.55
2015Q4	31.25	7.19	21.40	5.95	12.84	11.27	7.72	2.42
2016Q1	30.49	7.12	21.64	6.18	13.29	11.24	7.22	2.38
2016Q2	30.03	7.01	22.24	6.02	13.64	10.93	7.81	2.33
2016Q3	29.93	7.12	21.96	6.07	13.80	11.46	7.54	2.29
2016Q4	29.96	6.93	21.74	6.13	13.90	10.98	8.02	2.50
2017Q1	29.58	6.58	21.86	5.97	13.85	11.83	7.74	2.46
2017Q2	29.90	6.99	22.29	6.13	13.56	10.79	7.88	2.44
2017Q3	28.95	6.87	22.59	6.27	13.30	11.47	8.14	2.41
2017Q4	28.99	6.75	22.81	6.10	13.80	11.29	7.95	2.46
2018Q1	28.93	6.70	22.98	6.21	13.47	10.39	8.65	2.43
2018Q2	28.45	6.43	22.59	6.20	13.30	12.05	8.54	2.39
2018Q3	28.62	6.25	23.36	6.12	13.60	11.01	8.47	2.40
2018Q4	27.62	6.49	24.44	6.11	13.51	11.39	8.32	2.39
2019Q1	27.94	6.37	23.44	5.97	13.53	11.68	8.80	2.42
2019Q2	28.09	6.25	23.51	6.03	13.33	11.35	8.68	2.52
2019Q3	28.35	6.07	23.28	5.66	13.25	11.77	8.76	2.49
2019Q4	28.59	6.16	23.47	6.10	13.01	11.61	9.08	2.32

三、理论分析

（一）理论机制

个人所得税对居民消费的影响不是直接的，而是通过调节居民人均可支配收入进而作用于消费。个人所得税影响居民消费的途径主要有三条。

第一，个税可以通过改变可支配收入约束，通过税收的收入效应和替代效应影响居民消费。

个人所得税的收入效应是指由于开征个税导致纳税人可支配收入绝对额减少，降低其消费意愿，从而减少即期消费。个人所得税的替代效应是指征收个人所得税会降低储蓄的收益率，或者说相对于消费，储蓄的价格更加昂贵，从而使居民降低储蓄，增加即期消费。为了更直观地阐释个人所得税对消费需求的影响，下面以征税前后的无差异曲线和预算线进行说明（见图 1）。

图 1　征税前后无差异曲线和预算线说明

假设个人的当期收入为 Y，收入用于储蓄和消费，C_1 为当期消费，C_2 为储蓄，$Y = C_1 + C_2$。在征税前，无差异曲线和预算线分别为 U_1 和 A_1B_1，均衡点为 X_1，此时最优的当期消费为 P_1，当期储蓄为 Q_1。在征收个人所得税后，预算线下移至 A_2B_2 与无差异曲线 U_2 相交于 X_2 点，个人收入下降为 $(1-t)\ Y$，此时最优消费为 P_2，最优储蓄为 Q_2，可以看出，征收个人所得税后，居民消费和储蓄都有相应下降，P_2P_1 为征收个税后带来的收入效应。此时，如果对利息征税的话，预算线将由 A_2B_2 变为 A_2B_3，由此带来的替代效应会提高居民消费倾向，增加当期消费，减少当期的储蓄。由于 2008 年 10 月后我国免征存款利息所得税，故本文只讨论收入效应。

第二，个人所得税通过调节居民收入分配进而对不同收入居民消费支出产生影响。我国个人所得税税率具有累进性，每增加一级收入，纳税人自动进入下一层纳税层级，即高收入者适用高税率，中低收入者适用于较低税率或者不征税。正是基于个人所得税本身的累进性特质，对税率结构的调整会对不同收入组的纳税人产生不同的收入分配效应。根据凯恩斯绝对收入理论，消费的增加会随着收入的增加而倾向于不断地减少，因此高收入阶层的边际消费倾向应小于中低收入者的边际消费倾向。

第三，个人所得税在长期内还会影响劳动供给，改变闲暇和消费的价格进而作用消费。

征收个人所得税对劳动供给存在收入效应和替代效应。征税导致消费者的可支配收入减少，为了维持税前的效用水平，消费者会增加劳动供给，即个人所得税对劳动供给的收入效应。同时，征收个人所得税会改变消费者对闲暇和劳动的选择。消费者的闲暇价格和劳动相比，变得更为低廉，会促使消费者为了实现自身效用最大化选择更多的闲暇而减少劳动。个人所得税对劳动的供给基于收入效应和替代效应的博弈。在假定市场对劳动力需求不变时，个人所得税对劳动供给的收入效应和替代效应会对就业产生冲击，促使劳动者增加或减少劳动供给，导致其收入产生不稳定性，从而影响消费。由于本文关注的是个税改革通过影响收入从而影响消费支出，故不对劳动供给做过多赘述。

（二）凯恩斯绝对收入理论

凯恩斯是最早提出有关收入与消费之间关系的经济学家，他认为影响消费的因素有很多，但收入是决定性的因素。消费与收入之间存在如下函数关系：

$$C=\alpha+\beta Y \tag{1}$$

其中，α 表示自主消费，即与收入无关的消费，以常量形式存在；Y 表示居民可支配收入；β 表示消费对于可支配收入的边际消费倾向，β 大于 0 但小于 1。

考虑到政府向居民征收个人所得税，因此直接决定消费的实际上是居民可支配收入 Yd。居民可支配收入是从居民收入中扣除包括个人所得税后的收入。2018 年个税改革不仅改变了税率，居民的纳税起征点也发生了变化，故假设所得税税率为 t，那么其可支配收入 Yd 可表示为（$1-t$）Y。于是有：

$$C=\alpha+\beta Yd=\alpha+\beta(1-t)Y=\alpha+\beta(1-t)Y \tag{2}$$

据此，消费对于居民收入的边际消费倾向可以用 $\beta(1-t)$ 来表示。显然，税率的降低可以使边际消费倾向提高，最终增加消费需求，从而起到扩张总需求的作用。起征点变化对消费的影响在常数项中显示。

根据以上分析，个税影响消费主要是通过（$1-t$）Y。为了讨论个税本身对消费的影响，本文重点关注β（$1-t$），也就是研究消费相对于平均个人收入的边际消费倾向。基于以上分析，本文提出如下研究假设：

假设：个税改革会增加居民的边际消费倾向。

四、指标设计及实证检验

（一）估计方法

本文对上述凯恩斯消费模型进行相应修正，引入个税改革作为虚拟变量，通过交互变量来验证 2018 年个人所得税改革对居民消费的影响。提出以下模型：

$$居民人均消费支出_{it}=\alpha_1 平均个人收入_{it}+\alpha_2 个税改革_{it}+\alpha_3 个税改革\times 平均个人收入_{it}+\alpha_4 D_{it}+\varepsilon_{it}$$

其中，D 表示控制变量，本文主要关注 α_3，即个税改革后的边际消费倾向。

（二）数据来源和变量说明

本文采用全国 27 个省份 2015—2019 年季度数据，数据来源于国家统计局和各省份统计年鉴。基于上述分析，本文选取居民人均消费支出作为被解释变量。主要解释变量包括平均个人收入、个税改革虚拟变量、个税改革和平均个人收入的交互项。控制变量包括总抚养比、城镇化率、失业率、民生支出水平、储蓄利率等。①平均个人收入是国内生产总值（GDP）在扣除企业未分配利润、公司所得税、社会保险税费的基础上加上转移支付得到个人收入总量，然后除以人口数量得到，用以衡量消费者税前收入。本文用人均 GDP 数据来表示该指标。②个税改革虚拟变量是一个二值变量，用来反映个税改革对于消费的影响，在 2018 年第四季度个税改革之后该变量值取 1，之前则取 0。③个税改革和平均个人收入相乘得到二者的交互变量，可用该交互变量的系数与改革前相比，来反映边际消费倾向的变化。④总抚养比是指人口中非劳动年龄人口数与劳动年龄人口数之比，由于总抚养比只有年度数据，故统一使用当年的抚养比数值。⑤失业率是指一定时期失业人口在全部劳动人口中所占的比重。⑥民生支出水平是地方财政在教育、医疗、社保就业和住房保障等民生方面的支出，用 2015—2019 年各年该支出在全部财政支出中所占的比重来衡量。⑦城镇化率是城市化的度量指标，即城镇人口占总人口（包括农业与非农业）的比重。⑧储蓄利率指央行一年期存款基准利率，用来表示储蓄的价格。省级数据的变量统计见表5。

表5　省级数据的变量统计　　单位：万元

变量	样本数	均值	标准差	最小值	最大值
居民人均消费支出	540	0.459	0.172	0.238	1.089
平均个人收入	540	1.498	0.7	0.223	3.912
个税改革	540	0.25	0.433	0	1
总抚养比	540	38.345	6.392	25.67	51.12
失业率	540	3.182	0.642	1.3	4.5
民生支出水平	540	41.71	4.022	28.06	50.21
城镇化率	540	60.375	11.358	42.01	88.3
储蓄利率	540	1.587	0.241	1.5	2.5

表6是分地区的变量统计。可以看出，个人收入和人均消费支出均值东部地区 > 中部地区 > 西部地区。将个人收入季度数据换算成年度，东部地区个人收入平均为8.24万元，中部地区为4.56万元，西部地区为4.32万元。由表6可知，理论上东部地区受到个税改革影响，大于中部地区大于西部地区。

表6　分地区变量季度数据描述统计　　单位：万元

变量	东部地区		中部地区		西部地区	
	样本数	均值	样本数	均值	样本数	均值
居民人均消费支出	220	0.594	160	0.375	160	0.356
平均个人收入	220	2.06	160	1.142	160	1.082
个税改革	220	0.25	160	0.25	160	0.25
总抚养比	220	35.379	160	39.094	160	41.675
失业率	220	3.056	160	3.277	160	3.26
民生支出水平	220	39.489	160	43.389	160	43.086
城镇化率	220	69.875	160	55.635	160	52.052
储蓄利率	220	1.587	160	1.587	160	1.587

（三）回归结果分析

1. 个税改革与居民人均消费支出回归结果

为防止数据分析中可能存在的异方差等问题造成回归结果产生偏误，本文在进行面板回归分析时采取了聚类稳健标准误的方法予以控制，混合最小二乘回归中同理使用了稳健标准误。全国省级面板数据的回归结果如表 7 所示。第（1）列是没有任何控制变量的混合最小二乘回归结果，可以看到平均个人收入和个税改革虚拟变量对人均消费支出有显著的正向影响，平均个人收入与个税改革的交互项不显著，表明在不控制其他因素的条件下，个税改革对消费的影响不显著。第（2）列是引入了控制变量和季节固定效应后的混合回归的结果。此时，只有居民收入与居民消费支出关系显著，回归系数（边际消费倾向）下降为 0.073，表明在控制其他因素的影响之后，收入每增加 1 元，消费平均增加 0.073 元。平均个人收入与个税改革哑变量的交叉性对居民消费不显著。

在面板模型中，豪斯曼检验结果显示 P 值为 1.0000，接受使用随机效应模型的原假设，应使用随机效应模型。表 7 第（4）列是随机效应回归结果，平均个人收入、平均个人收入与个税改革的交互项与居民消费支出显著正相关，平均个人收入的回归系数（边际消费倾向）为 0.024，交互项回归系数为 0.016。交互项回归系数表明，与个税改革前相比，改革后居民的边际消费倾向增加了 0.016。个税改革明显刺激了居民的消费支出。

表 7　基本回归分析结果

解释变量	被解释变量：居民人均消费			
	(1) OLS	(2) OLS	(3) FE	(4) RE
平均个人收入	0.231 *** (0.026)	0.073 ** (0.031)	0.024 *** (0.005)	0.024 *** (0.005)
个税改革	0.071 *** (0.021)	−0.014 (0.023)	0.012 ** (0.006)	0.004 (0.006)
平均个人收入 × 个税改革	−0.026 (0.016)	0.022 (0.013)	0.013 *** (0.003)	0.016 *** (0.003)

续表

解释变量	被解释变量：居民人均消费			
	(1) OLS	(2) OLS	(3) FE	(4) RE
控制变量	否	是	是	是
季节固定效应	否	是	否	是
样本数	540	540	540	540
R^2	0. 8496	0. 9134	0. 798	0. 7934

注：括号内为稳健标准误；＊＊＊、＊＊、＊分别表示在1%、5%和10%的显著性水平下显著。下同。

将27个省份分为东、中、西部地区进行分区域回归。在面板模型中，豪斯曼检验结果均表明拒绝原假设，即使用固定效应模型。表8中第（1）列为东部地区样本的回归结果，平均个人收入的影响在统计上显著，回归系数（边际消费倾向）为0. 029。其与个税改革的交互项在统计上影响显著，系数为0. 009，即个税改革后东部地区的居民边际消费倾向提高0. 009；第（2）列是中部地区固定效应回归结果，在个税改革后，交互项系数为显著的正相关，系数为0. 046，即边际消费倾向提高了0. 046。西部地区交互项系数为－0. 017，表明个税改革后，居民边际消费倾向与改革前相比，下降了0. 017。

表8　分区域回归结果

解释变量	被解释变量：居民人均消费		
	(1) 东部地区	(2) 中部地区	(3) 西部地区
平均个人收入	0. 029 *** (0. 007)	－0. 036 ** (0. 014)	0. 002 (0. 011)
个税改革	0. 022 * (0. 012)	－0. 045 *** (0. 017)	0. 031 *** (0. 01)
平均个人收入×个税改革	0. 009 * (0. 005)	0. 046 *** (0. 013)	－0. 017 ** (0. 008)
控制变量	是	是	是
季节固定效应	是	是	是
样本数	220	160	160
R^2	0. 801	0. 878	0. 909

通过对西部地区的数据进行统计发现，2018 年个税改革后，居民的边际消费倾向具有明显的下降，从 2015 年 33.67% 降至 2019 年的 30.46%（见表 9）。2015—2016 年个人平均收入均低于 4.2 万元，大部分人是不需要缴纳个人所得税的，2017 年到 2018 年前三个季度需要缴个税，但因为收入等级较低，缴纳的税收较少，2018 年第四季度后居民收入有了明显增加，而大部分人又不需要缴纳个人所得税。西部地区物价较低，人均消费支出增长幅度较慢。故 2018 年第四季度以后，增长缓慢的消费支出与较快增加的收入相比，边际消费倾向会有较明显的下降。

表 9　西部地区边际消费倾向变动

年份	平均个人收入/元	人均消费支出/元	边际消费倾向/%
2015	36910.63	12430.68	33.67
2016	39859.63	13343	33.47
2017	44503	14155.78	31.81
2018	48980.25	15176.75	30.98
2019	52812.75	16088.73	30.46

2. 个税改革与城镇人均消费支出回归结果

为了深入研究个税改革对居民消费的影响，从城镇人均消费方面再进行讨论。

豪斯曼检验结果均表明拒绝原假设，即使用固定效应模型。表 10 中第（1）列是全国样本的回归结果，平均个人收入和其与个税改革的交互项均与城镇居民消费正相关。平均个人收入的回归系数为 0.014，即收入增加 1 元，居民人均消费支出增加 0.014 元。其与个税改革的交互项系数为 0.018，表明与改革前相比，城镇人均边际消费倾向增加 0.018。第（2）列为东部地区样本的固定效应回归结果，结果显示，居民平均个人收入、平均个人收入与个税改革交互项均与居民消费支出正向显著相关。平均个人收入的回归系数为 0.025，交互项的回归系数为 0.01，表明与改革前相比，居民边际消费倾向增加 0.01。中部地区平均个人收入与个税改革的交互项回归系数为 0.081，与改革前相比，边际消费倾向增加了 0.081。西部地区平均个人收入与个税改革的交互项结果不显著。

表 10　个税改革对城镇居民人均消费的回归结果

解释变量	被解释变量：城镇居民人均消费			
	（1） 全国	（2） 东部地区	（3） 中部地区	（4） 西部地区
平均个人收入	0.014 ** （0.006）	0.025 *** （0.008）	-0.074 *** （0.018）	0.0002 （0.02）
个税改革	0.003 （0.008）	0.024 （0.014）	-0.091 *** （.022）	0.039 ** （0.018）
平均个人收入×个税改革	0.018 *** （0.004）	0.01 * （0.006）	0.081 *** （0.017）	-0.021 （0.014）
控制变量	是	是	是	是
季节固定效应	是	是	是	是
样本数	540	220	160	160
R^2	0.754	0.759	0.841	0.787

总体来看，和前文对全国城镇居民消费支出分析所得出的结论一致，个税改革通过降低个人所得税平均税率使边际消费倾向和消费支出增加。并且，对于不同地区的居民，个税对消费的促进作用有所差别：中部地区最为显著，边际消费倾向将增加0.081，东部地区次之，边际消费倾向将增加0.01，西部地区无显著影响。这意味着个税改革对于中部地区边际消费倾向的影响要大于对东部地区的影响。根据前文分析，理论上个税改革对于东部地区居民边际消费倾向影响应该更加显著。

这个结果可能和东中部地区家庭的财务状况有关。由于东部地区住房价格较高，居民负债率普遍较高。从2018年的数据来看，东部地区有6个省市（浙江、上海、广东、福建、北京、海南）的居民负债率超过50%，中部地区仅有江西、安徽两个省的居民负债率超过50%。可见，东部地区家庭负债率明显高于中部地区，在这种情况下，在东部地区居民可支配收入增加时，难以在较大程度上转化为消费支出的增加。

由于农村居民人均收入较低，本身受个税改革影响较弱，故本文只探讨个税改革对全国居民人均消费支出和城镇居民人均消费支出的影响。

（四）稳健性检验

本文采取 DID 模型对回归结果进行稳健性检验。双重差分模型（Differences – in – Differences，DID）常用于政策评估效应研究。

根据前文现状分析描述，个税起征点由 3500 元提升至 5000 元。但个税改革对不同地区的影响是不同的，在 2018 年第四季度个税改革时，仍有部分地区税前月人均 GDP 不到 3500 元，那么这些地区的人本身就是不用缴个人所得税的。据此，可以将样本分为两组，分别为控制组：月人均 GDP < 3500 元，即季人均 GDP < 1.05 万元；处理组：月人均 GDP > 3500 元，即季人均 GDP > 1.05 万元。设置个体虚拟变量，小于 1.05 万元的样本记为 0，大于 1.05 万元的样本记为 1。设置交互项个税改革 × 个体虚拟变量，交互项表示处理组在政策实施后的效应，即 2018 年个税改革是否对居民消费产生影响。

本文中黑龙江、甘肃两省税改前后居民月税前收入都低于 3500 元，即不会受到 2018 年税收改革的影响，故为控制组。其他 25 个省份在 2018 年第四季度及以后季度月税前收入均大于 3500 元，会受到税改冲击，故为处理组。

1. 描述性统计

表 11 中显示的是处理组和控制组在个税改革政策前后的居民消费差异。可以看到，在 2018 年个税改革前后的政策效应之差大于 0，这表明我国此次个税改革会对居民消费产生正向影响。

表 11　处理组和控制组政策效应　　单位：元

	政策实施前	政策实施后	政策效应
处理组	4624.79	5602.26	977.47
控制组	3444.57	4202.17	757.6

2. 回归结果

表 12 第（1）列是不考虑其他控制变量的一元回归结果。回归结果表明，受到税改影响的样本会比控制组样本多消费 780 元，且在 1% 的置信水平上显著。第（2）列则是添加了总抚养比、民生支出水平、失业率、城镇化率、利率等控制变量后的模型，结果表明，回归系数有所下降，但仍然十分显著，

受到税改影响的样本会比控制组样本多消费160元。第（3）列是在第（2）列基础上加入了季节虚拟变量，此时交互项回归系数为0.014，也就是在2018年第四季度改革实施后，与控制组相比，处理组平均增加390元消费支出。此次个税改革对居民消费具有明显的刺激作用。

表12　是否受到税改影响

	被解释变量：居民人均消费		
解释变量	(1)	(2)	(3)
个税改革×个体虚拟变量	0.078*** (0.018)	0.016** (0.007)	0.014** (0.007)
控制变量	否	是	是
季节固定效应	否	否	是
样本数	540	540	540
R^2	0.036	0.888	0.89

五、结论与建议

本文主要探究了2018年个人所得税改革对居民消费的政策实施效果，在理论分析和对现状分析基础上，基于2015—2019年的跨期面板数据，运用随机效应和固定效应模型，实证分析了我国2018年个税改革对居民消费的影响方向和程度。得出如下结论：

第一，个人所得税改革对居民消费有显著的刺激作用。与以往年度相比，2018年个税改革使得边际消费倾向增加0.016，其中东部地区和中部地区边际消费倾向显著增加，而西部地区边际消费倾向减少，且中部地区较东部地区更为显著。根据凯恩斯绝对收入理论，消费的增加会随着收入的增加而倾向于不断减少，因此高收入阶层的边际消费倾向应小于中低收入者的边际消费倾向，这可以解释东部地区边际消费倾向提高较少，西部地区由于本身平均收入较低，受个税改革的影响较小，但人均收入增长速率大于消费支出增长速度，故边际消费倾向与改革前相比反而显著减少。

第二，个税改革对城镇居民消费具有显著的刺激作用。与改革前相比，城镇人均边际消费倾向增加 0.018，其中中部地区最为显著，边际消费倾向将增加 0.081，东部地区次之，边际消费倾向将增加 0.01，西部地区无显著影响。这意味着个税改革对于中部地区边际消费倾向的影响要大于对东部地区的影响。这个结果可能和东中部地区家庭的财务状况有关。由于东部地区住房价格较高，居民负债率普遍较高。在这种情况下，在东部地区居民可支配收入增加时，难以在较大程度上转化为消费支出的增加。

总体而言，2018 年个税改革对居民消费支出的增加具有积极的影响，也一定程度上刺激了居民消费，但是影响并不是很大。这主要还是因为我国个人所得税制度并不是很完善，且个税占 GDP 比重过低。立足于实际情况，同时借鉴发达国家经验，本文提出如下建议：

第一，个人所得税制度应该增加动态化调整机制。从前文个税变化趋势图可知，在起征点刚调整之后的三个季度，个税收入是降低的，但之后有上升趋势。本次税改通过税率降低在一定程度上增加了居民的边际消费倾向及消费支出。但是，考虑到我国经济仍处于快速增长之中，居民名义收入不断增加，个人应纳税所得额将逐步进入更高的税率级次。这会导致实际税负提高，对国内消费需求产生抑制作用，不利于我国经济的长期可持续发展。因此，建议我国个人所得税的基本费用减除和级距设定应根据 GDP 增长率和居民消费价格指数进行动态调整，使个税改革的政策效果持续发挥效力。具体操作上，既可以建立固定的调整规则自动根据相关指数的变化进行调整，也可以由相关部门进行相机抉择的调整。

根据回归结果可知，2018 年个税改革，中部地区影响最大，其次是东部地区，最后是西部地区。根据 2021 年最新数据，东部地区人口占 39.93%，中部地区占 25.83%，西部地区占 27.12%，东北地区占 6.98%。东部地区人口多、居民收入水平高，受平均税率影响最大，但是对消费需求的刺激却不如中部地区，相关部门应适时调整税率层级以最大程度刺激东部地区居民消费需求。

第二，个税改革效应的充分发挥需要相应的配套政策措施。本文的研究发现，个税改革在东部地区所带来的边际消费倾向提升效果并没有预期中显著。主要原因可能是东部地区物价水平高、教育成本高、住房价格高等致使东部地区家庭负债率过高。在个税改革的过程中，受生活压力的影响，家庭可支配收入的增加导致较少的消费增加，因此边际消费倾向的提升较少。可见，个税减税效应的充分发挥，还要考虑相应的经济环境，辅以住房、教育、金融政策等方面的配套措施，减轻居民生活压力，强化个税改革促进居民消费的作用。

第三，提高低收入者补贴标准，适时考虑负所得税制度。本文研究没有发现此次个税改革对西部地区居民消费具有促进作用，这说明此次个税改革的减税效应对低收入群体的影响有限。为了更好地通过个税改革促进收入分配公平，建议提高对较低收入者的补贴标准，甚至借鉴国外负个人所得税概念。负所得税最早由弗里德曼提出，认为零星的固定差额补助对领取者缺乏刺激作用，它有损于经济效率的提高。负所得税是政府对于低收入者，按照其实际收入与维持一定社会生活水平需要的差额，运用税收形式，依率计算给予低收入者补助的一种方法。

第四，增加家庭合并征税模式。个人所得税虽已对工资薪金等四项劳动所得作为综合所得统一征税，但仍然只是以个人为单位进行征税，未考虑纳税人因其家庭婚姻状况、配偶及子女情况而影响到其纳税能力。因此，建议在现有的以个人为单位征税模式的基础上，增加家庭合并征税模式，允许纳税人自主选择单独纳税或是家庭合并纳税。如果选择家庭合并纳税，则将夫妻双方的收入汇总，扣除家庭相应的费用扣除项目，按家庭适用的税率计算缴纳税款。这就解决了夫妻双方总收入相等但所占比例不同的家庭之间税负不均问题，有利于确保个人所得税在不同家庭单元之间的公平性。

参考文献

[1]廖楚晖,魏贵和. 个人所得税对我国城镇居民收入与消费的影响[J]. 税务研究,2013(9):59 -61.

[2]刘春力,李晓红. 新税制改革对城乡居民消费的政策效应研究[J]. 财政研究,2014(8):38 -41.

[3]张茹清. 论税收政策对居民消费行为的影响[J]. 商业经济研究,2015

(33):81-83.

[4]谢飞,雷良海. 个人所得税改革对居民消费的影响研究[J]. 经济研究导刊,2018(23):148-150.

[5]周清. 个人所得税改革对居民消费的效应评价与完善路径[J]. 税务与经济,2020(1):78-83.

[6]徐润,陈斌开. 个人所得税改革可以刺激居民消费吗?——来自2011年所得税改革的证据[J]. 金融研究,2015(11):80-97.

[7]孙玉栋. 我国主体税种税收负担的实证分析[J]. 税务研究,2006(11):11-17.

[8]汤贡亮,陈守中. 个人所得税费用扣除标准调整的测算[J]. 税务研究,2005(9):48-52.

[9]汪伟,艾春荣,曹晖. 税费改革对农村居民消费的影响研究[J]. 管理世界,2013(1):89-100.

[10]王鑫,吴斌珍. 个人所得税起征点变化对居民消费的影响[J]. 世界经济,2011(8):66-86.

[11]黄晓虹. 个人所得税改革、消费刺激与再分配效应——基于PSM方法[J]. 中国经济问题,2018(9):25-37.

[12]缪慧星,柳锐."增值税、消费税和个人所得税对社会消费冲击的动态效应"[J]. 税务研究,2012(8):53-57.

[13]袁建国,胡明生,陶伟. 国外个人所得税改革趋势及借鉴[J]. 税务研究,2017(7):54-58.

[14]赵达,王贞. 个人所得税减免有助于中国城镇家庭提高消费吗?[J]. 统计研究,2020(5):27-39.

[15]王玉晓,陶春海,郭同济. 政府卫生支出、个人所得税和消费税如何影响居民消费——基于TSLS和LIML的工具变量估计[J]. 税务研究,2020(4):111-122.

[16]HSIEH C. T. Do Consumers React to Anticipated Income Changes? Evidence from the Alaska Permanent Fund[J]. American Economic Review,2003(93):397-405.

[17]DAVID S. Johnson, Jonathan A. Parker and Nicholas S. Souleles. Household Expenditure and the Income Tax Rebates of 2001[J]. American Economic Review,2006(9):1589-1610.

[18]ATHANASIOS TAGKALAKIS. The Effects of Fiscal Policy of Public Econom-

ics on Consumption in Recessions and Expansions[J]. Journal of Public Economics, 2007 (12): 1486 – 1508.

[19] RUDOLF MACEK. The Impact of Taxation on Economic Growth: Case Study of OECD Countries[J]. Review of economic Perspectives, 2015(14): 309 – 328.